普通高等教育国家级规划教材

学校管理学

（第五版）

主　编　萧宗六
副主编　余　白
　　　　张振家

人民教育出版社
·北京·

图书在版编目（CIP）数据

学校管理学 / 萧宗六主编．—北京：人民教育出版社，2018.1（2020.10重印）
普通高等教育国家级规划教材
ISBN 978-7-107-32187-0

Ⅰ．①学… Ⅱ．①肖… Ⅲ．①学校管理－高等学校－教材 Ⅳ．①G47

中国版本图书馆CIP数据核字（2018）第007262号

学校管理学（第五版）

出版发行 人民教育出版社
（北京市海淀区中关村南大街17号院1号楼 邮编：100081）
网 址 http://www.pep.com.cn
经 销 全国新华书店
印 刷 北京盛通印刷股份有限公司
版 次 2018年1月第1版
印 次 2020年10月第7次印刷
开 本 787毫米×1 092毫米 1/16
印 张 29.75
字 数 591千字
印 数 23 001~26 000册
定 价 49.80元

第五版序

本书第一、二、三版是萧宗六先生独著。第四版编写出版时，萧先生因年事已高，力邀几位后学参与，虽写作框架基本未动，但绝大部分内容完全重写。自第四版于2008年正式出版以来，学校管理研究领域有了不小的变化。2017年9月，中共中央办公厅、国务院办公厅联合印发了《关于深化教育体制机制改革的意见》；12月，教育部印发了《义务教育学校管理标准》，都对学校管理提出了新的要求。根据十九大精神和教育部关于深化高校教材改革的精神，为了反映近年来最新的学校管理实践成果和理论研究成果，人民教育出版社又提出修订第四版、印行第五版的要求。

此次修订，本着文责自负的原则，按照第四版作者的分工，各章作者承担各自的修订任务。具体分工如下：余白（第一、二、三、四、五、十章）、张振家（第十二、十三、十四、十六、十八章）、李光红（第十一、十五、十七章）、李晓燕（第八章）、陈彬（第二十章）。

萧先生已于2011年驾鹤西去，为表示对萧先生的尊重与纪念，他所撰写的六、七、九、十九、二十一、二十二章，除了更新一些资料、精简一些案例外，正文内容基本保持原貌。

本次修订再版仍以内容观点和资料的更新为主，我们期待读者继续批评指正。

修订者谨识

2017年12月20日

第四版序

20年前，即1988年6月，人民教育出版社（以下简称人教社）出版的拙著《学校管理学》，是全国高等学校文科教材“七五”规划的重点教材，1994年5月出第二版，2001年6月出第三版，现在出第四版。

20年来，先后印刷20余次，发行30余万册。1992年被评为全国高等学校优秀教材，获国家教委二等奖。1999年12月，教育部师范教育司组织专家评审，将此书列为“全国中小学教师继续教育教材”的首批推荐教材。

2006年1月，人教社来电云：“您著的《学校管理学》，符合教育部提出的制订‘十一五’规划国家级教材的原则，可申报修订。”人教社同志见我年事已高，要我慎重考虑后答复。

我已到耄耋之年，深感精力不济，视力也很差，修订教材这样繁重的脑力劳动，很难胜任。经过慎重考虑，我还是决定接受修订任务，由我任主编，请了几位中年专家承担部分修订任务，他们都有高级职称，大部分是20世纪80年代我带的教育管理硕士研究生，而且教过这门课，有这方面的教学经验。于是我大胆填写了“普通高等教育‘十一五’国家级规划教材申请书”。2006年7月16日，我收到人教社的书面通知：“我社负责申报、由您承担主编任务的《学校管理学》，经过教育部组织专家评审，已经被正式列入普通高等教育‘十一五’国家级规划教材，特此通知，并向您表示热烈祝贺!”

本书在第二版、三版时均做过修订，修订的原则是内容要与时俱进，要体现创新。我还考虑，修订前要倾听中小学校长的意见。我广泛征求过他们的意见，许多著名的中小学校长热情地评价了这本书，并提出宝贵的修订意见。例如南京师范大学附属中学李夜光校长，写了一封长信给我，具体建议要增加哪些内容。李校长是我国上报联合国的普教专家之一，曾任重点中学校长几十年，有丰富的治校经验，如此谦逊地为我出主意，我很受感动，采纳了他的合理建议。

创新是修订教材的一个重要原则。我写过一篇文章《教材的生命在于创新》（《课程·教材·教法》2002年第7期），文章指出：“无论是统编教材还是自编教材，每隔一段时间，就要更新内容，补充新知识，删去已经过时的东西。教材只有创新，才能受到学生的欢迎，才能保证和提高教学质量。”

修订教材不同于新编教材。修订是在原教材的基础上补充修改，不是推倒重来。修订要保持原教材的特色，有的要大改，有的是中改，有的则是小改，个别章节甚至可以不改。本教材原有这么几个特色。第一，用总结法和比较法来写。所谓总结法，即从我国的实际出发，把新中国建立以来学校管理正反两方面的经验加以总结，把我国当代优秀的中小学校长的办学经验加以概括；所谓比较法，即对某些有争议的问题，对中外各种说法加以比较，然后提出自己的看法，让读者去分辨、思考。第二，用专章论述素质教育管理，这是同类著作所没有的。第三，体现改革精神，立足于实用。学校管理学是一门应用学科，不仅要建立理论体系，还要考虑是否有应用价值。第四，每章后面附有案例，供学生阅读、研讨，这叫“案例法”。这种方法，有利于改革“满堂灌”、一讲到底的传统教学方法，有利于理论联系实际。第五，强调常规管理。第六，语言通俗易懂，文字符合规范要求。我把这些意见告诉了每位参与修订工作的作者。我估计，2006 年底全书可以完稿，可以向出版社交卷。

俗话说：人算不如天算。不料 2006 年 9 月 19 日，我在校内散步时，脑梗塞发作，突然晕倒在地。幸好路过的师生发现，急报 120 派救护车送医院抢救。医生诊断：脑中风。经 CT 检查，患多发性脑梗塞，还有颈椎病。此后半年多，一直同医院打交道：住院、打针、吃药。修订教材的事只好搁下来。

经过调养，健康逐步好转。调养期间，我经常想起修订教材的事。几十年养成的习惯是做事要有责任感、使命感，不可半途而废。修订教材的“申请书”是我亲自填写的，我是第一责任人，一定要负责到底。但人到老年，健康第一。医生说，从核磁共振拍片可以看出，我已几次中风，不可大意。

最后，我还是决定，绝不半途而废。我告诉各位修订作者的最后交稿时间。现在，书稿已全部完成。

本书作为普通高等教育“十一五”国家级规划教材，除保留了原来的一些特色外，有两点比较突出。一是提出学校管理理念。对“理念”一词，本书做了独具特色的解释，提出了三个学校管理理念：（1）全面贯彻教育方针；（2）实施素质教育；（3）依法治校。我认为，学校管理者应牢固树立这三个管理理念。二是改“教学管理”为“智育管理”。为什么要这样改？已出版的学校管理专著，几乎都不提智育管理，而提教学管理。这种提法大概来自教育学。我国已出版的教育学专著，大多数只提教学，不提智育。这种提法，很明显地来自苏联。凯洛夫总主编的《教育学》（1956 年版），就未把智育列为专章，而是写教学过程、教学原则、教学方法、教学组织形式。20年以后，也就是1976年，由莫斯科出版社出版的巴拉诺夫、沃利科娃、斯拉斯捷宁等编写的《教育学》，还是那个体系，只写教学过程、教学原则、教学组织、教学方法，也未把智育列为专章。我国的情况是怎样的呢？20世纪50年代初，德、智、体全面发展成了我国的通用语言。从1983年起，情况有所变化，通用语言换成了德、智、体、美、劳全面发展。为什么教育学、学校管理学不提智育而提教学呢？是不是教学包括智育在内，或者教学要比智育更准确些呢？没有人做过这样的说明。智育和教学的含义到底有什么不同？我们不妨看看辞书的解释。1980年上海辞书出版社出版的《辞海》对智育和教学是这样解释的。智育：向学生传授知识、技能，发展认识能力的教育（第2页）。教学：指教师传授和学生学习的共同活动（第5页）。1990年上海教育出版社出版的《教育大辞典》（教育学卷），对智育和教学是这样解释的。智育：亦称智力教育。它是使受教育者掌握系统科学文化知识与技能，发展智力的教育（第143页）。教学：以课程内容为中介的师生双方教和学的共同活动（第4页）。《辞海》和《教育大辞典》的解释大同小异，都谈到教育和教学的共同任务是向学生传授知识和技能、发展学生智力或认识能力，所不同的是认为教学有师生共同活动，而智育没有。智育真的没有师生共同活动吗？那么，德育、体育、美育、劳动技术教育有没有师生共同活动呢？如果说，德、体、美、劳诸育有师生共同活动，唯有智育没有，故用教学取代智育，那是一种奇怪的逻辑，不能自圆其说。《中华人民共和国宪法》第四十六条规定："国家培养青年、少年、儿童在品德、智力、体质等方面全面发展。"《中华人民共和国教育法》第五条规定："培养德、智、体等方面全面发展的社会主义事业的建设者和接班人。"20年来，德、智、体、美、劳全面发展已成为我国的通用语言。我们有什么理由避而不谈智育，却偏要用教学取代智育呢？故本书没有沿用旧说，改"教学管理"为"智育管理"。而且在顺序上，按照国家权威文件的规定，按德育、智育、体育、美育、劳动技术教育依次论述，这也可算一点新意。

当然，智育管理的重点是教学管理，因为教学是学校的中心工作。

本书原为我独著。因我年事已高，健康状况不佳，现改由我任主编，余白、张振家任副主编。余白、张振家、李晓燕、陈彬、李光红等中年专家分别承担部分章节的修订任务。

本书在修订前曾召开多次会议，讨论修订提纲。华中师范大学心理学院党委书记、教育学硕士郭方副教授参加了全程讨论，并提出了不少中肯意见。

本书在漫长的修订过程中，得到人教社、华中师范大学教务处的领导同志的大力支持，特别是人教社有关领导同志及教育室王莉、韩华球等同志的大力支持与鼓励，谨此表示衷心感谢！

萧宗六
2008 年 6 月于武昌桂子山
华中师范大学

第三版序

本书于1988年6月问世，1994年5月出第二版。第一版印刷9次，第二版印刷9次。时间又过去了6年，现在要出第三版，作为作者，应该说几句话。

1999年12月，教育部师范教育司组织专家评审，已将此书列为“全国中小学教师继续教育教材”。专家评审意见全文如下：

由萧宗六著、人民教育出版社出版的《学校管理学》一书坚持四项基本原则和邓小平建设有中国特色的社会主义理论，突出中国中小学管理的特点，科学分析和选择国外教育管理理论，从中国的国情和学校管理实际出发进行论述，对科学管理中小学具有重要的价值和指导意义。书中观点始终注意教育方针的要求，体现了素质教育的思想。教材具有很高的学术水平，所述观点没有思想性、科学性错误。

教材分为三大部分，即学校管理原理、学校管理者与被管理者以及学校具体工作的管理，它包含了学校管理的方方面面和全过程。内容丰富具体，理论联系实际，案例生动，引人深思。无论是教材的内容还是教学要求都有较强的针对性和实用性，符合继续教育的特点。

教材体系结构严谨，重点突出，语言生动准确，逻辑性强。教材在注意知识的思想性、科学性的同时，注意了对读者创新能力的培养，它不仅反映在对学校管理原理的比较分析上，也反映在对学校管理案例的多角度思考上，可以作为继续教育教材。

专家们对本书做了很高评价，我很感谢。感谢之余，通览全书，觉得还有许多不足之处。最突出的一点是没有反映近几年来风靡全国的素质教育的有关问题。“素质教育”一词是怎么来的？什么叫“素质教育”？如何评价1999年6月第三次全教会以前实施素质教育所起的作用和影响？第三次全教会前后的素质教育有什么不同？全面推进素质教育的基本内容和基本途径是什么？全面推进素质教育应树立哪些基本观点？这些问题，都应根据第三次全教会精神予以回答。因此，我增写了“素质教育概述”一章，着重说明中小学如何全面推进素质教育。

此外，对第十章“校长的自我管理”做了较大修改。

本书的一些特点以及需要说明的问题，已在“第一版序”和“第二版序”中说了，不再重复。本书在被评为全国高等学校优秀教材时，在第二版增订过程中，以及被确定为全国中小学教师继续教育教材，均得到人民教育出版社教育室的同志特别是责任编辑王莉同志的热情关怀和支持，谨表示衷心感谢！

萧宗六

2000 年国际劳动节于

武昌华中师范大学

第二版序

本书是受国家教育委员会委托编写的高等学校文科教材，供全国高等师范院校教育类专业使用，于1988年6月出第一版。出版后各地教育行政部门和许多省市的教育学院也把它作为教育管理干部培训教材和自学考试用书。五年来，先后印刷9次，受到读者的欢迎。

本书既是教材，也是专著，很多内容是作者多年来的研究成果。

本书于1992年被评为全国高等学校优秀教材。鉴于发行量不断扩大，许多章节需要补充和修改。经与人民教育出版社商量，决定出“增订本”，再版发行。

学校管理学是一门应用学科，五年来变化很大。有些内容已显得陈旧，需要修改；有些新知识已得到认可，需要补充。经反复考虑，增写了7章，由原来的15章扩至22章；其他各章均有不同程度的修改。

增写的7章是：第二章“我国新时期的教育方针”、第五章“学校管理体制（下）”、第九章“学校管理方法”、第十六章“美育工作管理”、第二十章“学校教育、家庭教育和社会教育的协调”、第二十一章“中小学的教育科学研究”、第二十二章“学校评价”。这样，“增订本”的内容比第一版充实得多。增写这些内容，是国内一些著名的中小学校长提出的建议，有的校长还写了详细的书面建议，我非常感谢他们。

“增订本”继续保留了第一版的特色，例如：在写法上采用总结法和比较法；反映新成果、体现改革精神，但不用经不起推敲的“新名词”；注重实用，贯彻理论联系实际的原则；强调常规管理；每章后面附有案例，供读者思考。新增7章的案例，是由翟天山副教授，教育管理硕士、青年教师余白、别敦荣、郭方和研究生刘赞等编写的。研究生庄铭、何玉静花了大量时间为我誊正部分稿件，我很感谢他们。

有些话已在第一版中说了，不再重复。

本书在增订过程中，得到许多同行专家的关心和鼓励，得到人民教育出版社教育室的同志特别是责任编辑王莉同志的热情关怀和支持，谨表示衷心感谢。

萧宗六

1993年6月于武昌

华中师范大学

第一版序

从新中国建立到20世纪70年代末，我国“学校管理学”的研究几乎中断。大多数高等师范院校停开这门课，国内没有公开出版过这方面的专著。我国中小学管理水平不高，看来同没有认真研究这门学科是有关系的。

党的十一届三中全会以后，高等师范院校教育系陆续开设这门课，教育学院把它列为主要课程，各省份纷纷成立学校管理研究会，研究这门学科的论著也多起来了。到目前为止，公开出版和内部发行的专著有二十余种，一些教育刊物还开辟“学校管理”专栏。这门学科在很短时间内发展得如此之快，可见教育事业多么需要它。

由于这门学科是一门年轻的社会科学，理论体系还不成熟，许多基本概念的提法和解释还不一致，有些新的研究成果尚未反映出来，人们对此感到很不满意。1984年7月，全国第一次教育学术讨论会期间，人民教育出版社教育室的同志约我写一本普通学校管理学，作为高等师范院校教育系和教育学院的教材。我当时因教学、科研任务很重，还有行政工作，加之水平有限，独自承担这样艰巨的撰稿任务，深感力不从心，所以迟迟未能动笔。1985年4月，教育部正式将此书列入全国高校文科教材“七五”规划，我才有了紧迫感。但提起笔来，一系列难题出现在眼前：这门学科的理论体系、基本概念很不统一，怎么论述？学校内部的管理体制正处在改革之中，尚无定论，如何阐述？国内已有二十多种专著，如果再出书而没有一点新意，岂非多余？经过一段时间的思考，我决定采用总结法和比较法来试写。所谓总结法，即从我国的实际出发，把管理普通学校正反两方面的经验加以总结，把当前研究学校管理的新成果有选择地吸收进来，把当代优秀的中小学校长的办学经验加以概括。这样做，也算总结我自己从20世纪50年代初以来的学校管理实践和1979年以来教这门课的体会。因此，我用专门章节论述教育思想，论述校长负责制，论述校长的地位、职责、素质、威信，论述教师和学生管理，阐明学校工作规律等。这些内容，都是目前其他学校管理专著很少涉及的。所谓比较法，即对某些有争议的问题，把中外各种说法加以比较，然后提出自己的看法，让读者去分辨、思考。例如，对于学校管理原则、校长的职责、教师的素质等，我是用比较法来写的。我们通常看到的教材，往往只注意把一些“定论”的东西灌输给学生，没有进行纵向比较，也不做横向比较，这对于培养学生的独立思考能力是不利的，尤其是社会科学，对大学生和成年人，不宜采用这种编写教材的方法。如果说这本书有什么特点的话，在写法方面采用了总结法和比较法可算一点。

教材应尽可能反映新的成果，但也要做具体分析。有些说法很新鲜，但在实践中行不通；有些说法虽新，只不过换了一个名词而已。类似这些，我都没有采用。我的写作信条是：没有弄懂的东西，绝不盲目搬用；我国已有的东西，就不采用外国的。例如，“三论”（系统论、控制论、信息论）是应该认真研究的新理论，但如何把它运用到学校管理的实践中去，至今我未弄懂，只好暂付阙如。又如，“学校管理的两重性”，有的作者根据马克思论述奴隶制度和资本主义制度的生产管理有“两重性”，认为社会主义的学校管理也有“两重性”，并且认为是学校管理的基本原理。我不以为然，也未采用。再如，有的专著辟有专章，论述学校的目标管理。所谓目标管理，是20世纪50年代出现的一种企业管理理论，由企业设立总目标，各个部门根据总目标制定本部门的目标，每个职工再根据部门目标制定个人目标，形成所谓“目标锁链”。这种理论，学校管理当然可以借鉴，但是否有必要把那些术语全搬过来呢？有一本《学校管理学》论述“目标管理”时，在不到三页的篇幅中，竟然用了教育目标、培养目标、目标管理、管理目标、总目标、具体目标、整体目标、局部目标、个体目标、个人目标、工作目标、组织目标、管理者目标、被管理者目标，管理目标体系、目标锁链等十几个名词，这就把简单的问题复杂化了，徒然增加读者的负担。有些名词早已约定俗成，其含义十分清楚，也没有必要用新名词去取代它。例如，课堂教学、课外活动人人皆知，何必把它换成“第一课堂”、“第二课堂”或“第一渠道”、“第二渠道”呢？反映新成果，体现改革精神，立足于实用。不用经不起科学鉴定的“新名词”，大概也是本书的一个特点。

这样说，当然不是指学校管理学没有多少理论。那种认为学校管理没有什么专门的原理，只要依靠经验就行，纯属一种误解。须知理论来源于实践，并非来自经典著作的个别结论，更非来自外国的什么权威。理论也好，原理也好，本来并不神秘。20世纪30年代我国学者杜佐周写的《教育与学校行政原理》，上篇谈教育行政，下篇谈学校行政，谈的都是当时教育管理实践中的问题以及解决问题的途径，找不出一条“××性原理”或“××化原理”，他却用“原理”来作书名，能说他不懂原理为何物吗？我想，他不过是没有把原理看得那么神秘罢了。

我的上述观点的形成，大概同我的经历有关。我在华中师范大学两所附属中学工作近三十年，开始当教师兼教研组长和班主任，更多的时间是担任学校领导，后来在华中师范大学教育系、教育科学研究所任“双肩挑”干部。总之，我是从实践中滚过来的，比较了解学校基层干部需要什么样的理论，即需要紧密联系学校实际的理论。我认为，像“学校管理学”这样实践性很强的应用科学，要体现中国特色，对学校管理实践起指导作用，必须从总结我国自己的管理经验入手，面对我国学校的实际，把经验条理化、系统化，上升为理论。对于外国的理论和经验，当然要学习和借鉴，但只能吸收其有益的东西，不可照搬照抄。外国确有不少有益的东西值得我们学习。例如，“案例法”就是美国哈佛大学首创的研究管理的一种基本的教学方法，一例编成一案，展现矛盾，发给学生阅读、研讨。这种方法就很值得我们学习。它至少有这样几个优点：第一，有利于改革“满堂灌”、一讲到底的传统教学方法；第二，体现了理论联系实际的原则；第三，富有启发性。我在教学中运用过这种方法，效果良好。本书每章后面附有案例，也算是本书的一个特点。

此外，本书在论述学校各项工作的管理时，强调常规管理。我认为，不重视常规管理，就不可能有正常的教学秩序，学校的管理活动就不可能正常运转。这也算是本书的一个特点。

本书大体上由三部分组成。第一部分是基本理论，包括学校管理学概述、教育思想与学校管理、学校管理体制、学校工作规律、学校管理的一般规律、学校管理原则等；第二部分是管理者与被管理者，包括校长、教师、学生三章；第三部分是学校各项具体工作的管理，偏重于中学。这种体系安排是否合适，有待于读者指教。至于有关教育政策法令、学校规章制度以及具体的管理方法，基本上从略，另编有《小学管理手册》、《中学管理手册》，将由华中师范大学出版社出版，可作为本书的教学参考资料。

这就是说，本书有一些特点，但肯定有不少缺点和谬误之处，而且这些特点也未必正确。作为一门新的学科，特别需要各抒己见，需要百家争鸣，才能使之向前发展。我的上述看法，只是一家之言，目的在于恳请读者批评指正。

本书在编写过程中，得到华中师范大学领导的大力支持，得到国家教育委员会文科教材办公室和人民教育出版社教育室有关同志的热情关怀，谨表示衷心感谢。

本书所附案例，大部分选自华东师范大学教育系教育管理教研室和上海师范大学教育管理系合编的《普通教育学校管理案例》（油印稿，编入时略有修改），谨表示诚挚的谢意。另一部分案例是华中师范大学青年教师陈孝大、余白、何自力编写的。陈孝大、余白和进修教师刘居富花了大量时间誊抄和校对稿件，我深深地感谢他们。

萧宗六
1986年教师节于武昌
桂子山华中师范大学

目　录

第一编　学校管理学基本理论

第二编 学校管理理念

第三编 学校人员管理

第四编　学校工作管理（上）

第五编 学校工作管理（下）

第六编　学校评价

第一编　学校管理学基本理论

第一章　绪　论

管，本指细长而中空之物，可限制和引导水流，故引申为疏通、引导、限制、约束。理，原义指玉石的纹路，转义为按玉的纹路而剖析，引申为治理。管与理，因有相近的意思，合称为管理，意指掌控、约束、安排、料理。现代管理学对管理的解释五花八门，但共同的意思是为了使活动高效有序地进行而开展的活动。现代社会，管理有很多分类，如行政管理、社会管理、工商企业管理、教育管理等等。学校管理是教育管理中的一部分，是为使学校工作有效达成目标而开展的活动。现代管理的影响因素众多，不是凭本能和经验就可以实现有效管理的，所以需要专门的研究和学习。

第一节　学校管理学概述

学校管理是伴随学校教育的产生而产生的，是为了提高学校教育的有效性而对学校资源和事务进行组织安排的活动。人类早期的教育规模小，形式单一，内容简窄，学校管理与学校教育基本没有分离，教学人员就是管理人员，管教不分，因而学校管理的功能并不明显。伴随资本主义工业的发展，学校教育也日渐发展起来，教育内容日趋丰富，规模逐渐扩大，学校事务越来越复杂，于是分离出单独的管理机构和人员，承担学校管理职能。早期的学校管理主要凭借管理者的经验，随着社会的发展，学校的数量和规模日益扩大，个人经验已完全不能满足学校管理的需要，于是学校管理的理论研究应运而生，实践探索和理论研究的双重努力催生了学校管理学。

一、学校管理学的研究对象

学校管理是提高学校教育有效性的活动，学校管理学则是一门研究如何提高学校管理有效性的学科，它融管理学、心理学、教育学、社会学等多方面的知识于一体，具有极强的应用性。

任何学科都有自己特定的研究对象，没有特定的研究对象，学科就没有独立存在的可能性。那么学校管理学的研究对象是什么呢？

教育管理理论界通常的看法是，学校管理学是研究学校管理现象和规律的科学。就是说，学校管理现象和规律是学校管理学的研究对象。这样理解是否确切值得探讨。从认知的角度讲，现象行于外，能够被人的感官直接感知，而深藏于事物内部的本质和规律则看不见摸不着，只有靠理性思维才能把握。学校管理学不可能只把学校管理现象作为研究对象，因为学校管理现象是学校管理活动的表面特征；也不可能把学校管理的本质或规律作为研究对象，因为认识和把握学校管理的本质和规律是学校管理学的研究目的，对象与目的不是一回事。而且，当人们对学校管理的本质和规律一无所知的时候，当人们还在寻找隐藏在现象背后的本质和规律的时候，是无法把它作为研究对象的。学校管理学的研究对象只能是包含了现象、本质和规律的事物，即学校管理活动。研究学校管理现象是研究学校管理活动的本质和规律的切入点，通过对学校管理现象的逐步研究，最终揭示学校管理的本质，认识和把握学校管理的规律。所以，学校管理学是研究学校管理活动，揭示学校管理规律的学科。

二、学校管理学的学科性质

理论界对学校管理学的学科性质有不同的看法，基本可以概括为教育性质论、管理性质论和边缘性质论三种。

（一）教育性质论

教育性质论的观点认为，学校管理学从属于教育学科，是教育学的一个分支。传统的教育学都设有专章探讨学校管理问题，学校管理学就是在此基础上独立并得以发展的。学校管理学虽然以研究管理问题为主，但是它研究的是教育领域中的学校管理，教育的特性在学校管理中占有重要的地位，并使其区别于企业管理、行政管理等其他学科。失掉了教育性质，学校管理学就失掉了灵魂。根据以领域划分学科的标准，学校管理学的研究领域仍然属于教育领域，所以，学校管理学应作为教育学的分支学科而存在。

（二）管理性质论

管理性质论的观点认为，学校管理学从属于管理学科，是管理学的一个分支。主要理由是：学校管理学的理论以一般管理学理论为基础，其发展进程与管理学发展进程伴随始终。学校管理学发展至今，除了内容有所不同，无论学校管理的理念、职能、过程、方法手段，无一不是受管理理论的影响，无一不是对管理学的借鉴。每一次管理科学的进步，都带来学校管理学的发展。特别是学科理论，对催生边缘学科厥功甚伟，几乎每一套学科理论的引入，都导致了一门新的边缘学科的产生。学校管理学的理论基本承袭了管理学。相对于管理学科而言，教育学科的理论很不成熟，还没有更多的教育规律被揭示出来供学校管理学借鉴。总之，教育学科作为一个研究领域已经成形，但教育科学的发展对学校管理发展的影响甚微。

（三）**边缘性质论**

边缘性质论认为，学校管理学是边缘性的应用学科。边缘性表现在学校管理学既与教育学紧密相连，又与管理学紧密相连。它与教育学的联系在于要应用教育的眼光分析学校管理中的实际问题，但又不从属于教育学。它与管理学的联系在于要应用管理学的基本理论、方法解决学校管理问题，但又不从属于管理学。学校管理学的应用性表现于管理本身所具有的鲜明的实践性。管理不是经验的堆砌，但必须有实践作为基础，并解决实践中的问题。所以，学校管理学不能成为思辨的学问或逻辑推理式的学科，而要应用教育学、管理学的理论具体分析学校管理中的实际问题，寻找解决问题的最佳途径和有效手段，使理论与实践得到统一。目前，边缘性质论在教育管理理论界相对占上风。

三、学校管理学的学科特点

任何学科的特点都是由该学科的性质和功能决定的。学校管理学是一门边缘性的交叉学科，它的功能是研究学校管理的基本原理，以此指导学校管理实践。学校管理学的性质和功能决定它具有应用性、理论性和综合性的特点。

（一）**应用性**

学校管理学的应用性是指该学科适应学校管理的现实需要，致力于解决实际问题。学校管理学与那些纯理论、基础理论的学科不同，是学校管理实践发展到一定阶段的产物，学校管理的实践性和学科的实用性决定了学校管理学的应用性。实践是学校管理学产生的基础，学校管理学形成之后又对学校管理实践活动起指导作用。所以，学校管理学的价值及生命力就在于它是否能够指导学校管理实践，即应用性是学校管理学的重要属性。

学校管理学的应用性特点要求学校管理学要注重应用性研究。学校管理学的应用性研究是运用教育学、管理学、心理学、社会学、经济学、法学等基础理论研究的成果，探索、开辟应用的新途径。它着重研究如何把管理科学的基础理论知识转化为管理技能、管理方法和管理手段，使管理科学理论知识同学校实际衔接起来，达到某种具体和预定的实际目标。也就是说，通过应用研究，直接解决学校管理及其改革中的实际问题。应用研究的特点是使基础理论研究的成果具体化，即将基础理论加以分解，截取或选择某个单项问题，联系实际目标，在理论、观点、方法上酝酿新的飞跃与突破，使基础理论充分扩散。所谓实用化，是在基础理论研究成果的基础上，进行调查研究，对应用的经验体会加以总结，探讨新的方法和途径，以便在学校管理中达到实际应用，提出能被学校管理者所接受和采用的相当具体的做法。

（二）**理论性**

学校管理学的理论性特点是指该学科致力于破解学校管理活动的奥秘，解答现实提出的种种问题，构建系统的学科理论体系。理论指的是人们由实践概括出来的关于自然界和社会的知识的系统的结论，是关于各种事实的有条理的研究，是对于表达各种事实的各种概念之间关系的理性研究。理论必须提供一种对于社会、存在或自然的复杂的解释，需要逻辑上的论证，也需要事实的实证。理论是一种减少试误的有效工具，而不是真理。理论追求的不是对世界的真实反映，而是解释力和预测力以及在此基础上的人的能力的扩大。真理具有唯一性、排他性，而理论则是多元的，具有包容性。对同一个问题可以有不同的甚至对立的解说，可以有不同的理论流派的存在。理论之所以能够指导实际，就因为它是根据时代发展和社会发展的需要，经过对实践概括而成的有系统的结论。由于事物的发展是永不停息的，因此，理论有无生命力，则在于它能不能根据时代要求和社会要求不断与时俱进地发展。理论的力量在很大程度上在于它可以以最简洁的因果关系勾连起不同现象，并由于这种联系而最大量地解释和预测现象的一般性。最强有力的理论必须是以最简单的概念和命题来解说、预测最广泛的现象，有效地为人们用来控制和改造世界。理论应该为实践问题提供建议，对经验加以某种程度的抽象，为检验规则和原则的正确性提供指导，使规则、原则系统化、普遍化。

学校管理学的理论性是由其对实践的指导作用决定的。学校管理学作为一门产生于学校管理实践的学科，不同于学校管理手册，必定要对实践活动进行理论升华，并用以指导学校管理行为。如果说应用性特点要求学校管理学必须回答学校管理应该怎样管，那么，理论性特点则要求回答学校管理是什么以及为什么。学校管理学中的任何观点、模式、方法都应该有也必须有理论支撑。同时，在学校管理学科的完善过程中，也要及时汲取相关学科的前沿性理论，以此为指导，丰富学校管理学的内容。作为学科的特点，理论性理应是一门学科的应然状态的反映，而实然状态如何，则视该学科的成熟度而定。不能因学校管理学的理论性特点就断定这个学科已经理论化了。理论的构成要素主要有三个方面：基本方法、关注重点和相关体系。以此来衡量，我国学校管理学有自己的关注重点，但在基本方法和相关体系方面才刚刚起步。

（三）综合性

学校管理学的综合性特点是指该学科在自身发展的基础上广泛应用相关学科的成果，构成较为完备的知识体系。学校管理学的边缘交叉学科特性以及管理的复杂性决定了它的综合性。科学上的新理论、新发明的诞生，新的工程技术的出现，经常是在学科的边缘或交叉点上。重视交叉学科或学科的交叉性，将使科学本身向着更深层次和更高水平发展。学科之间相互交叉渗透是当代科学发展的一个主要趋势，也是新学科产生的渊源所在。

当代科技的发展呈现出多学科相互交叉、相互渗透、高度综合以及系统化、整体化的趋势，学科交叉综合已成为当代科学发展的时代特征。当代科技发展有两种形式：一是突破，二是融合。突破是以新成果取代原有成果，融合是组合已有的研究成果成为新理论、新技术。突破是淘汰、更新，融合是互补和合作。科技发展的一个鲜明特征是日益求助于多学科交叉融合战略来解决各种问题。一门学科在科学认识或科学实践上有所突破，形成新概念、新方法以及理论体系向其他学科扩散、渗透，多学科领域的创造性交融研究以及多学科配套、整体突破的综合研究等，都会导致新的交叉学科领域的出现，最终形成具有确定的特有概念和方法论的新学科和新领域。

任何学科的发展都以其内涵的深化与外延的扩展为标志，而内涵的深化与外延的扩展必然导致许多学科知识的交叉融合，学科边界越来越模糊不清。学校管理活动是复杂的，涉及多种资源的管理，这就决定了学校管理学要综合应用多方面的知识，系统研究学校管理中的多方面问题，必然要涉及教育学、管理学、心理学、社会学、经济学、法学等其他学科。其他学科在谋求自身的突破时，也会把研究的触角伸向学校管理领域，这样就大大扩展了学校管理学的研究视野，丰富了学校管理学的知识。学科交叉研究体现了科学向综合性发展的趋势。

四、学校管理学的任务

理论与实践的结合并不是必然的。从理论的产生来看，它与实践同出一辙，因为理论来源于实践。但从理论对实践的指导以及在实践中的应用来看，二者则存在着距离，甚至有时会完全背离。导致这种状况的原因是多方面的。例如，理论是对理想状态的前瞻，而实践则是对现实状况的改造，应然与实然的统一必定要付出一定的努力，经历一定的时间。又如，学校管理是一种实践活动，学校管理者依据经验管理有时会比依据理论管理更驾轻就熟。管理中，经验固然重要，但如果坚持了违背规律的错误经验，则会给学校工作带来损失。而在学校管理者应用经验比应用理论更熟悉、更容易操作的情况下，难免会使实践与理论相背离。基于这样一些原因，学校管理学必须不断研究学校管理现象，揭示学校管理规律，尽可能使理论贴近现实，为学校管理者自觉应用管理理论、遵循管理规律创造条件，为制定管理学校的方针政策提供科学依据。

学校管理学的任务可以分为两个方面，一方面是作为一个学科的研究任务，另一方面是作为教材所要完成的传授知识任务。到目前为止，我国正式出版的学校管理学教材，大都重视它的研究任务，却忽视了作为教材所承担的传道、授业任务。

作为一个独立的学科，学校管理学的研究任务是：通过对学校管理活动的研究，总结学校管理经验，了解学校管理特点，探寻学校管理规律，借鉴吸收其他相关学科的知识，完善学科体系，丰富学校管理理论，以指导学校管理工作，提高学校管理效益。

我国的学校管理学研究起步较晚，研究任务十分繁重。从研究内容看，涉及学校管理理念、管理指导思想、管理原则，管理体制、管理模式，管理主体、管理客体、管理环境，管理目标、管理过程、管理内容、管理方法，管理功能、管理效益、管理文化、管理生态，学校与家庭、学校与教育行政部门、学校与社区、学校与社会的关系等诸多方面，成绩斐然。但是，未来的任务更艰巨，一方面对已有的研究领域要进一步拓宽和加深，另一方面还要另辟蹊径开拓新的研究领域。此外，前人的研究成果和实践经验是一笔宝贵的财富，需要全面总结和深入探讨。

作为教材的学校管理学，它的任务主要是向学习者系统介绍学校管理的基本理论和管理常识，为学校管理者释疑解惑，开阔眼界，活化思维，形成正确的管理理念，提供科学的管理方法，提高学习者的管理素质。

上述两方面的任务有密切的联系。作为学科的研究任务是第一位的，是拓荒性的；作为教材的研究任务是第二位的，是收获性、加工性的。没有耕耘就没有收获。学校管理学目前面临的主要任务是做深入的理论研究，通过吸收现代管理理论的精华和借鉴国外学校管理理论，在实践探索和经验总结的基础上，逐步建立科学的学校管理理论体系。

第二节　学校管理学的发展

近代学校的产生是学校管理学产生的基础。伴随资本主义机器大工业的发展，学校教育也得到迅速发展，加上民主化运动，教育内容日趋丰富，学校规模逐渐扩大，事务也日趋复杂，于是分离出单独的管理部门和人员，从事学校管理活动，这就产生了学校管理学研究的现实需要。考察学校管理学的产生和发展过程，不难发现，发达国家的学校管理学与我国学校管理学的发展轨迹并不完全相同，如果说发达国家的学校管理学已经开始进入成熟期，我国的学校管理学则还处在萌芽期。了解历史有助于我们更好地走向未来。

一、西方学校管理学的演进

（一）学校管理学的诞生

现代意义上的学校管理学产生于 19 世纪末 20 世纪初的美国。19 世纪末，随着生产力和科学技术的迅猛发展，各国相应实施了义务教育制度，学校规模、教学内容和教学技术以及组织形式也随之发生变革，学校管理学应运而生。美国最早的关于学校管理的论著，是 1875 年问世的威廉·佩恩（William Payne）的《论学校管理》和 1882 年问世的劳布（A. N. Raub）的《学校管理》。20 世纪初，在管理理论发展的带动下，学校管理的研究有了长足的进步。1908 年，达顿（Samuel Trail Dutton）与斯奈登（David Snedden）撰著了《美国公共教育管理》一书，该书上半部论述国家对教育的管理，下半部则以科学管理理论为指导，论述学校内部的管理。尽管该书不是一部学校管理理论专著，但由于在学校管理方面有独立的研究内容、坚实的理论基础，在研究方法和学科体系方面，较前期和同期著作显得更为成熟，因而学界一般认为，它的问世是学校管理学正式诞生的标志。

（二）管理理论对学校管理学发展的影响

1. 古典管理理论的催生

古典管理理论是西方管理理论发展的第一阶段，形成于 20 世纪初，到 20 世纪 20—30 年代达到鼎盛，从管理技术、管理职能和管理体制方面创建了一套严密的理论体系。其代表性理论包括泰勒（F. W. Taylor）的科学管理理论、法约尔（H. Fayol）的一般组织理论以及韦伯（Max Weber）的科层组织理论。古典管理理论坚信管理是有规律可循的，把高效率地完成组织任务视为管理工作的最高目标，强调分工和专业化，强调统一指挥，主张工作标准化，注重严密的规章制度，着重经济上的奖励和惩罚制度，开创了管理理论的新时代，也开创了以科学提升管理效率的新时代。

古典管理理论对学校管理的影响主要表现在三个方面。

一是注重提高教育管理的效率。科学管理理论的传播，在教育管理界形成了一种追求效率的思潮。该思潮将学校看成是一个与企业、工厂没有区别的社会组织，都是按照标准化和程序化生产自己的产品，都需要追求效率；教育管理的一切目的就是为了标准化，并以此达成管理的效率目标；教育管理技能是可以通过学习提高的，教育管理活动是可以控制的，通过设计一个合理的组织结构，编制一套完善的规章制度，遵循一系列科学的管理原则，再辅之以严格的奖惩手段，学校组织就可以在有限的条件下实现最佳的管理目标。为此，劳动分工、工作责任制、工作的科学程序、工作任务和作业水平的科学度量、适当的控制幅度、能力主义等，成为学校管理的有效手段，学校的工作效率以及教师的教学效率和学生的学习效率受到普遍重视，并把学校经费的分配与教学成本相联系。

二是把科层管理作为学校管理的组织基础。强调权力等级结构，致力于通过组织实现权力和职责从最高决策层到下级员工的直接性和连续性；强调学校组织分工的专业化特点；强调学校内部严格的纪律和规章制度；人员根据需要被安排到各个部门行使自己应有的职能，按照自己的职务、责任、工作量领取工资。

三是宣示一种新的管理理念。泰勒认为科学管理是一场心理革命，劳资双方应当把注意力集中在利益的增加上，而不是在利益的分配上，这样才能从根本上缓和劳资矛盾，走向双赢。泰勒的科学管理强调效率与人性的统一，以科学取代经验，以合作取代对抗。虽然这种理念被效率至上主义所湮没，但是它的进步意义是不容否定的。法约尔首次将管理职能明细化，并将管理与经营相区别，使人们对管理的认识别开生面。韦伯则通过对不同类型组织体制的分析，深化了人们对科层制的认识。

2. 行为科学理论的引领

行为科学是一门全新的学科，它运用心理学、社会学、政治学、经济学、人类学等多学科知识，探讨人的行为问题。它的起源可以追溯到20世纪30年代末的人际关系理论，从20世纪50年代起，管理科学步入行为科学阶段。到20世纪60年代，行为科学进一步发展成组织行为学，着重研究人在组织中的行为问题。行为科学已与管理科学并列而成为现代管理学发展的两大支柱。其研究主要集中在四个领域：(1) 有关人的需要、动机和激励的问题，如马斯洛（A. Maslow）的需求层次理论、赫茨伯格（F. Herzberg）的双因素理论、麦克莱兰（D. C. McClelland）的成就需要理论、弗洛姆（V. H. Vroom）的期望理论、洛克（E. A. Locke）和休斯（C. L. Huse）的目标设置理论、波特（L. W. Porter）和劳勒（E. E. Lawler）的综合激励模式、亚当斯（J. S. Adams）的公平理论、斯金纳（B. F. Skinner）的强化理论等；(2) 同企业管理有关的所谓“人性”问题，如沙因（E. H. Schein）

的复杂人理论、麦格雷戈（D. McGregor）的X—Y理论、莫尔斯（J. J. Morse）和洛希（J. W. Lorsch）的超Y理论、威廉·乌奇（W. G. Ouchi）的Z理论、阿吉里斯（C. Argyris）的不成熟—成熟理论等；（3）企业中的非正式组织以及人与人的关系问题，如梅奥（G. E. Myao）的人际关系理论、勒温（K. Lewin）的群体动力学理论、布拉德福德（L. Bradford）的敏感性训练理论；（4）企业中领导方式的问题，如勒温的领导风格类型理论、利克特（R. Likert）的四种管理方式、密歇根大学和俄亥俄大学的领导行为研究、布莱克（R. R. Blake）和莫顿（J. S. Mouton）的管理方格图、费德勒（F. Fiedler）和耶顿（P. Yetton）的领导权变理论、豪斯（R. House）的路径—目标理论、赫西（P. Hersey）和布兰查德（K. Blanchard）的领导生命周期理论等。此外，行为科学家还在人际沟通、组织发展和变革、角色冲突、组织文化、参与决策等方面进行了广泛的探讨。

行为科学具有如下特色。（1）强调管理中人的因素的重要性。行为科学认为人不是机器中被动的齿轮，而是能动的生物体。人除了追求金钱外，还有社会的、心理的要求，行为是人的思想、感情、欲望在行动上的表现，管理的作用在于使人们因措施的刺激而产生行为动机。行为科学强调从人的行为本性激发出动力，主张从社会学、心理学的角度来研究管理。（2）强调管理要以人性为出发点。管理者在对被管理者施加影响时，首先应想到的是什么是人，然后才是采用什么方式去影响人。世界上没有两片完全相同的树叶，也没有两个个性完全相同的人。每个人都具有自己独特的风格、个性，表现为一定的意识倾向性，如兴趣、爱好、需要、动机、信念、理想等，还表现为人与人之间在能力、气质、性格等方面的差异。所以管理活动必须尊重这种客观事实，从体现人的本性和释放人的本性立场来处理和指导管理工作，如工作的安排、员工的培训教育、制度的制定、干部的任用等。（3）重视人际关系和非正式组织。组织中最有活力的要素是人。工作效率主要取决于士气，士气的高低取决于组织内部的人际关系。新型领导者的能力在于改善组织人际关系，使正式组织的经济目标与非正式组织的社会需要取得平衡。（4）强调用整体、统合的观念看待组织和人的关系，力求实现管理过程中的组织和人的统一、协调与平衡，在一定程度上纠正了古典管理学派只注重组织结构与科学管理的偏颇。

行为科学理论对学校管理的影响，集中反映在以下几方面。（1）注重人的积极性的调动。行为科学强调满足人的需要，建立和谐的人际关系氛围，增强群体的凝聚力，激发群体成员的责任感，强化管理者的领导影响力，主张使用激励的手段来激发被管理者的积极性，以提高工作效率。这些对学校管理都有很好的借鉴意义。（2）拓展学校管理研究的视野。行为科学综合运用人类学、社会学、心理学、政治学、经济学等多种学科知识研究人类的行为，为学校管理研究提供了一定的借鉴，突破了传统学校管理研究的封闭视野。特别是人际关系理论以及相随而来的民主管理思想，对当时的欧美学校管理产生了积极的影响，推动了学校民主管理的研究和深化。(3) 实证研究手段突破了经验模式。行为科学的实证研究手段被大量运用到教育管理领域之后，打破了以前的学校管理研究的“根据常识的价值判断”研究范式，使得学校管理的研究更为严谨和科学。由于采用了行为科学的理论和研究方法，学校管理学的学科建设出现了极大改变，科学的成分大大增强，学科的体系也日趋严密和完善。(4) 把学校视为开放系统。行为科学把组织作为一个开放的系统，注重研究系统内部因素和外部环境的相互作用。系统管理的思想深化了人们对学校和外部环境密切关系的认识。

3. 现代管理理论的影响

现代管理理论是继科学管理理论、行为科学理论之后，西方管理理论发展的第三阶段。第二次世界大战结束以后，管理理论空前繁荣，各种流派如雨后春笋般涌现，其中影响较大的有组织行为学派、社会系统学派、管理科学学派、权变理论学派、决策理论学派、系统管理理论学派、经验主义学派、经营管理学派、企业文化学派等。现代管理理论的形成和发展主要有两方面的原因。一是客观需要。在 20 世纪 60 年代以后，由于经济和科学技术的迅速发展，市场竞争日趋激烈，传统的管理方式已难以满足企业发展的要求，社会化大生产要求管理改变孤立的、单因素的研究方式，形成系统化管理。二是理论发展的必然。系统论、信息论和控制论的诞生以及耗散结构理论、协同论和冲突论的出现，为管理理论的产生提供了方法论基础，管理领域的复杂性、管理实践的发展以及各学科知识的相互渗透，也促进了管理理论的大爆发。

现代管理理论是近代所有管理理论的综合，是一个学科群，其目标就是要在不断急剧变化的现代社会面前，建立起一个充满创造活力的自适应系统。其共性思想可概括如下。(1) 强调系统化。运用系统思想和系统分析方法来指导管理的实践活动，解决和处理管理的实际问题。(2) 重视人的因素。强调以人为中心，把提高人的素质，处理人际关系，满足人的需求，调动人的主动性、积极性和创造性放在首位。在管理方式上强调用柔的方法，尊重个人的价值和能力，注重激励，注重以感情调动职工的积极性、主动性和创造性，以保证组织中全体成员齐心协力地为完成组织目标而自觉做出贡献。(3) 强调工作绩效。广泛运用先进的管理方法，诸如质量管理、目标管理、价值分析、项目管理等，特别是电子计算机技术和网络技术的应用。在追求效率的同时，更注重从整个组织的角度来考虑组织的整体效果以及对社会的贡献。注重效率和效果的有机结合，使管理的目的体现在效率和效果之中。(4) 强调软实力。组织的硬实力是有形的、可见的物化因素，例如资本、技术、装备、土地等生产要素，软实力则是无形的、不可见的非物化因素，例如体现在组织文化、管理制度、组织模式、领导能力、创新能力、员工素质等方面的要素。(5) 重视战略管理。根据组织内外部环境条件确定组织全局的、长远的发展方向、目标、任务和政策，注重构建竞争优势，以适应充满危机和动荡环境的管理谋略。

现代管理理论对学校管理的影响是全方位的，主要体现在以下几方面。(1) 重视人本管理。传统教育以事为本，忽视人性关怀。现代管理理论强调教育应以“完整的人”的发展为最基本的价值取向，以培养充满活力、和谐发展的人为最基本的教育目的。把人视为最重要的资源，学校管理要释放人的潜能，以能力为本位。教育管理的方法多样化，更重视用民主对话、合理授权、文本解构、意义重建、非线性变革等方式解决所面临的问题。(2) 强调系统管理。把学校视为一个开放系统，重视学校与环境的物质、能量和信息交换；注重内部要素及其结构的关系，以实现组织功能的最大化。(3) 强调校本管理。学校组织面对的是复杂多变的人和环境，有效的管理就在于独立自主、权宜应变，政府应降低管理的重心，使学校及社区具有更大的权力管理学校事务，更好地为学生服务。(4) 重视学习型组织的建设。未来最成功的组织将是学习型组织。学习型组织的核心是在组织内部建立“组织思维能力”，其精神是学习、思考和创新，其基本价值在于解决问题，其关键特征是系统思考；强调学校建立可以凝聚组织成员意志力的愿景，透过集体思考和分析，找出个人弱点，强化团队向心力，通过团队学习和标杆学习，改变心智模式，系统思考，自我超越，有所创新。(5) 重视学校的可持续发展。重视战略生态，强调学校战略管理应适应环境变化，学校组织结构应追随战略的思想；从过分重视组织中物的要素和过分理想化的研究方法转变为重视组织中人的因素、文化因素及非理性因素，重视战略研究方法的方向性和有效性，认为优良的战略应该具有创造性和灵活性。学校的竞争优势取决于其拥有的有价值的资源，学校资源是战略目标的各种要素组合，组织的核心能力是可持续竞争优势的源泉。

总之，20 世纪以来管理思想的每一次发展，都对学校管理理论和实践产生了重大的影响，为学校管理学提供了坚实的理论基础和科学而系统的研究方法。

二、中国学校管理学的发展

（一）学校管理学的起步

中国是世界上学校教育及管理理论产生和发展最早的国家。两千多年前问世的教育理论专著《学记》，比古罗马昆体良的《论演说家的教育》早三百年，比17世纪捷克教育家夸美纽斯的《大教学论》早一千八百多年。中国古代许多教育家拥有非常丰富的学校管理思想，但精芜参杂，未成体系。把学校管理作为专门的学问来研究，并形成一门独立的学科，是在19世纪末20世纪初。

19世纪以后，随着现代教育制度的形成和发展，各级各类学校日益增多，学校管理问题日益受到重视。1904年，清政府颁布《奏定学堂章程》，规定在师范学堂中必须开设“学校管理法”课程，并审定了教科书，标志着学校管理学在我国开始起步。

辛亥革命以后，一些学者在吸收西方学校管理理论的基础上，开始致力于中国的学校管理研究，出版了一批颇有影响的学校管理学教材和专著。如蒋维乔和郭秉文的《学校管理法》(1910)、常导之的《教育行政大纲》(1930)、张季信的《中国教育行政大纲》(1931)、夏承枫的《现代教育行政》(1932)、杜佐周的《教育与学校行政原理》(1932)、俞子夷的《新中华小学行政》(1932)、罗廷光的《教育行政》(1942)等。其中影响较大的有杜佐周的《教育与学校行政原理》和罗廷光的《教育行政》。杜佐周的《教育与学校行政原理》是国人撰写的第一部融教育行政学和学校管理学“双元体系”的教育管理学教材。罗廷光的《教育行政》一书，在研究范围、结构体系方面与杜佐周的《教育与学校行政原理》没有重大差别，但是在具体内容上则更为充实、深刻。

20世纪50年代以后，学校管理学的研究与教学在中国中断长达三十年，80年代才开始恢复。在一批拓荒者的努力下，本土经验总结和国外理论借鉴齐驱并驾，学校管理学的研究一直以较快的速度发展，师范院校普遍开设学校管理学课程，全国各地相继成立了学校管理研究组织，并出版了大批学术研究刊物、专著和教材。

（二）学校管理学的兴盛

我国学校管理学的真正发展是20世纪80年代以后，学校管理学成为师范院校教育管理本科专业的主干课程。1997年，国家对本科专业目录进行了重新调整分类，学校管理专业归属管理学类公共管理学科下的公共事业管理二级学科，被列为主干课程。

早期的学校管理学，比较注重一般的学校工作的任务管理和部门管理的描述。最近若干年，学校管理学的研究内涵日趋丰富，学科的外延也有很大的扩展。从研究角度看，管理学、社会学、心理学、经济学、法学、伦理学、文化学、未来学等学科都把研究的触角伸进了学校管理领域，为学校管理研究拓宽了视野，注入了新的内容。从学科的内涵来看，学校领导体制乃至学校管理体制、校园文化建设、学校形象设计、学校管理心理、学校管理法制、学校管理经济、学校公共关系、学校管理文化、学校管理诊断与评价、现代化管理技术、国内外学校管理比较等，都已成为学校管理研究必不可少的内容。学校管理学已从当初只涉足中小学管理一隅，发展为中小学管理与幼儿园管理和高校管理、普通学校管理与职业学校管理、公立学校管理和民办学校管理等门类齐全的学科群。

但是，我国目前的学校管理研究总体水平还不高，还处于经验总结阶段，对国外的理论和经验也偏重于介绍，有思想高度和理论深度的成果还不多见。自成系统的新颖独特理论还处于酝酿之中，学校管理学研究任重道远。

复习题

1. 怎样理解学校管理学的学科性质和特点?
2. 简述管理理论发展对学校管理学的影响。
3. 案例分析："四国演义"。

校长培训班上，老师介绍了学术界有关学校管理学学科定位问题的不同看法，请校长们课后思考。张、王、李、赵四位校长虽然同住一间寝室，可是在许多问题上从来就谈不到一块儿，被大家戏称"四国演义"。这不，在学校管理学的学科定位问题上四位又较上劲了。

张校长是典型的"教育学派"，他的理由很简单："学校天生就属于教育系统，学校管理学当然属于教育学科。"

"管理学派"的代表人物王校长不服气："就我所知，学校管理学中有价值的理论和方法都来自管理学，高等院校的教育管理专业划归公共事业管理类，这说明学校管理学的血管里流淌的是管理学的血!"

李校长插话道："你们二位的争论正好为我的观点提供了有力的证明——学校管理学既姓'教'又姓'管'，是一门边缘学科。"

张校长历来认为走中间路线的人是老滑头，因而对李校长的观点不屑一顾，他反击王校长道："女人嫁人，不管她带多少嫁妆，都是男人家的人!"

王校长不服气："现在不也时兴男嫁女吗?"

"不管是男嫁女还是女嫁男，生的孩子都随父姓。"张校长依然振振有词。

李校长又插上一句："都不对，现在流行小家庭。"

赵校长不耐烦地打断了三人的争论："学校管理有多少实际问题要探讨，

老师拿这种问题让我们讨论，本身就无聊至极！”话音刚落，就遭到张、王、李的齐声炮轰。

但是，争论照样没有结论。

思考题：

(1) 你倾向哪位校长的观点？理由是什么？

(2) 探讨学校管理学的学科定位有什么价值？

第二章　学校领导体制

体制本指文章的体裁、格局，在管理学中指组织在机构设置、领导隶属关系和管理权限划分等方面的体系、制度、方法、形式等的总称，是管理各方面事务的规范体系。体制有划分权限、明确功能、规范关系的作用。领导体制是规定组织系统内的领导权限、领导机构、领导关系及领导活动方式的一套体系和制度，它使领导活动遵循明确的管理层次、等级序列、指挥链条、沟通渠道进行，是领导者与被领导者之间建立关系、发生作用的桥梁与纽带，对于一个组织的发展具有重要意义。没有一定的领导体制，组织系统内的领导活动就不能正常进行。学校是为实现一定的教育目标而进行共同活动的组织，需要建立一定形式的领导体制，以维系学校成员的相互关系，有组织地开展学校育人工作。

第一节　学校领导体制概述

学校领导体制是学校管理由简单走向复杂的产物，有着非常悠久的历史。早期的学校领导力量比较简单，学校领导体制的形成与发展自然地顺应了学校管理工作，人们很少注意它。新中国成立以后，由于各种政治运动的影响，我国学校领导体制变动不居。领导体制不同，管理效果各异，从20世纪80年代开始，学校领导体制逐渐成为理论界关注的热点。

一、学校领导体制的界定

学校领导体制是确定学校内部领导力量的地位、作用、权责划分及彼此关系的根本制度。它除规定学校工作由谁来领导，以什么形式进行领导外，还确定学校内部各种组织的地位、作用和相互关系。

学校领导体制与学校管理体制是两个有关系又有区别的概念。学校管理体制是管理学校的一套体系与规范，有宏观与微观之分。宏观的学校管理体制包括教育主管部门管理学校的制度和学校内部治理制度，有人称之为现代学校制度。微观的学校管理体制即学校内部管理体制，主要指学校内部权力主体的构成、管理机构的职责与功能、权力主体之间权力的划分以及学校内部事务管理制度。与学校领导体制这一概念相比较，学校管理体制是一个大概念，它包括学校内部领导体制、学校内部组织结构、学校人事制度、学校工作制度、学校内部劳动分配制度等诸多内容，覆盖学校工作的方方面面。学校领导体制是学校管理体制中涉及学校领导力量权限划分的部分。

二、学校领导体制的类型

在管理学中，古往今来的领导体制，按不同的标准来划分，可以分为许多种类。如按照参与决策的人数分，可分为一长制和合议制；按照机构内部单位的职权性质和范围分，可分为层次制和职能制；按不同层次的机关职权的集中与分散程度分，可分为集权制和分权制；按统一机构的各单位接受上级机关的控制程度分，可分为完整制和分离制；等等。由于中小学的特殊性，通常只按参与决策的人数来分析学校领导体制类型。在西方国家，一长制通常也叫独任制或独裁制，合议制也叫会议制或委员会制。在我国，前者通常称为个人负责制，后者则称为集体负责制。

一长制与合议制各具特点，是两种有效的领导体制。一长制的优点在于，行政决策权由最高行政首长一人掌握，并对本单位的工作全面负责，权力集中，责任明确，指挥通畅，反应迅速，工作效率高。不足之处在于，一长制的有效性在很大程度上依赖于领导者个人的素质，如果用人不当，极易导致决策失误，并容易出现滥用权力的现象。同时，这种体制给领导者带来的心理压力较大。一长制比较适用于事务性、执行性机构。

合议制的优点在于，行政决策权分别掌握在两个以上的行政主管手中，凡事需要集体商量决定，少数服从多数，可以集中多数人的才能智慧，掌握多方面的信息，保证决策计划的周密性和完备性，可以避免独裁专断现象的产生。同时由于责任分担，领导者所承受的心理压力较小。不足之处在于，权力分散，易导致决策周期长，会议多，问题议而不决，决而不行，指挥不力，行动缓慢，协调困难，遇事相互推诿，无人负责，工作效率低下。故这种体制多用于以制定方针政策和长期规划、立法、协调的职能为主的机构。

由于两种体制各具优点，又各有弊端，当今世界各国各领域的领导体制改革的一个总趋势是，两种体制在逐渐靠拢，以求充分利用两种体制的优点，避免两者的弊端。具体表现有多种形式，最具代表性的有两种：一种是集体决策，个人分工负责，重大问题集体讨论决定，常规事务由主管拍板；另一种是实行行政首长个人负责制，同时大力加强咨询、审议、监督等机构的作用。我国高等学校领导体制即属于前者，中小学领导体制即属于后者。

三、学校领导体制沿革

新中国成立至今，我国中小学学校领导体制经历了七次大的变革，这在世界教育史上是独一无二的，其中有许多东西值得深思。

（一）学校领导体制的变革过程

1. 校务委员会制（1949—1952 年）

新中国成立初期，大、中、小学一般实行校务委员会制。因为学校基本上是从旧政权手中接管过来的，新政权还来不及培养出自己的学校管理者，于是由进步的教职工代表和学生代表组成校务委员会作为学校的管理机构，校长由政府委派主持校务委员会工作。这种体制在当时曾起到维护学校秩序、发扬民主、对学校进行初步改造的作用，但容易导致极端民主和工作无人负责的现象，工作效率比较低。

2. 校长责任制（1952—1957 年）

1952 年 3 月，政务院批准实施校长责任制。教育部颁布了《中学暂行规程（草案）》和《小学暂行规程（草案）》，对中小学领导体制做了比较完整的规定：中小学实行校长责任制，设校长一人，负责领导全校工作。校长由政府委派，直接对人民政府负责，校长对学校一切问题有最后决定权。这种体制的实行，既是当时国家经济发展的需要，也是向苏联模式学习的结果。由于实行专职专责，这种体制不仅工作效率高，促进了学校教育质量的普遍提高，而且培养锻炼了一大批优秀的学校管理工作者，对于当时贯彻党和政府的方针政策、改变学校工作无人负责的状态起了积极作用。这一时期是新中国成立以来学校教育的第一个黄金时期。但是，由于没有建立相应的校内监督机制，这种体制一直受到“独裁专断”的指责。

3. 党支部领导下的校长负责制（1957—1963 年）

1956 年 9 月，中国共产党第八次全国代表大会通过的党章规定，党的基层组织应当领导和监督本单位的行政机构和群众组织。根据这一精神，学校开始组建党支部并发挥其领导作用。1957 年整风“反右”以后，对校长责任制采取全盘否定的态度。1958 年 9 月，中共中央、国务院发布《关于教育工作的指示》，明确规定“一切教育行政机关和一切学校，应该接受党委的领导”，于是全国大、中、小学全面实行党委（党支部）领导下的校长负责制。这种体制虽然有效地防止了校长独裁专断现象的产生，但是在学校实行党的一元化领导，而且主张“外行就是要领导内行”，学校各方面工作都要求书记挂帅，党支部领导实际上变成了书记领导，造成以党代政、党政不分的现象，极大地影响了校长作用和学校行政功能的发挥。加之这一时期出现的批判白专道路和违背教育规律的狂热教育改革运动，导致学校管理效率及教育质量严重下降。

4. 校长负责制（1963—1966 年）

1963 年 3 月，中共中央在总结了 50 年代中后期教育改革的经验教训后，教育部颁布了《全日制中学暂行工作条例（草案）》和《全日制小学暂行工作条例（草案）》，对学校领导体制进行改革，规定“校长是学校行政负责人，在当地党委和主管的教育行政部门领导下，负责领导全校的工作”，“学校党支部对学校行政工作负有保证和监督的责任”。虽然这一时期“左”的影响没有清除，在片面强调阶级斗争的情况下，党政不分、以党代政的问题并未完全解决，但是由于这种体制比较符合学校管理实际，学校行政组织的作用得到一定程度的发挥，学校党支部职责分明，矛盾减少，学校突出了以教学为中心的办学思路，教育质量明显提高。短短三年时间，中小学教育面貌普遍大为改观，是新中国成立以来学校教育的第二个黄金时期。

5. 革命委员会（1966—1978 年）

十年动乱期间，学校领导体制混乱不堪，先是群众组织夺权掌权，接着是工宣队、军宣队、贫下中农管理学校，后来又成立了革命委员会。革命委员会是“文化大革命”期间我国各级政权和学校的组织形式，取消了以校长为首的行政组织机构，也从根本上破坏了党对学校的领导。这种领导体制既不是中央政府颁布实行的，也不是理论工作者试验探索的成果，而是特殊时期的一种特殊产物，虽然并不是法定的学校领导体制，但却是事实上的学校领导体制。这种体制不仅带来管理上的混乱，也带来了心理上的混乱，这一时期的学校教育质量是有史以来最低的。

6. 党支部领导下的校长分工负责制（1978—1985 年）

1978 年全国教育工作会议以后，教育部修订颁发了《全日制中学暂行工作条例（草案）》，规定全日制中学“实行党支部领导下的校长分工负责制，学校的一切重大问题，必须经党支部讨论决定”。这一领导体制对于拨乱反正、结束“文化大革命”给学校造成的混乱局面，使学校工作走上正轨，产生过积极作用。但是这一体制把“领导”与“负责”分开，职权与责任不统一，不符合管理学原理，而且在校长上面加了一个管理层次，不可避免地造成党政不分、以党代政的局面，不利于发挥行政部门的功能，从而影响了学校组织管理的效能。

7. 校长负责制（1985 年以后）

20 世纪 80 年代初，在党支部领导下的校长分工负责制实施不久，理论工作者就开始呼吁实行校长负责制。在政治、经济领域的改革大潮推动下，全国各地相继开始了校长负责制的试点工作。1985 年 5 月，《中共中央关于教育体制改革的决定》正式提出改革学校领导体制，要求“学校逐步实行校长负责制”，同时要求“有条件的学校要设立校长主持的、人数不多的、有威信的校务委员会，作为审议机构”，“要建立和健全以教师为主体的教职工代表大会制度，加强民主管理和民主监督”，并对学校党组织的职能和要求做了明确规定。1993 年，中共中央、国务院颁布的《中国教育改革和发展纲要》明确规定：“中等及中等以下各类学校，实行校长负责制”，“实行校长负责制的中小学校和其他学校，党的组织发挥政治核心作用”，确立了学校内部的领导结构方式和校长的地位与权限。这一体制与此前两次实行的同类体制相比，有着不同之处：一是重视咨询审议作用和强调民主管理、民主监督的作用，二是强调学校党组织发挥政治核心作用。1985 年以来，我国中小学办学质量大幅提升的事实，充分证明现行的校长负责制是一种比较合理的领导体制，它初步构建了学校组织管理的权力制衡关系，既确定了教职工的民主权利和党支部的保证监督权力，也保证了校长全面负责的权力，提高了学校组织管理的效率。

（二）学校领导体制频繁变革的原因

新中国成立后，学校领导体制变革之频繁前所未有，深入认识其中原因，对学校管理具有重要的警示作用。

1. 泛政治化的错误

长期以来，人们片面地夸大阶级斗争的严重性，认为教育属于上层建筑，而上层建筑是以生产关系为核心的社会关系之和，包括阶级关系、维护阶级关系的国家机器、社会意识形态以及相应的政治法律制度、组织和设施等。在上层建筑中，政治处于主导地位，教育必须为无产阶级政治服务。而教育是通过学校来实施的，因而把学校看作是无产阶级和资产阶级争夺接班人的主要场所，学校内部的领导权被看作是无产阶级和资产阶级争夺的目标，强调学校应成为无产阶级专政的工具，所以每一次政治运动都直接冲击学校教育，冲击学校领导体制。

2. 非此即彼的认知模式

新中国成立以来的学校领导体制，按决策人数的多寡可以分为个人负责制和集体负责制两种。校长负责制属于个人负责制，也叫独任制或独裁制，其余形式属于集体负责制。人们简单地把组织管理中的个人负责制等同于政治独裁制，把集体负责制等同于民主制。事实表明，个人负责制的效率较高，集体负责制则较能满足民主的渴望，如果通过实践尝试，在两者间找到一个可以接受的平衡点，则可以有效促进效率与民主的提升。但是，由于“左”倾片面思维的影响，非此即彼的认知模式和善恶两分的绝对化政治思维定势，使人们习惯于把某一体制贯彻到极端，出现严重后果后再来纠偏。而一纠偏又矫枉过正，回到另一个极端，来回折腾，一会儿实行个人负责制，一会儿实行集体负责制，一会儿强调党的领导，一会儿又强调群众管理，反反复复，破坏了学校的和谐与稳定。

3. 漠视学校管理规律

规律是事物发展变化的必然性，任何事物都有自身的规律，规律深藏在事物内部，需要长期深入地探索才能有所认识。只有对规律有所认识并顺应它，事物的发展才可能成功。不同的学校领导体制各有优缺点，但历史经验表明，校长负责制最有效。凡是实行校长负责制的学校，其教育质量就进入一个黄金时期；凡是实行其他体制的学校，其管理效率就出现滑坡。世界各国无论社会制度、教育性质、学校条件多么不同，它们所实行的校长负责制都是相同的，这绝不是巧合。我国学校领导体制的频繁变化，最终都回归为校长负责制，这说明校长负责制是一种最有效的学校领导体制，实行校长负责制是学校管理规律使然。但是，我国在相当长的时间，视上层建筑为研究禁区，社会学、政治学、法学、管理学、心理学等一大批学科被禁止研究甚至取消，以至于学校管理研究领域多年来一片蛮荒。没有理论的指导，加之过分自负地相信事在人为，相信人定胜天，无视管理规律，学校实行哪种领导体制全凭当权者的个人意志和威权，盲动和蛮干代替理性研究。

第二节　校长负责制

任何组织都需要建立相应的领导结构才能运行。综观百年来世界各国学校领导体制，大同小异，都实行的是校长负责制。而我国的学校领导体制却多种多样，变化频繁。其中校长负责制仅是众多体制类型中的一种，而且对校长负责制的理解又各不相同。

一、校长负责制的界定

我国中小学现行的校长负责制，是1985年颁布的《中共中央关于教育体制改革的决定》确定的。如何定义校长负责制？理论界众说纷纭。一种观点认为，校长负责制包括“上级机关领导，校长全面负责，支部保证监督，教工民主管理”四要素；另一种观点认为，校长负责制的内涵包括“校长全面负责，支部保证监督，教工民主管理”三个方面；还有一种观点认为，校长负责制就是“校长全面负责”。

从逻辑学角度而言，定义是揭示概念的本质属性的，任何事物的本质属性是多方面的，因而同一概念的定义可能有许多种，只要准确地揭示了概念的本质属性，都是可以存在的。上述三种观点中，前两种违背了“定义必须相应相称”的逻辑规则，犯了定义过宽的逻辑错误，只有唯一论符合逻辑学的定义规则。所以，校长负责制，顾名思义，是由校长全面负责学校行政工作的一种制度。校长不是教育行政部门，也不是党组织或教代会，校长负责就是校长负责，就像上级机关领导、支部保证监督和教工民主管理之中不包含校长全面负责一样，校长全面负责也不包含上级机关领导、支部保证监督和教工民主管理。

这种界定的法律依据是《中华人民共和国教育法》第三十一条：“学校的教学及其他行政管理，由校长负责。”实行校长负责制的学校，校长是学校行政的最高负责人，是学校的法定代表人，对外代表学校，对内全面负责，有行政决策权。校长负责制的内涵中不包括上级机关领导、支部保证监督和教工民主管理，并不意味着这些组织不能存在，而是和校长负责制相辅相成，为学校管理发挥各自的作用。

二、校长负责制的性质

性质是一种事物区别于其他事物的根本属性。校长负责制的性质就是指校长负责制这种学校领导体制区别于其他学校领导体制的根本属性。确定校长负责制性质的基本依据，一是校长负责制的性质必须与校长负责制的本质属性相一致，二是校长负责制的性质必须与校长负责制的内涵相一致。因为性质是事物本身所具有的、区别于其他事物的根本特征，是事物本质属性的反映，而概念的定义是揭示事物本质属性的。校长负责制的性质与校长负责制的含义互为表里，能否正确认识校长负责制的性质，直接影响着对校长负责制的理解与实施。

学校领导体制主要解决学校内部工作由谁领导，即谁才是学校当家人的问题。校务委员会和革命委员会这两种体制决定了的当家人是该领导集体，因而它的性质属于集体负责制，也叫合议制；党支部领导下的校长（分工）负责制也属于集体负责制，因为党支部是一个组织而不是个人；校长负责制的本质属性是校长负责，一所学校只有一位校长，校长负责制就是校长对学校工作承担全部的领导责任。由此可知，校长负责制的性质就是个人负责制，也称为一长制，这里的“一长”就是指校长。其他领导力量无论在学校领导体制中发挥什么作用，都不能取代校长的作用，更不能代替校长承担办学责任。由校长负责制的性质可知，校长负责制的内涵就是校长全面负责。

确定校长负责制是个人负责制，具有重要的意义。一方面有利于正确理解和把握校长负责制的含义，正确推行校长负责制，正确确定校长的责任、权力和地位，使校长放手开展工作；另一方面，有利于理顺校内外各方面的关系，各司其职，相互协作，形成合理的权力运行机制和权力制衡机制。

三、校长负责制的推行

我国现行校长负责制从20世纪80年代初开始试行，其发展大致可以分为四个阶段。

（一）试点探索阶段

20世纪80年代初，在思想解放运动和政治经济体制改革的大形势推动下，党支部领导下的校长分工负责制开始受到教育管理界的质疑，全国各地纷纷开展校长负责制的试点工作。试验的重点是处理学校党政关系，即党政分开以后，校长如何行政，党组织如何发挥作用，如何处理校长与支部书记的关系等。尽管这一阶段的工作存在这样或那样的不足，毋庸置疑的是，它的探索成果不仅为后来正式推行校长负责制发挥了重要的作用，也为推动整个教育领域的改革发挥了重要作用。

（二）正式推行阶段

1985年5月，《中共中央关于教育体制改革的决定》颁布，明确提出“学校逐步实行校长负责制”，标志着校长负责制由试验阶段转入正式推行阶段，全国大、中、小学开始分批实行校长负责制。1985—1989年，校长负责制推行得有声有色。部分试点工作卓有成效的学校，在先期改革的基础上，率先向纵深发展，改革由学校领导体制扩展到学校内部管理的方方面面，并开始呼唤教育管理体制的整体配套改革。

（三）回落阶段

1989年的政治风波使不少人错误地认为改革过头了，校长负责制搞错了。于是很多地方的校长负责制都停顿下来，静观形势的变化，一些地方退回到原体制。尽管当时教育部负责人公开表态，要继续推行校长负责制，但是，自1989年秋至1992年春，校长负责制的推行处于低谷。

（四）重振阶段

1992年10月，党的十四大明确提出了我国经济体制改革的目标是建立社会主义市场经济体制。这给学校领导体制改革注入了活力，校长负责制的推行再一次活跃起来。较之于第二阶段，这一期间的推行工作显得平稳而扎实。从校长负责制、教师聘任制、岗位责任制、结构工资制等校内管理体制改革，到教育行政部门简政放权，尝试改变与学校的传统关系，改革逐步拓宽领域和深化内涵。

四、校长负责制的完善

任何一项改革，不可能一蹴而就。推行校长负责制，是一项庞大的系统工程，涉及学校、教育行政部门、政府其他机构以及社会的方方面面，需要有一系列的前提条件和配套措施，许多条件需要相当长的时间来创造，校长负责制完善的关键是条件的完善。

（一）建立科学的校长遴选制度

校长是学校的统帅，学校的旗帜，在某种意义上，一个好校长就是一所好学校。校长肩负全面管理学校的重任，其素质、价值取向及领导方式不仅影响个人工作的成效，更影响教职工的工作积极性和学校整体作用的发挥。学校工作成效的高低，关键就看校长的素质。所以建立一套科学的校长遴选制度，把好校长素质关，就显得特别重要。校长遴选制度要明确规定校长的资格条件与素质要求、遴选方式与程序，做到规范化、民主化、公开化，形成能者上庸者下的优胜劣汰机制，使学校领导权掌握在最优秀的人士手中。

（二）营造学校改革的宽松环境

校长负责制从本质上看，是一种校内行政决策制度。其有效实施的前提是，校长必须拥有相应的校内行政决策权，否则校长负责制寸步难行。如果说，教育行政部门简政放权是当务之急，那么，为学校管理创造宽松的环境则是长治久安之计。校长是学校的法定代表人，接受教育行政部门的委托全权管理学校，应当允许校长根据本校的实际情况，扬长避短，把学校办出特色。因此，教育主管部门要从法规、制度方面保证学校拥有充分的办学自主权，减少对学校内部事务的过多干预，为校长办学创造有利的条件。

学校教育具有效益长期性、潜隐性和滞后性等特点，改革要着眼于长远利益，急功近利往往会留下许多隐患。即使改革的每一步都是正确的，其效果也不一定当即能体现出来，有时还会出现暂时的停滞或下降，这都是正常现象。没有宽松的环境，不允许犯错误，就不可能有真正的改革探索，校长负责制的推行只能停留在表面。

（三）建立合理的咨询监督机制

18 世纪法国启蒙思想家孟德斯鸠说过：一切有权力的人都容易滥用权力，这是万古不易的一条经验。要防止滥用权力，就必须以权力约束权力。历史经验告诉我们，学校出现权力滥用的问题，既与校长个人素质有关，更与学校内外部监督机制有关。现代管理理论不仅强调权力与责任的对称性，也强调权力与监督的对称性，任何权力都必须受到相应的监督。实行校长负责制以后，校长位高权重，为了减少工作失误，保证权力不被滥用，必须建立相应的咨询监督机制。咨询监督机制的作用主要有两方面：一是督促校长执行国家的教育方针政策和法规，勤政敬业，遵守权力运用程序并接受监督，防止行政权力被滥用，导致学校组织利益和师生员工的权益受到损害；二是为校长出谋划策，弥补校长在知识、能力、精力等方面的欠缺，辅佐校长用权，避免决策的失误。监督既要监也要督，监是前提，督是关键。此外，监督机制对校长工作还可以发挥保护作用。人们常说“群众的眼睛是雪亮的”，“雪亮的眼睛”自然更容易注意到管理中出现的偏差，提前预警，可以保证管理行为的正确性。

（四）配套改革，整体推进

按照系统论的观点，任何事物之间彼此关联，相互牵制，又相互促动。改革不能孤军深入，需要各方呼应，相互支持配合，为彼此的改革创造有利条件，因而制定配套改革措施是顺利推进校长负责制的保证。

推行并完善校长负责制，不是简单的书记交权、校长掌权，而是涉及诸多因素的一项系统工程。从组织关系角度看，学校内部各组织之间、学校与教育行政部门之间、学校领导体制与学校内部管理体制之间、学校管理体制与教育体制之间，相互影响，牵一发而动全身。从人事关系角度看，校长与书记之间、校长与副校长之间、校长与教职工之间、校长与教育行政部门之间，同样需要重新调整关系。如果没有系统观念，缺乏全面设计、整体推进、重点突破、分步到位的思路，改革必然因触及各种利益而遭到抵制。

（五）建立严格的法律保障制度

改革的成果需要法律保护，改革的过程也需要法律保驾护航。在学校领导体制改革攻坚阶段，各种深层次矛盾逐渐显现，改革的系统性、复杂性和艰巨性日益突出，未来的改革必须通过立法来引导、促进、保障和规范，将改革纳入法治轨道。法治框架内的改革，要求保障科学民主的决策程序，确立改革创新目标，规范改革创新程序，明确改革者的权益保障，确立改革创新协调机制和评价机制，保证改革的合法性、公正性、公平性，减少改革创新的失误。完善的法律制度是各利益群体得以平等对话、相互制约、防止公平缺失的平台，是深化改革、解决前进中出现的各种矛盾和问题、抑制和消除权力腐败的有效途径，是保证学校自主管理、防止教育主管部门对学校工作的非法干预的利器。在改革目标日益清晰、改革步伐日益坚实、改革的理论建树日益丰富的背景下，将改革成果制度化、法治化，提高教育立法和执法水平、维护校园和谐，是学校发展的必由之路。

第三节 学校领导体制的内外关系

学校是现代教育活动的基本单位，没有科学而有效的学校领导体制为依托，就不会有规范的充满生机活力的现代化学校，而没有千万所现代化的学校为基础，教育现代化就不可能实现。从计划经济体制下的学校管理模式转变为适应市场经济体制要求的现代学校管理制度，要求对学校党政关系、学校与政府、学校与社会、学校与受教育者之间的关系做出调整，从而进一步解放教育生产力，全面提高教育质量。由此可见，现代学校管理制度一方面要求学校成为相对独立、自主操作的教育实体，在内部协调各种关系，高速平稳运行，创造教育高质量；另一方面，要求学校成为一个社会开放系统，在教育市场和社会经济市场中规范和协调与外界各层面的关系，并尽可能与国际教育接轨。

国外中小学内部领导力量单一，因而其学校领导体制也极其简单，少有变化。我国各级各类学校既有行政组织，又有党组织和群众组织，在不同时期实行不同领导体制，各种领导力量在学校发挥的作用不同，在实行校长负责制的背景下，需要重新定位各方职能，明确各方权限，理顺各方关系。在这些需要调整的关系中，最主要的是政校关系、党政关系和政教关系。

一、政校关系

政校关系中的“政”，指中央和地方各级政府及其教育行政部门，“校”即学校。政校关系，顾名思义即政府或教育行政部门与学校之间围绕学校的运营发生的各种互动联系。政府及其教育行政部门与学校之间的关系十分密切。一方面，教育行政的大量规范、行为、活动是指向学校的，尤其是县级教育行政机构，其主要任务是处理与中小学有关的事务。另一方面，学校的办学经费主要来源于政府，许多活动受制于政府，对政府负责。政校关系的内容和形式如何，直接影响着政府和学校的运行，进而影响着整个教育体系的运行和发展。

新中国成立后的前四十年，我国实行计划经济模式，学校各方面的发展由教育行政部门计划安排，学校遵照执行。为了方便教育行政部门的计划安排，学校的办学权力被集中控制在教育行政部门手中。教育行政部门是学校的上级部门，学校是教育行政部门的下级机构或附属机构。即使在改革开放以后，不论学校领导体制如何变化，学校和教育行政部门的这种上下级关系都没有改变，学校管理自主权极其有限，区别仅仅在于学校内部负责的主体不同而已。校长负责制要真正到位，就必须改变这种现状。

（一）确定政校关系的基础

要理顺政校关系，首先要确定建立政校关系的基础，政校关系的基础是学校的职能和权利。为什么说政校关系的基础是学校的职能和权利？一是政府所有的教育行政职能最终都是指向学校，指向育人活动的。育人是学校的基本职能，也是与教育行政部门职能的交叉点。学校是直接从事育人活动的机构，教育行政部门是为学校育人活动提供保证的机构。二是从两者的发展渊源来看，学校诞生有数千年历史，而国家管理教育的专门机构的出现是19世纪末20世纪初的事。近代社会公共教育出现以后，涉及许多公共利益问题，学校无力应对，需要专门的行政职能机构来解决，所以教育行政机构才应运而生。简而言之，教育行政机构是为了解决那些学校和市场无法自行解决的问题而产生的，是专为学校服务的职能机构，所以，只有优先确定学校的职能，才能确定教育行政机构的职能。

学校职能是指学校在社会分工中所承担的专门职责。由于学校是以教育为目的，而又比较长期地开展有计划的育人活动的组织体，所以学校便成为教育的核心，教育本质的实现集中地体现在学校职能上。学校职能随着时代不同、人们的认识不同而有所变化，例如中世纪大学出现之初，其职能主要是研究，其后又把教学作为大学的唯一职能。19世纪初组建柏林大学的洪堡认为，科学研究职能是大学的根本价值所在，而英国著名教育家纽曼则提出大学的唯一职能是教学。20世纪中期，美国著名高等教育思想家赫钦斯在理论研究和实践探索过程中提出了独树一帜的大学理念，他认为大学的职能有三种：教学、领导教育发展和科研。今日中国高等教育界比较一致的看法则是教学、科研和服务。承担基础教育的中小学校的职能有两点是公认的，这就是传递知识，培养人才。人类所创造的知识需要通过学校教育的方式代代相传，并通过知识的传递来化育人，因而无论大学还是中小学，根本职责和使命是育人，育人为本是教育工作的根本要求。世界各种文明历来把教育视为神圣事业，非常尊重教育工作者，就是因为这是一项专业性极强的工作，必须由有德行有学问的专门人员来进行。

任何组织之间的关系，总是由彼此的权利和职责决定的。政校关系具体应该是一种怎样的关系，也可以根据有关法规对学校权利的规定来理解。根据2015年修订的《中华人民共和国教育法》第二十九条的规定，学校行使的权利有：（1）按照章程自主管理；（2）组织实施教育教学活动；（3）招收学生或者其他受教育者；（4）对受教育者进行学籍管理，实施奖励或者处分；（5）对受教育者颁发相应的学业证书；(6) 聘任教师及其他职工，实施奖励或者处分；(7) 管理、使用本单位的设施和经费；(8) 拒绝任何组织和个人对教育教学活动的非法干涉；(9) 法律、法规规定的其他权利。

国家保护学校的上述权益不受侵犯。政府的基础教育职能，就是在保证教育公益性的同时，对学校进行宏观监控，为学校提供完善的服务，提高教育的质量和学校的办学水平。作为主管教育的职能机构，教育行政部门在履行自己的职责时，应积极维护学校的合法权益。

(二) 调整政校关系的思路

在教育系统中，政府和学校各有自己的角色和优势。政府能够集中社会的物质资源、智力资源，确定区域教育发展的未来方向，综合利用区域各种资源，统筹区域教育的发展；而学校则组织教师队伍，实施教育教学，促进学生发展。调整政校关系的一个基本标准是：让政府和学校各自做自己最擅长的事情，确保学校的专业自主权，促进学校专业能力的提升。现代化的一个重要特征就是专业化，学校的专业能力归根结底在于培养人，在于系统的课程开发、教育教学和学生支持，缺少这种能力，学校将不成为学校。因此，要促进教育更好地发展，就必须保护学校的专业性，让学校能在自己的专业活动领域自主发展。这也是近年来世界各国兴起校本管理运动的一个重要原因。

调整政校关系，关键在教育行政部门。一是因为政府是国家权力机关的执行机关，手中握有行政权力；二是因为现行政校关系中，政府属于强势部门，操控了学校办学大权；三是政校关系改革不仅仅是教育体制改革，也属于政府行政体制改革的重要内容。根据国外的经验和我国教育体制改革的趋势，教育行政部门必须从如下几方面入手进行改革，以适应整个教育的变革。

1. 政校分开，转变职能

所谓政校分开，转变职能，是指国家教育行政机关根据国家和社会发展的需要，对其应担负的职责和所发挥作用的范围、内容、方式进行调整，重新确定政府与学校的功能，使它们回归本位，各司其职。

为什么要求政校分开，转变职能？学校是现代教育活动的基本单位，没有科学而有效的学校领导体制为依托，就不会有规范的充满生机活力的现代化学校；而没有科学合理的政校关系，学校领导体制改革就是一句空话。

教育行政部门是国家管理教育的职能部门，代表国家行使宏观的教育管理权力。学校是专门的教育机构，是独立的办学实体。两者虽然有直接的关联，但两者的性质、职能、工作内容是完全不同的，政校不分违背管理的基本原理。

政府作为社会公共行政机构，是按照宪法和国家有关法律建立起来的管理社会公共事务的主体。现代社会的发展，要求政府扩大教育职能，以满足社会对人才的需求。政府职能的扩大，一方面推动了现代教育的发展，另一方面也加大了政府在教育领域中的行为扩张。在计划经济模式下，政府职能是全能型的职能，政府通过指令性计划和行政手段对教育活动实行全面而直接的管理，政府承担的是决策者、操办者、监督者、控制者的角色，直接领导与具体管理中小学。政府行为的无限扩张，必然导致政府行为的失灵。一方面是政府过高地估计自己的权力对教育领域各种事务的干预能力，任意扩大政府权力的行使边界，管了许多不该管、管不好和管不了的事；另一方面是受任期目标责任制和政绩思想的驱使，短期行为滋生与蔓延，如建示范学校，树窗口学校，上各种名目的新项目，造形象工程、政绩工程，形式主义泛滥，过度干预学校教育教学专业上的具体事务，等等。

在传统的政校关系模式下，政府与学校角色关系存在着不同程度的混淆。一方面，政府将学校应该具有的职能全部包揽过去，对学校实行全过程、全方位控制，学校成为政府附属机构，失去了应有的自主权，缺乏主动适应社会发展的机制，形成了封闭办学、机制僵化、活力不足的问题。另一方面，一些该政府承担的职能却没有很好地承担起来，甚至推给学校，推给学生。例如，教育经费短缺就让学校大办校办工厂，教师奖金让学校自筹，学校缺少桌椅板凳让学生自备，等等。因此，推进和实现政府教育管理职能的转变，既是经济与社会转型的需要，更是促进教育可持续发展的客观要求。

如何改变政府对教育领域包得过多、管得过细乃至管得过死的现象？首先，要改变认识，政府是有限的政府，学校是自主的学校。政校分开、转变职能，不是将过去的职能全部抛弃，而是不该管的不管，该管的一定要管好。相对于高等学校而言，普通中小学办学对政府的依赖要大得多，特别是义务教育阶段的中小学，主要依赖于政府办学，因此既要强调学校自主办学，政府又不能放弃自身应承担的办学责任。其次，作为公共教育的举办者和管理者的政府，需要主动调整与学校的关系，实现政校分离和自身职能的转变，给学校以充分的办学自主权。政府与学校的关系要由过去单纯的隶属关系，转变为自主权和行政权相互协调、相互制约的新型关系。这种新型关系需要明确规范政府、社会、学校和个人的教育职责，以学校为轴心，政府、社会、家庭各司其职，承担各自的教育责任。政府致力于教育事业的规划与政策设计、教育资源的配置与监管、公共财政的投入与效益评估等宏观决策与政策调节，以制度建设为保障，构建依法办学、民主管理、自我约束、社会监督的机制，为学校自主办学创造良好的条件。

从社会的制度安排看，职能主要是指社会主体的职责，即依据社会安排，应该完成的任务、实现的目标、产生的有用价值和社会效果。教育行政部门的职能是政府职能在教育领域的具体化，总体而言，教育行政部门的主要职能就是管理教育和发展教育。管理教育，就是要协调各种人、财、物和社会资源，以最有效的方式实现政府在教育领域的价值目标。发展教育，就是以各种资源投入和政策促进教育发展。具体而言，教育行政部门的主要职能就是构建教育体系，保障教育条件，提供教育服务，维护教育公平，制定教育规划和标准，监管办学行为，提高教育质量。

政校分开以后，对学校内部的管理，完全委托校长全面负责，教育行政部门不再直接干涉。学校按章程自主管理，有权拒绝任何组织和个人对学校内部事务的非法干涉。教育行政部门对学校的职能应集中在如下几方面。(1) 规划。即从社会需求出发，从生源的实际出发，在对教育发展前景科学预测的基础上，对本地区教育结构、学校布局、师资队伍建设、基础设施建设以及教育投入等进行总体设计、安排。(2) 指导。即根据相关教育法规、政策和规划，对学校工作进行指点引导，为学校发展出谋划策。(3) 协调。即利用教育行政部门所处的枢纽地位，协调政府与学校、社区与学校、学校与学校、学校与家庭之间的关系，减少校长办学的阻力。(4) 监督。指按照教育行政职能要求，对学校落实党和国家的教育方针、政策的情况以及学校各方面工作进行检查、评价、督促。(5) 服务。指为学校工作提供各种支持帮助，包括创设必要的办学条件、搜集和提供教育研究和改革信息、提供教育和管理咨询、组织人才交流与培训、提供资金保证等等。

2. 以校为本，下放权力

所谓以校为本，下放权力，就是指政府办教育要立足于学校和学生的发展，根据学校自主办学的要求，将相应的权力下放给学校，让内行办学。

我国现行的教育管理呈现典型的官本位的特色。所谓官本位，是指国家的社会价值观是以官来定位的，官是主，民是仆，教育属于官员的政绩工程，公办教育成为官办教育，教育受不受重视全看为官的教育意识。因为教育是一种周期长、见效慢的社会活动，所以往往不受政府官员的重视，或者为了政绩而人为干预教育活动，揠苗助长。例如，违背教育公平办重点学校，重金奖励升学率高的学校，以提高规模效益为名任意撤并学校，直接把持学校内部的人事权、教改权，等等。须知任何国家教育目标的实现，是靠学校而不是政府和教育行政部门；任何学校的经营要依靠校长而不是教育局长。学校自身应成为发展的中心和根本，学校的一切办学和改革措施都要有利于学校组织的发展，有利于学校组织成员的发展，最终有利于教育对象的发展。教育改革的主阵地是学校，没有学校层面的变革，一切教育改革的措施都要落空，改革的目标就不能实现。教育改革与发展，归根结底要通过学校来体现。所以，教育体制改革要以有利于校长办学、有利于学校发展、有利于学生成长为目标。西方国家自20世纪80年代初兴起的校本管理运动，强调下放权力，学校自主，正是基于这一共识。

现代学校制度强调政府职能与学校职能的分离，强调政府将本该属于学校的权力还给学校。实施全面的校长负责制是建立现代学校管理制度的核心，政府权力的下放是学校实施校本管理的前提条件。校本管理的特征就是强调教育管理重心的下移，强调学校成为日常事务的决策主体，学校国家所有，校长自主经营、自我发展和自我完善。

权力是实现职能的法定力量，政府转变职能，以校为本，就要相应地下放办学权力，使学校真正能够自主办学。没有权力或权力有名无实，其结果只会对学校工作造成损害。落实和扩大学校办学自主权，关键是完善学校内部治理结构，加强办学章程建设，让每一所学校都能依法行使办学自主权和承担相应责任。

学校办学自主权由规范的学校内部治理结构所决定，主要包括人、财、物、事四方面的权力，校长接受教育行政部门的委托，代表国家行使这些权力。校长是否拥有完整的办学自主权，不仅是衡量校长负责制是否成功的重要标志，也是衡量教育行政部门改革是否到位的一个重要标志。基层教育行政部门的管理工作无论怎样具体，都不能代替校长行使学校内部的管理权。

学校实行校长负责制，教育行政部门理所当然要让校长有权力承担自己的责任，但是下放权力不仅仅是为了扩大校长的管理权，而是必须下放办学所必需的完整的自主权。完整的自主权除了校长的行政决策权外，还包括教职工的民主管理权力、社区和家长参与学校管理的权力。政府在下放权力的同时，还应该尊重学校的法人地位，给学校充分授权，保证权力到位，采取各种措施促进学校办学的积极性、自主性和创造性。

3. 提供条件，强化服务

所谓提供条件，强化服务，是指政府及其教育管理部门应以为教育发展和学校发展提供有利条件为己任，把服务教育、服务学校作为其主要职能。现代中小学绝大部分是政府为满足社会公共需要而举办的，政府是教育发展所需资源的主要支撑者。现代教育的发展既离不开政府的资源投入，也无法摆脱政府的主导和控制。为办学创造条件是政府义不容辞的责任。政府职能转变的核心是突出责任和服务功能。在现代学校制度设计中，政府的责任是构建教育服务体系，并予以监管和调控，建立规则、标准和法规，以此指导和监管管理过程。教育行政部门从具体的学校管理事务中逐步退出，凡是学校能够办好的事情都让学校办，凡是市场能解决的问题都尽可能发挥市场机制的积极作用，将教育行政部门与学校之间的上下级的被动关系转变为服务与被服务的关系，将对学校的具体指令性行政管理转变为以宏观调控和以服务为主，通过立法、拨款、政策引导、督导、信息服务等各种间接手段对学校进行管理。

从宏观方面来说，一是完善政府公共教育服务的职能体系。加强公共教育设施建设，积极发展义务教育，努力形成完善的公共教育服务体系，做到公共教育服务不缺位。二是提高政府公共教育服务总体水平。根据人民群众日益增长的物质文化需要，努力提高公共教育产品的总量与质量，使公平服务与经济增长协调发展。三是建立完善的公共教育服务制度。要实现人人享有公共教育服务的目标，满足全体公民最基本的公共教育服务需要。努力扩大优质教育资源，促进教育公平，为人民群众提供优质的、多层次的、多样化的受教育机会，以满足广大人民群众日益增长的教育需求。

从微观方面来说，一是政府应通过专业化标准对学校教育教学及其他事务进行监督控制。学校及其他教育机构是现代社会中的专业性组织，其成员以专业人员为主体，各种活动内容与形式具有浓厚的专业性色彩，这就需要形成适合教育教学专业特点的管理体制、结构与规则。教育机构与政府组织有一定的共同性，但学校不是行政化的组织，也不应视作政府部门的附属机构。学校作为一个相对独立的组织向社会公众提供教育服务，对社会的作用不同于政府组织的职能，其运作也不同于政府机关，组织机构管理上必须享有较大程度的独立性和自主性，成为面向社会提供教育产品与服务的独立的事业法人。政府对学校教育教学及其他事务的管理职能主要表现在，建立并实施国家或区域性的教育质量标准、教师专业标准、课程标准、教师教育机构标准等，对学校的专业性活动进行有效监控，以防止在学校绩效和学生学业之间出现严重的两极分化现象，兼顾教育公平与学校效益。二是政府必须管好社会公益性突出的教育产品与服务。例如，为义务教育阶段的中小学提供基本的办学条件，包括合格的师资、安全适用的教育教学设施设备、必需的办公经费，在中小学教师收入分配、职务晋升、进修培训等方面制定配套政策，使资源与机会向县以下的乡镇学校和贫困地区学校倾斜，以尽快稳定和充实农村和薄弱学校的教师队伍，依国家法律法规约束教育机构的市场性办学行为，承担起学校教育教学活动监察者的角色。三是创新现代学校管理体制。政府的教育管理职能从微观向宏观领域的转变，实行政事分开，意味着政府教育行政部门应主要干预公共性事务。政府及其教育行政部门不再主要以行政命令、指示、规定或指令性计划等行政措施和手段直接领导和管理学校，尤其是学校与教师的专业性事务。政府对教育领域干预的重点，放在为学校及其他教育机构运作创设良好的外部环境、提供高效率的行政服务上，而专业性事务中大部分则由学校自己去处理解决，政府只提供相关的机会、信息与条件，以便从根本上改变学校作为政府附属机构的地位。学校在组织目标确立、人员构成、经费使用、内部分配等方面拥有自主权，依法面向社会自主开展教育教学等活动，通过学校的自主发展和自我约束，增强学校对社会的适应与服务能力，促进各类学校发展及其成员工作的主动性、积极性和创造性，提高教育产品与服务的质量。创新学校管理体制，包括学校领导体制、人事管理体制、财务管理体制和监督约束体制等。在学校领导体制创新方面，以政事分开为体制框架，取消学校的行政级别和淡化行政隶属关系，由学校相关利益者的各方组成民主、科学的领导决策权力机构，保证学校独立决策和自主经营管理。在人事管理体制创新方面，打破人才的部门、地区和单位所有制，依托社会化的劳动保障制度的建立，运用和发挥生产要素市场在人力资源配置上的作用，使学校组织的成员由国家人、单位人向契约人转变。在激励机制方面，学校组织内部应引入竞争机制，建立健全完善的用人机制，并实行多样化的劳动分配制度，充分调动组织内部各类成员的劳动积极性、主动性和创造性。在财务管理体制上，通过规范化的国有资产管理制度的施行，建立、健全学校的成本核算制度、经费收入与支出管理制度，规范学校的收支管理，提高教育经费使用的效益。

二、党政关系

这里所谓的党政关系，指学校内部行政与党组织之间的关系。学校党组织是党的基层组织，不负责制定党的路线、方针、政策，其主要职能是在上级党委领导下保证监督党中央的路线、方针、政策在本单位的贯彻和实施，教育和动员党员充分发挥先锋模范作用，这是党的领导作用在基层党组织的具体体现，校长按照党的政策和国家的法规来管理学校是实现党对学校领导的重要形式。在过去相当长的时间里，人们把党对学校领导和党支部的领导简单地画上等号，甚至把党的领导与党的基层组织的负责人直接画上等号，把党政关系等同于书记和校长的关系，最终导致了党政不分，以党代政，党支部领导变成了书记领导，使党的活动内容和方式事务化、行政化，学校工作书记一人说了算，实际上削弱了党的领导。实行校长负责制，党组织有条件用主要精力加强自身建设，更好地发挥政治核心作用，更好地保证监督党和国家的路线、方针、政策在本单位的贯彻落实，从而更好地体现党对学校的领导。

学校内部的党政关系是学校领导体制改革的突破口。从 20 世纪 80 年代初开始，虽然各地校长负责制试点学校就开始了党政分开的研究，但是时至今日，学校党政关系并没有完全理顺，还存在一些值得进一步探讨的问题。其中最主要的问题，一是对实行校长负责制之后，学校党组织到底要发挥什么作用认识不清；二是对党政关系如何互动认识不清。

（一）**学校党组织的职能**

有些学者曾根据1963年颁布的《全日制中学暂行工作条例（草案）》和《全日制小学暂行工作条例（草案）》对学校党组织的要求，把实行校长负责制之后的学校党组织的职能概括为“保证监督”。1993年颁布的《中国教育改革和发展纲要》规定“党组织发挥政治核心作用”。什么是政治核心作用？党组织还要不要发挥保证监督作用？只有明确党组织发挥政治核心作用的内涵，才能发挥其作用。党组织的政治核心作用，是由党组织的政治性质和政治任务决定的。1985年颁布的《中共中央关于教育体制改革的决定》对学校党组织的职能做了明确的概括：“学校中的党组织要从过去那种包揽一切的状态中解脱出来，把自己的精力集中到加强党组织的建设和加强思想政治工作上来；要团结广大师生，大力支持校长履行职权，保证党的各项方针政策的落实和国家教育计划的实现；要坚持用马克思主义教育广大师生，激励他们立志为祖国的富强奋勇进取、建功立业，保证学生德智体的全面发展，使学校真正成为抵御资本主义和其他腐朽思想的侵蚀，建设社会主义精神文明的坚强阵地。”这就是学校党组织的政治核心作用。

1. 党组织政治核心作用的内涵

党组织政治核心作用的内涵可以概括为四个方面。

（1）政治引领作用。

在中国，学校的教育事业是在共产党的统一领导下进行的，教育事业就是党的事业，教育的目标是培养社会主义事业的建设者和接班人。因此，无论学校的办学性质还是办学功能，都决定了学校工作中政治引领的重要性。党的政治引领作用发挥的强弱，关系到学校能否坚持正确的办学方向，关系到党的教育方针能否得到落实，关系到学校能否培养适应社会发展的优秀人才，这是学校的政治使命。学校党组织应把好政治导向关，形成学校正确的舆论导向，加强对学校精神文明的领导。

（2）民主决策作用。

虽然校长负责制的核心是校长具有决策权，但并不意味着学校的任何事情从头到尾都由校长一个人包打包唱。科学的决策是一个由多环节组成的完整过程，除了最终的方案选择环节，其他每一个环节都应充分体现民主，因此，科学的决策必然是民主决策的结晶。学校党组织充分发挥民主决策作用，是发挥政治核心作用的重要体现。党组织的有效参与，不仅包括党支部书记的参与，还应包括党支部全体成员的集体参与。党组织既要尊重校长的决策权，又要积极地参与对学校行政工作中重大问题的商讨和决策。在校长决策前能提出可行性、建设性意见；在校长决策的具体落实中，能及时发现问题，提出调整性意见，共同完善决策，保证学校正确的办学方向；在决策执行周期结束后，总结经验教训，分析原因，为下一阶段的决策提供有价值的参考。

（3）保证监督作用。

党组织发挥政治核心作用不是要取消保证监督作用，保证监督作用是政治核心作用的内容之一，但不能以保证监督取代政治核心作用。学校党组织通过保证监督作用参与学校管理，为校长推进各项教育改革规划严格把关，在思想和组织上及时了解和检查学校发展的各项工作达成情况，保证学校政令畅通。同时党组织还应建立党内监督与群众监督机制，健全党内民主生活制度，充分发挥教代会的作用；同时运用这些机制，促进党员干部依法行政，以法治校，做到公正、廉洁、自律。党组织的保证监督作用，既是对学校的决策过程进行监督，又是对学校工作落实，进行过程监督。

（4）支持服务作用。

学校工作千头万绪，要促进学校发展，作为党组织就要义不容辞地支持学校行政工作，支持校长工作，做好教职工的思想教育工作，凝聚人心，协调关系，扩大正能量，促进和谐。要协调行政和民主党派、群众组织的关系，各级干部之间的关系，通过求同存异的协调来确保学校各项工作的顺利实施。学校党组织的政治核心作用还表现为服务群众，为人民服务应成为学校党组织及其成员的最高宗旨。党组织要着眼强化服务功能，提高服务的质量和效率，党员干部正确的事业观、工作观、政绩观应该建立在全心全意为人民服务的基础上。师生是学校发展的主体，党员干部要做到：体贴教师，关爱学生，带着深厚的感情做师生员工的工作，坚持把师生员工最关心、最直接、最现实的利益问题作为工作的重点，设身处地为师生员工办实事、谋利益，为教学一线解难题，始终以师生员工满意不满意、拥护不拥护、赞成不赞成作为评判标准，坚持办实事，把解决师生员工不满意的问题放在一切工作的首位，对群众赞成和拥护的就坚持实施，对群众不满和反对的就要及时纠正。把主要精力放在抓重点工作、抓薄弱环节、抓群众反映的突出问题上来。倾听师生员工的呼声，关心他们的疾苦，形成深入了解民情、充分反映民意、广泛集中民智、从师生员工的创造中汲取政治营养，尊重师生员工的创造，切实珍惜民力的决策机制。坚持科学态度和求实精神，兢兢业业地做好工作，少说空话，多办实事、办好事，最大限度地增加和谐因素，解决好影响和谐的突出矛盾和问题。

2. 党组织发挥政治核心作用的途径

学校党组织在发挥政治核心作用的过程中，既要主动积极，又要防止越俎代庖干预行政；既要克服形式主义，又要避免无所作为，力争把学校党组织的各项工作做得既切合学校实际，又符合时代要求。一般而言，学校党组织发挥政治核心作用的途径主要有如下几方面。

一是抓党组织的建设。重点抓党员干部的教育、管理和监督，加强领导班子建设，提高干部的思想素质，自觉适应市场经济条件下深化教育改革的需要，认真贯彻执行教育方针，学习教育理论，学习科学管理方法，成为办好学校的内行；重视和关心干部队伍的建设，坚持德才兼备、任人唯贤的原则，抓好本校干部的推荐、选拔、教育、管理、考核和监督等项工作；补充新鲜血液，壮大党员队伍，优化党员结构，搞好党员的教育、管理和监督，增强党员的党性观念和组织纪律观念，发挥党员的模范先锋作用，鼓励他们在学校各项工作中贡献自己的聪明才智；严格组织生活，维护党员的正当权利，监督党员切实履行义务，严格遵守国家法纪。

二是开展师生员工思想政治工作。党组织对教职工的思想政治教育和职业道德教育要常抓不懈，注重提高教职工的师德水平，端正教育思想；要积极研究探索新形势下的新情况、新问题，分析教职工的思想状况和变化规律，总结经验，创造团结和谐的政治气氛，增强学校内部凝聚力；要抓好学生的理想信念和思想品德教育，促使学生全面发展。抓好学生的德育工作是学校党政的共同职责：学校行政组织抓德育主要是通过学生工作处或政教处来实施，侧重抓学生的纪律、安全、卫生和行为习惯的养成教育；党组织抓学生德育工作主要是通过学校团委来实施，侧重培养学生的理想、信念和思想道德品质。党组织还要通过团组织抓好优秀学生的教育工作，包括团组织的建设与发展以及学生的自治与自理能力的培养，提升学生的道德情操。

三是对工会、教代会、共青团实施领导。工会、共青团是党联系群众的桥梁和纽带。加强对工会、共青团组织的领导，首先要靠制度作保证，把它们的工作列入党组织工作日程，支持它们独立开展工作，参与学校民主管理和民主监督，参与处理教职工和师生之间的矛盾，支持它们为职工和青年办实事，支持其自身素质的改善。党支部要认真贯彻全心全意依靠教职工办学的指导思想，健全教代会制度，关注教职工关心的热点问题，让教职工参与高层次决策和管理，发挥教职工主人翁作用，把学校的工作思路、奋斗目标变为教职工的自觉行动，实现学校决策的科学化、民主化，从源头上维护教职工切身利益和合法权益。这样，既使工会、共青团组织的桥梁、纽带作用得到了较好的发挥，也维护了党组织的政治核心地位。

四是参与学校行政决策。学校党组织没有行政决策权，并不意味着党组织对学校行政决策无权过问。参与学校行政决策，是党组织发挥政治核心作用的必然途径。学校很多决策关系到党的路线、方针、政策的贯彻落实，有着政治意义和政治影响。学校党组织有责任和义务把党的意志转化为学校行为，保证学校的办学方向，保证学校的健康发展。学校党组织参与行政决策不是直接代替校长决策，也不是对行政决策进行审批，而是通过一定的形式参与决策、影响决策。例如，建立行政领导定期向党组织报告工作制度、重大问题党政联席会议制度、党政负责人重大问题决策磋商制度、党组织负责人参加行政办公会制度、提请教代会审议重大问题制度、组织全体党员讨论学校重大问题制度等，从规章制度上保证党组织能够科学规范地参与重大决策。一些事关全局特别是涉及学校生存发展、社会稳定以及教职工切身利益的重大问题，党组织可以在慎重研究讨论的基础上，向校长提出意见和建议。对于一些十分重大而又敏感的问题，在校长未采纳意见和建议的情况下，党组织可以向上级报告。

（二）**党政关系互动**

从学校党组织的职能可以看出，实行校长负责制以后，党组织并不是靠边站了，而是要发挥新的作用。校长也必须依靠党组织开展工作。实行校长负责制后，校长是学校行政工作的中心，党支部是政治领导的核心。学校被分成两块：一块是由书记领导的非行政性组织，另一块是由校长领导的行政性组织。两者关系如果处理不好，就会出现看似职责分明，实质上混杂不清的问题，要么校长说了算，要么书记说了算，要么各行其是，各自为政。那么核心作用和中心作用究竟怎样才能并行不悖？怎样使“中心”和“核心”形成一个互相依存、互为表里、同生共存的有机整体，值得进一步探讨。

1. 党政关系的不同层面

党政关系正确互动的前提是了解不同层面的关系，正确处理不同层面的关系。学校党政关系主要是组织关系和职务关系，但也涉及其他关系。

(1) 组织关系。

组织关系即学校行政与学校党组织的关系。组织关系本质上是一种职能关系，即不同组织所承担的不同功能和职权。这些功能相互关联，需要彼此配合，以构成合理的组织关系。从职权角度讲，学校行政与学校党组织是平行关系，学校行政是主管学校办学事务、育人事务的行政机构，学校党组织支持校长履行职权，是发挥政治核心作用的政治机构。两者根本目的一致，都是为培养国家建设人才服务，但是两者服务内容、形式、具体目标各有不同。学校行政实行个人负责制，党组织实行民主集中制，不能混淆，更不能彼此替代。

（2）职务关系。

所谓职务，是指人们在某一职位上所应完成的工作任务和所应具备的任职资格。在法律意义上，职务意味着获得一定的法定身份，代表国家、集体或者社会团体执行一定的事务。不同的组织根据职责功能可以划分为不同的职务系列，任职不同，头衔称谓不同。职务又分为行政职务、党内职务和技术职务等多种类型。所谓职务关系，就是因为工作职位而构成的工作关系。

党政关系的一个重要内容就是党政职务关系，党政职务关系的核心是校长和书记的关系。在我国现实生活中，由于校长和书记的关系一向比较敏感、重要，曾长期成为学校矛盾的焦点，所以人们常常把党政关系误解为校长和书记的关系。我国中小学校长绝大多数是共产党员，党员校长与党支部是个人与组织的关系。个人服从组织是党的组织原则。在党内，在组织面前，校长作为普通党员，必须参加党的活动，遵守党的规律，服从党的决议，完成党组织交给的任务，严于律己，起模范带头作用。支部书记是党内一班人的“班长”，校长作为普通党员应摆正自己的角色，成为“班长”的最得力助手。另一方面，校长是学校教育教学工作的总负责人，书记作为学校教职工的一员，与其他教师一样要接受校长管理，服从工作安排，承担教育教学任务。无论从学校编制考虑还是从专业发展角度考虑，书记不宜脱离教学一线。

（3）同事关系。

同事关系通常指在同一组织中共事的关系。这种关系是以工作为基础，没有工作就没有关系。同事关系严格地说不属于党政关系，但由于在同一单位工作，即使不担任任何党政职务，也会因为工作发生各种联系，有时会涉及党政关系。同一所学校的校长和书记这种职务关系，其实也属于一种同事关系。校长与书记因为分别是行政和党组织的负责人，其同事关系与一般教师之间的同事关系有所不同。一方面因为工作责权多有交叉，容易出现矛盾；另一方面校长、书记是学校工作的领头人，是教师行为的楷模。所以，要格外注意处理好双方关系。

一般而言，处理同事关系有四个要求：平等、尊重、真诚和包容。平等的意思是彼此都是同事，没有谁比谁高，不论男女老少，也不论职位高低，都应平等相待。尊重的意思是设身处地为他人着想，心存仁厚，给他人足够的面子，维护他人的尊严，把批评指责转变为容忍和尊重，避免吹毛求疵。真诚的意思是既然大家都在同一单位工作，就应坦诚相见，不要心存芥蒂，为同事的工作尽可能地提供方便，多一分理解，少一分对立。包容的意思就是要严于律己，宽以待人，容忍不同性格的人的小缺点，放大对方的优点。朋友关系可以选择，同事关系则往往不可选择，在工作中切忌对同事过分刻薄，吹毛求疵。

不论职务，仅从同事关系讲，校长与书记是同一学校的教育工作者，应该建立良好的工作伙伴关系。这不仅是心理的需要，也是工作的需要，是创建正常的育人环境的一部分。校长与书记所处理的问题都应该是与工作有关系的，与工作无关的问题尽可能不要涉及，尤其不要涉及生活方面的问题。工作中有分歧、有争议是正常的，减少工作矛盾的一个重要措施是明确双方的职责范围，职责范围内各负其责，职能交叉的问题协商处理，不为个人争权夺利。双方有矛盾，能在校长与书记之间解决的不扩大到第三人；能在党内解决的问题，不闹到党外去；能在领导层解决的问题，不弄到群众中去，“和为贵”的意识应视为处理同事关系的可贵品质。双方都要敢于负责，敢于坚持真理，修正错误，胸怀坦荡，光明磊落，以大局为重，以事业为本，避免内耗。

（4）私人关系。

私人关系是在日常工作和生活中以个人为单位，以一定的地缘、血缘关系为纽带的更注重感情色彩的社会关系，如家人、亲戚、邻居、同事、朋友等。私人关系是最基本的社会关系，显然不属于党政关系范畴。但学校中的私人关系更多与工作有关，甚至与工作糅杂在一起。因为工作交往多了，日久生情，就会培养出各种各样的私人关系，这种关系在某种程度上会影响工作关系和职务关系。私人关系以感情为基础，建立在相互欣赏、认可和信赖以及利益交换的基础之上。好的私人关系如润滑剂，可以使人心情舒畅，使枯燥的工作变得有意思，配合更协调。例如校长和书记是老交情，双方的工作关系、职务关系无疑就容易相处融洽，进而学校行政和党组织就能相互配合。学校领导者之间如果存在庸俗的非正常的私人交情，同样会对学校工作造成负面影响，如结党营私，蝇营狗苟，狼狈为奸。如果校长和书记私人关系紧张，互不买账，就会影响学校正常的工作。我国实行校长负责制以后，由于学校党政关系缺少明确界定，校长与书记谁大谁小、谁管谁的争论很长时间困扰着学校，校长与书记的关系一度只能靠私人关系来维持。为了减少学校矛盾，一些地方教育行政部门甚至根据私人关系来确定学校校长和书记的人选，把组织关系、职务关系降格为私人关系。

私人关系错综复杂，容易使组织内部公私关系混淆不清。正因为如此，德国著名管理大师韦伯勾画出的以公正的法定权力为基础的理想的官僚组织模式的重要特征之一，就是组织管理的非人格化。就是说，组织管理应明确划分公事与私事的界限，组织成员之间只是工作与职位的关系，而非人对人的关系。组织中的成员应有固定和正式的职责并依法行使职权，成员关系不是由个人感情决定，而是由职位所赋予的权力所决定的，成员间只有对事的关系而无对人的关系。在公务活动中，公事归公事，交情归交情，不得掺杂个人感情等非理性因素，个人之间的关系不能影响到工作关系。管理学界有“管理者无朋友”一说，指的就是管理者在组织中只存在工作关系，不存在任何私人感情，管理者对任何员工不能亲疏有别，只有这样才有利于提高组织的工作效率，并能有效地避免和防止人与人之间不必要的矛盾和摩擦，维持组织的和谐运行。

但是，人是有感情的动物，在组织中绝对禁止私人感情是不可能的，也是没有必要的。在著名的霍桑实验中，美国哈佛大学心理学家梅奥的研究表明，照明条件、工作设备、娱乐设施、员工的保险、养老等方面的改善与生产效率的提高之间并无直接的因果关系，相反，员工的心态、人际关系、情绪和对集体的参与感、认同感才是提高生产效率的最关键因素。所以在学校工作中，管理者一方面要注重建立良好的人际关系，形成良好的工作氛围和和谐的育人环境；另一方面事事有标准，处处讲原则，不凭感情办事，不按亲疏用人，不拿原则做交易，不以人情代替制度，不以关系代替政策。校长和书记在处理职务关系上同样应该如此。

2. 党政关系三原则

要处理好党政关系，必须坚持正确的工作原则，否则会造成工作中各自为政的“两张皮”现象。

(1) 总体目标的一致性。

党和政是职能不同的组织，应各尽其职，发挥不同的功能。从这个意义上讲，党政要分开，党管党，政管政。书记和校长分别主管学校党政工作。虽然两者职责不同，但目标是一致的，都是为了把学校工作搞好。校长的职能主要表现在对学校各项行政工作的决策和直接指挥上，党组织的职能主要表现在对学校各项工作的监督保证上。党政虽然功能不同，但总体目的是相同的。从大处说，都是为了培养德智体全面发展的社会主义事业建设者和接班人；从小处说，就是提高教育质量，实现学校的办学目标。

(2) 中心工作的配套性。

学校的中心工作是育人，学校任何组织都是为育人服务的，这是在任何时候都不能动摇的。学校党组织有自身的职能要求，但是不能脱离学校的中心工作。针对一个时期的行政中心工作，党组织分析党员、教职工的现实思想，了解党员、教职工对中心工作的认识和态度，发挥党员的模范先锋作用，带领党员、教职工克服困难，完成中心工作。

(3) 工作方法的互补性。

因行政工作一般具有刚性、服从性、时效性等特征，所以行政管理常给人疾风暴雨、雷厉风行的感觉；又因思想工作重在改变或巩固人的认识和行为，这种改变需要转化时间，不能强迫命令，所以思想工作往往需要和风细雨，润物无声。如果两者有效结合，刚柔相济，就会相得益彰。例如，面对校长分配的工作任务，如果教师遇到困难处事消极，甚至满腹牢骚，党组织要从思想上给予疏导，从方法上给予指导，从精神上给予鼓励，推动其积极圆满地完成工作任务。

3. 党组织对学校行政的作用

对于学校行政，党组织应发挥的作用主要有三点。

一是支持。即支持校长履行职责。在新的形势下，党组织虽不再发挥行政领导作用，但是党组织的奋斗目标与学校行政总目标是一致的，校长所从事的工作是党的事业的一部分，学校实行校长负责制也是党中央的决定。学校党组织应该大力支持校长履行职责，支持学校改革发展，对学校的改革发展提出意见和建议，及时向上级党组织和政府职能部门反映学校的合理要求，帮助解决影响学校改革发展稳定的突出问题；带领全体党员做执行校长决策的模范，做校长的坚强后盾。党组织负责人不能静等校长上门汇报工作，应当主动为校长工作出谋划策，保驾护航。要主动配合学校行政活动开展支部工作，把学校工作的难点作为党组织工作的重点。

二是保证。即保证学校的办学方向，保证党的各项方针政策在学校得到贯彻落实，保证国家教育计划的实现，保证学生德、智、体、美全面发展。在学校管理过程中，校长往往因为各种原因，无法行使职权，无法承受国家的委托，所以，党组织不能隔岸观火，必须为校长的有效管理提供保证条件。

三是监督。人们通常认为，党组织的监督作用主要是监督校长独断专行，这种理解其实是片面的。党组织的监督包括多方面。一是监督党和国家的方针政策在学校的贯彻执行，监督学校的经营和发展方向。二是保证学校遵纪守法，规范经营，反对和制止一切违反法规的倾向和决定，确保学校健康有序地开展育人工作。三是确保学校资产处于有效监管之下，实现健康持续的发展。四是监督人才的选拔任用，为推进学校团队建设发挥重要的保证监督作用。五是监督学校重大问题的决策科学化、民主化，反对和制止在学校重大问题的决策中盲目拍板、独断专行等不正常行为。

4. 校长对学校党组织的态度

一是尊重。校长要尊重党组织的决定，尊重书记。无论校长是否兼任书记，都无权凌驾于学校党组织之上。要确立专门的党政联系渠道和方式，校长或定期向党组织做工作汇报，或党组织负责人列席学校行政会议。校长应认真对待学校党组织或书记的建议和意见，做到件件有回复。

二是配合。校长对于学校党组织的决议和开展的活动应予以积极支持配合，为党组织开展政治教育、教师职业道德教育和学生思想品德教育提供条件，使党组织在学校能充分发挥政治核心作用。

三是依靠。校长在管理过程中要依靠党组织，把党组织作为坚强后盾。一些关系学校发展、关系教职工利益的重大决定，要有党组织的参与，或征求党组织的意见，争取党组织的支持，发挥党组织的定向、把关作用。校长在从事学校管理的过程中，要注意依靠党组织的政治优势、组织优势和群众优势推进工作，形成党政和谐局面。

三、政教关系

这里所谓的政教关系，指学校行政与教职工代表大会的关系。我国20世纪50年代初和60年代初实行的校长负责制，没有强调教职工的民主管理，国外学校也没有实行教职工代表大会制度的先例，因而没有现成的经验可供借鉴，在很多方面还有待深入研究。

（一）学校建立教代会制度的法律依据

《中华人民共和国宪法》第二条规定："人民依照法律规定，通过各种途径和形式，管理国家事务，管理经济和文化事业，管理社会事务。"《中华人民共和国教育法》第三十一条规定："学校及其他教育机构应当按照国家有关规定，通过以教师为主体的教职工代表大会等组织形式，保障教职工参与民主管理和监督。"《中华人民共和国教师法》第七条规定，教师"对学校教育教学、管理工作和教育行政部门的工作提出意见和建议，通过教职工代表大会或者其他形式，参与学校的民主管理"。《中华人民共和国工会法》第四条规定："工会通过职工代表大会和其他形式，组织职工参与本单位的民主决策、民主管理和民主监督，保障职工民主权利的实现。"《中华人民共和国劳动法》第八条规定："劳动者依照法律规定，通过职工大会、职工代表大会或者其他形式，参与民主管理或者就保护劳动者合法权益与用人单位进行平等协商。"上述这些法律条文是学校建立教职工代表大会、实施民主管理和民主监督的法律依据。

（二）建立教职工代表大会的意义

为什么要建立教职工代表大会？首先，这是由我国社会主义制度的性质决定的，是保障教职工依法行使民主权利的需要。我国宪法规定了人民当家做主以及职工参与民主管理的权利。《中华人民共和国宪法》第二条规定："人民依照法律规定，通过各种途径和形式，管理国家事务，管理经济和文化事业，管理社会事务。"教育法和教师法对学校建立健全教职工代表大会制度和教职工参与学校民主管理做了进一步规定。教职工参与学校民主管理，是人民当家做主的具体体现。

其次，学校教职工代表大会是教职工依法参与学校民主管理和监督的基本形式。这是落实知识分子政策，依靠教师办学的需要。学校是知识分子最为集中的地方。办好一所学校，应当全心全意依靠广大教职工，调动各方面的积极性。教职工代表大会是学校教职工有领导有组织民主参与的渠道，能够集中全校教职工的智慧和力量，在办学中发挥重要作用，可以促进基层民主建设。

再次，这是进一步完善学校管理体制改革的需要。教职工代表大会制度是学校管理体制的重要组成部分，可以和其他民主形式相互补充。教职工代表大会具有较完备的工作制度的组织体系，教职工代表来自各个方面，代表和反映不同层次群众的意愿和呼声，民主的深度和广度是其他民主形式所无法比拟的。民主管理和民主监督作为教职工代表大会的主要职能，以制度的形式加以规范，不至于流于形式，可以保证得到落实。

最后，民主管理是世界各国管理发展的大趋势，但民主管理的具体形式各有不同。校长负责制虽具有其他学校领导体制无可比拟的优势，但是它的缺点也是有目共睹的，那就是容易出现决策失误和独断专行现象，校长负责制的有效性很大程度上取决于校长个人的素质。学校建立教职工代表大会，加强民主管理和民主监督，可以弥补校长负责制的不足。所以实行校长负责制，校长必须真心实意依靠教职工民主办学，校长的决策应能充分反映民意，这是学校领导体制改革的要求，是保障教职工参与学校民主管理和监督，完善现代学校制度，促进学校依法治校的重要举措。

（三）教职工代表大会的职权

实施教职工代表大会制度的目的是依法保障教职工参与学校民主管理和监督，完善现代学校制度，促进学校依法治校。教职工代表大会在学校管理中的任务主要是：按照国家的有关法律、法规、路线、方针、政策，对学校管理实施民主管理和民主监督，确保教职工的主人翁地位，维护教职工合法权利，支持和监督学校的行政工作，保证学校各项工作的顺利完成。

为完成这一任务，就必须拥有相应的职权。2011 年 12 月教育部颁布的《学校教职工代表大会规定》，对教职工代表大会的职权做出了明确规定。

1. 审议权

审议即审核建议。审议权指教职工代表大会有权对会议的各项议案进行审查和讨论并发表意见，表明态度，提出建议、批评和意见的权利。如审议学校章程草案的制定和修订情况报告，学校发展规划、教职工队伍建设、各项规章制度、教育教学改革、校园建设以及其他重大改革和重大问题解决方案的报告，学校年度工作、财务工作、工会工作报告以及其他专项工作报告，讨论通过学校提出的与教职工利益直接相关的福利、校内分配实施方案以及相应的教职工聘任、考核、奖惩办法，法律法规规章规定的以及学校与学校工会商定的其他事项；审议学校上一届（次）教职工代表大会提案的办理情况报告；等等。

2. 监督权

监督即监视、督促。指教职工代表大会有监督学校管理机构及其工作人员的公务活动的权利，是教职工参与学校管理的一项不可缺少的内容。学校权力监督是由党组织的监督、教育主管部门的监督、司法监督、群众监督、舆论监督等多种形式组成的完整的权力监督体系，教职工代表大会的监督是权力监督体系中的一种最具活力的监督。实行民主监督，既有利于改进学校行政人员的工作，也有助于激发教职工关心学校事务、为学校发展出谋划策的主人翁精神。一般而言，教职工代表大会的监督权主要包括批评权、建议权、申诉权、控告权、检举权五项内容。

3. 评议权

教职工代表大会有权监督评议学校管理者的工作，按照有关工作规定和安排评议学校领导干部，向主管机关提出表扬、批评、奖惩和任免的建议；根据主管机关的部署，参与民主推荐学校行政领导人员的人选。学校管理者应定期向教职工代表大会述职。

（四）双方关系互动

校长负责制确立了校长在学校管理中的中心地位，也确立了教职工代表大会民主管理和民主监督的权利，二者相辅相成。教职工代表大会与同级行政领导之间的关系，是相互依赖、相互合作的关系，是监督与被监督的关系。

教职工代表大会要支持和维护学校行政领导的指挥权威，教育教职工遵守学校各项规章制度，努力完成各项工作。行政领导要尊重和支持教职工代表大会在其职权范围内行使民主管理权利，认真对待教职工代表大会的决议和提案。

校长与教职工代表大会之间的关系虽然不像政校关系和党政关系那么微妙复杂，但是同样存在不少问题，如：有的学校将教职工代表大会置于学校行政领导之下，民主管理和民主监督权利得不到落实，教职工代表大会只是一种民主的象征，教职工代表大会的活动走过场；有的校长认为教职工代表大会的民主管理与校长全面负责相互矛盾，不少教师则认为校长负责制实质是独裁制，民主管理与民主监督不过是一剂“安慰剂”，等等。如何使双方有效地发挥作用而又不互相拆台，形成良好的关系互动，值得进一步研究。但如下基本要求必须遵守。

第一，学校行政要尊重和支持教职工参与管理，支持教职工代表大会行使职权。教职工代表大会必须独立行使民主管理权利，学校行政不应干预教职工代表大会的活动。开好教职工代表大会，落实教职工代表大会职权，是学校党政工共同的任务。学校行政要为教职工代表大会开展活动提供条件，在人力、物力、财力、时间上给予支持，同时支持工会承担好教职工代表大会日常工作机构的任务。

第二，教职工代表大会要尊重、维护和支持校长的领导权威，自觉地维护行政系统的集中领导和指挥，教育教职工服从行政领导，遵守各项规章制度，以高度的主人翁责任感做好本职工作，正确履行好自己的权利和义务。

第三，要确立明确的行政决策程序和民主管理与民主监督程序。明确教职工代表大会和学校行政的责权范围，对教职工代表大会必须参与的管理过程应做出明确规定。

第四，凡是教职工代表大会在权限范围内做出的决议，校长应当全力执行，如有不同意见，则应有要求修改和复议的权利。对某些须经双方协商处理的事务，如果不能达成一致意见，可先按校长的意见执行。与学校发展以及与教职工利益密切相关的重大事务，双方要达成一致才能付诸实施。

复习题

1. 我国中小学领导体制频繁变革的原因是什么？应从中吸取什么教训？
2. 怎样完善校长负责制？
3. 你认为理想的政校关系应该是怎样的关系？为什么？
4. 中小学党政关系应如何互动？
5. 你认为教职工代表大会在学校管理中应怎样发挥作用？
6. 案例分析：学校党政关系的争论。

在中小学校长培训班上，主讲教师提出的一个讨论问题引起张、李两名学员激烈的争论。主讲教师的问题是：1963 年中央文件提出学校党支部发挥保证监督作用，1993 年中央文件的提法是学校党组织发挥政治核心作用。什么是政治核心作用？强调政治核心作用还要不要发挥保证监督作用？怎样理解两者的关系？在当前形势下，中小学党支部对学校行政应该怎样发挥作用？

学员张的观点是：学校实行校长负责制以后，校长是学校最高行政负责人，对学校工作全面负责，有行政决策权。党组织的保证监督作用变为政治核心作用，意味着不需要党组织发挥保证监督作用了。所谓党组织的政治核心作用，就是要求支部书记超脱行政事务，当“开明书记”。当“开明书记”就是支部书记对学校行政的最大支持。

学员李的观点是：现行的学校领导体制是校长负责制，校长只是“负责”，而不是“领导”。学校“领导”非党支部书记莫属。中央文件规定学校党组织发挥的政治核心作用，就是对学校的领导作用。支部书记应控制学校的办学方向，有权对校长所有的决策审批把关。党组织的保证监督作用依然存在，就是防止校长走向独断专行，所以不应强调书记开明、超脱。

思考题：

（1）你怎样评价张、李两名学员的观点？

（2）你认为应该怎样回答主讲教师的问题？

第三章 学校管理过程

任何管理都追求理想的结果，结果的实现却不是一蹴而就的。管理行为是一种周而复始的动态运行过程，管理过程是一个以时间为基本坐标的变化顺序，管理的目的就是在这种管理过程中实现和完成的。那些持续时间较长、活动或变化的阶段性比较明显的过程，还可以分出若干环节。学校管理过程研究，就是要探讨学校管理活动的演变状态、演变顺序、演变周期以及演变的种种特点，使学校管理全程变成一个可控的过程。只有充分认识和理解管理过程，才能既从局部上理解管理行为的各部分内容，有助于做好组织的各部分管理工作，又能从整体上理解由各部分内容结合而成的全部管理活动，有助于做好组织的系统管理工作。

第一节 学校管理过程概述

一、学校管理过程的界定

什么是管理过程？管理过程学派认为，管理过程是一系列管理职能发挥作用的过程。信息论将管理过程视为一组将输入转化为输出的相互关联或相互作用的活动，而控制论将管理的过程看作是一个控制的过程，决策理论则认为管理活动的全部过程都是决策的过程。我们认为，学校管理是管理者组织和利用各种资源实现学校管理目标的活动，学校管理过程是学校管理者行使组织职能，组合学校资源，发挥资源作用，使之产生理想结果的持续活动状态。

二、学校管理过程的特点

只要有管理活动，就有管理过程。有效的活动一定是在管理过程中进行的，但管理过程并不必然会使活动变得有效。一方面管理过程本身要消耗大量资源，另一方面活动的有效性受制于人对管理过程的认识、资源的合理配置和方法手段的应用。认识了学校管理过程的特点，就向管理规律接近了一步，管理资源的运用、管理职能的发挥、管理结果的产生就会变得更有效。反之，管理过程不仅徒耗资源，还会产生反面效果。

学校管理过程有哪些特点？根据对立统一法则和管理的基本原理，考察学校管理过程的实际情况，我们认为学校管理过程具有动态性与可控性、周期性与连续性、有序性与可变性三对互相关联的特点。

（一）**动态性与可控性**

动态性指学校管理的目标、程序、方法、环境以及主客体的变化，导致管理过程会出现涨落。学校管理过程是一种活动过程，学校全体成员都是在活动过程中发挥作用，把学校资源转化为能量，并形成成果的。师生的活动过程，能量的转化过程，成果的形成过程，无一不是动态变化的。一旦出现静态，就意味着学校管理运行的终止，就意味着学校管理生命的结束。但是，并不是说只要学校管理处于活动状态，管理过程就是有效的。

动态性意味着学校管理具有多方向性。因为学校管理过程是多因素参与的活动过程，尤其是人的因素具有主观能动性，直接作用于管理过程，既可能把握管理的正确方向，也可能改变管理的方向。动态性意味着学校管理过程可能出现左右摇摆，起伏波动甚至倒退的现象，不是方向正确就可以保证学校管理活动一帆风顺，一路平安。因为人类对学校管理过程规律的认识还非常有限，当管理行为顺应了管理规律时，就能使管理过程顺畅而有效，反之则难免跌宕起伏。动态性还意味着学校管理过程的活动结果不是恒定不变的。管理效率是管理结果与管理投入之比，投入不变的情况下，结果越大，管理效率越高；在结果不变的情况下，消耗的资源越少，管理效率越高。在其他各项因素不变的情况下，只要时间在变化，管理效率就会逐渐下降。所以提高管理效率不仅涉及人、财、物的优化配置问题，也存在如何争时间抢速度的问题。

动态性也意味着学校管理系统具有可变性。任何人工系统都是动态系统，学校管理系统在运行过程中受到内部条件和外部环境的影响而不断变化，因此，管理者必须以动态的观点把握学校管理系统运动的变化规律性，及时调节学校管理的各个环节和各种关系，以保证管理活动不偏离预定的目标。动态性特点要求学校管理具有一定的弹性。弹性是指管理系统必须保持充分的伸缩性，以便及时地适应客观事物各种可能的变化。管理系统处于一个千变万化的环境之中，环境变化有许多不可控的因素，在决策中要求管理者对变幻莫测的因素全部预测和确认是很难的，管理者只能近似地对此做出预见和判断。另外，即使管理者在决策过程中对各种要素做出较全面的、准确的预测，但管理对象的行为动机、行为方式及行为取向对决策的执行也会产生难以预测的影响。因此，在管理上应留有一定的余地，才能适应实际情况的变化。

可控性指学校管理过程的变化在一定范围内可以预测、把握和操控。学校管理的动态性特点并不意味着学校管理完全不可控。一方面，世界上万事万物都有一定的发展变化规律，学校管理过程也不例外。客观规律虽然不可控，但可以认识和利用。根据学校管理过程的活动规律来组织学校管理活动，就可以使学校管理过程受控于人的要求。另一方面，学校管理活动是人的意志活动，在很大程度上受人主观意志的左右。管理者可以通过确定管理目标，调节管理行为，改变管理资源的配置等方式，使管理过程为特定的目的服务。学校管理具有多方向性，但是正确的方向只有一个，而且管理过程不像时间流程，永远只朝着一个方向。要保证管理不偏离正确的方向，就需要加以控制。管理过程中各种资源也是可控的，管理的效益与资源的投入有关，更与资源的优化配置有关，资源配置就是一种有效的控制。控制论认为，管理过程就是一个控制过程，所以管理过程的成果，实质上就是控制的结果。

动态性和可控性看似一对矛盾，其实是一个问题的两个方面。可控性只是一种可能性，并不意味着必然性，可控的事物也会出现失控的现象。任何事物是否可控，取决于三个条件：(1) 可知性，即可以掌握比较完善的事物发展变化的信息；(2) 可预测性，指能根据信息对事物的变化趋势做出明确判断；(3) 可使用性，即管理者可以动用资源影响事物的变化进程。所以，要想学校工作不失控，学校管理者要注意全面掌握学校内外部的信息，特别是学校发展中存在的问题和教育发展的总趋势，做到全局在胸，有效利用各种资源办好学校。

（二）周期性与连续性

学校管理过程的周期性，指学校管理过程是由不同环节构成的整体，各个环节循序出现，形成一个又一个的周期。每一个周期都要完成一定的任务，实现一定的具体目标。

学校管理过程的周期性是由学校工作的周期性决定的。学校每年都有毕业生离校、新生进校，年复一年重复相同的工作，并形成常规。如果常规具有科学性，循环运用就可以大大降低管理的难度。但是，周期性的特点并不意味着学校管理过程是一个简单重复的过程。周期性只是表明学校管理过程始终重复相同的环节，每一次重复意味着一次进步。就如车轮围绕着车轴循环旋转，每一次循环就推动列车向前运行一定的距离，列车依靠车轮无数次周而复始的循环到达目的地。认识学校管理过程的周期性特点，可以使我们向管理规律接近一步，因为周期性当中蕴含着规律，周期性是管理规律的一种表现。

连续性是与周期性密切相关的一大特点，连续性即周期的不断循环，一如季节的周期变换与时间的延续。从人类追求事物发展运动的确定性规律的目标来看，周期性和连续性都是十分理想的运动形式。只要学校存在，学校管理就不会消亡，学校所有的活动都随着时间的流程向前发展，学校管理过程就会由一个个的周期连接成连续的过程，这就是学校管理过程的连续性特点。但是，管理过程的连续性与时间的延续性既密切相关，又有很大的不同。时间的流程不依人的意志为转移，始终只朝一个方向，按相同的速度延续。时间是一切生命活动的载体，学校管理活动总是在一定的时间流程中逐步铺开。但是时间的延续性不等于学校管理过程的连续性，时间可以免费把我们带到未来的某一天，但不会让我们不劳而获。

科学的管理要求管理过程必须具有连续性，连续是管理过程的理想状态。学校管理全程是无数个管理周期的连接，这种连接不是自然的连接，也不应是人为的连接。从表面看，是学校管理者计划安排和控制的结果，但真正的连续性应是学校管理者对管理规律的顺应。在实际管理中，我们经常可以看到，有的学校管理过程连续、平稳，有的则一波三折，上气不接下气，这就反映了管理者对管理规律的认识水平。管理过程的连续性特点要求管理周期具有衔接性，否则管理过程的连续性就会受到破坏。连续性还意味着管理的规范性，无规矩不成方圆，管理的随意性越大，管理过程的连续性就越差。当管理走向规范，走向必然，管理过程的连续性才能得以保持。连续性意味着管理过程的发展性。管理周期是循环的，但不是叠加的，不是原地踏步的，而是螺旋式上升的。管理过程不连续，发展就会受到阻碍。

（三）有序性与可变性

学校管理过程的每一个周期，都是由计划、执行、检查、处理四个环节构成的。首先是计划，没有计划，管理行动是盲目的。其次是执行，即把计划付诸实施。没有执行，再好的计划都不过是纸上谈兵。再次是检查，检查是为了掌握执行情况，没有检查就不能发现问题，积累经验。最后是处理，即解决检查中发现的问题。没有处理，检查就没有意义，下一周期工作的开展，还会受到上一周期问题的困扰。管理过程四环节环环相扣，头尾相连，构成一个封闭的环，缺少哪一个环节，封闭的环就会被打破，管理就可能出问题。

学校管理的有序性的根本原因在于学生身心发展的有序性，在于知识结构的有序性。一如昼夜轮回、四季交替是自然规律的表现，管理过程的有序性也是管理规律的一种反映。有序性意味着管理环节不可颠倒错位，管理进程不可逆转。试想学校工作先执行后制订计划，情况会怎么样？管理过程有序性意味着管理程序不能遗漏任何环节，必须步步到位。前面的环节是实施后面环节的基础，后面环节是前面环节的深化，一步有失，步步受牵连。有序性还意味着学校管理工作的稳定性。无论学校哪一方面的工作，都得按四个环节进行管理，形成稳定的工作秩序。

管理过程的可变性不是要改变管理过程的有序性，而是相对固定的管理模式而言的。上述管理四环节的有序性是一种最基本的管理模式，在实际应用当中，由于各方面的工作性质不同，要求不同，可以形成多种变式。就是同一种工作，在相同的要求之下，也可以有多种变式。例如，有些常规工作有经验在先，可以一边制订计划一边执行，不必静等计划尘埃落定。检查既可以待某一阶段工作完成之后进行，也可以边干边检查。处理也一样，既可以随时发现问题随时处理，也可以分阶段处理，还可以集中做一次性处理。管理模式的可变性是由管理因素的复杂性决定的，也是人类对管理规律认识的结果。

第二节 学校管理环节

对于学校管理环节，中外学者的看法大同小异。所谓大同，是指都认为管理过程由四个基本环节构成，都有计划、执行、检查、处理。所谓小异，是指对第四个环节的看法略有出入，我国学者普遍认为第四个环节是总结，美国质量管理大师戴明则认为是处理，总结只是处理的众多内容之一。

戴明认为管理过程是由计划（Plan）、执行（Do）、检查（Check）、处理（Action）四环节构成，简称“PDCA 循环”或“戴明环”。管理过程就是按照“PDCA 循环”周而复始地运转的。

文字表述方面的差异，反映出中外学者管理观念上的差异。总结是指从检查结果中得出经验教训，为下一阶段的工作开展提供借鉴，却不大关注如何解决检查中所发现的问题。西方学者把处理作为一个管理周期的最后一环，认为总结仅是处理这一环中众多的具体职能之一，说明他们更注重问题的解决，更具有务实的精神。

一、计划

计划是指根据对组织外部环境与内部条件的分析，提出在未来一定时期内要达到的组织目标以及实现目标的方案，核心内容是对完成任务、实现工作目标的过程进行的全面设计和统筹规划。一般用文字和指标等形式加以表述。计划是管理周期的起始环节。

（一）计划的分类

计划有很多种类，按计划的重要性划分，可以将计划分为战略计划和工作计划。战略计划是指为组织设立总体目标和长远发展的宏观规划，如学校发展十年规划。工作计划是对某一部门或某项具体工作在时间、任务、目标、方法措施等方面的具体安排，也称作业计划，如教学计划、班级管理计划等。

按时间界限划分，可分为长期计划、中期计划和短期计划。长期计划通常指5年以上的计划，短期计划一般指1年以内的计划，中期计划则介于两者之间。长期计划重在绘制组织长期发展的蓝图，描述组织在较长时期内的发展方向和方针，规定组织的各个部门在较长时期内从事某种活动应达到的目标和要求。短期计划则具体规定组织各个部门在较短时段内应从事的活动和要求，为组织成员的行动提供依据。中期计划则是为了保证短期计划与长期计划相互衔接而制订的。长期计划宏大而遥远，组织的目的或使命往往太抽象、太原则化，使得短期计划难以依凭，中期计划可以将长期计划相对具体化。例如，学校长期计划提出通过十年努力把学校办成本市一流学校，中期计划则可以把实现长期计划的目标分为三个阶段，规划每一阶段内本校优秀教师达标率、学生成绩合格率达到多少，学校事故率、学生流失率等下降多少，等等。

按层次划分，可分为总体计划、部门计划和个人计划。总体计划是对未来一定时间内整个组织的发展目标、工作任务和要求做出的安排，如学校总体发展规划。部门计划是对总体规划的落实。部门根据总体计划的安排，对本部门所承担的目标任务，在时间、内容、措施和要求方面做出具体设计，如年度总务工作计划。个人计划是在部门计划的基础上，对具体落实自身所承担的岗位责任目标做出的安排，如科任教师教学计划等。

美国管理学家哈罗德·孔茨和海因·韦里克从抽象到具体，把计划划分为目的或使命、目标、战略、政策、程序、规则、方案以及预算等要素。目的或使命指明组织机构在社会上应起的作用、所处的地位，如学校的使命是教书育人。目标是目的的具体化，组织的目的或使命往往太抽象，需要进一步具体化为组织一定时期的目标和各部门的目标。战略是为了达到组织总目标而采取的行动和利用资源的总计划，是组织的思想指南。政策是指导或沟通决策思想的全面陈述，能帮助事先决定问题的处理方法，确定下级的权限。程序是完成某类活动的切实方式，是行动的指南。规则是行事的准则，通常是最简单形式的计划。方案是一个综合的计划，它包括目标、政策、程序、规则、任务分配、要采取的步骤、要使用的资源以及为完成既定行动方案所需要的其他支持。预算是用数字表示预期结果的报表，通常是为计划服务的，也可视为简单具体的量化计划。

（二）计划的作用

计划工作是为实现组织目标服务的，所以计划具有明确的目的性。计划是组织、领导和控制等管理职能的前提和基础，并且渗透到各管理职能之中，离开了计划，管理不仅茫无头绪，也没有效率可言。计划工作具有普遍性和秩序性，凡事都应该先做筹划安排，工作才能有条不紊地展开。在管理实践中，计划是其他管理职能的前提和基础，并且还渗透到其他管理职能之中，具有特殊重要的地位和作用。

1. 计划是学校发展的纲领

任何行动都需要有周密的安排，不打无准备之仗，计划就是事先的行动安排。计划的内容包括指导思想、目的和目标、任务、资源配置、行动步骤、质量要求等，对组织发展具有明确的引领作用。计划全面而科学，且具有前瞻性，那么，组织就有了奋斗的目标和发展的蓝图，行动就有依据。如果计划不周，或根本没计划，就会导致灾难性的后果。

2. 计划是组织协调的前提

现代社会的各行各业的组织以及它们内部的各个组成部分之间，分工越来越精细，过程越来越复杂，协调关系更趋严密。要把这些繁杂的有机体科学地组织起来，让各个环节和部门的活动都能在时间、空间和数量上相互衔接，既围绕整体目标，又各行其是，互相协调，就必须有一个严密的计划。管理中的组织、协调、控制等如果没有计划，就好比汽车总装厂事先没有流程设计一样不可想象。

3. 计划是组织实施的准则

计划的实质是确定目标以及规定达到目标的途径和方法。因此，如何朝着既定的目标步步逼近，最终实现组织目标，计划无疑是管理活动中人们一切行为的准则。它指导不同空间、不同时间、不同岗位上的人们，围绕一个总目标，秩序井然地去实现各自的分目标。行为如果没有计划指导，被管理者必然表现为无目的的盲动，管理者则表现为决策朝令夕改，随心所欲，自相矛盾。结果必然是组织秩序的混乱，事倍功半，劳民伤财。在现代社会里，可以这样说，几乎每项事业，每个组织，乃至每个人的活动都不能没有计划。

4. 计划是控制活动的依据

计划不仅是组织、指挥、协调的前提和准则，而且与管理控制活动紧密相连。计划为各种复杂的管理活动确定了数据、尺度和标准，它不仅为控制指明了方向，而且为控制活动提供了依据。未经计划的活动是无法控制的，也无所谓控制。因为控制本身是通过纠正偏离计划的偏差，使管理活动保持与目标的要求一致。

（三）计划环节的任务

1. 确定目标

目标是学校工作必须达到的规格标准，分为教育目标和管理目标。目标的确定既要考虑国家的统一要求，也要考虑学校实际。各个学校情况不同，工作目标也应有所差别。确定目标时，要进行调查研究和预测，掌握学校内外情况，寻找所要解决的问题，预测各种因素对学校的影响，以确定解决问题的方向。在此基础上，再根据学校的主客观条件，确定所要解决问题的现实可能性，提出奋斗的目标。确立了目标，就确立了行动的方向。

2. 拟订方案

目标确定之后，就要拟订方案。方案是实现目标的设计，包括解决问题的途径、进度安排、资源配置等。可以发动教职工，集思广益，提出多种供选择方案。每种方案应各具特点和解决问题的不同途径，具有排斥性，这样才利于方案选优。只有一种方案，没有比较和选择就付诸实施，是很危险的。

3. 做出抉择

面对多种方案，学校管理者从学校实际出发，根据目标的要求，进行比较研究，分析各种方案的利弊，深思熟虑后做出抉择。方案抉择应以满意为标准，不必追求最佳。一方面，因为人的理性是有限的，未来的情况有许多是不可知的；另一方面，最佳方案往往也是难度最大、成本最高的方案。

4. 制定措施

抉择之后，应将方案具体化，周密筹划，制定措施，确定具体工作项目和项目标准，拟订各项工作的方式、方法、步骤和进行地点、完成的时间、责任人。

（四）计划制订的要求

计划要成为行动纲领，必须符合如下要求。

1. 超前性

超前性不是指计划的精度、难度和价值超前，而是指计划的时间超前。计划是未来行动的方案，必须提前制订，提前公布，这样行动才可能从容不迫，有条不紊，谋取工作的主动性，避免无谓的时间浪费。临时抱佛脚式的方案，难以保证深思熟虑，其科学性、可行性就要大打折扣。

2. 针对性

任何计划必须具备三个不可或缺的要件：一是目标，即要解决什么问题、达到什么要求；二是任务，即实现目标要完成哪些任务、突破哪些难点；三是措施，即怎样完成任务。针对性就是指计划的指向要明确，解决什么问题、实现什么目标、运用什么措施都要有安排，保证目标具体、任务明确、措施有的放矢，体现在原有基础上的进步。

3. 可行性

计划是行动的方案，其任务、目标、措施都要求有一定的量化指标，切实可行，漂亮的辞藻、空洞的口号、不着边际的设想对计划的实现没有任何帮助。计划没有目标或目标模糊，行动就没有方向，就无法凝聚力量；计划的目标高远而明确，但不具备实施的条件，没有实现的可能性，同样是自欺欺人。

4. 弹性

计划是一种预案，会受到许多不可预见因素的影响，为了提高计划的实用性，就必须注意计划的弹性。计划的弹性主要体现在两方面：一是目标任务指标的弹性，即将完成的任务框定在一定范围之内，允许随条件的变化而有所波动；二是目标任务不变而允许措施有所变动，通常采用预定出处理不同问题的多种工作方案，以应对未来形势的变化。

（五）计划环节的作用

计划环节在管理过程中具有三大作用。

1. 保证行动的方向

在组织活动中，需要有明确的方向，才能保证组织成员心往一处想，劲往一处使。若目标不明确，组织成员的行动就会失去方向。盲目的行为是无法形成工作合力的。计划不仅有明确的目标，而且对实现目标有明确的安排。只要保证计划可以落实，就能保证行动的方向。

2. 统一步调

学校组织就如同一台机器，由众多的零部件构成，所有的部件只有协调一致，机器才能正常运转，一个部件运行阻滞，整个机器的功能都会受影响。计划就是学校机器的运行控制图，按图操作可以保证学校工作的正常运行。

3. 提高资源的利用率

学校开展任何工作都需要消耗一定的资源。减少能耗，提高资源的利用率，是提高管理效率的重要方式之一。合理的计划可以保证以最小代价换取最高的效率。

二、执行

（一）执行环节的任务

执行是将计划付诸实施，把设想变为现实的过程。在管理过程中，执行环节占时最长，工作最复杂，是四环节中最重要的一环。学校所有工作成果不是计划出来的，也不是检查总结出来的，而是实实在在地干出来的。没有执行，理想的目标就成了泡影，再好的计划只是一纸空文。执行环节的任务就是落实计划，实现预定的目标。

（二）执行环节的作用

1. 实现资源的能量转换

执行过程就是消耗资源的过程，资源不被利用会出现损耗，利用不当更会出现损耗，根据严密论证的计划来组织活动，优化配置资源，就能充分发挥资源的效用，产生理想的成果。有的学校资源投入与其他学校相当，效果却远不如其他学校，根本原因就在于不注重资源的能量转换。资源能量转换就是使每一份资源最大限度地产生能量，每一份能量最大限度地产生功率。

2. 实现活动的功能转换

任何一种活动，都会产生某种功能。学校管理过程中的执行活动，不仅要求产生理想的功能，更要求实现功能的进一步转换。学校管理不仅要达到管理的目标，更主要是通过达成管理目标来实现教育目标，这就是执行的功能转换。执行如果不能产生功能转换，就达不到执行的真正目的。不少学校管理者，终日忙忙碌碌，却难有理想的效果，就是因为只知道执行，而不注重执行的功能转换。或者说只注意执行的直接效果，而不注意它的终极效果。

3. 实现知识的价值转换

“知识就是力量”的名言曾经唤起许多人对知识的热切追求，但是，如果知识不经过价值转换，是不可能变成力量的。执行的过程就是知识运用的过程，是知识价值转换的过程。管理者和教师将自己所掌握的知识，作用于管理对象和教育对象，管理对象和教育对象不是原封不动地接受，而是要加以内化，生成新的知识和技能，这种转化出的知识和技能，不同于作用于他们的知识、技能。好比教练，并不一定能在体育比赛中获得金牌，但是他可以通过“执行”，使自己掌握的运动知识和技能变成运动员的知识和技能，使运动员夺得金牌。素质教育的一个重要特征就是有利于促进这种转换。

（三）执行环节的管理活动

在计划的实施阶段，为了最大限度地调动各方面的积极性，有效地执行计划，实现目标，学校管理者要做好组织、监控、指导、协调、激励等方面的管理工作。

1. 组织

实施阶段的组织活动，包括任务的合理分配和人、财、物的妥善安排两个方面。其中，人力的妥善安排是核心。因为组织的根本目的是为了保证学校计划的顺利实施，任务的完成，而这些需要依靠人来进行。因此，分配任务必须考虑到人的因素。首先要根据工作的需要分配人员，以保证整体计划的完成。其次要考虑人才的特长和风格，将其安排到最能发挥其作用的岗位上。最后要考虑人际关系，合理搭配人员，使其在工作中能和谐相处，齐心协力。

物力和财力的安排要坚持经济原则，注意效用。所谓经济原则，是指以最合理的代价换取最大的利益，通俗地说就是少花钱多办事。经济原则不完全等同于节约原则，节约原则的侧重点是少花钱，该省的省，不该省的也省。经济原则的侧重点是多办事，能省就省，不能省的绝不省。

2. 监控

实施计划的关键是在管理过程中，使影响教育教学质量的全部因素始终处于受控状态，保证计划持续有效地运行。监控的关键是质量监控，质量监控是为达到质量要求所采取的作业技术和活动，贯穿于教育质量形成的全过程。某些作业技术和活动既可用于对过程的监视，又可为质量保证提供证据。就学校质量监控而言，就是对教育活动过程中各个环节的监督和控制，对出现的偏差及时进行纠正，对出现的问题及时予以解决，以保证教育质量的提高。

人是质量体系资源中最重要的要素。人的素质、人的精神以及人与人之间的关系，都会影响计划是否能高质量地实现。学校管理者在实施计划的过程中，不仅要对全体教师、教辅人员、管理人员和后勤服务人员强化业务培训，而且要进行质量体系和执行标准的培训，做到人人明确质量职责，自觉履行质量义务。

3. 指导

指导是学校管理者对所属部门或成员在工作上进行指点和帮助。执行者在实施工作计划的活动中，常常会出现偏离目标，或方法欠妥，或片面追求数量而忽视质量等情况。为此，管理者就要注意随时对执行人员进行工作指导，帮助他们明确目标，为他们指点方法技巧，提醒问题，避免出现错误。已经出现问题的，管理者应对有关人员进行具体的指导，帮助修正偏离的目标，改进方法，对忽视质量者予以批评教育。只有这样，才能使工作不偏离正确轨道，使活动中“力”的使用不至于浪费，保证学校各项工作的最优化。“校长是教师的教师”这一要求，在执行环节的指导活动中要得到充分的体现。

应当明确，指导的目的是使被管理者干好工作，因此，指导的方法应该是点拨式的或启发式的，或示范式的，不可包办代替或强加于人。有效的指导应该是：指点而不说教，帮助而不替代，引导而不强加，批评而不压制。通过指导提高全体成员的思想认识，调动他们的积极性，提高他们的业务水平。

4. 协调

工作计划是在预测的基础上制订出来的，在实际执行中，难免与实际情况有所出入，各种工作要素之间难免出现矛盾和冲突，如果不及时调整，就会造成内耗，降低效率，甚至贻误工作。所以在工作的全过程中都离不开协调。协调是贯穿于实施阶段全过程中的一项管理工作，目的是使各个部门、各类成员工作之间能有机配合，和谐运转。

在实施阶段，学校管理者应注意协调以下几方面的关系。(1) 各组织、各部门之间的关系。协调此方面关系的目的在于使各部门步调一致，上下互相衔接，以充分发挥组织的效能。(2) 学校各类成员之间的关系。在学校管理活动中，人的因素是最主要的，人与人之间协调与否，极大地影响着其他因素。管理者进行协调工作，首先应使人与人的关系融洽，即教师之间、职工之间、教师与职工之间，乃至教职工与学生之间密切配合，团结一致。(3) 人与事、事与事之间的关系。协调此方面关系的目的在于使人与事之间力量组合相当，事与事之间进度相宜，步伐合拍。

5. 激励

激励也是贯穿于实施阶段全过程中的一项管理活动。它是指学校管理者灵活运用精神和物质的刺激手段，激发学校成员的进取心，以调动学校成员的主动性和积极性。

在执行阶段，要使各类成员持续地按原定计划从事某种工作，并且不断提高积极性，除必要的规章制度外，还需要采取各种激励手段。高昂的士气是高效地完成任务所必不可少的。激励士气的方法多种多样，一般可分为精神激励和物质激励两大类。学校管理者在采用激励手段时，要善于根据管理对象的特点，有选择地采用激励方式，把精神和物质两方面的因素结合起来，如赋予具有挑战性的工作，授予权利和责任，进行客观公正的工作评价，创造发展机会，改善工作生活条件，适当的物质和精神奖励等，都可以使教职工受到激励。

三、检查

(一) 检查的意义

检查是衡量工作现状与工作标准之间是否存在差异的活动。检查是学校管理过程的必要环节。它不是一次性环节，而是贯穿于管理全过程的环节。只有计划而无检查，计划就会流于形式，得不到真正的贯彻。检查环节的任务是：了解工作进度和质量，发现问题，寻找误差；考察管理目标的正确性和难易度，检验工作计划的合理性；了解教职工在工作过程中的表现，发现有效的工作方法等。

在管理过程中，检查的作用主要体现在三个方面。

1. 对管理者来说，检查具有测度管理水平高低的作用

检查是在计划实施一段时间之后，将计划的实施情况与计划相比较，以此评价计划决策的正确性和预见性，评价实施阶段各种措施的有效程度。

2. 对学校成员来说，检查具有督促、考核和激励作用

学校管理者可通过各种方式的检查了解学校成员执行计划的情况，诸如工作态度、计划实施进度、相互配合程度、创造性发挥以及工作经验和存在的问题等，督促教职工按预定要求开展工作。通过检查，可以考核教职工的工作能力强弱、态度优劣，为教职工评价提供信息，为管理者正确用人打下基础。通过检查，还可以培养教职工严谨认真的工作态度和务实负责的工作精神。激励作用来自两个方面：一是检查所带来的压力，没有压力就没有动力，适度的压力可以使教职工产生工作积极性；二是检查测评所形成的认可，每个人的工作都需要他人的认可，尤其是当工作有了一定的成绩，这时职工的期待心理就会更强烈，所以认可可以产生激励作用。

3. 对工作来说，检查对前期工作具有验收作用，对后续工作具有推动作用

检查贯穿于整个管理过程，通过检查对每一段落的实施活动及时进行分析，发现工作是否偏离目标和是否有效，进而指导和调整下一步的实施活动。同时，检查还为后续的处理提供前提和依据。

（二）检查的方式

在学校的管理活动中，要使检查充分发挥作用，必须灵活运用各种检查方式。检查的方式主要有以下几种。

1. 分散检查和集中检查

分散检查是在平时进行的检查，具有及时、灵活、分散的优点，对计划的执行具有直接的考核和监督作用，但不易掌握全面情况和完整地分析问题。集中检查是阶段性进行的检查，具有集中、全面、系统的特点，能比较深入地、全面地分析执行阶段各项工作的进程状况和质量水平，对后续工作的指导作用较大，但不如分散检查的及时性强。

2. 全面检查和专题检查

全面检查是指学校管理者对下级人员的岗位责任、各部门的办事制度及其执行情况逐项进行检查。这种方式的优点是有利于了解学校工作的全面情况，掌握全局动态，缺点是容易使检查内容一般化。

专题检查是学校管理者对计划实施中的某一方面工作进行专门检查。这种方式具有深入细致的优点，有助于学校管理在计划实施中抓住重点，发现新问题，

总结新经验，缺点是难于反映全局的情况。

3. 领导检查、相互检查和自我检查

领导检查是学校上层管理者，集中一定时间和人员对部属成员完成计划的状况所进行的检查。这种方式具有比较明确的目的和比较统一的标准，有集中的时间和专门人员。

相互检查是学校各有关成员之间相互检查。如同一学科的教师相互听课、观摩等。这种活动方式如运用得当，可使成员相互促进，相互学习，增进学校成员之间的沟通。

自我检查是学校各类人员在工作进程中，根据相关的要求和标准随时对自身工作情况进行的检查。这种方式体现学校成员的工作责任感，对实际工作有直接的自我调节作用，是那些自上而下的检查方式所不及的。

（三）检查环节的管理活动

虽然检查的形式多种多样，检查的内容也不尽相同，但是检查环节的管理活动基本相同。

一是搜集信息。即掌握学校方方面面工作的基本情况。无论哪种形式的检查，都比较注重现场搜集信息，获得第一手资料。

二是诊断。即将搜集的信息加工处理后，发现问题，了解其影响，分析其产生原因，找出问题的症结所在。

三是指导。检查环节的指导与执行环节的指导不完全相同，如果说执行环节的指导重在工作方法技巧的提示性指导和如何避免出现问题的警示性指导，那么检查环节的指导则重在对已出现的问题的纠偏指导。管理者在检查过程中可以针对工作中存在的问题，现场予以指点。

四是评价。即对工作过程、工作结果、工作结果与工作目标之间的相符度、教职工的工作能力、工作态度、工作方法、职能部门的工作效率等做出大致的估计评定。

（四）检查的基本要求

在检查阶段，学校管理者必须灵活运用各种检查方式，以获取足够信息，掌握全面而真实的情况。为此，检查应遵循以下要求。

1. 以计划规定的标准为尺度

检查的目的、要求、重点、内容以及对象和方法，要按计划的要求来确定。对于检查标准，检查者和被检查者都要做到心中有数，不应在计划标准之外另立标准。

2. 工作结果与工作过程并重

任何组织或成员的工作结果，都是由其工作过程产生的，因而检查不能只着眼于工作结果，还要考察其工作过程，否则会形成被检查者只重结果不重过程，为了达到目的而不择手段，这对学校的育人工作是非常有害的。

3. 检查与指导结合

检查的目的是要通过分析，发现计划实施中的问题，研究解决问题的措施。对于平时检查来说，是为了及时采取措施指导计划的执行。对于期末检查来说，是为了总结了解全学期的成绩和问题，总结经验和教训，以推动下一周期的工作，指导下一周期的实施。如果检查中只分析问题而不提出相应的措施，则失去了检查的意义。所以学校管理者在检查时，要分析存在的问题，提出明确的改进措施，指导下一步的工作。

4. 自检重于他检

检查不仅是管理者的职责，也是学校全体成员的职责。学校管理者应建立严格的质量自我检查制度，督促教职工随时自觉检查工作情况。这既是培养学校成员工作责任心的重要举措，也是质量管理本身的要求。

四、处理

（一）处理环节的作用

处理环节是管理过程的终结环节，主要发挥善后作用和启后作用。所谓善后作用，即保证本周期工作圆满结束而发挥的作用，主要是处理遗留问题，是对执行环节的补充。处理环节与执行环节工作的最大不同是：执行环节主要是按计划完成工作，处理环节是完成计划规定的而执行环节未能完成或未能很好完成的工作。所谓启后作用，是指为下一周期工作的开展而发挥的奠基作用。一个长期计划需要许多周期才能完成，每一个周期必须承上启下，保持工作的连贯性。那么每一周期的处理环节，不仅要收好尾，还要考虑如何使下一周期工作开好头，使前后周期的工作正常对接。

（二）处理环节的任务

第一，针对检查环节发现的问题及其原因开展对策研究，采取具体行动纠正偏误，消除隐患，弥补损失。重点是解决问题，使本周期的工作按质按量完成，使本周期出现的问题不至于影响下一周期的工作。

第二，对不恰当的工作目标、工作计划以及工作方法做适当的调整，使其更加科学，更合乎学校实际。

第三，总结成功经验和吸取失败教训，为下一循环提供借鉴；对工作出现重大失误者，根据具体情况适当调整工作岗位，或做其他妥善处理；对于工作卓有成效者，进行表彰奖励。

（三）处理环节的管理活动

处理环节的管理活动主要包括总结、改进等方面。

1. 总结

总结是用科学的方法对整个工作过程进行回顾和全面评价，总结出经验和教训，进而指导下一周期工作的进行。任何在实际管理中产生的经验，往往带有较多的尝试性、局限性和盲目性，只有通过总结，去粗取精，去伪取真，使之升华到理论高度，才可成为下一步工作的向导。也正是通过对过去工作的总结和回顾，学校管理者才能加深对管理工作的认识，探索管理规律。同时，总结还可以使全体师生员工看到自身和学校取得的成绩，培养集体荣誉感，发现存在的问题，增强责任感，自觉地促进工作水平的提高。

总结的基本要求如下。

（1）以检查为基础。

总结是检查的继续，没有有目的的检查就不可能有符合客观实际的总结。学校管理者要做好总结，首先必须抓好检查阶段的工作，通过检查获取各种可靠的信息，如充分的数据、典型的事例等。只有在占有全面、客观材料的基础上，才能做出比较准确的总结性评价。

（2）摸索管理规律。

总结并非意味着工作的结束，而是向更高层次的管理水平发展。学校管理者在总结中应研究实现目标的经验以及失误的教训，寻找原因，摸索科学管理的规律。

2. 改进

改进是消除系统性的问题，使质量达到一个新水平、新高度的活动。通过纠正过程的输出来减少或消除已发生的问题，预防和根除产生问题的原因，从而消除或减少问题的再发生。因此，预防和纠正措施对质量改进有至关重要的作用。

（1）监控与改进的关系。

计划实施环节的监控和处理环节的改进都是管理过程中的职能活动，两者相辅相成，既有联系又有区别。监控是计划的演绎和实施，目标在于确保产品或服务符合预先规定的计划要求。监控是管理过程中最基础性的职能活动，其作业技术和活动往往具有规定性和程序化的特点。一般来说，监控受计划质量体系的约束，其基本任务是使过程、活动和资源处于受控状态。改进虽然也受计划质量体系的约束，但其目标却是超越现状，针对改进项目，采取各种措施，寻求突破，解决问题，从而使过程、活动、资源质量得到提升。改进活动的结果往往导致原有质量标准的提高，使过程、活动、资源在更高、更合理的水平上重新处于受控状态。监控是改进的基础和前提，改进是监控的延伸和发展。服从于计划的目标以及落实于质量形成全过程是两者的共同点。

（2）改进步骤。

改进可分为七个步骤。①明确问题。学校需要改进的问题很多，成果检验阶段发现的任何问题都在改进之列。常见的问题主要表现在质量、安全、环境、资源四个方面。改进问题的选择应注意突出关键，明确要解决的问题为什么比其他问题重要、问题的背景是什么、到目前为止的情况是怎样的以及希望改进到什么程度。②掌握现状。要改进的重点问题确定之后，就要了解把握当前问题的现状，抓住问题的特征。③分析问题原因。导致问题的原因通常是多方面的，有计划本身的原因、客观条件变化的原因，也有执行人能力、态度的原因。原因不同，解决的途径方法就不同。④拟订对策并实施。注意将现象的排除（应急对策）与原因的根除（永久对策）严格区分开来；先准备好若干对策方案，分析各自利弊，选择参加者都能接受的方案予以实施。⑤确认效果。对改进的效果要正确确认，错误的确认会让人误认为问题已经得到解决，从而导致问题的再次发生，或者导致对质量改进的成果视而不见，挫伤持续改进的积极性。⑥标准化。对问题改进有效的措施，要实行标准化，纳入计划文件，以防止同样的问题再次发生。⑦对改进工作进行总结。哪些问题得到解决，哪些问题尚未解决，哪些改进措施效果不显著，改进过程中出现哪些问题等，要予以总结，找出遗留问题，考虑为解决这些问题下一步该怎么做，为开展新一轮的改进活动提供依据。

复　习　题

1. 学校管理过程有哪些特点？
2. 学校管理各环节包括哪些管理活动？
3. 案例分析：教学计划可以补订吗？

潘校长最近几天火气特别大，星期五下班前把几个教研组组长找到办公室训斥了一顿。因为下周一教育局就要来学校进行期中教学大检查，可是各教研组的工作计划竟然还没有补齐。

一周前校长就开会布置迎接检查工作，让各教研组首先自查，发现有很多该订的计划没有订，该备的课没有备。校长勒令各教研组一周之内搞定，周五汇报补订情况，哪个教研组不能按期完成，拿组长是问。没想到部分担任班主任的老师补交了计划却误了备课，补写了备课笔记却误了补写计划，校长只好让大家周末来学校加班。

“拿不出新计划，把去年的老计划找出来改一改也行，总之一定要有。”校长指示教导主任把以前的计划找出来发给大家。

经过两天的努力，总算功德圆满。周一一大早，校长赶到学校，见一切都井井有条，脸色这才缓过来。“猴子不上树，是锣敲得不响。你看这一逼不就逼出来了吗？以后大家工作得主动一点，早做晚做总是要做的，干吗一定要拖到万不得已才做呢！”校长训斥了几句，调整了一下表情，笑吟吟地去校门口迎接检查组去了。

思考题：

(1) 计划的主要作用是什么？事后补订计划对学校工作有多大帮助？

(2) 检查的目的是什么？像潘校长这样“认真”对待期中检查有什么价值？

第四章　学校管理原则

原则本指事物的原生规则，后泛指经过长期检验所整理出来的合理化现象，是人类认识的结晶。因其是从自然界和人类历史中抽象出来的，是公认的正确的认识，能在一定程度上反映事物的客观规律，且往往以非常精练的语言加以表达，所以原则历来被人们视为观察问题、处理问题的准则，甚至成为指导行动的最高准则或标准。其在理论上的地位，仅次于规律、原理和真理。所以，无论是一般管理学，还是教育管理学或学校管理学，都极其重视对管理原则的探讨。

第一节　学校管理原则概述

一、学校管理原则的形成基础

学校管理原则是学校管理所必须遵从的基本准则和要求。

任何一位学校管理者，当他从事学校管理时，总会持有一定的观念，并用以指导自己的工作，将这种能指导管理者的行为活动的观念概括化，就是管理原则。人的观念总是源于实践，因而学校管理者的管理原则主要是管理者管理经验的产物。

在生活中我们可以看到这种现象：有的人虽没有管理经验，但也有自己的管理原则，甚至应用得相当成功，这种管理原则从何而来呢？其实，经验有直接与间接之分。直接经验需要自己身体力行才能获得，而获得间接经验的途径则有许多种，生活经验的迁移是第一种途径。观察分析其他管理者的行为和结果，总结其他管理者的成败得失，从而形成自己的管理观念和原则是第二种途径。但由此而形成的经验往往具有个体性，由经验上升为原则直接受个人知识和理论素养的影响，所以管理原则就有对错之分。第三种获得间接经验的途径是系统的理论学习，将前人的研究成果直接接受下来应用于管理实践。管理理论是无数的管理经验的总结与升华，具有普遍意义，系统的理论学习是形成正确的管理观念和管理原则的捷径。不过，由于研究者研究的层次不同，看问题的视角不同，总结归纳出的管理原则也各有不同。打开任何一本学校管理学图书，就会发现不同的作者所主张的管理原则迥然不同，似乎每一种主张都有道理，其原因就在于此。

二、学校管理原则的特点

由于学校系统具有多维性、整体性，反映管理规律的行为准则就具有多样性、层次性、体系性和主观性的特点，把握这些特点有利于我们确立和理解学校管理原则。

（一）多样性

多样性有两种意思。一是指学校系统是一个立体结构，具有多维性，每个方面的工作都不同于另一方面的工作，因而每个方面都需要有相应的行为准则来指导，所以管理原则绝不是只有一个。例如，科学管理大师泰勒曾提出四大管理原则，法约尔提出的管理原则达十四条之多。二是指同一种工作的管理原则可能有多种，甚至可能都是有效的。虽然管理规律只有一个，但是反映管理规律的具体原则可以有多个，只要它行之有效，就应允许它存在。例如，在西方管理理论发展过程中，在不同的时期，管理者对人性的看法是不一样的，于是就形成了不同的人性观和管理原则，后者基本上是对前者的否定。但是后来的研究者发现，其实每个时期的管理原则和管理方法都是有效的，因为人有形形色色，事有多种多样，面对不同的人和事，就应采用不同的管理原则和方法。

（二）层次性

人的认识层次不同，决定了管理原则具有层次性，一般而言，认识层次有感知层次、经验层次和科学层次之分。感知层次，是人对直接作用于感官的客观事物的认识，是一种最浅层次的认识，亦即通常所谓的认识的“感性”阶段。处于这一认知层次者，基本提不出什么明确的原则，“跟着感觉走”是最常见的现象。经验层次则是在实践过程中，人们通过自己的感官直接接触客观事物而获得的对事物的表面现象的初步认识，亦即在大量感觉积累的基础上形成的认识。在这一认识阶段，人们可以总结归纳出大量对自己的行为具有指导意义的原则，其中不乏真知灼见，一些较有普遍意义、能引起多数人共鸣的观点，通常以格言、箴言的形式在社会上流传。如果说感知层次属于认识的“感性”阶段，那么经验层次则属于认识的“知性”阶段。认识的科学层次亦即“理性”阶段，人们运用辩证的思维来分析客观世界，将人们在日常生活中积累的大量经验去粗取精，去伪存真，逐步达到对管理原理的认识。据此而提出的管理原则，由于反映了管理的规律性，能正确地指导人们的管理行为。学校管理学所研究的管理原则，力图达到这一层次。

学校工作有不同层次，也决定了指导学校管理的原则具有层次性。按照系统论的观点，学校是一个完整的系统，系统具有层次性。从工作的时间跨度看，学校工作有长期、中期、短期之分；从工作的范围方面看，学校工作有宏观、中观、微观之别。人有老、中、青之异，工作表现有好、中、差之分。每个层面各具特性，要保证管理的有效性，就要求管理原则必须具有针对性，这就决定了管理原则的层次性。越是高层的管理原则，越具有普适性，也越抽象，理论性越强，这种原则甚至可以称为原理。越是低层的原则，越具有针对性、操作性和实用性，经验性也越强，通常称之为行动准则。本章所介绍的管理原则属于中间层次，即它既不是对所有领域的管理有指导意义的一般原理，也不是针对某一所具体学校的具体工作的具体准则，而是对所有学校管理有指导意义的管理要求。

（三）系统性

如果说多样性和层次性是分别从横向和纵向角度来说明学校管理原则的特点，那么系统性则是从整体上来说明它的特点。学校工作有不同方面和不同层次，形成完整的工作系统。学校管理是对学校工作的组织安排和调控，因而学校管理同样具有系统性、全面性。针对不同方面的工作就有不同的管理原则，各种管理原则之间相互联系，形成学校管理原则的体系，覆盖学校管理的方方面面，既不能留下空白，也不能简单重复，更不能互相冲突。

（四）主观性

主观性是指学校管理原则是学校管理实践经验的抽象，是学校管理规律的主观反映。管理活动是客观存在的，管理规律也是客观存在的，但是管理原则并不是管理实践本身，更不等于管理规律，管理原则是对实践和规律认识的结果。认识有深有浅，有对有错，所提出的原则难免有的科学有的不科学，一些曾经被认为是科学的管理原则，随着时间的推移也可能变得不科学了。实践是无止境的，对规律的认识永远也不可能穷尽，只能逐步接近和深化，所以，并不是所有来自管理实践或管理理论的原则就一定是正确的。管理原则是否符合管理规律，必须接受实践的检验。

三、管理原则与相关概念的关系

（一）与管理观念的关系

管理观念也叫管理观或管理理念，通俗地说，是指人们如何看待管理，如何认识管理，实际上就是人们的管理思想。管理者持有某种管理观念或管理思想，往往就用它来指导自己的管理工作，所以也有人把它称为管理指导思想。人的行为总是受思想支配的，没有正确的管理观念或思想，就不可能有正确的管理行为。但是管理观念或管理思想往往比较空泛，行为则是具体而复杂的，管理观念要有效地发挥作用，必须概括化，管理原则就是管理观念或管理思想的概括化。由此可见，管理原则受管理观念的直接影响，有什么样的管理观念就有什么样的管理原则。要形成正确的管理原则，首先要形成正确的管理观念。

（二）与管理原理的关系

管理原理是对管理系统及其运动中存在的、不以人们意志为转移的客观规律的表述，是一个与管理规律等量齐观的概念。规律不能制定和制造，不能随意改变和废除，人们只能发现它，揭示它，认识它，运用它。学校管理原则是人们力图根据自己对管理原理的把握而提出来的，在一定意义上说，它是管理原理的具体运用，是管理规律的主观反映。

管理原则源于管理原理与源于管理经验的观点是否矛盾？管理经验是通过无数管理实践积累下来的对个人行之有效的管理技巧，虽然没有经过科学论证，但是其中包含了许多反映管理规律的成分；管理原理就是在无数管理经验的基础上，通过反复研究论证而探索出的管理规律。可见，两者同根同源，管理经验是认识管理原理的基础，管理原理是管理经验发展的终极。大量直接在具体实践经验基础上产生的管理原则，多属于微观层次的原则，其包含的经验成分较多，而理论色彩较少，或多或少反映了管理的规律。根据管理原理提出的管理原则同样是管理经验的结晶，而且比直接在管理经验基础上提炼出的管理原则更科学，更有普遍的指导意义。

（三）与管理理论的关系

管理理论是人们通过某种形式表达出来的系统化的管理观点和主张，它反映了人们对管理规律的认识，它的目的是要阐明管理规律。管理原则和管理理论都是对管理活动理性思考的结果，管理原则是管理理论的一种特殊表现形式，是管理理论的重要组成部分。管理实践需要管理理论的指导，这种指导既包括向人们阐明“为什么”的说理式指导，也包括告诉人们“应该怎样”的应用式指导，管理原则主要属于后者。“应该怎样”必须建立在“为什么”的基础之上，只有充分阐明了“为什么”，“应该怎样”才立足更稳，更有指导意义。反之，“应该怎样”能否经得起实践的检验，也可以证明管理理论的正确性如何。

第二节 学校管理原则的内容

如上所述，学校系统是一个多维的立体结构，方方面面的工作都需要确立管理原则，管理行为才有据可依。而且，各个学校情况不同，对相同的人与事的管理要求有所不同，因而具体的管理原则也应有所不同。要建立一套系统的完整的学校管理原则，是一项庞大的工程，由于目前人们对管理规律的认识还十分有限，暂时还无法完成这项庞大工程。同时，学校管理的可变因素非常多，要穷尽所有的管理原则几乎是不可能的，也是没有必要的。学校管理学重点在于探讨出一般的、具有普遍指导意义的管理原则，学校管理者通过学习，重点掌握最一般的管理原则，再根据学校的具体环境条件灵活应用，并在一般原则指导下，结合自己的管理经验，因地因时制宜地提出行之有效的管理原则。

根据管理的基本原理和学校工作实际，我们提出以育人为主、以教师为主、以激励为主、以效益为主的学校管理四大基本原则。

一、以育人为主

以育人为主，顾名思义，就是指学校管理要把育人工作放在首位，学校管理就是育人的管理，育人是学校一切工作的出发点和最终归宿，只有坚持以育人为主，学校管理才不会偏向。

（一）以育人为主的依据

1. 以育人为主是学校亘古不变的使命

学校是专门的育人机构，从学校诞生之日起，就担负着传道授业、培养人才的使命，古今中外，概莫能外。虽然不同时代对学校如何培养人，培养怎样的人的认识可能不同，但是对学校育人使命的认识却是一致的。如果不以育人为主，学校就没有存在的必要。

人类文明的发展，也要求学校要以育人为主。人类的文明不像人的某些素质可以遗传，而是需要通过教学手段代代相传。人类所积累的知识浩如烟海，若不通过有组织的学校教育活动，就不能有效地进行传播。人对知识的传承，不是简单复制，而是通过知识化育人，只有这样的人才能真正传承知识和进一步创造文明。

社会发展的文明程度是该社会政治、经济、文化、教育、科技的集中反映，而这一切都有赖于人的全面素质的提高，人的素质提高主要依靠学校教育。在现代社会中，所有的人都必须经过学校的培养才能走上社会，学校的育人质量不仅关系到个人的生活质量，也关系到整个社会的质量，无法想象整个社会充斥着文盲加流氓是怎样一种景象。

以育人为主也是受教育者身心发展的需要。心理学的研究证明，在人的一生中，青年期以前的各阶段是身心发展的关键期，人的许多潜能必须在这个时期及时开发，否则会造成终身难以弥补的损失。学校教育与管理以育人为主，对于开发学生潜能，培养健康心理，可以获得事半功倍的效果。少年儿童在德智体诸方面打下良好的基础，将会受益终身。

2. 以育人为主是学校管理的根本宗旨

学校工作大致可以分为两方面：一方面是育人工作，这是学校的中心工作；另一方面是管理工作，是为提高育人效果而开展的活动。育人是目的，管理是手段，育人活动的有效开展必须借助科学的管理，管理活动的开展则必须以育人活动为依据。管理学界有一句名言，即“管理无目的”，这并不是说管理真的无目的，而是说管理没有自己的目的，是以管理对象的目的为目的，因为管理是为其对象服务的。如果学校工作的目的是为了育人，那么学校管理的目的就要以育人为主。没有管理，就难以保证有良好的育人质量和效果；不以育人为主，学校管理就背离了自己的根本宗旨，偏离了办学方向。

（二）贯彻以育人为主原则的要求

1. 树立安全第一的思想

所谓安全第一，是指在学校一切工作中，要把学生的生命安全和健康摆到首位。青少年活泼好动，欠缺安全防卫知识，自我保护能力弱，极易发生安全事故。据中国青少年研究中心的全国性大型调查发现，安全事故已经成为我国青少年第一死因。据统计，我国每年大约有 1.6 万名中小学生非正常死亡。我国现有 8 000 多万个独生子女家庭，由于这些家庭抵御风险能力的特殊性，子女意外伤残死亡将给这些家庭带来尤为突出的痛苦和困难。学校安全事故不仅危及学生的生命，给家庭造成无法弥补的伤害，还会给学校正常教学秩序造成混乱。通过教育和预防，绝大多数中小学生意外伤害事故是可以避免的。

学校是学生学习、生活的场所，人员比较集中，必须有完善的安全保障措施，以确保师生安全。学校管理者要把保证学生人身安全与健康放在学校一切工作的首位。学生人身安全与健康是育人的大前提，没有这个大前提，育人就是一句空话。

2. 突出教学管理的地位

教学管理即学校具体的育人活动管理。学校育人的主要形式是教学，学校管理者应该把主要精力用于教学管理。学校工作纷繁复杂，千头万绪，样样都要抓，但要有主有从，突出重点，重点就是教学。教学管理是校长的主要职责。当教学工作与其他工作发生矛盾的时候，必须保教学，不要平均使用力量，更不要捡了芝麻丢了西瓜。一所学校什么都上了档次，只要教学没有上档次，就意味着管理的失败。

3. 完善育人管理系统

一般而言，学校整个管理系统都属于育人管理系统；具体而言，育人管理系统主要指教学管理、班级管理、团队管理等。学校要建立健全教务行政和教学研究系统，完善教学管理制度，科学地组织教学工作全过程，保证教学工作在学校总体工作中处于主要地位。学校的课程安排、各项教育活动的开展、教育教学方法的运用、规章制度的制定、师生关系的建立、学校环境的创建等，都要有利于育人。学校不应只为应付考试而设课程，为应付形势而搞活动，不应为了方便管理而限制学生的天性和发展的自由。管理者和教师应当是学生的良师益友，成为学生仿效的楷模。学校要抓好教师队伍建设，把提高教师素质作为管理的重点。把育人的观念渗透到学校工作的时时处处、管理的方方面面。学校一切工作都必须围绕育人这个中心来开展，为育人工作服务。"教学育人、管理育人、服务育人、环境育人"不应只停留在口号上，学校行政、教辅、后勤都应把服务育人作为自己工作的宗旨，以服务育人的好坏作为评价学校各方面工作质量的主要标准。学校人力、物力、财力的安排，应首先考虑满足育人工作的需要。学校任何一项改革，都要考虑到对育人工作的影响，只能有利于育人。

4. 引导教师树立正确的育人观念

思想是行为的先导，有怎样的思想认识就有怎样的行为。育人观念是教师对育人工作的基本认识，这种认识直接左右教师的育人行为。教师的育人观念一方面来自自身的学习修炼，另一方面来自学校管理者的引导。管理者要注意发挥管理的导向、评价和激励功能，引导教师树立正确的育人观念，掌握科学的育人方法。把教师的育人能力、育人态度和育人效果，作为评价和赏罚教师的主要标准，引导教师全身心投入育人工作，在提高育人质量上下功夫。管理者应加强自身修养，努力使自己成为育人专家、管理专家，只有这样才会真正懂得学校为什么要以育人为主和怎样以育人为主。

5. 处理好教学与育人的关系

学校管理者要正确认识教学与育人的关系，处理好提高升学率与全面提高学生素质的关系。以教学为主并不等于以育人为主，而以育人为主则离不开教学。教学是手段，育人是目的。教学手段是达到育人目的的主要手段，其他如学校组织的课外活动、校外活动，学校环境建设、校园文化建设等，都是育人的手段。过分强调以教学为主容易产生误导，例如"应试教育"，可以说比任何一种教育方式更强调以教学为主，把学生成天关在教室里上课、做作业，不让他们接触大自然、接触社会。但"应试教育"并不是真正的以育人为主，其着眼点只在于提高升学率，至于学生的素质是否真正提高，学生是否真正成为社会的有用之才，则不加考虑，所以“应试教育”在教学方法上往往不择手段。全面提高学生素质与提高升学率并不矛盾，真正的素质教育并不会降低升学率。如果改革升学考试内容与方法，设计出一种全面检测学生素质的考试方式，素质教育的升学率理应高于“应试教育”的升学率。

二、以教师为主

以教师为主的原则，是就学校工作依靠对象而言的。办好一所学校，离不开人、财、物等办学资源，但是在各种办学资源中，唯有人是能动的因素，其他资源的价值，只有在人的使用过程中才会体现出来，离开了人，一切资源都成了无用之物。学校中的人力资源主要是教职员工，其中又以实际从事教学工作的教师最为重要。

（一）以教师为主的依据

1. 以教师为主是由学校工作性质决定的

学校是专门的育人场所，育人工作主要由教师来承担，离开了教师，学校教学工作就无法开展，以育人为主就是一句空话。有一位名校校长说过，学校可以一年无校长，但不可一日无教师，一年无校长充其量工作乱一点，效率低一点，一日无教师则学校无法维持。校长的管理虽然可以使教师的育人工作变得更有效，但是不能代替教师的育人工作。工厂做工依靠工人，农村种田依靠农民，保家卫国依靠士兵，学校育人依靠教师，这是由社会分工所决定的。学校要贯彻以育人为主的原则，就必须坚持以教师为主的原则。强调以教师为主并不否定校长在学校发展中的地位和作用，学校管理要以校长为主，而学校实际的育人工作则要以教师为主。强调以教师为主也不否定学生在学校的地位，无论是校长还是教师，心目中都要有学生，一切工作要以学生为中心来开展。但是，类似“学生就是上帝”这些似是而非的绝对化口号往往会产生严重的误导，在一些校长心目中，教师在学校的地位被严重弱化、矮化，教师得不到应有的尊重，谈何尊重学生呢?

2. 以教师为主是由教育特性决定的

教育是人对人施加影响的活动，“以善先人者谓之教”，“教，上所施，下所效也；育，养子使作善也”，学校育人不仅仅是给学生一点谋生的知识，而是要用人类的真善美塑造具有完善的人格、高尚的情操、丰富的知识、健康的体魄的社会人。师生间的情感作用在育人过程中具有不可替代的作用，只有产生情感共鸣，学生才能真正接受教师的影响，这是教育最大的特点。20 世纪 60 年代初，程序教学机风靡西方学校，有人因此断言，教师的职业即将被机器取代。事实证明这个预言错了，机器虽然可以代替教师的言传作用，但是不可能具有教师的情感、理想、信念，无法代替教师对学生的身教作用。进入21世纪，又有人预言教师职业会因计算机和网络技术的发展而消失，事实将会证明这又是一个错误的判断。

众所周知，教学过程是师生双边活动的过程，没有教师的教，就难有学生的有效学习。相对于学生而言，教师总是先知先觉，离开了教师的引导，学生的学习只能是一种盲目的尝试。学生年龄层次越低，教师的作用越大。学校教育同其他形式的教育相比，其最大的优势就是教师优势。任何一所学校，无论它具有怎样的优势，如果没有一支优秀的教师队伍，它的任何优势都不会持久。反之，一所学校只要有了教师优势，其他一切优势都可以创造出来。

3. 以教师为主是由教师劳动特点决定的

教师的劳动是一种高智力的、创造性的、以脑力为主的劳动。一个满腹经纶、能说会道的人不一定能成为一个优秀的教师。使用同一本教材，面对相同的学生，不同的人讲，会出不同的效果，因为教学不仅是一门科学，更是一门艺术。教师首先必须把书本知识内化为自己的知识，然后借助活泼的形式，运用生动的语言、文字、表情、动作，并发挥情感力量和人格魅力的催化作用，开启学生的智慧之门，把自己的知识转化为学生易于接受、乐于接受的知识。教师工作是既传知，又传神，更传情的工作。同时，教师是学生正式走入社会前接触最多、影响最大的人，是学生直接模仿的榜样。学生良知良能的形成，主要依靠教师的作用，学生年龄越小，教师的榜样作用越大。教师必须是道德的化身、真善美的化身。学校管理如果不以教师为主，不尊重教师，就无法激励教师充分展现其劳动特点。

（二）贯彻以教师为主原则的要求

1. 树立民主管理的理念

民主管理是相对于独裁管理而言的，即管理者在民主、公平、公开的原则指导下，激发员工的自主意识，参与学校管理，群策群力达到管理目的的一种管理方法。以教师为主不是一句空头口号，学校管理者必须实实在在见诸行动，把教师真正当作学校的主人，真心实意依靠教师办学，教师民主管理与校长全面负责并行不悖。具体而言，第一，提高管理的透明度，凡是与教职工切身利益相关的事，教师有知情权，凡是与学校利益相关的事，教师也有知情权。第二，教师不应仅仅是学校管理的对象，或是学校管理的旁观者，而应该是学校管理的实际参与者。这种参与不是取代校长行使决策权，而是充分发表意见，为学校工作出谋划策。学校开展任何重大活动，应尽可能取得教师的理解和支持，凡是多数教师强烈要求做的事，只要合理合法，就应尽可能做到；得不到多数教师赞同的事，就不应强制推行。第三，合理分享权力。学校最高行政决策权虽然掌握在校长手中，但是通过具体细分之后，可以让教师有一定程度的分享，例如，根据能力特长安排教师承担一定的管理工作，教师在职责范围内有一定程度的教学自主权，等等。这样做不仅可以体现对教师的信任和尊重，同样可以为校长分忧解难，使学校管理者和全体教师形成责任共同体。第四，引导教师学会民主管理。民主管理要求教师既要像主人一样关心学校工作，又要像主人一样干好本职工作。那种只要求教师做事而不给教师任何发表意见的机会，或只知道指责校长这也不行那也不好，而对自己的工作不负责任的行为，都不是民主管理。

2. 树立教师优先的观点

所谓教师优先，就是指学校一切优惠政策都应该向教师倾斜。教师是学校工作的实际承担者，那么，在享受各种待遇方面，理所当然应该把教师摆在第一位。具体而言，第一，对教师在政治上信任，在工作上依靠，提职晋级，应以教师为重点。对教师要敢于授权，敢于赋以重任，充分发挥他们的才能。管理出现难题，不要忘了教师的智慧。正确对待教师中的某些“出格”言行，作为知识分子中的一员，教师的眼光比较敏锐，思想比较超前，敢于思考，具有批判精神，甚至喜欢发牢骚，只要不违纪违法，不违反职业道德，应当予以鼓励而不是压制。第二，在业务上尊重，在专业上培养。在教育教学业务方面，教师最有发言权，学校改革要注意倾听教师意见；应充分尊重教师工作中的首创精神，支持他们的教研试验，改善教师的工作条件；应大胆鼓励教师在业务上冒尖，在教学风格上独树一帜，形成自己的教学思想体系，成名成家；应鼓励教师参加培训进修，提高学历与能力。学校在晋级、升职、加薪、授奖、评模评优等方面，应以教师为主。校长胸前挂满了奖章，教师与奖章无缘，这样的校长不一定是好校长，只有让教师成功的校长才是真正成功的校长。第三，在生活上关怀。注意了解教师的疾苦，在力所能及的范围内，帮助他们解决生活上的困难，解除教师的后顾之忧。

3. 树立服务意识

服务是为组织或他人的利益而工作，满足组织或他人的期望和需求的活动。这里所说的服务意识，是指学校管理者主动为学校师生员工提供热情、周到的服务，为师生员工的工作和生活排忧解难的意识。不论学校实行何种领导体制，不论校长手中权力有多大，校长应始终把教师当作学校主人看待。具体来说，首先，校长要正确认识与教师的关系。从管理的角度看，校长与教师关系是管理者与被管理者之间的关系；从工作角度看，二者则是伙伴关系。所以校长要放下架子，把自己与教师摆在平等的地位。其次，校长要正确认识手中的权力。权力是用来完成任务的，而不是为了使人有地位、有名望，所以权力必须服务于工作，服务于人，怎样有利于调动教师工作积极性就怎样用权，怎样有利于工作任务的完成就怎样用权，怎样让教师安居乐业就怎样用权。再次，校长要正确认识教师的地位和权利。教师和校长都是学校的主人，只是工作岗位不同而已，所以不要把教师看作受雇佣者，想用就用，不想用就一脚踢开。校长有校长的权力，教师也有教师的权利，校长用权必须尊重和保护教师的合法权益。不尊重教师的校长，同样得不到教师的尊重，而得不到教师尊重的校长，要想取得管理的成功，几乎是不可能的。最后，校长应该尽一切努力，为教师工作创造良好的环境和条件，满足教育教学和师生学习、娱乐、休闲和发展的合理需要。从某种意义上说，教师和校长是相互服务的，其服务的共同对象都是学生。

三、以激励为主

以激励为主，是指在管理过程中，管理者选择任何管理方法都要抱定一个宗旨，即激发士气，而不是相反。学校管理方法多种多样，不同的方法可以产生不同的效果，同一种方法运用是否得当，激励的效果也大不一样。管理者在不同的管理观念支配下，总会有倾向性地采用某些方法。管理方法的选择和运用，既体现管理者的管理理念，也反映管理者的管理能力。

（一）以激励为主的依据

1. 以激励为主是由人的行为活动本质决定的

心理学的研究表明，人的任何行为都是以追求需要的满足为目的，需要是人的行为积极性的源泉，没有需要就没有人的行为。人的需要多种多样，满足需要的目标也无处不在，组织的任务与个人的需要往往风马牛不相及。如何把个人追求自我满足的行为引导到组织的任务上来，这是人力资源能否被组织利用的关键。管理者必须精心设置组织目标，使之既能满足个人需要，又能实现组织的最终目的。行为科学将激励界定为“为达到预定目的而做出的事先安排”，揭示了激励的本质特征。

2. 以激励为主是由学校特点决定的

和企业相比，学校是典型的人—人系统，企业是典型的人—机系统。机器没有感情，不会闹情绪，不存在工作积极性的问题，人的情绪对机器的运作影响也不大。学校管理者、教育者和教育对象都是人，教师的工作积极性在很大程度上受制于管理者，而学生的学习积极性则在很大程度上取决于教师的工作积极性。管理者的管理方式无论是否得法，都会产生连锁反应，直接影响育人产品的质量。

学校是专门的教育场所，除了教给学生知识，还要开发他们的潜能，培养他们的道德情操和健全人格，这就需要营造一种和谐、宽松、积极向上的育人环境，专横、冷漠的管理方式不可能产生积极的教育效应。唯有激励，才能使教师乐教，学生乐学，才能使学校真正成为教育的乐园。

3. 以激励为主是由教师的心理特点和工作特点决定的

作为知识分子群体中的一员，教师具有中国知识分子共有的特点：清高、自尊、爱名誉、喜欢思考、注重精神需要等。他们对管理方式比较挑剔，强迫、压制、束缚只会使他们产生逆反心理，只有信任、尊重、关心等激励方式，才会激发出他们的工作热情。教师的工作是一种创造性的高智力活动，任何智力活动都需要积极的心态来维持，而积极的心态必须依靠激励才会产生，并维持长久不衰。

（二）贯彻激励为主原则的要求

1. 满足教职工的合理需要

人的积极性的源泉是人的需要，要调动人的积极性，必须从满足人的需要入手。人的需要千差万别，而校长手中的资源相对有限，要想使有限的资源发挥最大的作用，必须注意以下几点。(1) 了解教师的主导需要。所谓主导需要，即对人的行为起主要支配作用的需要。在一定时期之内，人的主导需要总是极少数，满足起来比较容易，对调动教师的工作积极性可以起到事半功倍的作用。(2) 注意物质激励和精神激励并重。教师既有物质需要，也有精神需要，二者的满足不可偏废。只注重物质激励，漠视精神激励，容易导致人斤斤计较物质利益；只注重精神激励，无视物质需要，人的精神也不可能维持多久。(3) 注意公平。对于需要的满足，不患寡而患不均，不公平的满足往往比不满足的效果更糟。

2. 做好思想沟通工作

所谓思想沟通，是指管理者和教职工通过信息交流，相互了解对方的认识，消除误解，减少冲突。思想沟通是一种有效的激励方法，因为它具有启发性，可以使人明是非，通情理，无论教师的需要是否得到满足，思想沟通都不可少。思想沟通工作要注意以下几点。(1) 切忌居高临下，单向传输。思想沟通是一种双向的思想交流活动，不等于管理者单向的发号施令，也不等于教职工单向的思想汇报，要想思想沟通有效，双方必须处于平等的地位，开展有效的信息传递和反馈。这就要求管理者放下架子，主动接近教职工，使职工产生交流的欲望。(2) 切忌简单粗暴，强迫接受。人的认识有一个转化过程，思想沟通的效果比较慢，要以理服人，以情动人，要给教职工思考转化的时间，要允许保留不同意见，不能盛气凌人，强迫教职工接受自己的观点，甚至威胁恫吓。企求一朝一夕解决思想认识问题，往往事倍功半，欲速不达。(3) 切忌假大空。思想沟通的过程是信息交流的过程，是思想互动的过程，也是情感交流的过程，教职工特别在意管理者是否真诚。只有真诚，管理者才能赢得信任，缩短彼此间的心理差距，达到联络感情、融洽气氛、转化思想的目的。虚情假意、说大话、唱高调，只会让人反感。成功的思想沟通，应是“三分含情，七分叙理”，情中有理，理中含情，情理交融，使思想沟通具有摄人心魄的魅力。

3. 学校规章制度要有激励性

学校规章制度是为师生员工确立的行为规范，任何规范都具有一定的约束性，学校规章制度也不例外。但是，只有约束性而没有激励性的规章制度，绝不是好制度。传统的规章制度比较注重约束性，现代管理制度则强调二者并重。怎样使学校规章制度具有激励性呢？(1) 学校规章制度的制定或修订，应听取师生员工的意见，把学校的要求变成师生员工的自我要求，遵守规章制度就是履行自己的承诺，这样，外部的约束就易于转化为自我约束。(2) 规章制度的内容、要求要合理，充分考虑学校的实际情况，既有利于学校工作，又能保护师生员工的利益。不符合实际的规章制度是无法执行的，也就没有激励性可言。规章制度要与时俱进，定期修改，抛弃那些过时的、扼杀师生员工积极性的内容。(3) 规章制度一旦制定，就应严格执行。赏罚分明，不徇私情，这样才可以真正化约束性为激励性。

4. 建立和谐的人际关系

心理学知识告诉我们，领导功能是通过人际关系实现的。可见领导工作的成败，在很大程度上与人际关系有关。“士为知己者死”，是对人际关系作用的最好说明。和谐的人际关系有利于信息交流和情感沟通，满足彼此的心理需要；有利于形成团结的集体，上下一心，群策群力，减少内耗，提高工效；有利于创建良好的育人环境。建立和谐的学校人际关系要求学校管理者做好以下几点。(1) 管理公平公正，不厚此薄彼。公平公正的管理者敢于主持公道，这是一种政治品质、一种思想作风和一种人格力量，也是实现公平、公正的思想基础。学生培养依靠的是集体的力量，管理者公平公正地对待每一个团队成员，是使整个团队团结协作的前提。从某种意义上来讲，管理是“通过别人做好工作的技能”，员工做得如何，一定要通过公平公正的管理体现出来，才能赢得员工的信赖。公平公正的管理之所以重要，还在于它向员工展示管理者的是非观，公平公正的管理者往往心术正，这是形成学校良好管理风气和良好人际关系的基础，这样的管理者能赢得多数员工的拥戴。(2) 尊重师生员工，关心他们的疾苦，注意感情投资，真正与师生员工结成知己，不要虚情假意或拒人于千里之外，只有情感才能培养情感，只有人心才能凝聚人心。(3) 注意保持学校人际关系的纯洁性，避免庸俗的人情关系，避免拉帮结派。人情关系虽然也是一种人际关系，但它是以物质利益为基础的，以私人感情为纽带，属于比较低级的人际关系。学校管理并不完全排斥私人感情关系，但是作为正式组织，应把工作关系放在第一位。学校自古以来是一块清净之地，不应让市侩习气、功利思想在学校渗透和表现。

四、以效益为主

所谓效益，是指管理活动的社会效果与价值，是管理质量的表现。以效益为主，就是指学校管理要把学校活动结果对社会的作用，作为衡量学校管理好坏的最终标准，以较高的社会满意度作为学校管理追求的目标。

(一) 以效益为主的依据

1. 以效益为主是由学校管理目的决定的

学校教育教学工作和管理工作的共同目的，都是为了培养高素质的人才，教育教学工作是学校工作的根本，管理工作是为教育教学工作保驾护航的工作，是为提高教育教学的质量和效益而开展的。任何管理工作都是为了以最少的投入换取最大的收益，管理本身是要付出成本的，如果不追求效益，那么就可以不要管理。

2. 以效益为主是经济活动规律的要求

教育活动不等于经济活动，但是教育活动离不开经济基础。教育在任何一个国家都是投资的重点项目，任何经济投入都追求最大产出，这是经济活动的本质特征。国家把学校的经营权交给校长，校长就必须考虑让国家投入的每一分钱生利，即培养高素质的、走上社会以后能以高产出回报国家的人才。家长把对子女的教育投资作为家庭的最大投资，同样期望有较高的回报，例如体面的工作、较高的收入、较高的社会地位等。学校的效益越好，回报率就越高，家庭投资的积极性也就越大。所以，校长不仅肩负着国家的希望，也肩负着每一个家庭的希望。不讲效益就是浪费。学校中的有形浪费较少，更多的是无形浪费，即培养的学生无力养活自己，甚至成为社会的负担或阻力。所以，学校没有理由不注重管理效益。

3. 以效益为主是学校生存和发展的要求

在计划经济条件下，学校划片招生，学校无论质量好坏都不愁生源，这种局面在市场经济条件下不会维持太久。市场经济讲竞争，讲优胜劣汰。任何竞争都是质量与效益的竞争，一旦学校实行自主招生，学生可以自由择校，那么质量低劣、不讲效益的学校必将面临倒闭的危机。20 世纪 70 年代后，我国人口控制大见成效。生源减少，学校必然萎缩，唯有高质量的学校才可能生存和发展。即使今天计划生育政策有所调整，人口总体下降的趋势势必维持若干年，生源减少的局面一时难以改观。随着社会经济的发展，人口流动加强，农村城镇化、城乡一体化也将成为必然趋势，大量的薄弱校将面临撤并的命运，唯有强者才可以生存。

（二）贯彻效益为主原则的要求

1. 正确认识几种关系

（1）效率与效益的关系。效率通常是指劳动成果与劳动付出之间的比例关系，可以做定量分析与对比，有高低之分；效益则是有效产出与其投入之间的一种比值关系，可以从经济和社会两个方面进行考察，即经济效益和社会效益。通常相对于效率而言的效益，主要是指社会效益，即劳动成果对社会的作用和价值，一般只能做定性分析，有好坏之别。效率是效益的基础，没有效率就没有效益，但是，效率高的不一定效益就好。效益是量与质的统一，效率与效果的统一。学校管理必须把效率作为追求的直接目标，把效益作为追求的终极目的。

（2）经济效益与社会效益的关系。两者既有联系，又有区别。经济效益主要指劳动成果所换来的经济回报，效率高且经济回报高，经济效益就高；无论效率高低，没有较高的经济回报，就谈不上经济效益。社会效益是劳动成果的社会评价，就理想的状态而言，经济效益应该与社会效益成正比，但是也存在经济效益低而社会效益好和经济效益高而社会效益差的现象。经济效益是社会效益的基础，社会效益又可以促进经济效益。经济效益较社会效益直接、明显，可以用某些经济指标加以衡量，而社会效益则难以具体评估，只能借助于一些间接指标来考察。在经济领域，管理效益的直接形态是通过经济效益得以表现的，而在教育领域，管理效益的直接形态则是以社会效益得以表现的。例如学校任何资源消耗都能换得学生的进步，提高学校的声望，这是学校的社会效益，也就是学校的经济效益。所以，学校管理追求的经济效益，其实就是它的社会效益。

（3）学校效益与社会效益的关系。一般而言，二者应该是一致的。但是现实生活中也存在反常的现象，例如昙花一现的“贵族学校”，由于其面向少数有钱人办学，采取高收费，违背了教育的公益性和公平性原则，学校的效益（主要是经济效益）好，而社会效益差。要保持学校效益与社会效益一致，学校必须把社会的期望作为自己努力的方向。

（4）效率与公平的关系。管理要追求效率与效益的最大化，毫无疑问管理也要追求公平，公平和效率是所有管理追求的两个维度。效率指资源投入和生产产出的比率，人类任何活动都离不开效率问题，管理更是以追求效率为直接目的。公平指人与人的利益关系及利益关系的原则、制度、做法、行为等都合乎社会发展的需要。管理应把公平放在第一位，失去了公平的效率是没有任何意义的。效率只是实现公平的手段，公平而不是效率才是人类追求的最终目的。有人认为公平与效率的关系是对立的，讲效率必然要牺牲公平，讲公平必然要牺牲效率。其实，总的来说，公平与效率具有一致性，公平促进效率，不公平导致低效率；效率为公平创造条件，效率的提高有助于公平的实现。如果效率与公平没有很好地协调起来，片面追求公平就会导致效率打折扣，片面追求效率必将影响教育的发展和社会的稳定。例如，强调“能者多劳”并没有错，但是只强调“能者多劳”就有失公允，还必须强调“多劳多得、优质优酬”才公平。因此，学校管理强调坚持注重效率与维护社会公平相协调显得非常重要。如果说在经济领域强调效率优先，那么在教育领域，特别应该强调公平至上，这是由教育的社会属性所决定的。

2. 坚持以质量为本

学校管理要想产生高效益，必须以质量为本，质量是效益的灵魂，没有质量就没有真正的效益。学校管理的质量可以从学校教育质量得到反映，学校教育质量最终体现为学生质量，教育的效益是通过学生走上社会以后所创造的业绩来体现的。学校以质量为本就是要培养有创业能力的高素质学生。

坚持以质量为本，一要强调全员抓质量。学校每个成员要做好本职工作，人人充当质量管理者，不要以为抓质量仅仅是管理者的事。二要注意全程抓质量。要把好管理过程每一个环节的质量关，不要以为抓质量仅仅是最后环节的事。不少学校把主要的人力、物力和精力集中于毕业班，寄希望于毕其功于一役，无异于沙滩上建楼阁。三要注意全面抓质量。即学校工作的方方面面、时时处处都要以质量为重。学校是一个完整的系统，系统内部的构成要素彼此存在千丝万缕的联系，一方面工作不到位，方方面面受影响。

3. 坚持以人为本

效益总是以人的活动为前提的，是人的活动的结果，没有人的存在就没有效益可言。低素质的人只能创造低效益，只有高素质的人才能创造高效益。管理者常见的一个心理误区，就是见物不见人。特别是学校实行校长负责制以后，校长工作责任重了，权力大了，教职工的权利和地位无形被弱化了，为了提高工作效率，管理者往往不注意激发教师的工作热情，挖掘蕴藏的潜力，而是采用高压的方式“榨取”教职工的能量。这种管理方式在一段时间内可能是有效的，但是不可能产生持久的作用。所以，尊重人、关心人、发展人、激励人，才是学校提高管理效益的根本出路。在众多管理要素中，人是最宝贵的要素，只要有了人，只要管理得法，就会有奇迹出现。

复　习　题

1. 学校管理原则有什么特点？
2. 学校管理为什么要坚持以教师为主？怎样做到以教师为主？
3. 学校管理为什么要坚持以激励为主？怎样做到以激励为主？
4. 学校管理为什么要坚持以效益为主？怎样做到以效益为主？
5. 案例分析：是以育人为主还是以教学为主？

在某校长培训班上，主讲人结束了“学校管理要以育人为主”的专题讲座，留下一刻钟的时间供校长们提问交流。一位校长站了起来，对主讲人提出疑问：“老师，为什么要强调以育人为主而不强调以教学为主？20世纪50年代，教育界把凯洛夫的教学为主的思想具体化为以教材为中心、以教师为中心、以课堂为中心的‘三中心’，这种提法深入人心。现在虽然不再提‘三中心’了，但是教育主管部门还在强调学校要以教学为主，我们做校长的也认为学校应该以教学为主。您现在改为‘以育人为主’，我觉得既无新意，也没有必要，不过是玩弄文字游戏而已。”

又一位校长站了起来：“我觉得学校教育工作强调以育人为主是有道理的，但是对学校管理也强调要以育人为主就有点搞不懂。是不是有点喧宾夺主或是跑题？”

二人语惊四座。主讲人笑着说：“问题提得很尖锐，很有代表性。”正准备作答，一转念，问在座的其他校长：“有谁愿意就这两位校长的问题发表自己的看法？”

“唰”的一下，教室里同时站起了好几位校长。

思考题：

（1）以教学为主和以育人为主是一回事吗？你认为二者是怎样的关系？

（2）学校管理为什么强调以育人为主？

第五章　学校管理方法

学校管理学一般研究三个方面的问题，即学校管理谁来管、管什么和怎么管，也就是所谓学校管理的主体、客体和手段问题。学校管理方法就是学校管理怎么管，亦即学校管理的手段问题。学校管理者能否认真研究并正确运用学校管理方法，直接关系到自身管理工作的成败。学校管理的大量事例表明，凡是先进的或某一方面工作比较出色的学校，都与成功运用学校管理方法有关。

第一节　学校管理方法概述

一、学校管理方法的含义

什么是方法？在古希腊语中，方法即“通向正确的道路”之意。按照《现代汉语词典》的解释，方法是指关于解决思想、说话、行动等问题的门路、程序等。这两种解释有异曲同工之妙，即“道路”、“门路”，也就是通常所谓的“途径”。简言之，方法即处事的办法，有广义、狭义之分。广义的方法包括处理问题的一切方式、手段、技术、技巧、策略、途径、程序，甚至运用的工具等，狭义的方法仅指智能技术。通常所说的方法指广义的方法，只有在方法与手段相提并论时，所说的方法才是指狭义的方法。

由于在日常概念中，方法、手段、技术、途径经常混用，导致误解，本教材采用下述方式对学校管理方法进行界定：学校管理方法是学校管理者实施管理活动，完成管理任务，达成管理目标的方式、手段、形式、途径、程序、格式和工具的总称。

管理活动的实质就是采用一定的方法，协调和控制管理系统的矛盾运动。管理方法是构成管理活动的特殊因素，是贯穿于管理过程始终的灵魂。管理者能够驾驭管理过程，实现管理目标，关键就在于创造和应用由管理状况决定的管理方法和管理艺术。所谓管理活动，实质上就是一系列管理方式方法的创造和运用的生动过程。管理方法渗透和存在于一切管理活动之中。广义地说，管理方法是一个复杂的、有层次的、结构有序的大系统。管理系统是各式各样的，管理方法也是多种多样的。

二、学校管理方法的特点

学校管理方法主要具有三类特性，即目的性、多样性和灵活性。

目的性指学校管理方法是为实现学校的管理工作目标服务的，每一种方法的运用都具有明确的针对性。

多样性是指学校管理方法多种多样，对不同的管理对象有不同的管理方法，对同一类对象，根据具体情况也应有不同的管理方法。

灵活性是指学校管理方法的运用要根据管理工作的目的、对象、时间、空间以及其他各种客观条件灵活掌握，有时针对某一目的、对象采用某种方法，有时多种方法并用，有时某种方法也可能以不同的方式出现。

三、学校管理方法的分类

学校管理方法按照不同标准可以分为不同种类，比较常见的是从纵向和横向两个角度来分类，纵向分类即按层次分类，横向分类即按类型分类。也可以按照性质或特点来分类。分类的目的是为了从不同角度更深入地认识事物。

（一）按层次分类

方法是分层次的，不同层次的工作采用不同的方法，越接近实际，方法越具体，越丰富。按层次分类即根据管理方法发挥作用的层次为标准的分类，一般分为具有指导意义的管理方法、具有普遍意义的一般方法、具有特殊管理职能的具体方法和实际应用功能的技术方法。

具有指导意义的管理方法是管理领域最高层面的哲学方法，包括管理思想方法、管理理论方法、管理分析研究方法。

具有普遍意义的一般方法是指在各领域通用的管理方法，如行政方法、经济方法等。

具有特殊管理职能的具体管理方法是指将管理职能具体化的管理方法，如目标管理、全面质量管理、计划管理、项目管理等方法。

实际应用功能的技术方法是指以技术性见长的各种具体的技术、工具、手段、技巧等。这类具体的技术方法数不胜数，如学校各种电子档案管理、校园安全监控管理、校园网络管理等。

（二）按类型分类

从类型上也可以将方法分为很多种类，如根据管理的对象，可以分为人的管理方法、财的管理方法、物的管理方法、时间的管理方法和信息的管理方法等。管理对象的性质不同，管理方法就不一样。

根据决策的特征，可以分为独裁的方法和民主的方法。独裁的方法即由管理者个人说了算的方法，民主的方法则是以多数人的意见为主的管理方法。独裁的方法和民主的方法是管理中最常见的也是最有效的方法，那种认为独裁的方法就是坏的、民主的方法就是好的看法是错误的。

根据量化与否，可以分为定性的方法和定量的方法。定性的方法是指建立在对事物性质分析基础上或通过事物的性质、内容影响以实现管理目的的管理方法，如观念导向法、战略转移法。定量的方法则是建立在精确的量化分析基础上的管理方法，如计件工资制、目标管理法等。定性分析和定量分析是不可偏废的两个侧面。离开定性分析，定量分析就失去灵魂、迷失方向；而任何质量又表现为一定数量，没有数量就没有质量，没有准确的数字为依据就不能做出正确的判断。

根据激励的方式，可以分为物质的方法和精神的方法。物质的方法即通过满足人的物质利益来调动人的积极性，从而实现管理目的的管理方法，如工资、奖金、罚款的方法。精神的方法即通过满足人的精神追求来调动人的积极性，从而实现管理目的的管理方法，如精神感召法、榜样示范法等。

根据是否具有强制性，可以将管理方法分为强制性的方法和非强制性的方法。强制性的方法是指通过某种强制力迫使人接受的管理方法，如法律方法、行政方法。非强制性的方法是通过对方自愿接受而产生影响的管理方法，如思想教育方法、咨询参与方法、情感投资方法等。

学校管理方法种类繁多，难以穷尽。本章只讨论在我国中小学最常用、最有效、最流行的管理方法，包括教育方法、行政方法、法律方法、经济方法四种一般方法和目标管理、全面质量管理、计划管理三类特殊方法，同时讨论近年来现代信息技术的发展对学校管理方法革新所产生的影响。

第二节 学校管理的一般方法

学校管理的一般方法是指各行业部门通用的方法。国内目前公认的一般学校管理方法大体有教育方法、行政方法、经济方法和法律方法。

一、教育方法

教育方法是通过对师生员工进行确定的、有目的和有系统的感化与劝导，使其提高认识，形成教育者所希望的思想和品质，从而提高工作自觉性的方法。教育方法的具体形式多种多样，如理论宣传、政策解读、思想沟通、榜样示范等。

（一）教育方法的特点

教育方法具有如下主要特点。

1. 启发性

教育的方法是通过摆事实、讲道理等方式，用正确的价值观引导受教育者，启发受教育者，使之通过思考，自觉产生一种服从真理和科学的意志行动，因而不具有强制性。这一特点告诉我们，用读报纸、念文件、强迫表态等搞运动的方式灌输某种思想观念，是难以真正改变人的认识的。

2. 长效性

教育方法最终要改变的是人的行为，人的行为受态度的左右，态度由认知、情感、意向等心理成分构成，具有稳定性。要改变人的态度，必须首先改变人的认知、情感、意向。所以思想教育方法见效极慢，但一旦见效，又会保持相对稳定的效果。

3. 广泛性

教育的方法贯穿于学校管理活动的各个方面，学校管理中各种方法的有效运用，都离不开教育方法的配合。

（二）教育方法的利弊

1. 教育方法的优点

（1）人的行为是以认识为基础的，有怎样的认识就有怎样的行为。教育方法注重组织成员之间的思想沟通，通过改变教职工的认识入手来改变教职工的行为，是一种从根本上解决问题的有效方法。

（2）教育方法注重说理融情，能够形成相互理解、相互谅解、相互关心的局面，强化人们的信赖感，加强学校内部团结，减少工作中的矛盾和内耗，有利于建设和谐向上的校园文化。

（3）教育方法注重启发性，循循善诱，容易使人明道理、辨是非，化解心结，可以使人们对应尽的责任、义务有深刻的理解，从而形成崇高的理想和责任感。

2. 教育方法的缺点

（1）见效慢，约束力较差。因为教育方法是通过思想和精神因素间接地影响人的行为，不能直接左右人的行为，教育方法是否有效完全取决于对方接受的程度。

（2）教育方法重视说教，重视信息提供，容易走向空洞，使人厌倦，产生逆反心理。

（三）教育方法的实施

人的思想直接影响人的行为，思想问题如果解决不好，人就难以在工作中发挥主动性和创造性。教育方法是用来解决人的思想问题的，但在运用教育方法时，如果不遵循有关原则，也可能事倍功半，甚至适得其反。

1. 应遵循的原则

（1）平等原则。在运用教育方法时，要以真诚、平等的姿态，在和谐的气氛下与人沟通，循循善诱，以理服人，不能以势压人、训人，以真理的化身自居，要充分尊重人的人权和人格。这是运用教育方法的首要原则。

（2）求是原则。解决教职工的思想问题，需做充分的调查研究，实事求是。在没有弄清事实的前提下，切忌偏听偏信，随意表态，更不能只看缺点，不看长处。

（3）权变原则。教职工的思想问题多种多样，每个教职工的具体问题也是千差万别，思想境界有高有低，教育方法的运用必须针对每个人的具体实际，因人、因事、因地、因时的不同，采用有针对性的切实有效的办法。回避敏感问题，空洞说教，不仅不利于思想问题的解决，而且会令人反感，发挥不了教育方法应有的作用。

2. 注意事项

（1）理论联系实际，接触具体实际，解决具体问题。教职工有多种需要，既有精神方面的，又有物质方面的。因此，学校管理者应从教职工实际出发，有针对性地采取激励手段。特别是在改善教职工的福利待遇，减轻生活负担等方面，学校管理者应真心实意地为教职工办实事，为思想教育工作创造一个良好的人际关系氛围。只有这样，思想教育管理方法才有实效。

（2）要讲求思想教育工作的艺术。思想教育管理方法是非强制性的，其效果在于启发。所以思想教育要民主公平，学校管理者和教职工之间要进行角色互换，做到彼此相互适应；要借助于管理者的品质和机智，把说服教育和适当的行政措施结合起来使用。

（3）身教与言教相结合。古人云：“其身正，不令而行；其身不正，虽令不从。”学校管理者以身作则，言行一致，严于律己，宽以待人，就会大大增强思想教育的说服力。

二、行政方法

行政方法是指依靠学校行政组织及其管理者的权力和威信，运用命令、指示和规定等手段，通过学校组织系统对师生员工进行管理的方法。

行政方法主要有三种形式。一是强制的方式。指行政主体依靠学校行政组织的权威，运用行政手段，包括行政命令、指示、制度、规定、条例及规章等措施进行管理活动。它是在实际的学校管理过程中运用的、最普遍的行政管理方法。二是说服的方式。学校管理者在工作过程中，通过启发、协商、讨论、建议的方式，使被管理者接受并贯彻自己的意图。三是示范的方式。管理者以自己的示范行动或者通过树立样板、宣传先进人物的事迹，去影响和感染教职工的方法。

（一）行政方法的特点

1. 权威性

行政方法所依据的是学校行政组织及其管理者的权力和威信。权力和威信是构成学校行政组织及其管理者权威性的两大要素，权威性越大，行政的方法就越有效。管理者的威信主要取决于管理者的人格魅力、履职能力、努力和成效。人格越高尚、能力越强、对工作付出越多、成效越大的管理者，职工的接受程度越高，不令而行的可能性越大。但是权力在行政方法中的作用更大，权力的作用主要是威慑性的、刚性的，威信的作用则主要是感召性的、柔性的，如果权力和威信结合，就可以放大行政方法的权威性。

2. 强制性

学校组织及其管理者运用的命令、指示、规定等行政手段，对学校成员具有强制性，要求学校成员必须遵循统一行动、统一纪律和下级服从上级的管理原则。下级对于上级的指示、命令没有讨价还价的余地，对于不服从学校组织及其管理者指令的学校成员，学校组织及其管理者有权采取相应的制裁措施。那种贬低强迫命令、否认强迫命令的价值，认为强迫命令与现代管理水火不容的看法是不切实际的。事实上行政方法的强制性事事处处都有体现，例如，学校规章制度就具有明显的强制性。行政方法的强制性是保证学校工作能够正常运转的前提，但它不同于法律方法的强制性。行政方法在适用过程中具有一定的灵活性，可以因人因事因地制宜，也可以因管理者的个性不同而有所不同。

3. 垂直性

行政命令、指示、规定等通常是通过学校行政组织系统自上而下，纵向垂直逐层下达的。上级的指示命令只对自己的下级起作用，下级只接受直接上级领导的指示，不接受任何横向指令。这种垂直性特点可以有效保证行政秩序，使上下左右之间的关系不至于乱套。但垂直性也容易造成条块分割，形成部门之间的藩篱，所以运用行政方法要注意高层之间的沟通与配合。

4. 灵活性

命令、指示、规定等行政手段都具有较强的针对性，只对特定的对象在特定的时间范围内起作用，即它有较强的时效性，不像法律方法那么持续有效，也不像法律方法那么刻板。时间变了，事情变了，管理手段方法也要变化，并及时跟进。行政方法也不全是发号施令，对一些没有先例的新事物的处理，可以灵活运用征询、协商、建议的方式，授权下级处理。灵活性有利于管理者迅速应对新情况，处理新问题，也有利于管理者形成自己独特的管理风格。灵活性也要求管理者勤政务实，根据变化的情况随时调整管理策略，不要指望发布一个指示就可以高枕无忧。

（二）**行政方法的利弊**

1. 行政方法的优点

（1）借助行政权力，有利于使组织内部行动集中统一，步调一致，有利于对全局活动实行有效的控制。

（2）能灵活有效地组合各种管理资源和管理职能，充分发挥各管理职能的作用，是其他各种管理方法运用的必要手段，各种管理方法必须借助行政系统才能发挥作用。

（3）便于处理特殊问题。行政方法能针对某一具体问题出发处理意见，提高工作效率。

2. 行政方法的缺点

（1）不便于分权。行政方法强调集权，下级完全听命于上级，易造成下级有职、少权、多责的现象，不利于发挥下级的积极性。行政方法强调通过行政组织的职位、职务、职权来进行管理，而非个人的才能，下级总是处于被动和被强制的地位，不能根据情况的变化采取相应的措施和行动，因而不利于发挥下级的主动性和创造性。

（2）管理层次较多，易出现信息传递迟缓或失真现象；强调集中领导、垂直指挥，横向沟通困难；易出现强迫命令、独断专行、以言代法和瞎指挥等官僚主义倾向；管理者随意表态，朝令夕改，往往使下级不知所措。

（3）受到管理者个人水平的影响大。管理者素质高，工作作风正派，管理方法使用得当，工作效果就好；反之，则可能滥用权力，造成工作失误。

（三）**行政方法的实施**

为了有效发挥行政方法的优势，在运用行政方法时，学校管理者要注意解决好以下问题。

1. 正确认识权威的作用

管理者要认识到权威是权力与威信二者结合的产物，要重视从提高自身的威信入手来提高权威，以此来提高行政方法的有效性。同时要认识到，行政方法的本质是服务，而不是让自己有权威。

2. 提高命令、指示和规定的科学性

行政方法的管理效果取决于管理者素质的高低，只有具有较高素质的管理者才能使行政方法真正发挥作用。管理者应在制定命令、指示和规定前，从实际出发，认真调查研究，实事求是，按教育规律和管理规律办事。

3. 建立健全学校内部的组织制度

建立健全学校内部的组织系统，责、权、利明确的岗位职责以及与岗位职责相配套的考核制和奖惩制等一系列制度，使上下级之间、部门与部门之间信息渠道通畅，能及时掌握组织内外部变化的情况，保证行政决策的有效性；做到既能令行禁止，又能不断调动各级部门及其成员的工作积极性。制度管理是一种最有效的管理方法。较之于行政指示和命令，规章制度具有极强的规范性，不会朝令夕改，便于人们遵照执行，形成惯例。

三、法律方法

法律方法是指依照国家有关教育的法律、法令、条例等规范性法律文件，对学校工作进行管理的方法。法律方法在学校中应用，一是尊法，二是守法，三是用法。所谓尊法，即树立法律至上意识，尊重法律的基本价值观，敬畏法律的权威，不触碰法律的底线。所谓守法，即将法律内化于心、外化于行，严格自律，按照法律规范管理行为，把一切管理方式、管理手段的运用都纳入法制的轨道，做到行政法制化。所谓用法，即依法治校，用法律来维护学校及其师生应当享有的合法权益。

（一）法律方法的特点

学校管理中的法律方法具有如下主要特点。

1. 权威性

法律方法是以法律法规为管理手段或工具的。法律作为统治阶级意志的集中体现，已通过法定程序上升为国家意志，因而法律方法的权威性高于行政方法的权威性，是具有普遍意义的权威性。无论是国家机关、政党组织，还是社会团体、群众组织，直至公民个人，都必须服从这个权威。

2. 强制性

运用法律方法实施学校管理，这种行为以国家强制力为后盾，也就是说，运用法律方法实施行政管理，任何组织和个人都必须接受。如果拒不接受，不遵守法律法规，或违反法律法规，就会受到法律的严厉制裁。运用法律方法实施行政管理，实质就是运用法律法规的强制性力量，去规范人们的行为，支配人们的行动。学校管理的法律方法和行政方法都具有强制性的特征，但二者的内涵明显不同，主要表现在强制实施的主体和制裁的性质不同：前者的实施主体是国家权力机关，后者的实施主体是学校；前者以国家强制力量惩处违法行为的主体，后者以行政处分或处罚的方式制裁违反行政命令的主体。

3. 规范性

法律方法是运用法律法规实施管理的方法，而法律法规是以国家意志的形式规定社会组织和公民个人在什么情况、什么条件下的作为或不作为，以此规范社会组织和公民的各种行为，以保证国家生活和社会生活的有序进行。法律方法的规范性表现在两个方面。首先是所适用的法律、法令、条例等规范性法律文件的语言表述十分严格，只能做出一种意义的解释，而且在制定和执行时都必须严格依法进行。其次是法律面前人人平等。法律、法令和条例是所有组织和个人行动的统一准则，任何组织或个人都不能凌驾于法律、法令或条例之上。教育法律的规范性对调节学校与社会、学校内部门与部门以及学校成员之间的关系，约束学校管理者的行为等具有重要作用。

4. 稳定性

法律方法所依据的法律，其规范的对象和内容都是相对固定的。也就是说，对同样的人、同样的事可以反复使用，对不同的人在相同的情况下也可以反复使用。法律的制定、实施、修改和废止都必须按照严格的法律程序进行，任何组织或个人都不可随意更改，法律一旦制定，就具有相对的稳定性，在一定时期内可以重复使用。相比之下，行政方法则容易变化，具有较强的时效性。教育法律的稳定性是学校长期稳定发展不可缺少的重要条件。

（二）**法律方法的利弊**

1. 法律方法的优点

（1）法律方法能够为行政管理活动提供规范和程序，保证行政管理的集中、统一、连续和稳定，提高了行政管理效率，有利于共性问题或关系的处理。

（2）法律方法赏罚分明，权威性大，能清楚预见后果，能有效地调节人的行为，有利于加强对行政管理对象的制约，协调各种社会关系，使被管理者按法律规范作为或不作为，自我抑制不合法的行为，保证学校工作的有序性和条理性。

（3）法律方法能够增强行政主体和被管理者的法律意识，增强守法、用法的自觉性，既促使学校管理者依法管理，又促使学校组织和教职工、家长依法行事，从而促进学校法制建设。

2. 法律方法的缺点

（1）法律方法对某些问题的处理缺乏弹性和灵活性，不便于处理一些特殊性、突发性问题。

（2）法律方法以严格的规范处理问题，使人们习惯于在允许和禁止中做简单选择，容易导致人的思想僵化，使管理者和被管理者的主动性受到抑制。

（3）法律方法无法解决思想认识问题。

（三）法律方法的作用

1. 保证学校管理秩序

教育法律规范决定着学校管理秩序。运用法律的方法进行学校管理，一方面可以按照法律的要求来办学，抵制任何违法办学或侵犯学校办学自主权的行为。学校办学行为以法律、规则、章程的形式规定下来，就可以形成稳定的法律秩序。另一方面，学校可以依据法律法规的有关规定以及教育行政部门的授权，在其自主办学权范围内，制订学校内部管理规范，建立学校正常的学习、工作秩序，使学校系统有效地运转。

2. 加强学校管理系统的稳定性

法律的基本特点是它的规范性、强制性和严肃稳定性。用法律的形式把行之有效的学校管理制度和管理方法规范化、条文化，明确规定下来，严格执行，就能加强学校管理系统的稳定性，提高学校工作效率和管理效益。

3. 有效地调节学校内部各种关系

学校管理的法律方法能充分运用自身的约束力，根据学校管理对象的不同特点和所承担任务的不同性质，规定不同管理因素在整个学校管理活动中各自应尽的义务和应起的作用；并通过使用各种不同的约束方法，调节其适用程度和范围，保证学校内外各种组织纵横关系的协调。

4. 促进学校管理系统的发展

学校管理系统是逐步完善的，当事实充分证明某种管理模式最为有效，国家就可以以法律的形式加以规定，全面推行。随着形势的发展，学校管理系统也需要与时俱进，就需要通过完善法律条文来推动学校管理系统的改革。例如，我国现行的学校领导体制、学校人事制度、学校分配制度、学校内部党政工团的关系等，无一不是通过教育法律来规范和完善的。教育法律无可置疑的权威性，有利于促进学校管理系统的发展。

（四）法律方法的实施

随着我国教育法律建设进程的不断加快，教育法律体系日益完备，学校管理的法律方法的运用也日益广泛，熟悉和运用法律方法来管理学校，日益成为学校管理者所必备的基本素质。

1. 树立依法治校的观念

法律是一种规则，是社会生活中最重要的规则。每一种社会规则，都是一道保护正义、维护秩序的防线。法律是社会生活的最后一道防线，也是最重要的一道防线。所有的法律问题，之前都是管理问题。所有的管理问题，最后都有可能表现为法律问题。教育立法是现代国家管理教育的基本依据和重要手段。我国教育工作的经验教训也证明，办好教育不仅要依靠国家的教育方针政策的指导，还必须有教育立法、执法的保障。长期以来，我国教育法制不健全，人们的法治观念淡薄，“人治”现象普遍存在。20 世纪 80 年代以后，我国教育立法不断完善，教育事业、教育管理正逐步走上法治的轨道。目前学校管理中存在的诸多问题，与学校管理者缺乏法治观念，使教育法律法规得不到有力执行有密切的关系。因此，学校领导者必须树立依法治教、依法治校的法治观念，增强法律意识和提高法律素养。

2. 做好教育法制宣传工作

学校管理者要结合学校实际，做好教育法制宣传工作，让广大师生员工了解各项教育法律，这有利于学校师生员工形成遵守法律和依法维护自身合法权益的法律意识，为依法治校创造条件。学校虽然不是司法和执法机关，但有自觉维护国家法律的权利和义务。主动维护法律的尊严，维护广大师生员工的合法权益，敢于和学校内外各种影响正常教学秩序的违法行为斗争，对于学校管理工作的正常运转具有重要的作用。

3. 注意司法工作的开展

教育法律法规的实施包括教育法律法规的遵守和对违反教育法律法规行为的纠正与制裁。教育法律法规的遵守是贯彻实施教育法律法规的基础，因此必须加强教育法律法规的宣传教育，使学校管理者、教师、学生和家长及其他与学校组织有关的个人增强法治观念，自觉遵守教育法律法规。对于违反教育法律法规行为的处理与制裁，称为教育法律法规的适用，亦称执法。法律制裁是依据法律法规规定，对违法者按所承担的法律责任给予惩罚。法律制裁一般分为行政制裁、民事制裁和刑事制裁。例如，对招用义务教育学龄少年儿童就业的单位或个人，由国家行政机关对其实施行政制裁；对占用、损坏学校场地、校舍、设备的，由各级人民法院对其实施民事制裁；对殴打学生、教师，情节严重构成犯罪的则由各级人民法院对其实施刑事制裁；对学校教职员工的违纪行为，可由学校实施处分。

4. 加强教育法律法规的监督

法律监督是指由国家机关、社会组织和公民对法律运行过程的合法性进行的监察和督导，它贯穿于立法、执法、司法、守法的每一个环节中，是保证法律有效实现的基本机制。我国的法律监督体系主要由国家监督和社会监督两部分构成。国家监督是由国家机关以国家的名义、以法定职权和法定程序进行的有直接法律效力的监督。社会监督是由国家机关以外的政治或社会组织和公民进行的，不具有直接法律效力的监督。学校管理人员和教职工的监督属于社会监督，监督内容既包括教育法律法规的制定与实施，也包括学校管理者法律方法的应用。这种监督虽然不产生直接的法律效力，但可以调动道德强制力和法律的潜在威慑力而发挥作用，可以促使国家机关及其工作人员、学校管理者，严格依法办事，正确行使权力。

四、经济方法

随着我国市场经济的快速发展，学校的经济活动日益增多，学校管理的经济方法的运用也越来越广泛，了解该方法的特点及实施具有十分重要的意义。

经济方法是指按照一定的经济利益分配原则，运用资金配置、工资、奖金等经济手段，对学校工作和教职工进行管理的一种方法。

（一）经济方法的特点

经济方法具有以下四个特点。

1. 利益性

物质利益是人们从事工作的主要目的之一，学校教职工从学校得到的物质利益，是对他们自身工作的一种重要评价，对教职工的工作积极性和创造性具有重要影响。承认教职员工个人工作所包含的物质利益及其差异，并将其作为调动教职工工作积极性的重要手段，是学校管理的经济方法的最本质特征。经济方法以物质利益为基础，将人们对物质利益的要求转化为工作动力。它强调组织和个人的物质利益与其劳动成果之间的联系，强调物质利益的获得多寡取决于劳动成果的大小和劳动效率的高低。经济方法的这种利益性，集中表现为商品交换中的等价交换和以质论价、工资收入上的按劳分配、奖金分配上的奖勤罚懒。

2. 有偿性

经济方法要求教职工获取经济利益要以劳动的付出为代价，而经济利益的获得又是社会或国家通过学校管理者对教职工付出劳动所做的补偿。因此，经济方法在运用上，无论对管理者还是对被管理者来说，都是有偿的。学校管理运用经济方法的目的之一，就是兼顾学校组织和个人的利益，在保证学校组织利益的前提下，重视满足教职工的正当、合法的利益，以此促进学校的发展和个人需求的满足。

3. 间接性

与行政方法和法律方法不同，学校管理的经济方法不直接干预或控制组织和教职工的行为，而是通过对组织和教职工多方面经济利益的调节，间接影响他们的行为。组织和个人在物质利益的驱动下，采取怎样的行动，何时行动，管理者是无法左右的，完全由组织和个人自己决定，即组织和教职工对这种影响有一定的选择权。

4. 平等性

经济方法承认学校组织之间和教职工个人之间获得经济利益的权利是平等的，问题在于如何实现权利。它鼓励学校组织之间和教职工个人之间在权利平等的基础上，就如何通过有效的劳动去获得更多物质利益而开展竞争。运用经济方法，对社会财富的分配只有一个统一的尺度，就是价值尺度。经济杠杆对情况相同的学校组织和个人具有相同的调节作用。

（二）经济方法的利弊

1. 经济方法的优点

（1）运用经济方法实施学校管理，可以充分发挥教职工的自主性。经济方法是以经济杠杆为工具，以物质利益为核心的，最能引起教职工的关注，并据此主动调整自己的行为，适应管理的要求，因而经济方法见效快，效果明显。

（2）经济方法较容易量化标准，而且人人都可以享受自己劳动带来的直接利益。比起评模评优只有极少数冒尖者才能获得好处，经济方法在管理中容易做到利益均沾，比较具有客观性和公平性，能激发多数人的工作积极性。

2. 经济方法的缺点

（1）经济方法仅以满足人们的物质利益为前提，其作用范围仅集中在与经济有连带关系的工作方面，例如能据以量化的教师工作量、班级考试排名等，而教师的师德、班级文化建设、学生情商培养和智力开发等，都难以用经济方法来解决。因此，靠经济方法不能解决学校管理中的一切问题。

（2）经济方法强调以物质利益为核心，如果运用不当，会对教职工的精神追求、学校人际关系等产生负面作用，如诱发“一切向钱看”的意识，置工作不顾而为蝇头小利向组织讨价还价，只注重个人或小团体利益而损害学校集体利益，为达到个人目的而不择手段，等等。严重的还会引起教职工之间钩心斗角，影响和谐校园文化的建设。

（3）中小学本身并不直接创造经济效益，特别是义务教育阶段的学校，学校的经济来源主要依赖政府的财政拨款，这就使经济方法的运用受限，甚至引发学校的乱收费行为，使教育的公益性质变味。

（三）经济方法的实施

在计划经济时代，学校管理中经济方法的作用十分有限，教育方法和行政方法发挥主要的作用。在市场经济条件下，经济方法的运用十分常见。任何学校管理者都不能忽视对经济方法的研究与运用。能否成功运用经济方法，常常成为决定学校管理工作成败的一个重要因素。

在运用经济方法时应注意以下问题。

1. 正确对待教职工的物质利益要求

心理学认为，需要是人的一切行为的原动力，物质利益是人生存的基础，只有基本的物质需要得到满足，人才有可能向高层次发展。教职工从事教学工作的基本动力，就是通过自身的劳动获得合理的报酬，国家和学校管理者只有为教职工提供合理的满足，才能使教职工提高工作积极性。学校管理者应承认教职工物质利益的合理诉求，在此基础上积极满足教职工的合理要求。

2. 坚持按劳分配原则

经济方法应用的目的是调动教职工的工作积极性，而平均主义无法达到这一目的，只有实行按劳分配的原则才能真正达到这一目的。但按劳分配原则的正确实施，需要建立在对教职工劳动的科学评价基础之上，并要求从实际出发，在拉开物质待遇差距的同时，考虑教职员工的心理承受能力，以免事与愿违。

3. 与其他方法结合使用

如果学校管理工作中过分倚重经济方法，而不积极与其他方法结合运用，经济方法就无法正常发挥作用，还可能产生诸如“一切向钱看”等不良倾向，使学校陷入由于利益分配问题而造成的混乱。经济方法只有与教育方法、行政方法、法律方法结合使用，才能造就健康的校园组织文化。

第三节　学校管理的特殊方法

学校管理的特殊方法是从某种特殊角度入手，或追求某种特殊目的的方法，如目标管理、全面质量管理、计划管理等方法。

一、目标管理

目标管理是美国管理学家德鲁克在20世纪50年代提出的一种管理方法。其主要做法是：由组织中的上下级管理人员共同制定组织的总目标，然后将总目标分解、落实到每个部门每个人，据此规定每个部门和成员的职责范围，并以此评价其工作成果。其过程大致可分为制定目标、实现目标和绩效考核三个阶段。目标管理最初应用于企业管理中，被证明是一种行之有效的方法。后来被引进到学校管理之中，同样表现出它的有效性。

（一）学校目标管理的界定

1. 什么是目标

目标是指某种行为所要达到的预期结果或最终目的。任何一个组织或个人的行为都会指向一定的目标，没有目标的行为是盲目的行为，没有目标的管理活动是盲目的管理活动。

目标具有以下特性。（1）方向性。目标是指导人们行为的，具有方向性的矢量，它引导人们朝着一定的方向和标准努力。（2）整合性。一个目标可以是多个子目标构成的目标整体，这个目标整体可以进行分解和综合，整体目标可以分解成不同时序、不同阶段、不同层次的子目标，各子目标又可以为整体目标的实现服务。（3）前瞻性。目标是组织或个人对未来的期望或设想，是组织或个人通过努力争取实现的未来状态。

目标在影响组织或个人的行为方面具有以下作用。（1）导向作用。正确的目标可以引导组织或个人朝着正确的方向发展，错误的目标则将组织或个人引向失败。成功的前提就是正确选择目标。（2）激励作用。目标的激励作用是指目标对组织和个人的行为有鼓励和推动作用，这种作用体现为目标作为组织或个人对自身行为最终结果的期望，具有鼓励组织和个人努力去实现目标的动力作用；目标同时也是组织或个人活动结果的评价标准，对组织和个人具有鞭策作用。（3）调控作用。组织或个人在为实现目标而努力的过程中，需要调动多方面的积极性和多种资源，形成合力，因此需要在目标的指引下不断协调多方面的资源，并根据实际情况和目标的要求不断调整、控制自己的行为，最终实现目标。

2. 学校教育目标、管理目标与目标管理的关系

要了解学校目标管理，首先要了解学校教育目标和学校管理目标。学校教育目标有广义和狭义之分，广义的学校教育目标即教育目的，是各级各类学校工作的总目标。狭义的学校教育目标即不同的学校在遵循教育方针的总要求下，根据自身的特点确立的学校培养目标。学校管理目标是学校管理工作要争取达到的预定目标，是对学校管理工作的全部要求。学校教育目标是制定学校管理目标的主要依据，学校管理目标是实现学校教育目标的手段，没有学校管理目标的实现，学校教育目标就难以实现。学校目标管理即是对学校管理目标实现过程实行的管

理，或者说是围绕确定和实现学校的管理目标所进行的管理。

3. 学校目标管理的特点

学校目标管理以学校工作目标为导向，以实现学校工作目标为唯一追求的管理，强烈的目的性使其区别于其他管理方法。

（1）强调系统管理。首先是管理的系统性。学校管理组织是为了一定目的而建立起来的人工系统，管理活动又必须在组织系统内进行，因而管理本身就具有系统特性。这种特性集中体现在组织目标上，从而决定了学校管理必须以共同的目标来统一全体人员的思想和行动。抓住了目标，也就抓住了系统整体，管理才能卓有成效。其次是管理的层次性。目标管理的关键是把组织的总目标分解为不同层次的子目标，建立起合理的目标体系。按照目标体系，逐层下放管理权，明确和统一每一层次的责、权、利，使上下层次之间、彼此之间都能回答“如何做、为谁做、这样做如何”等问题，这样，学校管理活动才会层次分明，井然有序。最后是管理的整体性。目标管理从组织的整体目标出发，将整体目标分解成各个局部的分目标，由局部的分目标的实现，保证总体目标的实现。这样使整体和局部构成双向环形系统，形成一个双向思维过程。按这样的思维过程实施管理和履行目标责任，既有利于个体成员明确组织的共同目标，增强整体观念，又有利于各子系统明确为实现共同目标承担的责任所应起到的作用，从而实现系统整体管理。

（2）强调自我管理。目标管理方法以自我管理为中心。学校总目标确定之后，就要分解落实到人，每个人既是责任主体，又是利益主体，在目标具体、责任明确、利害清楚的情况下，能极大地激励个人积极性、创造性，有效地将管理的他控转为自控。目标管理强调工作的目的性、管理的自主性和个人的创造性，把每个人都置于所承担的目标责任的岗位上，通过自我监督和自我控制，实现自主管理。

（3）强调绩效管理。绩效即目标实现的结果，绩效管理是管理者和员工经过沟通制订绩效计划，实施绩效监控、绩效考核、绩效反馈与改进，以促进员工业绩持续提高，并最终实现组织目标的一种管理过程。绩效管理是目标管理的最主要内容，是目标管理的精髓，所以有人把目标管理直接称为绩效管理。目标管理所追求的目标，就是学校和每个员工在一定时期应该达到的工作成果。工作成果对目标管理来说，既是评定目标完成程度的根据，又是人事考核和奖惩的主要依据。这种结果式管理迫使组织的每一层次、每个部门及每个成员优先考虑绩效的提高、目标的实现，没有绩效的管理就是无效管理。

（二）学校目标管理的过程

学校目标管理的基本过程或工作程序，可以分为学校管理目标的制定、分解、实施和评价四个阶段。

1. 学校管理目标的制定

学校管理目标的制定是实施目标管理的第一个环节，其过程包括调查研究、草拟目标方案、论证目标方案并最终确定目标等步骤。学校管理者在制定学校管理目标时，要依据教育方针政策和有关法律法规、学校的教育目标和学校实际情况，注意目标内容的完整性，使目标内容涵盖学校工作的方方面面。同时要在上下级之间、部门与部门之间进行充分的协商，让最终确定的学校管理目标真正成为全校教职员工的共同愿望。

2. 学校管理目标的分解

学校管理目标确定后，需要分解成部门目标和个人目标，并签订目标管理责任书。分解的目的在于落实任务，明确责任，便于实施。学校总体管理目标统率部门目标和个人目标，部门目标和个人目标的实现是学校总体管理目标实现的保证。学校管理目标的分解通常有两种方式：指令式和协商式。指令式是由学校管理者直接确定分解方案，然后以指令的方式向下布置。协商式是由学校管理者与各部门以及教职员工充分协商，共同形成目标分解方案。指令式的优点是目标分解速度快，但不利于调动下级的积极性；协商式的优点是有利于调动下级的积极性，但花费时间较长。目标管理责任书是以契约的方式确定管理者和被管理者双方的责、权、利，规范双方的行为，为目标的实现提供保证。

3. 学校管理目标的实施

学校管理目标分解到部门和个人后，即进入实施阶段。在这个阶段要做的工作包括：制订实施计划、进行目标实施前的准备和目标实施过程中的反馈控制。实施计划应包括目标实现的具体时间、方式、责任人、工作进度、经费来源与预算安排等内容。在目标实施过程中，学校管理者要加强与各部门之间的沟通，了解目标是否可行，经费与人员等安排是否合理，教职工的工作是否顺利等，针对发现的问题进行研究，提供指导，及时纠偏，保证目标实施过程顺利进行。部门和个人在目标实施过程中要不断地进行自我检查，发现偏差，自我调节，提高工作质量。

4. 学校管理目标实施结果的评价

这是学校目标管理过程的最后一个环节，这个环节要做的工作主要有三个方面。（1）对目标成果进行评价。（2）根据评价结果实施奖惩。（3）对整个目标实施过程进行总结，发现问题，及时补救；分析原因，总结经验教训，为下一阶段的目标管理提供依据。

在对目标成果进行评价时，要解决评价的标准、评价的内容和方法、评价的程序三方面的问题。评价的标准必须以正确的评估观为基础，而不能把经验或印象作为评价标准。评价的客观标准只有一个，那就是目标。评价的内容包括目标的达成度（目标的完成程度）、目标的困难度（制定目标时估算的达标难度）和努力度（达标过程中主体所做出的实际努力）。在对以上三个方面的内容进行单项评价的基础上，要对三个方面的评价结果进行综合分析评定，其中需考虑要素比重和修正值的因素。评价的程序可以分为自我评价、集体评价和领导评价三个阶段。成果评价完成后，要根据成果的优劣实施奖惩，奖惩不可滥用，要使奖惩能起到激励作用，而不是挫伤教职工的积极性。最后，要对整个目标实施过程进行总结。一旦发现问题，导致任务没有完成，就及时补救，以免影响下一周期的目标任务；还要分析原因，及时处理；对做得好的，肯定成绩，总结经验，及时推广，为下一阶段的目标管理奠基。

（三）学校目标管理的不足

目标管理强调绩效，注重目标的达成，对于提高管理效率具有明显的作用，是有效的企业管理方法。目标管理方法在学校管理中应用，较之于传统经验性的管理，的确显现出了良好的效果，但是也存在明显的不足。学校管理者应用目标管理方法时，必须特别加以注意。

1. 学校工作难以建立明确的目标体系

目标管理首先要明确目标，而学校的产品是人，人的质量很难量化；人才培养周期漫长，涉及的因素众多，目标体系的建立非常困难，只能凭借经验来做一些简单的、模糊的定性描述。为了实施目标管理，许多学校采取变通方式，对那些不能制定指标体系的内容，就用其他可量化的指标来代替，例如将学生素质以考试成绩来代替等，这样很容易使学校育人工作走样。

2. 容易使育人工作变得刻板僵化

学校育人工作是一个动态的变化过程，影响育人效果的因素不易确定，更不易控制，需要因人而异、随机应变。而目标管理是一种严格的程序控制过程，一旦确定，很难改进和创新。如果目标制定有误，被拴在目标链上的每一个个体无力对总目标做出调整，相反，还必须为这个错误的目标努力奋斗。

3. 绩效考核容易导致负面的组织氛围

绩效考核强调量化指标，如果考核标准模糊，或缺乏足够信息去做出细致的评价，极易引致非客观公正的判断，导致管理者和被管理者之间关系紧张。绩效考核使团队成员之间形成一种竞争的关系，容易加剧教师之间的漠不关心、相互怪罪、争斗，甚至互挖墙脚，破坏团队协作。绩效考核容易使管理者过分注重结果而忽视过程管理，迫使教职工为了达到目的而不择手段。

二、全面质量管理

20世纪前，企业产品质量主要依靠操作者本人的技艺水平和经验来保证。20世纪初，以泰勒为代表的科学管理理论的产生，促使产品的质量检验从加工制造中分离出来，由专门人员从事质量管理。20世纪60年代初，美国管理学家费根鲍姆提出全面质量管理的概念，认为全面质量管理是为了能够在最经济的水平上，考虑到充分满足顾客要求的条件下进行生产和提供服务，并把企业各部门在研制质量、维持质量和提高质量方面的活动构成为一体的一种有效体系。学校和企业的产品虽然不同，但都存在产品质量管理问题，所以全面质量管理方法问世不久，就被引进到学校管理中。

（一）学校教育质量管理的概念

学校教育质量是指学校育人的质量，包括育人结果的质量和育人过程的质量。育人结果的质量是指学生身心发展的质量，育人过程的质量是指学校各项育人工作的质量。学校教育质量管理就是学校教育质量的全面管理，是为保证学校教育质量，由学校全员参加的，对学校各项工作全过程进行管理的一系列程序和方法的总称。

学校教育质量管理具有三方面的特性。

1. 全员性

全员性是指学校系统中每个工作和学习岗位的管理者、教职工和学生都必须参与学校管理，按照自己的岗位分工，对自己的工作或学习质量负责，同时必须注意与相关人员之间的有效协作，共同提高工作、学习质量，以最终达到学校的教育质量要求。

2. 全面性

全面性是指对学校内外影响教育质量的一切因素进行管理。从学生的质量来看，包括注重使全体学生以及每一个学生在德智体诸方面都得到发展。从学校的工作来看，要使学校各部门的工作都得到优化，并处理好部门之间的协作关系，形成校内的教育支持合力。从学校与外部的关系来看，要处理好学校与家庭、社会以及教育行政部门之间的关系，为提高学校的教育质量积极创造良好的外部条件。从管理手段来看，要善于运用各种管理方法和技术来提高工作、学习质量。

3. 全程性

全程性是指学校各层次、各方面管理工作的全过程都要保证高质量。在学生管理方面，要注重对学生从入学、受教直至进入社会等环节进行全过程管理。在教学管理方面，对教师要从备课、上课、辅导、作业批改到考试安排进行全过程管理，对学生要从预习、听课、复习到参加考试等环节进行全过程管理。从学校管理过程来看，要对计划、实施、检查和处理等各个环节实施严格管理。学校教育质量管理过程各环节的质量得到了保证，学校教育质量最终也就有了保证。

（二）学校教育质量管理的过程

学校教育质量管理过程有四个基本环节：确定质量标准，开展质量检查，进行质量分析，实施质量控制。

1. 确定质量标准

确定质量标准是实施学校教育质量管理的第一个环节，有了质量标准，才谈得上质量管理。确定哪些质量标准以及如何确定这些质量标准是这一环节的关键。

学校教育质量管理的标准主要包括两个方面：学生质量标准和学校工作质量标准。学生质量标准包括学生总体的质量标准和具体的质量标准。学生总体的质量标准由国家教育方针和有关法律文件规定。学生具体的质量标准是学生总体质量标准的具体化，是在学生总体质量标准的指导下，根据不同地区、不同学校、不同年级的具体情况所确定的学生质量标准。学校工作质量标准也有两个方面，即学校总体的质量标准和学校各项工作的质量标准。学校总体的质量标准也就是一所好学校应具备的质量标准。学校各项工作的质量标准包括学校的德育工作、智育工作、体育卫生工作、后勤工作的质量标准，其中每项工作的质量标准又可以细分为更具体的质量指标。

学校教育质量管理标准的内容确定以后，要使这些标准科学且便于操作并非易事。学校管理人员和教师必须注意三方面的问题：一是要根据学校学生质量标准和学校工作质量标准的有关文件，明确学校总体的质量标准；二是要从实际出发，根据自己学校的实际情况，制定切实可行的各类具体的学校质量标准；三是要确定质量标准差异的范围和幅度，尽量使其控制在预期的目标范围内。

2. 开展质量检查

质量标准确定以后，要对照所确定的质量标准对学生的质量和学校各项工作的质量进行检查。质量检查的目的是找出质量现状与质量标准之间的差距，为质量分析和质量控制提供数据。质量检查的类型多种多样，不论哪种类型的检查，都要客观公正，深入细致，为进行正确的质量分析打下基础。

3. 进行质量分析

质量检查完成以后，需要对检查所得到的数据资料进行科学分析，得出正确的评价结论，为采取正确的质量控制措施提供依据。质量分析的方法主要有定量分析、定性分析，因果分析、对比分析、综合分析，成果分析、过程分析，领导分析和师生自我分析等种类。这些分析方法之间可能互相涵盖交叉，常常是多种方法结合使用才能产生较好的效果。

4. 实施质量控制

实施质量控制是教育质量管理的最后环节，也是最困难的环节。所谓教育质量控制，是指依据教育质量标准，通过质量检查和质量分析所得到的信息，对教育教学活动进行有序调控，使教育质量朝着预定的目标方向发展。

教育质量控制的方法很多，有工作控制、组织控制、程序控制、因素控制、随机控制等。工作控制是指制定一系列规章制度，使学校各项工作有法可依，使全校教职工明确规范，照章办事。组织控制是指从组织上建立学校内部的责任系统，诸如建立从学校教导处到年级组、教研组、班级和班级学习小组等质量责任制系统，明确各级各类组织的质量控制责任，达到提高教育质量的目的。程序控制是指建立学校各项工作的有效程序，并对程序的各个环节进行严格管理。因素控制是指对影响学校教育质量的各种偶然和必然因素进行分析归类，并努力使这些因素向着有利于提高教育质量的方向发展。随机控制是指在学校教育教学过程中，对各种随时暴露出的质量问题及时采取有效措施，排除不利因素的影响，不断提高教育质量。

（三）**全面质量管理的不足**

全面质量管理以产品质量为核心，以顾客满意为目的，建立起一套严密高效的质量保障体系，对以育人为主的学校来说，具有极大的借鉴意义。但全面质量管理也存在一些不足，学校管理在借鉴时要特别注意。

1. 重技术轻战略

全面质量管理是一种管理思想和一套质量管理技术，不仅缺少了组织管理重要的一环——战略策划，也缺少像目标管理那样一套严密的从组织战略目标到个人岗位职责的目标体系，导致质量管理体系往往与其他管理各自为政。

2. 重管理轻经营

全面质量管理只是组织管理中的一部分，而不是全部。它是组织管理系统的一个子系统，对组织的经营战略、经营过程缺少足够的关注，或者说全面质量管理的方法不适用于组织经营。

3. 重监控轻自主

全面质量管理基本属于传统的自上而下的管理，强调管理者全程紧盯式的质量控制，挤压了员工的自主空间，员工缺乏目标激励，容易产生被动行为和依赖心理。

4. 重质量轻绩效

全面质量管理强调质量至上，没有目标管理那样强烈的效率意识，把绩效置于次要的地位。

三、计划管理方法

计划管理方法是一种经典的管理方法，曾被广泛地应用于各行各业的管理，实践表明它是一种行之有效的管理方法。我国传统的学校管理所采用的方法主要是计划管理方法。

（一）学校计划管理的特点

学校计划管理是用计划去组织、指导、协调、控制人们的活动，以实现学校目标的一种管理方法。

学校计划管理有以下三个特点。（1）强制性。学校计划管理对必须做什么、谁来做、做到什么程度、什么时间完成，都做出明确的规定，对计划所涉及的人员具有直接的约束力。（2）程序性。学校计划管理所依据的计划，无论是全局性的还是局部性的，都对先做什么后做什么有具体的规定，一般都要按照计划、执行、检查、总结这四个环节进行周期性的循环。（3）统一性。学校各部门、各层次的有关人员，可以按照有关计划的要求协同努力，为实现学校的目标共同奋斗，以减少工作的盲目性。

（二）学校计划管理的过程

学校计划管理的过程也分为四个环节：学校计划的制订、学校计划的执行、学校计划执行情况的检查和总结。

1. 学校计划的制订

学校计划的制订环节包括学校计划制订的原则、程序、方法等内容。

学校计划的制订要求遵循整体性、可行性、灵活性和可检测性等原则。整体性原则是指学校计划应该是多层次、多系列的，各计划之间应注意相互衔接，以构成一个有机的计划整体。计划要尽量将相关因素考虑进去，避免挂一漏万，影响全局。可行性是指计划应该依据学校内外的形势，对学校工作未来的走向有所估计。计划的目标既不能过高，也不能过低；既要起到激励作用，也要切实可行。灵活性是指计划的制订要考虑到各种变化因素，以便能够根据情况做出调整。没有绝对完美的计划，也不存在一劳永逸的计划。学校计划的可检测性是指对执行计划的主体的工作任务、完成任务的时间和质量等，要有明确具体的要求，便于检查、处理和评价，为下一循环的计划管理创造条件。

学校计划制订的程序，一是确定各项工作的目标与任务，并排列出这些目标与任务的先后次序；二是搜集有关资料，为制订计划做准备；三是根据目标、任务和所搜集的资料，针对每一类总的目标和任务制订两个以上可供选择的计划；四是组织论证并选定计划。

制订学校计划的方法通常是管理者与群众相结合，结合的方式根据计划的类型和学校的实际情况灵活掌握。

2. 学校计划的执行

执行是学校计划管理的中心环节。首先要做好执行的准备工作，同时要充分发挥计划的指导和协调作用。准备工作包括思想准备、组织准备、资源准备等。及时做好准备工作是计划顺利执行的前提。在计划执行的过程中，教职员工会遇到各种各样的困难，需要管理者通过多种方式进行指导，对于部门与部门或人与人之间出现的各种矛盾要不断进行协调，使执行过程按照计划的要求进行。

3. 学校计划执行情况的检查

对学校计划执行情况的检查，目的在于了解计划的执行情况，找出计划与实际工作常常难以吻合的原因，为改进计划提供数据，同时检查、评价和督促教职员工的工作。检查应以计划为依据，全面深入了解情况，切忌主观臆测，不仅要重视检查计划执行的结果，也要重视检查计划执行的过程，还要注意领导与群众上下之间的结合。

4. 总结

总结是学校计划管理的最后一个环节，目的在于总结工作中的经验教训，将经验上升为规律性的认识，为提高下一循环计划管理工作的质量提供条件。因此，这个环节不是可有可无的。做好总结工作需要学校领导的高度重视，教职员工的广泛参与，需要以检查所得到的全面、真实的数据为基础，以客观、公正的评价标准为准绳，运用先进的教育科学和管理科学的理论、方法分析事实，从而得出正确的结论。

（三）学校计划管理的不足

我国传统的计划管理方法是在计划经济背景下诞生的。计划管理在形式上与目标管理有很多相似的地方，因而目标管理与全面质量管理几乎同时引入我国，目标管理一见如故，被我们接纳，而全面质量管理却逐渐被冷落。当然，计划管理与目标管理也存在明显的不同，这些不同之处刚好是计划管理的不足之处。

1. 重形式轻实质

计划管理注重计划的完成，不关注结果的价值。由于我国中小学长期以来实行的是外控式管理，学校缺少办学自主权，学校管理者很难根据学校实际情况因地制宜地制订计划，学校计划往往是按部就班完成上级任务的说明书，把完成上级任务作为计划管理的终极目标，而不考虑上级任务要求对学校、对学生发展的价值，所以普遍对质量与绩效的关注不够。

2. 重总结轻处理

与目标管理相比，计划管理一个明显区别，就是管理的终末环节是总结而不是处理。虽然只有两字之差，却反映出两者的追求。计划管理关注的是是否完成计划以及如何奖优罚劣，轻视问题的原因分析以及如何补救、如何为下一阶段工作开创新局面。

3. 重外控轻内控

一方面，学校工作计划往往是为了完成上级布置的任务而制订的，是上级任务的细化，缺少学校内在的发展目标，学校很难自主经营，特色办学。另一方面，学校计划管理重视计划、安排、督促，不重视教师的参与，教师缺少必要的自主，被动地完成任务，很难把学校任务内化为自身的工作目标，不利于调动教师的积极性、主动性。

第四节　现代信息技术的应用

随着社会的进步和学校管理实践的不断深入，学校管理方法也在不断发展，其中最深刻、最具影响力的发展，是现代信息技术在学校管理中的应用。可以说，现代信息技术在学校管理的任何领域都可以发挥重要作用。学校管理如果不能有效运用现代信息技术，就不可能实现真正意义上的现代化，就难以适应信息社会和市场经济的要求。学校管理者认真学习并掌握学校管理中的现代信息技术知识，对提高自身管理工作的水平具有重要的意义。

一、现代信息技术的特点

现代信息技术是指围绕信息的产生、搜集、储存、处理、检索与传递而形成的用以开发和利用信息资源的现代微电子技术、计算机技术和通信技术等技术的总称。学校管理中的现代信息技术内容十分广泛，卫星传输技术、双向视频技术、移动通信技术以及以计算机为核心的多媒体技术、网络技术、数据库技术等，都可以应用到学校管理中来。而且，这些技术也正在呈现出一种整合或集成的趋势。目前我国中小学使用较广泛的主要是计算机多媒体技术和计算机网络技术。

计算机多媒体技术主要有以下特点：(1) 集成性。一方面是媒体信息即声音、文字、图像、视频等的集成，另一方面是显示或表现媒体设备的集成，即多媒体系统一般不仅包括计算机本身，还包括电视、音响、录像机、激光唱机、投影仪等设备，可以把多种媒体进行加工处理使之有机结合在一起，呈现出丰富的表现力，便于知识的理解和掌握。(2) 超文本特征。超文本（hypertext）是用超链接的方法，将各种不同空间的文字信息组织在一起的网状文本，包含有可以链接到其他位置或教档的连接，允许从当前位置直接切换到超文本链接所指向的位置。计算机多媒体技术可以建立具有检索和导航功能的大容量知识库，用户可以任意选择路径进行检索和学习。(3) 交互性。计算机多媒体技术不是简单的单向或双向传输，而是可以进行实时的双向信息交互，可用于支持教学过程，调动教师和学生在教学过程中的积极性。

计算机网络技术的主要有以下特点。(1) 信息量大，信息来源广。用户可以在网上找到自己需要的各种信息。(2) 检索速度快。用户可以根据需要迅速查找到自己需要的信息。(3) 参与性强。用户可以在网上自由发表意见或参与讨论。(4) 具有方便、快捷的通信功能。用户可以用电子邮件或视频进行通信联络，既节省时间又节省费用。计算机网络技术的这些特点，可以满足学校管理需要全面了解校内外各种教育信息，掌握学校工作动态和师生心理动态，及时反馈信息、沟通思想、发布指示的要求，也有利于教职工发表意见，交流教学经验，参与学校管理。

二、现代信息技术在学校管理中的作用

现代信息技术由于具有一系列优越性，在学校管理领域正得到广泛的应用。作为现代信息技术主要代表的计算机多媒体技术和计算机网络技术应用到学校管理中，可以改进信息搜集的方式，改变过去依靠人工搜集和处理信息而出现的工作量大，容易出错，速度慢，信息散乱、不全面等情况，使信息搜集和处理工作规范化，提高信息处理的速度、可靠性和科学性；改进信息的检索、呈现和传递方式，使信息检索方便、快捷，以多媒体方式呈现，并能进行实时传递。

计算机多媒体技术和计算机网络技术（统称计算机技术）可以在学校管理中发挥四大作用。(1) 数据管理。即对各种可被计算机储存和处理的数据进行管理。(2) 活动及资源调度。如可以用来排课表、安排教室、调配教学设备等。(3) 教学过程控制。如帮助教师记录和处理教学过程中的动态信息，提高教学效率。(4) 辅助决策。即应用有关决策系统软件，对大量信息进行处理，为管理人员提供决策方案。

计算机技术在学校管理中发挥作用的范围主要包括以下六个方面。

1. 教学管理

计算机技术在教学管理中的作用主要体现在：可以用来记录、分析和报告学生的学习情况，包括对学生的学习进度和学习完成情况的记录、分析和报告；编制客观性测验的试题库，既可以编制个别化测验题，也可以编制多份等效的测验，大大减少教师的劳动；可以用来阅卷、计分、分析成绩，提高这些工作的效率；进行课堂教学控制，如一些软件公司开发的具有电子举手、电子回答问题、电子备课等功能的课堂信息系统。

2. 教务管理

包括教学计划管理、选课管理、排课表、教材管理、考试管理和学籍管理等。

3. 人事管理

包括教职员工的任命、调动、职称评聘、工资调整、工作量核算等。

4. 财务管理

包括学校各种收入、支出、预算、决算以及其他各种经济核算情况的财务管理等。

5. 资源管理

包括教室、实验室、教学仪器设备、食堂、宿舍以及其他各种教学服务设施的登记、维修、使用等方面的管理。

6. 图书馆管理

例如，网上书库，图书馆的借书还书网络系统，可以帮助查找图书目录、办理借阅与归还手续等。

三、现代信息技术在学校管理中的应用

现代信息技术在学校管理中的应用，可以从两个方面来探讨：一方面是技术本身在学校管理中的应用方式，另一方面是如何在学校管理中推广现代信息技术。这里仅讨论计算机管理的应用问题。

（一）计算机管理的应用方式

我国中小学不仅数量巨大，而且发展状况很不平衡，有的学校条件好，有的学校条件差，因此在计算机管理的应用方式上，必须根据学校的实际情况和具体需要来确定计算机管理的应用方式。

计算机管理的应用方式一般有两种：单机管理信息系统和网络管理信息系统。单机管理信息系统通常是指在单机上单独的职能性的事务管理信息系统，如

财务管理信息系统、教务管理信息系统等，可以根据需要采取购买、自行研制或委托开发等方式建设。单机管理信息系统的优点是保密性好。但由于系统分散，各自为政，容易造成工作上的重复浪费，甚至系统与系统之间的数据冲突。网络管理信息系统包括各类专用小型局域网络管理信息系统（如图书馆的借还书系统、膳食网络管理系统等）和将各类专用小型局域网络管理信息系统加以互联的校园网。网络管理信息系统相对于单机管理信息系统，在应用上更加复杂，需要更加专业化的分析、设计、建设和维护。网络管理信息系统的优点是可以实现硬件和软件资源的共享，虽然初期建设成本较高，但从长期应用来看是节约的。网络管理信息系统的缺点是，如果出现网络技术故障，整个网络管理信息系统的工作会受到影响，而且对网络管理信息系统还要在加强保密性、防止计算机病毒方面做很多工作。

（二）现代信息技术在学校管理中的应用推广

要在每一所学校的管理中，都有效地引进现代信息技术并非易事。现代信息技术虽然能在学校管理中发挥重要的辅助作用，但由于经费、管理者的素质等原因，能够真正用好现代信息技术的学校并不多。要在学校管理中用好现代信息技术，需要着力做好以下工作。

1. 建立专门的技术机构

在学校管理中应用现代信息技术是一项专业性较强的工作，成立专门的技术机构，聘请专业人员，对学校现代信息技术的应用进行专门的规划、组织、指导是十分必要的。否则，这项工作就会陷入盲目状态，或在较低的水平上运行，难以发挥现代信息技术应有的作用。

2. 搞好硬件和软件建设

现代信息技术在学校管理中的应用，需要从每所学校自身的实际出发，既要避免技术无用或技术恐惧的心理，又要避免迷信技术，盲目上马，贪大求全的急躁情绪。学校管理者应认真分析学校的实际需要，根据自身的财力和教职工的素质状况，循序渐进，制订切实可行的硬件和软件建设实施计划。硬件建设可以采取先重点满足急需，后满足普遍需要；先配置单机，后建设网络等策略。在硬件设备的档次上，应考虑使用目的、设备今后的升级以及学校的财力等因素，避免投资浪费和重复建设。软件建设应与硬件建设相配套，以同时提高硬件和软件的使用效益。随着软件业的快速发展，可用于学校管理的软件系统越来越多，各类校长办公系统、财务软件系统、教务管理软件系统等十分丰富，能否选择或自行开发出适用的软件，并根据学校的发展需要不断将软件更新换代，是现代信息技术能否较好地发挥作用的关键之一。

3. 实施现代信息技术全员培训

在学校管理中应用现代信息技术，是学校管理工作发展的必然趋势。同时，由于学校管理的民主化趋势，学校各类人员都要不同程度地参与到学校管理工作中来，掌握现代信息技术在学校管理中的应用方法，提高工作效率，是现代社会对学校全体教职员工的要求。学校可采取分阶段、分层次、分类型的培训策略，避免脱离实际，搞整齐划一，影响正常的教学秩序和教职员工的学习积极性。培训的形式可以多种多样，做好规划，长期坚持。

4. 建立现代信息技术应用制度

任何一项工作要长久维持，必须建立制度。在学校管理中要用好现代信息技术，至少需要建立以下两项制度：学校各部门管理信息系统的使用、维护职责，学校各类人员现代信息技术培训规定。这两项制度都必须明确每个教职员工个人的责、权、利，并明确奖惩措施。

复　习　题

1. 学校目标管理、全面质量管理和计划管理三种管理方法的区别是什么？

2. 简述学校管理中的教育方法、行政方法、法律方法和经济方法的特点。

3. 计算机多媒体技术和计算机网络技术在学校管理中有哪些辅助作用？如何应用？

4. 案例：侯校长的“无影手”。

侯校长成功地从外校竞聘A校校长，刚一上任就感到很有压力。虽然在竞聘过程中，侯校长通过教育局提供的材料对A校近年的发展和问题有所了解，但没想到这所百年老校的问题竟然这么多。经过与学校中层干部和教师的两周交流，他把学校问题梳理了十几条，例如，领导班子不团结，教师之间矛盾多，教师赌博成风，无心向学，教师工作责任心差，骨干教师跳槽多，教师培训难，绩效考核不合理，教学质量差，家校关系紧张……

这一天，侯校长正盯着电脑屏幕上自己列出的十几个问题，思考从哪里入手来解决，教导主任走进来气呼呼地向他提出辞职。原来该校有一帮青年教师，自恃教学能力强，经常抱成团与领导闹对立，前任校长几乎是被他们联手推翻的。当天，教导主任按惯例进教室听课，发现有几名教师没有遵守教学常规，就提出批评，可是青年教师却不买账，认为他小题大做，当面顶撞他。了解情况后，侯校长放下自己要琢磨的事，两边和稀泥。其实，侯校长很清楚教导主任在自己最需要他时提出辞职的真正动因：教导主任是A

校元老，在老教师中比较有威望，这次也参加了校长竞聘，但落榜了。侯校长成功竞聘让他感觉很没面子，不过是借机给校长出难题而已。侯校长真诚地挽留教导主任一番后，又找那些“刺头”做工作，“刺头”们不但不接受向教导主任赔礼道歉的建议，反而要求校长对学校管理层动大手术，说什么“我们盼星星盼月亮，就盼新校长给学校带来新气象，不用雷霆手段就建不了不世之功”，侯校长问“什么手段才算雷霆手段”，他们却说“你当校长的不知道我们哪知道”。

不久，教导主任以身体有病为名再次提出辞职，校长接受了他的辞呈，遴选了一位教研室负责人接替他的职务，各专业教研室负责人也随之有所调整，又设置了一些名称响亮的研究小组安排那帮“刺头”。接着又修订了教师绩效工资分配方案，让教师得到更多的实惠。可是那帮“刺头”还是不满，认为侯校长喜欢玩平衡，难有大作为，耍完三板斧，就难以为继了。正当那帮“刺头”私下打赌侯校长是否还有什么新点子的时候，侯校长经过一个学期的酝酿，在前面几项改革的基础上，推出了“教师专业发展积分制”。

“教师专业发展积分制”的推出，一开始很多人都不以为然。当细化方案在几轮修订之后正式推出，教师们才普遍感到这个方案对自己职业生涯的影响。所谓教师专业发展积分制，就是把教师在教学、科研、管理等方面的成长以量化的方式折算为积分，按积分方式进行奖励。其特点是把教师的专业发展与教师职业生涯规划相结合，教学和科研成果、专业培训、学历提升与职务晋升、绩效工资分配结合，工作过程与工作结果考评相结合，定性分析与量化考核相结合，无论老、中、青，只要在某方面比较突出的教师，都能在这份方案中恰当地定位自己的发展，找到自己的发展途径。

一时间，那些颇感郁闷的“刺头”们欢呼雀跃了，深刻感受到这项改革的力度。教师们没时间打牌了，工作普遍认真了，好几位年轻教师报考研究生课程班，那些原以为没有实际功能的空头机构在“刺头”们的操作下运转起来，竟然一次性争来好几个市级课题，学校风气焕然一新。就连辞职的老教导主任也不得不佩服侯校长的这套方案，称它为“无影手”，把学校多年的积弊一扫而光，不动声色地把全校教师都推上了专业发展的道路。

思考题：你认为侯校长的管理有什么特色？他的管理方法得当吗？请说明理由。

第二编　学校管理理念

第六章　全面贯彻教育方针

校长的首要职责是全面贯彻国家的教育方针。2008 年 9 月 1 日教育部颁布的《中小学教师职业道德规范》规定：中小学教师必须“全面贯彻国家教育方针，自觉遵守教育法律法规，依法履行教师职责权利”。这就是说，学校领导和教师都要认真学习和贯彻国家的教育方针。

第一节　教育方针概述

教育方针是一个国家教育工作的总方向和总目标。不同历史时期，有不同的教育方针。在中国近现代教育史上，曾经有过多种教育方针。党的十一届三中全会以后，我国教育理论界对新时期教育方针做了长时间的认真的探讨。1991 年 4 月 19 日七届人大四次会议批准的《中华人民共和国国民经济和社会发展十年规划和第八个五年计划纲要》提出了新时期的教育方针：教育必须为社会主义现代化建设服务，必须与生产劳动相结合，培养德智体全面发展的建设者和接班人。中共中央、国务院 1993 年 2 月 13 日印发的《中国教育改革和发展纲要》重申了这一方针。2015 年 12 月 27 日修订的《中华人民共和国教育法》第五条即教育方针，全文如下：“教育必须为社会主义现代化建设服务、为人民服务，必须与生产劳动和社会实践相结合，培养德、智、体、美等方面全面发展的社会主义建设者和接班人。”

在我国近代教育史上，曾经提出过哪些重要的教育方针？新时期的教育方针在出台之前经过哪些探讨？我们应该如何理解和贯彻？这是深入学习和研究我国教育方针应该了解的几个问题。现分别叙述如下。

中国有制定教育方针的传统。历届政府、教育界的著名学者和学术团体，都很重视教育方针的研究。清末和民国时期，教育工作的目的和任务，有时称教育宗旨，有时称教育方针，二者实质上是相同的。光绪三十二年（1906 年），清王朝提出的“钦定教育宗旨”是“忠君，尊孔，尚公，尚武，尚实”。这是中国近代教育史上第一次正式提出的教育宗旨。1912 年著名教育家蔡元培担任南京临时政府教育总长，发表《对于教育方针之意见》，提出军国民主义教育（体育）、实利主义教育（智育）、公民道德教育（德育）、世界观教育、美育为教育方针的内容。① 1915 年，袁世凯以大总统名义颁布《教育纲要》，规定教育宗旨为“爱国、尚武、崇实、法孔孟、重自治、戒贪争、戒躁进”。在大、中、小学恢复尊孔读经教育，引起教育界有识之士的反对。1915 年 10 月，陈独秀在《新青年》发表《今日之教育方针》，针对袁世凯在教育上推行封建复古的方针，主张采取各国教育之长处，“补偏救弊，以求适世界之生存”②。此后北洋政府、中华民国政府和一些教育团体多次研究和提出教育宗旨，如 1918 年北洋政府组织的“教育调查会”，提出“养成健全人格，发展共和精神”为教育宗旨；1926 年中华教育改进社提议以“养成爱国国民”为教育宗旨；1929 年 4 月，国民党政府提出“三民主义的教育方针”。综观自清末至新中国建立前提出的种种教育宗旨或教育方针，以蔡元培提出的教育方针比较全面地反映了教育的功能，第一次提出了人的自身发展的素质结构。在中国，蔡元培首倡美育。他认为美育的作用能使人“不顾祸福，不计生死”，“与人同乐”，“舍己为群”，具有高尚的情操和乐观进取的精神。蔡元培认为他提出的五育“皆今日之教育所不可偏废者也”③。

在中国共产党领导下的苏区、解放区及新中国成立后，教育的性质发生了根本变化，各个时期均有明确的教育方针。1925 年 5 月，中国第二次全国劳动大会通过的《工人教育决议案》提出：“我们的教育方针，一方面是注意他们日常生活的需要，如识字、常识等。但更重要的是要用这些日常知识材料说明其原因结果，引用他们生活困苦之根源及社会之罪恶，以唤醒其阶级觉悟，这是我们无产阶级的极重要的原则，可说是我们教育的生命。”这个方针是针对工人阶级的教育而言的，不适用于普通学校教育。1934 年 1 月，毛泽东在第二次全国苏维埃代表大会的报告中提出：“苏维埃文化教育的总方针在什么地方呢？在于以共产主义精神来教育广大的劳苦民众，在于使文化教育为革命战争与阶级斗争服务，在于使教育与劳动联系起来，在于使广大民众都成为享受文明幸福的人。”这个总方针明确提出教育“为革命战争与阶级斗争服务”，反映了当时政治形势的需要。抗日战争全面爆发后，斗争形势发生了变化。1938 年 8 月，毛泽东在《为动员一切力量争取抗战胜利而斗争》一文中指出：抗日根据地实施各项教育的总方针是“改变教育的旧制度、旧课程，实行以抗日救国为目标的新制度、新

①③ 高平叔编：《蔡元培教育文选》，人民教育出版社 1980 年版，第 5、195 页。
② 陈学恂主编：《中国近代教育文选》，人民教育出版社 2001 年版，第 397 页。

课程”。

新中国建立以后，教育方针有过几种不同提法。1950年5月，教育部副部长钱俊瑞在《当前教育建设的方针》一文中指出：“为工农服务，为生产建设服务，这就是当前实行新民主主义教育的中心方针。”1957年2月，毛泽东在《关于正确处理人民内部矛盾问题》一文中指出：“我们的教育方针，应该使受教育者在德育、智育、体育几方面都得到发展，成为有社会主义觉悟的有文化的劳动者。”1958年9月，中共中央、国务院发布《关于教育工作的指示》，正式提出“党的教育工作方针，是教育为无产阶级政治服务，教育与生产劳动相结合”。后来概括为“教育必须为无产阶级政治服务，必须同生产劳动相结合”，也就是人们通常说的“两个必须”。1981年6月，《中国共产党中央委员会关于建国以来若干历史问题的决议》对教育方针做了这样的概括：“要加强和改善思想政治工作，用马克思主义世界观和共产主义道德教育人民和青年，坚持德智体全面发展，又红又专、知识分子与工人农民相结合，脑力劳动与体力劳动相结合的教育方针。”

教育方针主要解决两大问题：一是教育为什么服务（教育的总任务），二是培养什么样的人（培养目标）。新中国建立以后提出的教育方针，影响最大的是1957年和1958年提出的方针。方针规定教育的总任务是“为无产阶级政治服务”，培养目标是在德、智、体几方面都得到发展的“有社会主义觉悟的有文化的劳动者”。党的十一届三中全会以后，我国进入了一个新的历史时期，党的基本路线是“一个中心，两个基本点”。新时期的主要任务是进行社会主义现代化建设。邓小平对此说得非常明确。他说：“我们当前以及今后相当长一个历史时期的主要任务是什么？一句话，就是搞现代化建设。能否实现四个现代化，决定着我们国家的命运、民族的命运。”① 他强调说：“同心同德地实现四个现代化，是今后一个相当长的时期内全国人民压倒一切的中心任务，是决定祖国命运的千秋大业。”②可见，新时期的主要任务，不仅不同于夺取政权以前的任何历史时期，也不同于新中国建立以后的各个历史阶段，方针政策是根据形势任务制定的，形势任务变了，方针政策当然也要随之改变。1957年、1958年制定的教育方针是否适用于新的历史时期？教育理论界存在着两种截然不同的看法，因而进行了长时间的讨论。

---

①②《邓小平文选》第2卷，人民出版社1994年版，第162、208—209页。

第二节　关于教育方针的研讨与争鸣

1981—1990 年，教育理论界研讨新时期教育方针的表述，经历了长达十年的时间。在中国教育学会组织的几次学术讨论会和教育部主持的教育方针表述会上，都把它作为重点问题研讨过，归纳起来，集中研讨了下述问题。

一、新时期要不要制定一个新的教育方针

有的同志提出，1957 年和 1958 年提出的教育方针，新时期仍然适用，没有必要再提一个新的教育方针；有的同志说，世界各国很少提出教育方针，大都提教育目的或教育任务。既然教育方针很难找到一个科学的表达方式，我们何必一定要提出教育方针呢？经过研讨，大多数同志认为，新的历史时期，情况发生了很大变化，应该有一个新的教育方针与之相适应。前面谈到，中国有提出教育方针的传统，特别是新中国建立后，学校、家庭、社会都知道要“全面贯彻教育方针”。没有一个统一、明确的教育方针，对教育工作是不利的。

二、教育为什么服务

1958 年提出的“教育必须为无产阶级政治服务”，是否适用于新的历史时期?

有的同志认为，教育为无产阶级政治服务，“永远不会过时”。有的同志则认为，教育的功能是多方面的，不仅仅是为政治服务。无产阶级政治，主要内容是无产阶级对资产阶级的斗争。教育必须为无产阶级政治服务，就是教育必须为阶级斗争服务，这与新时期的特点和主要任务不相符合。无产阶级是以出卖劳动力为生，是受资产阶级压迫和剥削的阶级。我国的无产阶级早已成为当家做主的工人阶级。所以党章把“无产阶级先锋队”改为“工人阶级先锋队”，把“无产阶级专政”改为“人民民主专政”。1978 年 4 月 22 日邓小平《在全国教育工作会议上的讲话》的第一点内容，原标题为“提高教育质量，提高科学文化的教育水平，更好地为无产阶级政治服务”，1983 年收入《邓小平文选》时，把“更好地为无产阶级政治服务”改为“更好地为社会主义建设服务”。显然，这些重大改动，是与新时期的特点和主要任务相适应的。因此，“教育为无产阶级政治服务”

不宜写入新时期的教育方针。

三、对受教育者进行"三育"、"四育"还是"五育"的教育

有些同志认为，德、智、体是人的基本素质。德、智、体三育包含有美育因素；劳动教育属德育范畴，技术教育属智育范畴。因此，只提"三育"即可。有的同志认为，美育是培养青少年高尚品德的重要手段。许多事实说明，青少年的理想、道德、情操的培养，离不开美育的影响和熏陶。"三育"固然包含有美育的因素，但一般来说是零碎的、不系统的。美育一方面依赖于德、智、体三育，能配合和促进三育；另一方面又起着三育不能替代的作用，有其独特的功能。许多同志认为，除了德、智、体、美以外，还应加上"劳动"。"劳"指的是什么？有的认为是"生产劳动教育"，有的认为应恢复 20 世纪 50 年代的提法叫"综合技术教育"或"基本生产技术教育"，多数同志主张提"劳动技术教育"。因为"生产劳动"的提法不全面，例如第三产业，包括商业、运输、饮食、修理、旅游、医疗、文化娱乐、智力开发、咨询服务、信息交流等，都不是生产劳动。但第三产业已成为活跃城乡经济、方便群众生活、促进智力发展的一支不可缺少的力量，要大力发展。至于马克思、恩格斯提出的"综合技术教育"，要求学生了解生产的全过程，能够从一个生产部门转到另一个生产部门，那是从马、恩所处时代的生产水平提出来的。在新的技术革命的今天，生产水平远非马、恩所处时代可比，故不宜提"综合技术教育"。"劳动技术教育"包括劳动教育和技术教育两方面的内容。所谓劳动，不仅包括工农业生产劳动，也包括公益劳动、家务劳动和自我服务劳动；所谓技术，既包括手工业劳动技术，也包括现代科学技术。对学生既要加强劳动教育，培养学生的劳动观点、劳动习惯和劳动人民的思想感情，也要加强技术教育，例如在普通中学开设劳动技术课，使学生在学习期间，就能学到一些劳动技术，以便毕业之后能直接参加生产劳动。从几种不同的提法来看，"劳动技术教育"的提法更为全面，更切合我国的国情。把它列入教育方针的内容，有利于学生的健康成长。

四、我们要培养什么样的人

各级各类学校总的培养目标是什么？

考察各个时期党和政府颁发的文件，培养目标有以下一些提法："全面发展的人才"（1956 年）、"有社会主义觉悟的有文化的劳动者"（1957 年）、"劳动者和又红又专的人才"（1981 年）。对高等教育的培养目标有过这样一些提法："全

心全意为人民服务的高级建设人才”（1950年）、“各种专门人才”和“德才兼备的专家”（1953年）。对中等教育和小学教育的培养目标分别提出过：“有一定政治觉悟、文化教养和健康体质的新人”（1954年）、“社会主义社会全面发展成员”（1955年）。在十年讨论中培养目标有这样一些提法：社会主义建设者，建设者和保卫者，社会主义建设人才，又红又专的人才，公民，合格公民，社会主义公民，“四有”新人，社会主义接班人，建设者和接班人，等等。多数同志赞成用“社会主义建设者”。

五、“三个面向”和“四有”要不要写入教育方针

“三个面向”即教育要面向现代化，面向世界，面向未来。“四有”指有理想、有道德、有文化、有纪律。

1984年11月，教育部在南京召开的新时期教育方针表述研讨会上，代表们曾提出过几种表述方式，兹抄录两则如下。

其一，教育要面向现代化，面向世界，面向未来，使受教育者在德、智、体、美、劳等方面生动活泼地发展，成为有理想、有道德、有文化、有创造能力、体魄健全的建设者。

其二，教育要为社会主义现代化建设服务，面向世界和未来，坚持理论与实际一致的原则，使受教育者在德、智、体、美、劳等方面生动活泼地发展，成为有理想、有道德、有文化、有创造能力、守纪律的劳动者。

上述两种表述方式，把“三个面向”和“四有”写入了教育方针。后来有人提出，“三个面向”是邓小平于1983年9月对北京景山学校的题词，这个题词对教育工作提出了更高的要求，意义深远。“三个面向”是新时期教育工作的战略方向。但战略方向和工作方针是有区别的。战略方向是从长远着眼的，并不要求马上实现；工作方针则是从现实出发，要立即执行。新中国建立以后提出的种种教育方针，都是教育的工作方针。由于“战略方向”是从长远着眼，有普遍意义，所以其他一些部门也提出要贯彻“三个面向”，因而，“三个面向”不一定要写进教育方针。至于“四有”，最早见于1980年邓小平给《中国少年报》的题词：“希望全国小朋友，立志做有理想、有道德、有文化、有体力的人。”1989年11月，邓小平又给少先队建队四十周年题词：“培养有理想、有道德、有文化、有纪律的无产阶级革命事业接班人。”这些题词是对少先队员的希望和要求，是从精神文明建设的角度说的。而且题词的内容，可包括在“德、智、体”的范围内，例如有理想、有道德、有纪律均属德育范畴，有文化属智育范畴。如果新时期教育方针写入“德、智、体、美、劳全面发展”，又写入“有理想、有道德、

有文化、有纪律”等内容，就显得词义重复。

六、“教育与生产劳动相结合”要不要写入教育方针

对这个问题有两种不同的看法。

一种意见是，要不要把“教育与生产劳动相结合”写入教育方针，涉及一系列重大问题。例如教育与生产劳动相结合的含义是什么？教育与生产劳动相结合的目的是什么？教育怎样与生产劳动相结合？教育与生产劳动相结合的理论根据是什么？这些重大问题，半个世纪以来，我国一直没有统一的认识。教育与生产劳动相结合的含义是什么？一般认为，就是组织师生直接参加工农业生产劳动；另一种理解是，整个教育事业要与国民经济发展的要求相适应。这两种理解有很大的区别。另外，马克思、恩格斯有时说教育与生产劳动相结合，有时又说生产劳动要与智育和体育相结合（这显然是对生产部门说的），这两种说法也有很大的不同。教育与生产劳动相结合的目的是什么？对此也有多种说法，1958 年，中央宣传部部长陆定一发表长篇文章《教育必须与生产劳动相结合》。他认为，教育与生产劳动相结合的目的，是为了使学生成为多面手，使工人农民成为多面手，工人兼农民，农民兼工人，工人农民即学生，学生即工人农民，是为了消灭脑力劳动与体力劳动之间的差别，使人类进入共产主义社会。教劳结合的目的，后来又有一些说法，实际上是把教劳结合看成是德育内容的一部分。教育怎样与生产劳动相结合？由于教劳结合的含义不清、目的不明，所以它历来是学校管理者遇到的难题之一。在安排方式上，有集中与分散两种；从途径上说，有下厂、下乡和自办工厂、农场两种。其中碰到的棘手问题，至今没有很好解决。教育与生产劳动相结合的理论根据是什么？简言之，是马克思、恩格斯、列宁等革命导师的一些语录。综观马克思、恩格斯有关教育与生产劳动相结合的语录，主要有两类。一类是鉴于在资本主义条件下，童工受到残酷剥削，失去了受教育的权利。为了保护童工，马、恩提出限制童工的劳动时间，强调的重点在于使儿童享有受教育的权利，而不是强调劳动。另一类是对未来教育（共产主义的教育）的设想，是指培养全面发展的人，即培养智力和体力都获得充分发展的人，能将脑力劳动与体力劳动结合起来的人，“会做一切工作的人”（列宁语录），与我们今天所说的德、智、体全面发展的含义不同。总之，我国多年的教育实践，并没有充分事实说明教育与生产劳动相结合，是培养人的基本途径或根本途径。培养人的途径是多方面的，学校、家庭、社会都是培养人的途径，学校中的课堂教学、课外活动。团队教育以及近几年出现的组织学生参加社会实践（生产劳动只是社会实践的一部分），也是培养人的途径，很难说哪种途径是根本的。

另一种意见指出，马克思主义经典作家对教育与生产劳动相结合的理解包括以下几点。

第一，马克思主义把人的全面发展看作是大工业生产的生死攸关的问题，而人的全面发展只有通过教育同生产劳动相结合才能实现。教育与生产劳动相结合不只是为了克服资本主义分工的偏颇，而且是由大工业生产本性所决定的。

第二，现代生产的不断变革使人在生产中的地位和作用发生了质的变化，也即人的劳动性质发生了变化。这种变化要求生产者不仅要用手劳动，而且要用脑劳动，这就给教育提出两方面要求：一方面要求教育给生产者授予现代科学技术知识，使他们通晓现代生产的科学原理；另一方面要求教育工作者紧密地与生产部门相联系，了解现代生产对科学技术的需求，把教学、科研和生产结合起来，促进生产力的不断发展。

第三，现代科学技术不仅促进了生产过程的不断变革，同时也揭示了现代生产过程的奥秘，为教育与生产劳动相结合提供了基础。

第四，教育与生产劳动相结合不仅是大工业生产的要求和提高生产力的必要手段，而且是改造旧社会，培养革命新人的唯一途径。改造旧社会，需要实行两个彻底的决裂，要做到这一点，除了无产阶级要夺取政权，把私有制变为公有制外，还需要消灭脑力劳动和体力劳动的对立和差别，把脑力劳动与体力劳动结合起来。教育与生产劳动的相结合，就是实行脑力劳动与体力劳动相结合的最好途径。

这种意见认为，教育与生产劳动相结合是马克思主义的教育原理，并非几条语录。因而社会主义的教育方针应该反映这条原理。① 2000 年，江泽民在《关于教育问题的谈话》中直接提到了教育方针。他说："各级各类学校都要认真贯彻执行教育为社会主义事业服务，教育与社会实践相结合的教育方针。"他特别强调在实行改革开放、发展社会主义市场经济的复杂环境里，坚持这样的教育方针是极为重要的。在这里，他用"教育与社会实践相结合"取代了"教育与生产劳动相结合"，我们很赞成这个观点。社会实践的内容极其丰富，组织和鼓励学生参加社会实践，才是培养人的根本途径。培养人的途径是多方面的，组织学生参加生产劳动，只是培养人的途径之一。中央提出：实施素质教育，要以培养学生的创新精神和实践能力为重点。实践能力从哪里来？只能从社会实践中来。

1958 年提出来的"教育必须为无产阶级政治服务，必须与生产劳动相结

① 顾明远：《教育同生产劳动相结合应成为社会主义教育方针的重要内容——与萧宗六同志商榷》，《中国教育学刊》1991 年第 2 期。

合”，经过十年讨论，修改了一半，把“教育必须为无产阶级政治服务”改为“教育必须为社会主义现代化建设服务”，已在全社会取得共识，并已写入《中华人民共和国教育法》；还有一半“教育必须与生产劳动相结合”，仍然保留着。将来是否会修改此表述，是一个悬念。

第三节　全面理解和认真贯彻教育方针

《中华人民共和国教育法》（2015 年修订）明确规定，我国现行的教育方针是：教育必须为社会主义现代化建设服务，为人民服务，必须与生产劳动和社会实践相结合，培养德、智、体、美等方面全面发展的社会主义建设者和接班人。新时期的教育方针已经确定下来了，每个教育工作者都应该认真学习和理解。历史经验证明，对国家的重大方针政策，如果理解得不全面、不深刻，必然会在实践中出现失误。

一、如何理解“教育必须为社会主义现代化建设服务”

“社会主义现代化建设”包括的内容很丰富，它不仅包括我们通常所说的农业、工业、国防、科学技术“四个现代化”，而且包括整个社会的政治、经济、文化、社会生活各个方面的现代化。教育为社会主义现代化建设服务，概括起来，主要指的是为社会主义的经济建设和社会主义精神文明建设服务。我们必须深刻认识搞好社会主义经济建设的重要性和紧迫性。在社会主义现代化建设中，我们始终要以经济建设为中心。党和国家的各项工作都必须服从和服务于经济建设这个中心，而不能离开这个中心，更不能干扰这个中心。教育工作当然不能例外，也要服务于经济建设这个中心。教育是通过培养人来为经济建设服务的。因此，我们必须想经济建设之所想，急经济建设之所急，培养经济建设需要的合格人才。

教育还必须为社会主义精神文明建设服务。社会主义现代化建设，如果只抓物质文明建设，不抓精神文明建设，人们对社会主义的理解就会陷入片面性，就会使人们的注意力仅仅限于物质文明建设，甚至仅仅限于物质利益的追求，现代化建设就不能保证社会主义方向。精神文明建设包括思想道德建设和科学文化建设两个方面。它渗透在整个物质文明建设中，体现在政治、经济、文化、社会生活的各个方面。思想道德和科学文化建设，都离不开马克思主义的指导。所以教育为社会主义精神文明建设服务，必须坚持马克思列宁主义、毛泽东思想、邓小平理论、“三个代表”重要思想、科学发展观、习近平新时代中国特色社会主义思想的指导。教育怎样为社会主义精神文明服务？也是通过培养人来实现的。学校培养人，必须着眼于提高学生素质，提高学生的政治素质、思想素质、文化素质和身体素质。尤其是中小学教育，在提高整个民族素质方面，担负着极其重要的任务，是奠基工程。

社会主义现代化不同于资本主义现代化。我们必须明确：凡是有利于发展社会生产力的，有利于增强我国综合国力的，有利于提高人民生活水平的，就是社会主义的，就要勇于实践，并不断总结经验。这是识别姓“社”姓“资”的标准。我们要让教师和学生掌握这个标准，以便更好地为社会主义现代化建设服务。

二、如何理解“教育必须与生产劳动相结合”

教育与生产劳动相结合是现代大工业生产对劳动者的客观要求。现在把它定为新时期教育方针的组成部分，我们应当如何理解？

（一）要从宏观上理解

邓小平在谈到教育与生产劳动相结合的内容与方法要有新的发展时指出：“更重要的是整个教育事业必须同国民经济发展的要求相适应。不然，学生学的和将来要从事的职业不相适应，学非所用，用非所学，岂不是从根本上破坏了教育与生产劳动相结合的方针？”① 这就是说，能否做到“学生学的和将来要从事的职业”相适应，能否做到学用一致，是从根本上坚持或反对教育与生产劳动相结合的一个非常重要的问题。过去我们在谈论教育与生产劳动相结合时，几乎没有涉及这一问题。这个问题如何解决？有的是学校应该做的，有的则不是学校力所能及的。它不仅同学校的教育、教学工作有关，还同学制、课程、教材、师资、专业设置等有关。可见贯彻教育与生产劳动相结合的方针，不仅学校有责任，各级教育行政部门和有关方面有责任，总管教育的领导部门更有责任。因为，只有总管部门才了解整个教育事业如何与国民经济的发展相适应。

（二）要从“双向”上理解

马克思、恩格斯、列宁都谈到，不仅教育要与生产劳动相结合，生产劳动也要与教育相结合。也就是说，这种结合是“双向”的，不是单向的。马克思、恩格斯说：“对一切儿童实行公共的免费教育，取消现在这种形式的工厂劳动，把

① 《邓小平文选》，人民出版社 1983 年版，第 104 页。

教育同物质生产结合起来。"① 这里说的是教育等同物质生产相结合。马克思又说："生产劳动和教育的早期结合，是改造现代社会的最强有力的手段之一。"② 这里说的是生产劳动要与教育相结合。列宁说："无论是脱离生产的教学和教育，或是没有同时进行教学和教育的生产劳动，都不能达到现代技术水平和科学知识现状所要求的高度。"③ 这就是从"双向"的角度来阐明的。可见，不仅学校要贯彻教育与生产劳动相结合的方针，所有集体生产部门，在社会生产过程中也要贯彻这一方针。

（三）要从更宽更广的角度去理解

教育与生产劳动相结合作为教育方针的组成部分，是 1958 年提出来的。六十年来，特别是"大跃进"年代和"文革"期间，教劳结合在内容和方法上都有许多教训值得总结。那时我们把教劳结合的含义理解得很狭窄，把教劳结合同师生参加体力劳动等同起来，以致劳动过多，用劳动代替系统的文化科学知识的学习。教劳结合的方式也很简单，就是组织师生下乡、下厂劳动，或者自办工厂、农场。所以粉碎"四人帮"不久，邓小平就指出："为了培养社会主义建设需要的合格的人才，我们必须认真研究在新的条件下，如何更好地贯彻教育与生产劳动相结合的方针……现代经济和技术的迅速发展，要求教育质量和教学效率的迅速提高，要求我们在教育与生产劳动相结合的内容上、方法上不断有新的发展。"④ 这就是说，教育与生产劳动相结合的内容和方法，要考虑到"现代经济和技术的迅速发展"。我们一定要吸取历史教训，不要把教劳结合简单地看成参加体力劳动。一些发达国家也很重视教育与生产劳动相结合，甚至认为它是世界教育发展的趋势。但国外并非统称教育与生产劳动相结合，有时说"教育与生产劳动相结合"，通常的说法是"教育与生产相联系"、"教育与生活相联系"、"教育与社会相联系"。我们应该把教育与生产劳动相结合的内容看得更宽广一些，不要仅仅限于参加体力劳动。在组织师生参加劳动时，要考虑学生和教师的特点，因地制宜，把它同劳动技术教育结合起来。

（四）要明确教育与生产劳动相结合的目的

教育与生产劳动相结合的主要目的是为了培养人，为了提高教育质量，提高人的素质。教劳结合的目的曾经有过多种说法，1958 年具有权威性的解释是：

---

① 马克思、恩格斯：《共产党宣言》，人民出版社 1964 年版，第 45 页。

② 《马克思恩格斯选集》第 3 卷，人民出版社 1995 年版，第 24 页。

③ 《列宁全集》第 2 卷，人民出版社 1955 年版，第 413 页。

④ 《邓小平文选》第 2 卷，人民出版社 1994 年版，第 107 页。

教劳结合是为了使学生成为多面手，使工人、农民成为多面手，工人兼农民，农民兼工人，工人农民即学生，学生即工人农民，是为了消灭脑力劳动与体力劳动的差别，使人类进入共产主义社会。这种解释显然不切合实际，是把理想当作现实。1971年8月公布的《全国教育工作会议纪要》，“四人帮”提出反动的“两个估计”，说教师的大多数“世界观基本上是资产阶级的”，“要创造条件，让原有教师分期分批到工厂、农村、部队，政治上接受再教育，业务上进行再学习，尽快地适应教育革命的要求”，认为教劳结合是为了改造教师的“资产阶级世界观”，把劳动作为惩罚手段，完全歪曲了教劳结合的意义。后来还出现了其他一些说法，例如认为教劳结合是为了理论联系实际，以便学生学到“完全的知识”；是为了培养学生的劳动观点和劳动人民的思想感情；是为了创造经济效益，节约国家开支等。这些说法虽没有错，但不全面。我们必须从学用结合，从培养人、提高人的素质的高度来认识教劳结合的目的和意义。

（五）要明确教育与生产劳动相结合的具体内容

从学校教育来说，教育与生产劳动相结合包括以下内容。

1. 知识分子与工人农民相结合

工人农民是主要生产者，是社会主义建设的主力军。师生要有机会接触工农，了解工农业生产的现状。这不仅是教育、教学工作的需要，也是自我提高的需要。近年来在师生中开展的社会实践活动，是教劳结合的重要形式之一。

2. 脑力劳动与体力劳动相结合

脑体结合的含义，实质是手脑并用。陶行知早在20世纪30年代写的一篇题词，就通俗而又深刻地阐明了脑力劳动与体力劳动相结合的意义。他说：“人生两个宝，双手与大脑，用脑不用手，快要被打倒，用手不用脑，饭也吃不饱，手脑都会用，才是开天辟地的大好佬。”① 知识分子习惯于“用脑不用手”，给自己的知识和能力带来了很大的局限性，所以应该“手脑并用”。

3. 理论与实践相结合

这是中国共产党的三大优良作风之一。教师教书，学生学习，尤其是理论工作者，均不可脱离实际。教劳结合是解决理论联系实际的主要途径。

4. 学与用相结合

学以致用，学用一致，是教育与生产劳动相结合的重要标志。学生学的和将来要从事的职业不相适应，学非所用，用非所学，则是从根本上破坏了教育与生产劳动相结合的方针。学校要在力所能及的范围内解决学非所用的问题。例如，

---

①《陶行知纪念文集》，四川人民出版社1982年版，插页。

从小培养学生良好的劳动品质，培养学生讲质量、负责任、守纪律的职业意识，培养学生重视技术，重视动手的观念等。养成这些品质，不仅会使学生终身受益，而且对社会主义建设大有好处。

三、如何理解“培养德、智、体、美等方面全面发展的社会主义建设者和接班人”

教育方针的第三句话明确提出了我国培养人才的规格要求。它包括两层意思：一是我们要培养的人是“建设者和接班人”，二是建设者和接班人必须是“德、智、体、美等方面全面发展的”。关于培养什么人，十年讨论中曾有过许多提法。新确定的教育方针，采用“建设者和接班人”的提法，这是因为我们现在从事的事业是社会主义建设事业。社会主义建设包括物质文明建设和精神文明建设。每个公民都要参加，都是社会主义建设者。这比“劳动者”、“人才”、“公民”、“四有新人”等提法更为准确，更有时代感和使命感。采用“接班人”这个概念，看来是从防止、反对和抵御和平演变的战略高度提出来的。把培养接班人写入教育方针，要求我们的青少年和公民坚持和保卫有中国特色社会主义的阵地。接班人有几种说法：共产主义接班人，无产阶级革命事业接班人，社会主义事业接班人。这些说法都是正确的。但联系到我们党的总路线和总任务，以“社会主义接班人”的提法更为准确。因为共产主义作为一种社会制度还是相当遥远的事；无产阶级革命事业主要指的是推翻资产阶级统治，建立人民政权，这个任务我们已经完成了；而当前的中心任务是搞好社会主义建设，故提“社会主义接班人”更为准确。建设者和接班人有何区别？二者之间是什么关系？所谓建设者，是指从事社会主义建设的人，每个公民都应该是社会主义建设者，不应该是社会主义建设的局外人；所谓接班人，是对建设者提出的政治要求，每个公民也应该是社会主义接班人，坚持走社会主义道路。特别是各级干部，更应该是社会主义的可靠接班人。

社会主义的建设者和接班人，必须做到德、智、体、美等方面全面发展。这里所说的全面发展，与马克思主义关于人的全面发展的含义不完全相同。马克思、恩格斯鉴于社会分工特别是脑力劳动与体力劳动的分离和对立，造成人的智力和体力的片面发展，因而提出人的全面发展学说。马、恩所说的全面发展的人，是能将脑力劳动和体力劳动结合起来的人。这种人通晓整个生产系统，能摆脱旧的分工的奴役，能根据社会的需要和自己的爱好轮流从一个生产部门转到另一个生产部门。① 我们所说的全面发展，是国家要求青少年在品德、智力、体质、审美等方面全面发展，是作为社会主义建设者和接班人必备的素质提出来的。新时期教育方针把“培养德、智、体、美等方面全面发展的社会主义建设者和接班人”写进去，体现了新中国建立以来我国教育方针的连续性和继承性。

“德、智、体、美等方面全面发展”的提法，抓住了青少年身心发展的本质方面，几十年来，国家用此标准要求学校，教师用此标准要求学生，家长用此标准要求子女，学生也用此标准要求自己。这个标准已深入人心，起了很好的作用。因此，新确定的教育方针采取“德、智、体、美等方面全面发展”的提法是正确的，有积极指导意义。但是作为学校管理者，不能因为“劳”未列入教育方针而轻视甚至放弃劳动技术教育，更不能因此而停开这方面的课，或者撤除已经建设起来的劳动技术教育的设施。

新时期教育方针的三句话，是一个有机的整体。第一句话“教育必须为社会主义现代化建设服务、为人民服务”，表明我国教育的社会主义性质和教育的服务方向，扣紧了新时期的中心任务；第二句话“必须与生产劳动和社会实践相结合”（广义的），指明了培养社会主义建设者和接班人的基本途径；第三句话“培养德、智、体、美等方面全面发展的社会主义建设者和接班人”，明确提出了我国各级各类学校共同的培养目标。它既是对全国儿童、青少年的总要求，也是对教师的殷切希望；既是国家对学校培养人才提出的质量标准，也是提高民族素质的具体化。这三句话是互相联系，互为条件的。“教育必须为社会主义现代化建设服务、为人民服务”，是通过“培养德、智、体、美等方面全面发展的社会主义建设者和接班人”来实现的；“培养德、智、体、美等方面全面发展的社会主义建设者和接班人”应通过“教育与生产劳动相结合”的基本途径。

我国新时期的教育方针已经确定下来并写进《中华人民共和国教育法》。对这个方针如何正确理解和全面贯彻，值得我们认真研究。

复　习　题

1. 教育方针的内涵是什么？新中国成立后我国提出过哪些教育方针？
2. 你对长达十年的教育方针表述的研讨有何看法？

---

①《马克思恩格斯选集》第1卷，人民出版社1995年版，第243页。

3. 我国的教育方针是什么？应该怎样正确理解和全面贯彻？

4. 案例分析："教育方针"如何界定？

1992年12月1日《中国教育报》对"党的教育方针"做了解释：

党的教育方针在不同时期有不同的强调重点。社会主义改造基本完成后，1957年毛泽东在《关于正确处理人民内部矛盾的问题》一文中提出："我们的教育方针，应该使受教育者在德育、智育、体育几方面都得到发展，成为有社会主义觉悟的有文化的劳动者。"1958年9月，中共中央、国务院发布《关于教育工作的指示》，提出"党的教育方针，是教育为无产阶级政治服务，教育与生产劳动相结合"。1978年4月，邓小平在全国教育工作会议上指出，要继续贯彻毛泽东提出的教育方针。1978年12月，党的十一届三中全会规定了"坚持德、智、体全面发展、又红又专、知识分子与工人农民相结合、脑力劳动与体力劳动相结合的教育方针。"1983年，邓小平为北京景山学校题词："教育要面向现代化，面向世界，面向未来。"1985年，《中共中央关于教育体制改革的决定》指出："教育必须为社会主义建设服务，社会主义建设必须依靠教育。"教育必须面向现代化、面向世界、面向未来，为我国经济和社会发展，大规模地准备新的能够坚持社会主义方向的各级各类合格人才，即有理想、有道德、有文化、有纪律，热爱社会主义祖国和社会主义事业，具有为国家富强，为人民富裕而艰苦奋斗的献身精神，具有实事求是、追求新知、独立思考、勇于创造的科学精神的人，是中国教育事业的根本指导思想。

思考题：

(1) 上面的解释准确吗？理由是什么？

(2) 教育方针有多种提法，如党的教育方针、国家的教育方针、党和国家的教育方针、社会主义教育方针，哪种提法准确？为什么？

第七章 实施素质教育

第一节 素质教育概述

素质，指事物本来的性质。人的素质，指人的基本品质。人的素质有两种解释。一是指个人先天具有的生理上的特点，即人的神经系统、感觉器官和运动器官的特点，特别是大脑的特点。这些是通过遗传获得的，所以又称遗传素质。二是指公民或某种专门人才的基本品质，如干部素质、校长素质、教师素质、医生素质。这是个人在后天环境和教育影响下形成的，是通过个人的经历获得的。综合起来说，人的素质是指先天素质通过后天的环境和教育获得的基本品质。

先天素质与后天素质是什么关系？先天素质是形成个人基本品质的前提，后天的环境、教育、个人经历，是先天素质能否发展的条件。例如，一个先天聋哑的人，不论怎么教育培养，都不可能成为一名音乐家、歌唱家、演说家。同样，有音乐天赋的人，如果得不到培养，没有良好的环境和教育，也成不了音乐家。

后天形成的素质，一般指人的个性、性格、意志、毅力、兴趣、风度、气质等。

素质教育这一概念是什么时候提出来的？有些学者翻阅许多资料，做过多方考证，认为是20世纪80年代中期提出来的。有一位权威人士分析，是20世纪80年代后期、90年代初期提出来的。① 据查，1985年5月27日发布的《中共中央关于教育体制改革的决定》，只提到“提高民族素质”，并未出现“素质教育”这一概念。1993年2月13日，中共中央国务院印发的《中国教育改革和发展纲要》，只提到“提高劳动者素质”、“提高民族的素质”、“提高教师素质”、“提高国民素质”、“提高农村从业人员的素质”，也未出现“素质教育”这一概念。中央文件第一次出现素质教育这一名词，是1994年8月13日《中共中央关于进一步加强和改进学校德育工作的若干意见》，原文如下：“增强适应时代发展、社会

① 参见时任国家教育委员会副主任柳斌答记者问，《中国教育学刊》1996年第3期。

进步，以及建立社会主义市场经济体制的新要求和迫切需要的素质教育。”很明显，这是针对德育工作说的，不是针对“应试教育”说的。主管教育工作的领导同志多次指出，素质教育是针对中小学普遍存在的“应试教育”的弊端提出来的。而“应试教育”最早见于1993年2月13日中共中央、国务院印发的《中国教育改革和发展纲要》（以下简称《纲要》），原文是“中小学要由‘应试教育’转向全面提高国民素质的轨道”。可见作为“应试教育”对立面的素质教育，是《纲要》印发以后出现的。

素质教育、“应试教育”两个概念出现后，我国教育报刊几乎每天都在批判“应试教育”，都在高喊“‘应试教育’向素质教育转轨”，宣传力度之大，前所未有。据权威人士分析，素质教育的宣传和实施，经过了两个阶段：1985—1994年，为素质教育的酝酿准备阶段；1994—1998年，为素质教育的起步阶段。①这个分析是符合实际情况的。为什么这样划分？酝酿准备阶段之所以从1985年算起，是因为这一年的5月27日颁发了《中共中央关于教育体制改革的决定》，其中第一句话就提到“提高民族素质”，最后一句话是“把全民族的文化科学素质和精神境界提高到一个崭新的水平”。尽管全文并未出现素质教育这个名词，但中央文件从头到尾如此强调提高民族素质则是第一次。因此，把这一年作为素质教育酝酿准备阶段的第一年是有道理的。起步阶段之所以从1994年算起，是因为1993年2月13日中共中央国务院印发了《纲要》，中国大张旗鼓地宣传素质教育，是在《纲要》发布以后，尽管《纲要》也未出现素质教育这一概念。

第二节　对素质教育的种种理解

酝酿准备阶段和起步阶段共有14年。在这14年里，素质教育的宣传和实施取得了哪些效果呢？所谓酝酿准备，无非是思想准备和舆论准备；所谓起步，顾名思义，意味着刚开始，意味着理论上不成熟，意味着还未真正实施，还未取得显著成效。但是，素质教育的宣传和实施产生了很大影响。应该说，既有正面影响，也有负面影响。正面影响是全民都知道了素质这个名词，知道了提高人的素质的重要性。这种影响是积极的、可贵的。但是由于这个概念内涵不清，有各种各样的界定。有人统计，其定义有四五十种之多，因而人们对它的理解也是各种各样的。大别之，有以下几种。

① 参见1999年10月6日《中国教育报》。

第一，认为学校实施素质教育，就是多开体育、音乐、美术课，就是唱歌、跳舞、画画，就是多搞课外文娱体育活动。但又不敢放松语文、数学、外语等重点学科的学习，怕影响升学率，于是有的学校规定双休日为“素质教育日”，其他时间则搞“应试教育”。这样做，不仅没有减轻学生的课业负担，反而加重了师生的负担。

第二，把素质教育等同于思想品德教育。不仅有的中小学校长这样理解，大学校长中也不乏其人。有一位大学校长在中央电视台《东方时空》节目中说：“大学不仅要搞专业教育，还要搞素质教育。”可见这位大学校长心目中的素质教育，不包括专业教育在内。

第三，素质教育要提高学生哪些素质，也有各种各样的说法。有的提出要提高学生的自然素质和社会素质，有的强调要提高学生的人文素质和艺术素质，有的强调提高学生的思想道德和文化科学素质，有的则特别强调提高学生的心理素质。真是仁者见仁，智者见智。理解不同，具体措施当然也不一样。

第四，许多人强调，实施素质教育的主渠道在课堂。有人特别强调：“实施素质教育的主渠道、主战场、主阵地在课堂。”诚然，课堂教学十分重要，这是提出素质教育以前就肯定了的，大家早已取得共识。但提出素质教育的目的，是为了提高学生的全面素质。实施素质教育有没有主渠道？光靠课堂能否提高学生的全面素质，能否使学生全面发展？这就引起了不同意见的争论。

第五，有人认为，“应试教育”的罪魁祸首是考试。要推行素质教育，就必须淡化考试，甚至取消考试。于是教育行政部门不得不出来说话，指出考试如何重要，如何必要。要改进的是考试的内容和方法，不是取消考试。这又回到了提出素质教育以前的状态。

第六，有人认为，百分制助长了片面追求升学率，妨碍学生全面发展，应该改为等级制。于是有些学校闻风而动，改百分制为等级制，把这看成是推行素质教育的一大成果。殊不知这种改动，新中国建立后已经有过多次。

第七，关于素质教育与全面发展教育（实质上是教育方针）的关系也有多种认识。从一些文章看来，认识是模糊的，甚至有意无意地抬高素质教育，贬低全面发展教育。例如说“全面发展教育没有新时代的气息，已经过时”，“全面发展教育比较笼统，不好操作”，“全面发展教育没有包括个性和心理素质”等。

以上种种理解，我们认为是负面影响或叫消极影响，在教育界特别是在中小学引起了混乱，使实际工作者无所适从。以上负面影响之所以产生，是因为理论是混乱的。理论上的混乱，必然导致实践的混乱。有些问题，一开始就有争论。

例如，什么叫“应试教育”？既然有考试，而且在可预见到的将来，考试还不可能取消，就要具有“应试”能力。把基础教育的所有弊端，通通归罪于“应试”，从而在全社会进行批判，说理不充分，其效果可想而知。又如，“‘应试教育’向素质教育转轨”，也是一开始就有争论的。所谓“转轨”，原义应是指火车前进的方向错了，要转向另一轨道。这就容易使人认为整个基础教育的方向错了，人们提出异议也是很自然的。

前面说过，起步阶段意味着素质教育刚刚开始，意味着理论上的不成熟，意味着还没有取得显著的成效。但有些理论工作者却把 14 年来素质教育理论与实践的成绩无限拔高，给人的印象是：素质教育已经取得了伟大的成绩，立下了不朽的功勋。例如有这样一些说法：（1）素质教育是新时代教育实践的指南，是新中国成立以来教育教学改革一项突破性的新成果；（2）素质教育理论是建设有中国特色的社会主义教育理论体系的里程碑；（3）素质教育是实现科教兴国基本国策的强大理论支柱。

在起步阶段的短短几年中，素质教育的专著、辞书、丛书大批涌现，似乎已经有了成熟的理论和经验。但是仔细一看，发现它们在阐述素质教育的基本理论时，有着惊人的相似。例如分析素质教育的基本特征总有以下几条：（1）全体性；（2）全面性；（3）主动性。（有的加上“基础性”，因为那时认为素质教育是针对基础教育而言。）有的论著认为，素质教育除基本特征外，还有一般特征，包括如下“性”：内在性、基础性、差异性、实效性、综合性、时代性、长期性、民族性、规范性、实践性、发展性。中国的教育理论，好像不用一个“性”字就无法表述清楚。这种文风由来已久，于今为烈。有的教育学专著就有过这样的先例，在阐述教学原则时，居然出现“循序渐进性原则”、“因材施教性原则”，把我国流传了千百年的成语的结构也给破坏了。这种理论对实际工作者到底有多大帮助，值得深思！

1994—1998 年，是素质教育的起步阶段。1998 年以后叫什么阶段？我们认为，应该叫新阶段，或叫全面推进阶段。1999 年 6 月 13 日颁发的《中共中央国务院关于深化教育改革全面推进素质教育的决定》是这个阶段的重要标志。1999 年 6 月 15—18 日召开的全国教育工作会议，就是为了贯彻这个决定。其中所说的素质教育与酝酿阶段和起步阶段的素质教育有何不同？为了真正全面推进素质教育，对这一问题做些回顾和比较研究是必要的。

第三节　对素质教育的表述之比较

一、改革开放以来的四次全教会

改革开放以来，党中央国务院召开了四次全国教育工作会议（以下简称全教会）。第一次全教会于1985年5月在北京召开，六百位代表讨论的中心议题是讨论《关于教育体制改革的决定（草案）》，并研究贯彻执行的步骤和措施。邓小平出席了会议的闭幕式，并做了题为《要把教育工作认真抓起来》的重要讲话，要求各级领导要像抓经济工作那样抓好教育工作。会后，《中共中央关于教育体制改革的决定》正式颁布。1994年6月，中共中央、国务院在北京召开了改革开放以来第二次全教会，进一步动员全党全社会认真实施《中国教育改革和发展纲要》，确立教育优先发展的战略地位。1999年6月，中共中央、国务院在北京召开第三次全教会，并发布了《中共中央国务院关于深化教育改革全面推进素质教育的决定》（以下简称《决定》）。2010年7月，中共中央、国务院在北京召开第四次全教会，并颁布了《国家中长期教育改革和发展规划纲要（2010—2020年）》。

改革开放以来的四次全教会，从教育体制改革到教育优先发展地位的确立，再到全面推进素质教育，不仅是我国教育事业发展量的积累，而且是质的飞跃，是历史性的跨越。

二、第三次全教会前后素质教育的主要区别

第三次全教会文件所说的素质教育，与酝酿准备阶段和起步阶段所说的素质教育，有很大区别。认真学习《决定》，弄清它们之间的区别，有利于全面推进素质教育。

它们之间有哪些区别呢？

其一，《决定》第一条指出："实施素质教育，就是全面贯彻党的教育方针，以提高国民素质为根本宗旨，以培养学生的创新精神和实践能力为重点，造就'有理想、有道德、有文化、有纪律'的、德智体美等全面发展的社会主义事业建设者和接班人。"这句话把素质教育的内涵、根本宗旨、重点和培养目标说得一清二楚。这一条的最大特点是把素质教育同教育方针联系起来，直截了当地指出"实施素质教育，就是全面贯彻党的教育方针"。而第三次全教会以前宣传素

质教育的最大缺陷是把教育方针冷落在一边，好像教育方针和素质教育是互不相干的两回事，甚至把素质教育凌驾于教育方针之上，这是造成人们思想混乱的重要原因。

其二，从素质教育的范围来说，也有很大不同。所谓全面推进素质教育，就是各级各类学校（从幼儿园、中小学到高等学校）、各级各类教育（从基础教育、职业教育、成人教育到高等教育）以及学校教育、家庭教育和社会教育都要实施素质教育。第三次全教会以前则认为，实施素质教育只是中小学的事，只是基础教育的事。虽然有些高等学校也提出要实施素质教育，但给人的印象是套用中小学素质教育的口号，因为那时素质教育是针对中小学教育的弊端提出来的，是针对“应试教育”提出来的，高等学校并不存在那种弊端。第三次全教会以后，既然实施素质教育就是全面贯彻教育方针，这个矛盾就解决了，因为各级各类学校，各级各类教育无一例外地都要贯彻教育方针。

第三次全教会以前，我国教育报刊几乎每天都可看到“应试教育”、“转轨”等字眼，《决定》长达一万余字，为什么没有一个字提到“应试教育”和“转轨”呢？我们的体会是，《决定》论述的主题是全面推进素质教育，是提高全民族的素质，不是论述中小学如何推行素质教育，不仅仅是提高中小学学生的素质。这样，原来争论不休的素质教育的内涵、特征等，也就没有必要了，何况所谓“应试教育”、“转轨”的提法并不科学。

其三，《决定》的第一部分“全面推进素质教育，培养适应21世纪现代化建设需要的社会主义新人”共有七条，处处扣紧了教育方针。第一、二条是从宏观方面论述素质教育的根本宗旨、重点和培养目标，第三至七条则是具体阐述实施素质教育必须把德、智、体、美、劳等有机地统一在教育活动的各个环节中，使它们相互渗透、协调发展，促进学生全面发展和健康成长。几乎每一条都提到教育方针的核心——全面发展。第三次全教会以前宣传素质教育的最大缺陷是把素质教育同教育方针看成是互不相干的两回事，甚至把二者对立起来，从来没有人说过“实施素质教育，就是全面贯彻教育方针”，因而出现某种混乱现象。

其四，《决定》的第二部分“深化教育改革，为实现素质教育创造条件”，对如何全面推进素质教育，不仅指明了方向，而且提出了许多重大措施。例如，调整现有教育体系结构，扩大高中和高等教育的规模，减缓升学压力；职业技术学院采取多种方式招生；扩大高校招生、专业设置等自主权，发展民办教育；改革招生、考试和评价制度，改革课程体系和教材；提高教育技术手段现代化水平和教育信息化程度；努力改革教育与经济、科技相脱节的现状，促进教育和经济、科技的紧密结合等。只有采取这些重大举措，才能有效地推进素质教育。第三次全教会以前，则很少涉及如何为实施素质教育创造条件，或者空谈理论，或者在“三要义”中兜圈子，当然不可能有效地推行素质教育。

其五，《决定》第二十三条指出：“全面推行素质教育，根本上要靠法制，靠制度保障。”这指明了全面推行素质教育的本质。第三次全教会以前，推行素质教育不是靠法制，靠制度保障，而是靠区域性实验，靠总结和推广经验，靠召开大型现场会。这些做法，虽有直观效果，但有很大的局限性，甚至有虚假现象。所以《决定》强调要“完善国家教育立法，加大教育执法力度”，要“制定有关素质教育的制度和法规，逐步实现素质教育制度化、法规化”。《决定》要求各级人民政府和各部门要切实依法行政，保证教育方针的全面贯彻执行。这些都是从“根本上”考虑的。有些顽症要根治，也要从立法上考虑，例如减轻学生过重课业负担问题，是多年来困扰我们的顽症之一，年年喊减轻，岁岁在加重，看来光靠说服教育是不能彻底解决问题的。报载有的地方为治好这一顽症，对考试科目、次数、课外作业量等都做出明确规定，作为一项维护学生合法权益、保证学生健康成长的一项地方法规来推行，这就是“逐步实现素质教育制度化、法规化”的一种尝试。

以上说明，第三次全教会以前和《决定》颁发以后的素质教育，有很大区别。归纳起来，它们的区别如下。

第一，在界定上有区别。从《决定》全文可以看出，所谓素质教育，就是提高全民族素质的教育。这样界定，不会产生歧义，不可能出现多种定义。

第二，涵盖的范围有区别。《决定》所说的素质教育，大大超过了“起步阶段”素质教育的范围。《决定》是从“提高全民族素质”出发，不只是提高中小学学生的素质；是从“全面推进”出发，不只是在中小学推进。

第三，《决定》所说的素质教育，是同国家的教育方针密不可分的。“实施素质教育，就是全面贯彻党的教育方针。”这是何等简洁、明快的语言，人们再也不会提出现在看来很可笑的问题：“素质教育与教育方针是什么关系”，“素质教育与全面发展教育是什么关系”。

第四，《决定》对如何全面推进素质教育，提出了许多重大举措，使人们看到了希望，树立了信心。“起步阶段”的素质教育，则几乎未涉及怎样为实现素质教育创造条件。

第五，《决定》着重指出：“全面推进素质教育，根本上要靠法制，靠制度保障。”第三次全教会以前推行的素质教育，就没有抓这个根本。

弄清这些区别，有利于把我们的思想统一到《决定》上来，有利于消除“起步阶段”的负面影响，有利于纠正对素质教育的误解。

当然，全面推进素质教育，是一项长期的、艰苦的工作，是我国教育事业的一场深刻变革，不可能一蹴而就。但只要方向明确，措施得力，在党的领导下，人人参与，全社会支持，我国全面推进素质教育的伟大事业就一定能取得成功。

第四节 全面推进素质教育的基本内容与途径

一、全面推进素质教育的基本内容

“全面推进素质教育”的“全面”二字，包括以下含义：

（1）实施素质教育应当贯穿于幼儿教育、中小学教育、职业教育、成人教育、高等教育等各级各类教育；

（2）实施素质教育应当贯穿于学校教育、家庭教育和社会教育等各个方面；

（3）实施素质教育，必须把德育、智育、体育、美育、劳动技术教育和社会实践等有机地统一在教育活动的各个环节中。

从全国来说，实施素质教育，是为了提高全民族的素质；从学校教育来说，实施素质教育，是为了提高学生的素质。提高学生什么素质？在酝酿准备阶段和起步阶段，有各种各样的说法。这些说法，或者过于笼统，或者失之片面。素质教育包括哪些具体内容？要提高学生什么素质，应有统一的解释。这个统一解释就是《纲要》所指明的“全面提高学生的思想道德、文化科学、劳动技能和身体心理素质”。也就是说，要提高学生五个方面的基本素质。这个解释，既具体，又全面。

从学校教育来说，实施素质教育，就是使德育、智育、体育、美育、劳动技术教育和社会实践各方面的教育，相互渗透、协调发展，促进学生的全面发展和健康成长。

《决定》第一条指出：“实施素质教育，就是全面贯彻党的教育方针。”那么，怎样才算全面贯彻了教育方针呢？扼要地说，包括以下内容。

（一）加强和改进德育工作

德育即思想政治和品德教育，国外叫道德教育。中小学要特别重视德育工作，要按照德育总体目标和学生成长规律，确定不同学龄阶段的德育内容和要求，在培养学生的思想品德和行为规范方面，要形成一定的目标递进层次。德育主要包括以下内容：辩证唯物主义和历史唯物主义教育、爱国主义、集体主义和社会主义教育，中华民族优秀文化传统和革命传统教育，理想、伦理道德以及文明习惯养成教育，中国近代史、基本国情、国内外形势教育和民主法制教育，民族团结教育，国防教育以及学生心理健康教育等。

要改进德育的工作方法，寓德育于各学科教学之中，使德育与学生生活和社会实践紧密联系起来。

德育最重要的是讲究实际效果，克服形式主义倾向。

（二）重视智育工作

智育即智力教育。智力一般指观察力、记忆力、想象力、思维力、判断力等。文化科学知识，是智力的基础。学生没有一定的文化科学知识、智力是不可能获得发展的。要培养和发展学生的智力，必须通过教学提高教学质量。这就要靠改革教学内容和改进教学方法。要积极实行启发式和讨论式教学，激发学生独立思考和创新意识。要让学生感受、理解知识产生和发展的过程，培养学生的科学精神和创新思维习惯。

我们还应该把智力的范围看得更宽一些，例如搜集和处理信息的能力、获取新的知识的能力、分析和解决问题的能力、语言文字表达能力、团结协作能力和社会活动能力等，这些都是很重要的智力。在信息时代和高科技发展时代，这些能力显得特别重要，要着力培养。

（三）加强和改进体育卫生工作

健康体魄是青少年为人民服务的基本前提，是中华民族旺盛生命力的体现。体育是从锻炼方面增强学生的体质，卫生是从保健、医疗方面保护学生的健康。两者必须紧密结合，才能相辅相成，促进学生健康成长。学校教育要树立健康第一的指导思想，切实加强体育工作，使学生掌握基本的运动技能，养成坚持锻炼身体的良好习惯。要确保学生体育课程和课外体育活动时间，不准挤占体育活动时间和场所。要举办多种多样的群体性体育活动，培养学生的竞争意识、合作精神和坚强毅力。

要重视学校卫生工作。认真培养学生的良好卫生习惯，使他们了解一些科学营养知识。

（四）发挥美育在学校教育中的作用

美育又称审美教育或美感教育。中小学美育的基本任务，是帮助学生树立正确的审美观点，培养审美能力，发展学生表现美和创造美的才能。美育不仅能陶冶情操、提高素养，而且有助于开发智力，对于促进学生全面发展具有不可替代的作用。美术和音乐是美育的重点课程，中小学要加强美术、音乐的课堂教学，开展丰富多彩的课外文化艺术活动，增强学生的美感体验，培养学生欣赏美和创造美的能力。

（五）重视劳动技术教育

“教育与生产劳动相结合”，是培养人的途径，是我国教育方针的组成部分。对这句话要有正确的、全面的理解。一般认为，贯彻教育与生产劳动相结合的方针，就是组织师生参加生产劳动，这样理解是远远不够的。教劳结合的目的，是使学生接触大自然，了解社会，培养热爱劳动的习惯和艰苦奋斗的精神。我们应该把教育与生产劳动相结合的内容看得更宽广一些，不要仅仅限于参加体力劳动。教劳结合是鼓励学生参加形式多样的课外实践活动，社会实践活动，培养学生的动手能力。

总之，做到了以上五点，使学生在德、智、体、美、劳等方面全面发展，就是全面贯彻了教育方针，就是全面实施素质教育。

本书涉及教学工作管理、德育工作管理、体育卫生工作管理、美育工作管理、劳动技术教育工作管理，就是具体论述素质教育管理。

二、全面推进素质教育的基本途径

有些人认为，实施素质教育的主渠道在课堂。这种说法不准确，容易引起误解。

所谓渠道，就是途径。所谓课堂，即用来进行教学活动的教室，当然不包括课外，不包括社会实践活动。诚然，课堂是学科教学活动的主要场所，是提高学生思想道德和文化科学素质的重要阵地，要千方百计提高课堂教学质量，这是毫无疑问的。但素质教育是要提高学生的全面素质，不只限于文化科学素质。因此，“实施素质教育的主渠道在课堂”的说法欠妥。提高学生的全面素质，是指提高学生的思想道德、文化科学、劳动技能、身体和心理五项基本素质，应是多渠道、多途径的，光靠课堂不行。推行素质教育的重要措施之一是减轻学生过重的课业负担，这不仅需要提高教师水平，改进教学方法，还要改革课程体系、课程内容、考试制度和考试方法。据报道，韩国为减轻学生课业负担，在基础教育课程改革方面采取了许多措施。其中有两条特别突出：一是减少科目，减轻学生课业等压力；二是压缩课时，减少学生课堂学习时间。如果我们过分强调“实施素质教育的主渠道在课堂”，就很容易忽视课外活动和社会实践活动，势必淡化文化科学素质以外的素质，而这些正是目前中小学教育中亟须解决的问题。

目前，我国基础教育阶段学生课堂学习的时间不是少了，而是多了。有一种观点认为，学生课堂学习时间越多越好，少了就会降低教学质量。事实并非如此。苏联著名教育家苏霍姆林斯基担任帕夫雷什中学的校长，是苏联公认的教学质量高、真正使学生得到全面发展的学校。该校下午从不排课，而是组织学生参加多种多样的课外活动。苏霍姆林斯基认为："午后不进行紧张学习的脑力劳动，这是一个具有决定性作用的条件。在这个条件下，不仅可以增强体质，而且可以为丰富精神生活、为全面发展创造条件。"他还指出："下午不进行紧张的脑力劳动，并非为了完全摆脱智力劳动，而正是为了让学生能过上富有意义的丰富多彩的精神生活。只有当孩子每天按自己的愿望随意使用五小时至七小时的空余时间，才有可能培养出聪明的、全面发展的人来。离开这一点去谈论全面发展，谈论培养素质、爱好和天赋才能，只不过是一些空话而已。"苏霍姆林斯基强调，课外活动基本上应在户外进行。帕夫雷什中学学生课后自愿选择的课外小组活动，如做游戏、旅游参观、徒步行军、阅读文艺和科普书籍，进行文娱活动等，90％以上都在户外进行。在美国，学校也很重视学生参加课外活动。人们普遍认为，丰富多彩的课外活动，有助于培养学生的竞争意识、责任感和领导能力等。美国学生的课外活动可谓五花八门，有学术性的、娱乐性的、健身性的，也有社区服务性的。美国高中学生在课外活动中的表现，越来越受到重视，一些名牌大学已将其作为总分的20％计入录取成绩。那些学科成绩优良、课外活动表现突出的学生，往往成为各大学竞相录取的对象。

总之，实施素质教育应是多渠道、多途径的。基本途径是课内、课外、校内、校外。学校多途径实施素质教育，政府要领导，全社会要支持。实施的渠道不应有主次之分，犹如五大素质没有主次之分一样。因为素质教育的效果应从整体去衡量，学生素质的高低应综合起来评估。如果推进素质教育这场"战斗"，决定胜负、成败在课堂，其他渠道只起配合作用，这种说法不利于提高学生的全面素质。

三、全面推进素质教育应树立的几个基本观点

（一）素质教育实质上就是全面发展教育

这是要树立的第一个基本观点。素质教育在酝酿准备和起步阶段，有过许多定义，模糊了素质教育的实质。实施素质教育，就是全面贯彻教育方针。而使学生全面发展，是现行教育方针的核心内容，已经写入《中华人民共和国教育法》，有法律权威。我们必须明确素质教育的实质，牢牢掌握全面发展这个核心。

（二）实施素质教育要着眼于提高学生的全面素质

这是要树立的第二个基本观点。所谓提高学生的全面素质，即提高学生的思想道德、文化科学、劳动技能、身体、心理素质，而不是只提高某一方面的素质。有的同志以为变"应试教育"为素质教育，就是发挥学生的特长，把素质教育等同于培养学生特长的教育。培养学生的特长是需要的，但必须在全面提高学

生基本素质的基础上去发展学生的特长。

（三）实施素质教育，必须减轻学生的过重负担

这是要树立的第三个基本观点。学生课业负担过重，主要表现在学习时间过长，作业量过大，考试过多，各种竞赛活动和学习资料泛滥成灾。其后果是严重影响学生全面发展，损害学生健康，挫伤学生的学习积极性。

中小学生的书包越来越重，他们上学的时间比大人上班早，放学后还要面对一堆家庭作业以及各种各样的培训班、辅导班。每年都有一些学生因负担过重而精神崩溃或离家出走，体质下降的更是数不胜数。这是对孩子的摧残！不减轻学生的过重课业负担，就谈不上实施素质教育。

复 习 题

1. 1985—1998 年素质教育的宣传和实施可分为哪几个阶段？试对这几个阶段素质教育的影响做些评价。

2. 全面推进素质教育包括哪些基本内容？

3. 全面推进素质教育的基本途径是什么？

4. 案例分析：有关素质教育的一次辩论会。

在大学素质教育问题研讨会上，一位老教授的发言引发了一场激烈的辩论。老教授一开始就表明，他不赞成使用素质教育这个概念。因为它含义不清，各人有各人的理解，已经在中小学引起混乱，不如用“全面发展教育”为好。

老教授的发言立即引起一片反对声，但是也有人表示支持。

博士生甲：全面发展教育产生于 19 世纪，是以那时的社会、经济、科技和文化发展水平为背景，明显已经过时。素质教育则现代气息很浓，为新时期的教育变革提供了机遇。全面发展教育是一个保守的口号，不仅含义过于抽象，而且在实践中难以操作。我国现有的“应试教育”是在“全面发展教育”的大旗下产生的，因此不宜继续以全面发展教育去压制素质教育的提出和研究。

某大学李教授：素质教育已经讨论了几年，至今没有一个公认的定义。全面发展教育则不同，有公认的定义，即“人的智力和体力充分而完善的发展，又指人的德、智、体等方面协调发展”。全面发展教育是马克思主义关于人的全面发展学说的概括，不仅有充分的理论依据，而且有法律依据。语言通俗明确，一点没有过时。新中国成立以后，我国一直使用“全面发展”

这个概念，而且按法定程序写入了《中华人民共和国教育法》，所以有的中学校长说："既然教育方针规定得很清楚，何必另外提出'素质教育'呢?"

博士生乙：素质教育的提法更能适应新时代的需要，是我国在21世纪世界范围激烈竞争中赢得战略主动地位的迫切需要。有一句诗"山穷水复疑无路"，我看"全面发展教育"已无出路，不是"疑无路"，而是"已无路"，应该换成"素质教育"。

某教科所研究员：美国未来学会最近发表题为《为在21世纪取得成功，学生们必须知道什么?》的特别报告中，强调21世纪"需要全面发展的新型人才"，并呼吁学校和家长"改革传统教育方法，为实现这一目标而努力"。按照两名博士生的意见，美国未来学会使用全面发展这个概念是否搞错了?是否应该把全面发展换成素质教育?

会议主持人插话说："我以会议主持人的身份也发表一点意见，我不同意老教授的意见……"这时有几位代表指出：会议主持人的任务是引导大家摆出不同观点进行讨论或辩论，不应发表有倾向性的意见，不应支持一方，反对另一方。主持人当即表示接受批评。

思考题：

(1) 本案例中有两种截然不同的观点，你赞成哪一种？为什么？

(2) 全面推进素质教育可能会遇到哪些困难？这些困难应该如何克服？

第八章 依法治校

依法办学、依法治校是新形势下教育管理方式的根本变革。《中华人民共和国宪法》明确规定：“中华人民共和国实行依法治国，建设社会主义法治国家。”1999年11月，《国务院关于全面推进依法行政的决定》发布。2010年7月，《国家中长期教育改革和发展规划纲要（2010—2020年）》（以下简称《教育规划纲要》）发布，提出了“大力推进依法治校”的学校管理体制改革目标。2012年11月，教育部下发了《教育部关于印发〈全面推进依法治校实施纲要〉的通知》，对在各级各类学校中如何深入贯彻科学发展观，全面落实依法治国要求，大力推进依法治校，建设现代学校制度进行了部署。2017年10月，党的十九大明确全面推进依法治国总目标是建设中国特色社会主义法治体系、建设社会主义法治国家，为依法治校进一步指明了方向。2017年12月，教育部印发了《义务教育学校管理标准》，首次全面系统地梳理了我国义务教育学校管理的基本理念、基本内涵、基本框架、基本要求，从保障学生平等权益、促进学生全面发展等六大方面，明确了学校的主要管理职责。

第一节 依法治校概述

全面理解依法治校的含义及其现实和历史意义，并在此基础上把握依法治校的原则，对于提高依法治校的自觉性和实践能力具有重要作用。

一、依法治校的含义

所谓依法，是指依照法律、法规的规定。这里的“法”，是从最广义的角度来理解的。它既包括国家的法律、行政法规和规章，也包括地方法规和规章，还包括学校章程及学校内部的规章制度。学校内部的规章制度虽然不具有严格的法规意义，但它是根据国家法律法规的授权或规定，通过校内的民主程序而制定的，反映了学校师生的共同利益，在学校内部具有普遍的约束力，因而，也可以看成是“法”的延伸构成部分。所谓“治”，是指治理和管理。管理是教育活动有序发展本身内在的要素之一。因此，依法治校就是依照教育法律、法规所规定的权限和程序来管理学校。从教育法规的作用形式来看，依据教育法律规范来约束管理对象的教育行为和约束管理者自身的管理行为是依法治校不可分割的两个方面；从学校主体来看，依法治校的内容，包括校长及其他行政管理人员对学校事务与人员的管理，教师依法执教和对学生的管理。依法治校是依法治教的重要组成部分。

依法治校是对法治化的学校管理体制下学校管理活动及其管理行为性质的概括。它承认权力来源于法律的授权，权力的行使者行使权力必须遵从法律的规定，其个人主观意志必须服从于法律所体现的国家意志。我国提出依法治校，有其深刻的历史经验教训和现实需要的社会背景。我国自经济领域由计划经济向市场经济全面转轨以来，社会主义法治建设受到空前的重视，并从静态的法律制度建设转向了动态的管理行为法治化建设。21 世纪的中国将是民主与法治不断走向完善的国家。国家要依法治国，要求行政部门实行依法行政，作为学校也必然要实行依法治校。贯彻依法治校是提高学校管理效率的重要保障，而提高学校管理效率也是实行依法治校所要追求的价值目标之一。学校作为一种组织系统，其良性运行也需要解决系统运转机制设置与维护、系统内部及各要素之间的关系顺畅等问题，而法律规范手段的运用则可以为这种良性运行机制及顺畅关系的形成提供保证。制定有关法规和规章，可以使学校组织系统科学设置运转机制，明确各要素之间的权利和义务关系，使之相互权责分明，从而使学校内部管理工作规范化，教育决策民主化，教育关系有序化，办学模式科学化，最终达到学校内部关系健康、顺畅，整个系统设置合理、科学，具有凝聚力且运转自如，以较低的政治和经济成本，获得较高的管理效率。

在理解什么是依法办学、依法治校上，应避免以下三个误区。

一是认为依法管理就是管理者用法律作为武器去管理教师和学生。全面的依法办学、依法治校，不仅包括运用“法”的形式来规范和约束管理对象的教育行为，也包括对管理者自身的管理行为的规范和约束。依法办学、依法治校要求学校管理活动及其管理行为依法定的权限和程序而做出，不能以管理者的个人主观好恶影响管理行为，因而对管理主体自身如何依法进行管理提出了更高的要求。

二是认为法律法规就是要求人们履行义务，对人起约束作用的。这种认识是片面的。现代法律从本质上说，是以权利为本位的，是为了维护人们的平等的权利才要求人们履行一定的义务。而人们也只有在履行了应尽的义务时才能使自己的权利获得最大的保护。如考生只有遵守考场规则，才能使自己的受教育权获得法律的保护。

三是认为依法治校就是“以罚治校”。在现实中，有些学校管理手段片面化、简单化，似乎一讲到法就理解为“罚”。虽然“罚”也确实是法的基本职能的一个重要方面，但是更应该看到，法还具有保护人们权利的功能、引导和评价人们行为的功能等。而且，现代法律更注重的是后者，即要求现代社会公民能够做到主动守法，依法行使权利，并自觉履行法定义务。法律要维护人们的正当权益，“罚”只能起到法律实施的辅助或弥补作用。

二、依法治校的意义

实行依法治校在我国具有重大的现实意义和深远的历史意义，具体表现在如下五个方面。

（一）依法治校是科教兴国战略得以实现的重要保障

我国自从20世纪90年代确立了“科教兴国”的战略后，加强了教育在社会经济发展中的优先发展战略地位的落实。党和国家多次发布重要文件，阐述了科教兴国和人才强国的战略思想。1997年，党的十五大报告明确提出：“要切实把教育摆在优先发展的战略地位。”2002年，党的十六大报告再一次强调：“教育是发展科学技术和培养人才的基础，在现代化建设中具有先导性全局性作用，必须摆在优先发展的战略地位。”2007年，党的十七大报告进一步将科教兴国战略提高到科学发展观的高度来认识，指出“教育是民族振兴的基石”，科教兴国是“党执政兴国重要策略”之一，“要优先发展教育，建设人力资源强国”。国务院随后发布的《关于基础教育改革与发展的决定》指出：“基础教育是科教兴国的奠基工程，对提高中华民族素质、培养各级各类人才，促进社会主义现代化建设具有全局性、基础性和先导性作用。保持教育适度超前发展，必须把基础教育摆在优先地位并作为基础设施建设和教育事业发展的重点领域，切实予以保障。”2012年，党的十八大报告提出了“教育是民族振兴和社会进步的基石”，要“努力办好人民满意的教育”，教育事业的发展已经成为国家和公民个人共同利益的体现。2017年，党的十九大报告进一步提出：“建设教育强国是中华民族伟大复兴的基础工程，必须把教育事业放在优先位置，深化教育改革，加快教育现代化，办好人民满意的教育。”义务教育是基础教育中最基础的部分，关系着每个国民一生的发展和幸福，也关系着国民整体素质的质量和国力的增长。只有将符合科教兴国战略规律的措施和手段加以立法化，并通过依法治校的形式予以贯彻落实，党和国家科教兴国的战略才能实现。经过多年的教育立法与执法实践，国家在教育事业的发展和教育投入的保障方面成绩斐然，不仅提高了公民的受教育质量，也为国家培养了大批建设者和接班人。

（二）依法治校是促进和保护教育改革成果的重要保障

依法治校是学校管理方式的重大变革。加强学校办学自主权是国家改革政府与学校关系的重要举措，也是教育管理体制改革的重要成果。过去上级教育行政部门对学校统得过死、管得过细、干涉过多，学校较少有办学自主权。学校内部管理主要依靠行政指令开展工作，存在决策不够民主、监督机制不够健全等问题，不利于调动广大教育人员参与办学的积极性。这与当前要求学校培养21世纪创新型人才的目标是极不相称的。提高学校的办学自主权，必须改革学校内部的管理方式。同时，由于教育法规具有指引功能，常常会将教育改革的成果，如一些成功的经验和做法以法律形式规定下来，以普遍实施。因而，只有依法举办学校、依法治理学校，才能做到对教育改革成果的促进和保护。

（三）依法治校是促进学校管理科学化、民主化，维护教育秩序和教育公平的重要保障

实现学校管理科学化、民主化，是学校管理体制改革的方向。2017年12月，教育部印发了《义务教育学校管理标准》，首次全面系统地梳理了我国义务教育学校管理的基本理念、基本内涵、基本框架、基本要求，是提升我国义务教育管理标准化、规范化、制度化水平的重要举措。它从保障学生平等权益、促进学生全面发展、引领教师专业进步、提升教育教学水平、营造和谐美丽环境、建设现代学校制度六大方面，明确了学校的主要管理职责。

学校进行民主管理，是国家民主管理原则在学校的具体运用，它意味着学校师生有权参与学校管理，意味着广大教师有权参与学校的决策。学校民主管理的实现，依靠教育法规作保障。

参与学校内部民主管理，是教师的一项基本权利。《中华人民共和国教师法》规定，教师有“对学校教育教学、管理工作和教育行政部门的工作提出意见和建议，通过教职工代表大会或者其他形式，参与学校的民主管理”的权利。同时，在协调学校内外部关系的过程中，常常会发生利益冲突。传统的行政指令性的教育管理方式由于人治色彩过浓，已难以适应处理各种教育关系利益冲突的需要。只有通过教育立法，制定系统的规范学校各项管理活动的法律规范，建立完善的学校管理制度，使学校管理工作科学化、民主化，才能建立稳定的学校教育教学秩序，并有利于学校自身的发展。

（四）依法治校是全面贯彻教育方针的保障

实行依法治校就是要求在学校教育教学活动中贯彻落实国家的教育法规。而教育法规的实施，是全面贯彻党和国家的教育方针的基本保证。教育方针是党和国家制定的引导教育事业前进的方向和目标，是教育基本政策的总概括。党和国家的教育方针，确定了我国教育的社会主义性质，教育目的在于培养年轻一代德、智、体全面发展。然而，长期以来，教育方针没有得到全面贯彻，先是片面强调政治觉悟，以红代专，社会活动冲击教学，不重视系统地学习基础知识和掌握基本技能；后来又片面追求升学率，只重视智育，以分数“一叶障目”，以专代红，不能全面评价学生，随便加重学生课业负担，导致学生身心健康水平和思想道德素质下降等问题。产生这些倾向的重要原因之一，可以说是由于过去办教育主要靠人治，而不是靠法治，因而使错误的教育指导思想有机可乘。只有通过教育立法，使教育方针具体化，实施制度化，并使其实施具有强制性，才能保证对它的全面贯彻执行，培养出又红又专的人才和劳动后备力量，更好地发挥教育为社会主义建设服务的功能。

（五）依法治校是国家法制建设的基础工程

学校实行依法管理的意义，不仅仅在于避免人情状态下对教育事业和学校的健康发展所造成的人为干扰，使学校系统形成规范化、有序化、科学化、民主化的相互关系和管理模式，还在于使年轻一代在成长过程中受到法治的熏陶，养成依法办事的观念和习惯，成为法治国家的合格公民。因而，实行依法办学、依法治校，既是保障学校教育教学改革健康发展的需要，也是培养具有民主与法治意识、适应未来社会生活的年轻一代，从而促进全社会的民主与法治发展进步的需要。实行依法治校有其深远的社会意义。

三、依法治校的原则

依法治校作为一种运用法律手段进行管理的活动，其进行应当依据以下六个原则。

（一）权利和义务相对称原则

依法办学、依法治校，必须理顺人们之间的权利和义务关系。因为法律的内容从本质上讲，就是规范人们之间的权利和义务关系的。权利和义务是法律关系的核心内容，权利和义务是相互联系、相互依存的，权利的一方总是依相应的义务一方而存在，权利一方权利的实现依赖于义务一方义务的履行。任何“良法”的首要标准就是公平和正义，而公平就是通过主体的权利义务之间的平衡来实现的。因此，不能把权利和义务割裂开来，片面强调权利的享有或者义务的履行。依法办学、依法治校必须确保教育权利和义务的相对称。这一原则可以从以下三方面理解。

第一，受教育的权利和义务在法律规定的条件下是对称的。如《中华人民共和国义务教育法》第四条规定："凡具有中华人民共和国国籍的适龄儿童、少年，不分性别、民族、种族、家庭财产状况、宗教信仰等，依法享有平等接受义务教育的权利，并履行接受义务教育的义务。"在这里，适龄儿童、少年接受义务教育的权利和义务是对称的。接受义务教育既是适龄儿童、少年的权利，同时完成与其受教育权利相对称的学习任务又是他们应尽的义务。

第二，权利和义务相对称原则，也体现在受教育者受教育权利的实现与国家、社会、学校和家庭保障适龄其受教育权利实现这一义务的履行的对称性上。如《中华人民共和国义务教育法》第五条规定："各级人民政府及其有关部门应当履行本法规定的各项职责，保障适龄儿童、少年接受义务教育的权利。""适龄儿童、少年的父母或者其他法定监护人应当依法保证其按时入学接受并完成义务教育。""依法实施义务教育的学校应当按照规定标准完成教育教学任务，保证教育教学质量。""社会组织和个人应当为适龄儿童、少年接受义务教育创造良好的环境。"义务教育适龄儿童、少年主要是未成年人，他们缺乏自主享有权利和履行义务的能力，如果国家、社会、学校和家庭不履行义务，不为他们提供接受义务教育的条件，他们接受义务教育的权利就无法实现。

第三，权利和义务相对称原则，还体现在行使教育管理职能的机构的教育管理的职权和责任的对称性上。有什么职权也就有什么职责，教育管理部门在行使管理职权的同时也履行了其管理义务。如学校管理部门依法组织学校教学活动，安排学校各项工作，既是其拥有的一项职权，同时也是其必须履行的一项职责，既不能放弃，也不能转让，更不能滥用。

（二）平等性原则

平等性原则是我国宪法确立的一项法律实施原则，《中华人民共和国宪法》第三十三条规定："中华人民共和国公民在法律面前一律平等。"法律面前人人平等体现了公平与正义的法律精神。教育法规是国家法律的一个重要分支，在教育法规实施过程中，也必须遵循平等性原则。这一原则具体体现为：（1）任何公民都平等地享有教育法律规定的权利；（2）任何公民都必须平等地履行教育法律规定的义务；（3）教育为每个公民提供平等的竞争机会，任何公民不得有超越教育法规限定的教育特权；（4）任何公民关于教育方面的权益受到侵害时，一律平等地受到法律规范的保护；（5）对任何公民违反教育法规的行为，必须平等地追究法律责任，依法给予同等的制裁。实行依法治校，就是遵循法律的要求管理学校，因而也必须贯彻平等性原则。

（三）守法原则

守法是我国宪法规定的一项基本原则，《中华人民共和国宪法》规定："一切国家机关和武装力量、各政党和各社会团体、各企业事业组织都必须遵守宪法和法律。一切违反宪法和法律的行为，必须予以追究。任何组织或者个人都不得有超越宪法和法律的特权。”“中华人民共和国公民在法律面前一律平等。”“任何公民享有宪法和法律规定的权利，同时必须履行宪法和法律规定的义务。”因此，守法是法治社会对社会主体的一项基本要求，是任何国家机关、社会组织和公民在做出一定社会行为时都必须遵守的原则。只有在人人做到守法、依法行使权利、依法履行义务的情况下，法律所赋予每个人的平等权利才可能有所保障。在依法治校中，不仅教育管理对象要守法，教育管理人员自身的管理行为也要守法。因而，守法也是依法治校本身应有之义，是实现依法治校的基本途径之一。

（四）公开透明原则

实行依法治校的目标之一，是充分保障广大教职工参与民主决策、民主管理、民主监督权利的实现，因此依法治校必须贯彻公开透明原则。只有做到公开透明，才便于广大教职工参与管理和决策，才便于监督，体现公正，并能使依法治校过程成为法治教育过程。由于依法治校要求维护教育管理部门的权威性，体现法治的强制性特征，其依法管理的结果往往是对管理对象的教育权利和义务的实现产生影响，为避免教育管理权的滥用，必须贯彻公开透明原则，落实监督制度，真正做到客观、公正地依法治校。只有这样，才能保证依法治校的实施符合社会主义教育法治建设的要求，符合国家和人民的根本教育利益。

（五）有法可依、有法必依、执法必严、违法必究原则

依法治校必须贯彻有法可依、有法必依、执法必严、违法必究原则。这一原则的确立是维护教育法律的权威性和教育法治的严肃性所要求的，它包含了法治运行动态过程的各个阶段。因此，贯彻这一原则，首先要求完善教育法规体系；其次要求在执法中做到坚持以事实为依据，以法律为准绳；再次要求做到严格执行法律法规，对违法行为必须予以追究。

（六）教育性原则

贯彻教育性原则，要求在依法治校的过程中把守法、执法和法治教育结合起来，以说服教育为主，强制处罚为辅，使教育主体自觉做到学法、知法、守法和执法。依法治校能否取得实效，首先取决于教育主体对教育法规内容的认识和理解的程度。教育人员只有掌握了教育法规内容，正确认识教育法律规范的含义，才有可能自觉守法。通过依法治校，宣传教育法规和法治观念，使教育法规逐步为人们所认识和理解。应该看到，不仅制裁违法行为对人们具有教育作用，而且守法行为对人们的行为也具有示范和导向作用。这种具有教育性的示范和导向作用，又会成为顺利实现依法治校的条件。因此，在依法治校过程中，必须贯彻教育性原则，教育人们自觉地遵守教育法律规范、学校规章制度和相应行为准则。

第二节　实现依法治校的条件

在我国各级各类学校中建立起完善的依法治校管理机制的必要性和紧迫性是显而易见的。依法治校管理机制的建设和完善是一个渐进的过程，这个过程既包括物质载体的转换过程，也包括观念意识的转变过程。因此，必须创造一定条件，才能促使依法治校顺利展开。

一、树立依法治校观念

依法治校的实施要求学校内部各教育主体树立教育法律意识。教育法律意识是人们关于教育法规的知识和思想观点的总称，包括人们对教育法规的本质、作用的认识，对现行教育法规的评价和态度，以及对建立健全教育法律制度、实行依法治教的要求，等等。教育法律意识的产生是教育者形成法治思维、树立法治信仰的体现。由于教育法规以确立人们之间的教育权利和义务关系为内容，教育守法行为主要表现为，在教育法规允许的范围内享有教育权利，按照教育法规的规定履行教育义务，因而，教育法律意识还应包括教育权利和义务意识。教育法律意识作为人的一种自觉的心理活动，对于教育法规的实施以及依法治校的落实具有巨大的能动作用。教育法律意识是使依法治校的学校管理机制得以运行的动力和润滑剂。对依法治校的认识与要求作为一种观念形态是教育法律意识的重要内容。教育法律意识是在知法、懂法的基础上，在依法办教育的实践中逐步形成的。而意识产生于实践，又会反作用于实践。人们一旦形成教育法律意识，又会促使人们产生教育守法行为，并养成教育守法习惯。

树立依法治校观念要求学校领导者转变家长式的领导作风。实行依法治校要借助于教育法规来明确学校内部各教育主体的权利和义务、各教育主体的地位及其相互关系。在建立起依法治校管理机制的条件下，校长负责制并不是长官意志制。校长所行使的权力必须能够代表反映学校集体共同利益的共同意志。校长权威的树立应以学校成员确信他能够代表大家的共同利益的信任和威望为基础，而不是建立在由于他所处的职位和握有的权力并由此对学校成员的命运构成一定威胁的基础之上。学校领导者不仅要能够代表学校成员的共同利益，而且要善于使学校成员了解他的这种意图。为此，要求学校领导者在做出管理决策以及开展各项管理工作时，实行校务公开制度。学校领导者的民主作风是实行依法治校的必要条件之一。

树立依法治校的观念要求教师改变传统的师生关系观念。教师应当把学生看作是具有主体地位的人，“一日为师，终身为父”固然体现了教师对学生的权威地位和学生尊重教师的意识，但这是建立在“父为子纲”的伦理基础之上的师生关系观念。在这种观念下，教师不可能与学生之间建立起民主、平等的关系，也就谈不上尊重学生的人格。而且这种观念不除，也就难以禁绝打骂学生等侮辱或体罚学生的现象。基础教育要搞素质教育，说到底，就是要为提高国民素质服务，把学生培养成为未来社会的合格公民。要做到这一点，教师应该在学生的成长过程亦即受教育过程中就把他们当作公民来看待。事实上，在我国法律制度中，承认未满18周岁的青少年儿童具有未成年公民的地位。教师打骂、体罚学生的行为，应上升到侵犯公民人身、人格权利的高度来认识。教师应当探讨、研究符合儿童和少年身心发展规律、行之有效的教育方法，摒弃一切简单、粗暴、对学生身心发展有害的教育方法，在教育教学工作中做到依法执教。

依法治校观念的树立以各教育主体知法、懂法为基础。法律是不可能自行作用于社会生活的。它必须通过一定社会主体的遵守和执行，将其适用于处理社会生活实践中人与人之间的关系，做到有法必依，违法必究，才能发挥其实效。因而，学校各教育主体对有关教育法规内容和知识的了解与掌握是依法治校实行的必要条件。

知法、懂法应当做到对教育法规的全面掌握和理解。传统上人们以义务本位为出发点，认为法律的作用主要是规范人们的行为，强制人们履行某些义务。这种理解是片面的。法律的作用不仅仅在于对人的行为的约束，要求人们履行某些义务，更在于对人们的权利的保护。因为权利和义务是相互依存、不可或缺的法律范畴。“没有无义务的权利，也没有无权利的义务”，是马克思关于权利和义务关系的最经典概括。在知法、懂法基础上的守法，不仅是履行义务的过程，也是享有和行使权利的过程。所以我们对教育法规的学习和掌握不能停留在只是从表面上了解它要求我们做什么，还应能够全面地把握它对我们的相关教育权利保护的真实意图。我们只要从这一深层含义来把握教育法规，就会形成自觉守法的自我要求。

二、制定学校章程

依法治校要求规范办学。具备完善的学校章程是学校办学是否规范的重要标志。《中华人民共和国教育法》第二十七条规定：设立学校及其他教育机构必须具有章程。

教育部于 2017 年 12 月印发的《义务教育学校管理标准》规定，为建立现代学校制度，学校应该“依法制定和修订学校章程，健全完善章程执行和监督机制，规范学校办学行为，提升学校治理水平”。学校章程是学校最基本的规范性和纲领性文件，是为了保证学校自主管理和依法治校，根据《中华人民共和国教育法》的规定以条文形式对学校的办学宗旨、主要任务、内部管理体制和财务活动基本制度等重大事项做出全面规定而形成的规范性文件。因此，学校章程“是学校进行自主管理、自律及政府监督管理的基本依据”①。学校的其他规章制度的制定不得与学校章程相违背。中小学校的章程应当包含如下内容：(1) 学校的名称和地址；(2) 办学宗旨和学校性质及特色；(3) 办学规模及其结构；(4) 学校内部管理体制；(5) 学校经费来源和财产、财务管理制度；(6) 举办者与学校之间的权利和义务；(7) 教师、其他教育工作者和学生的权利与义务；(8) 章程修改程序；(9) 校徽、校旗、校歌、校庆日等；(10) 其他必须由章程规定的事项。

三、建立健全学校规章制度

依法治校首先要有法可依。目前我国已经加快了教育立法步伐，从中央到地方都在逐步完善教育法规体系。我国的教育法规也正在形成一个以宪法为依据，以教育基本法为母法，以最高权力机关制定的教育法律为主干，其他国家机关制定的不同层次法规、规章为实施支撑的层次完备的系统。然而，由国家政权机关所制定的教育法规中所确立的教育法律行为规则有许多内容是针对各种学校的共性问题，对一般教育行为模式的规定，具体到每所处于不同地区、不同级类的学校在操作上仍然存在特殊性。这就要求学校能够把国家确立的一般教育法律行为规则转化为具体的操作规则。因此，依法治校中的法不仅指国家政权机关制定的有关教育法规，还应包括学校内部制定的有关规章制度或其他贯彻落实教育法规的有关措施。根据《中华人民共和国教育法》，学校可以根据自身的具体情况，在法律授权范围内，制定内部的规章制度。

完善学校内部规章制度，包括建立健全各项管理工作规章制度、学校民主管理监督制度、校内师生申诉制度等。

学校各项管理工作包括教育教学管理工作、体育卫生管理工作、教师学生管理工作、学校物资设备及财务管理工作、学校安全管理工作等。学校必须依据国家的法律法规和学校章程，制定相应管理规章，使各项管理工作制度化、规范

① 陈立鹏著：《学校章程》，光明日报出版社 1999 年版，第 7 页。

化，使依法治校具有形式保障。

教职工代表大会制度是我国在多年的实践中摸索出来的有效民主管理制度之一。教职工代表大会设置的宪法依据是《中华人民共和国宪法》第二条“人民依照法律规定，通过各种途径和形式，管理国家事务，管理经济和文化事业，管理社会事务”的规定。据此，《中华人民共和国教育法》第三十一条第三款明确规定：“学校及其他教育机构应当按照国家有关规定，通过以教师为主体的教职工代表大会等组织形式，保障教职工参与民主管理和监督。”学校教职工代表大会属于非行政性合法正式组织，能够最直接地反映教师的利益与要求，是保障教师权利和义务的重要组织形式。凡是涉及教职工切身利益及学校发展的重要事项，如学校改革与规划、评优评先、职称评定、福利分配、教师培训等方面的工作，都应当提交教职工代表大会讨论通过。随着学校办学自主权的扩大和教师管理体制的变革，教职工代表大会对教师权利和义务实现的保障作用将日益强化。教师通过教职工代表大会参与学校管理既是教师参与学校民主管理的权利，也是国家以法律制度形式确立的体现教师主人翁地位的组织形式。通过这种组织形式，将法律授予教师个人的参与民主管理权利转化成为一种组织权力，并对学校决策发生影响。根据《中华人民共和国工会法》，学校工会是教职工代表大会闭会期间的常设执行机构。

学校还应该明确保障与学生及其家长沟通的途径。学生是学校教育的直接受益人，学校应该考虑学生的需求，听取学生及其家长的意见，及时与家长保持交流，共同做好教育学生的工作。

校内申诉制度是指学生、教师对学校的有关职能机构或人员做出的有关处理决定不服，或认为其有关具体行为侵犯了自身的合法权益，向学校申请依照规定程序进行审查处理的制度。学校建立和完善校内申诉制度，既是学校依法办学、依法治校的标志之一，也是学校管理以人为本的法治精神的体现。由于申诉过程对学校相关行为的合法性、合理性起到了审查、监督的作用，避免对学生和教师的错误处理，因而，对于维护学校师生权益具有重要作用。同时，申诉可以将矛盾“消化”在校内，有助于维护学校办学秩序的稳定。

学校应当制定本校的申诉受理办法，成立由学校领导、部门负责人、教师代表、家长代表和学生代表组成的教师、学生申诉受理委员会，按照法定的程序和步骤处理教师或学生的申诉，以维护师生的权益。

学校在制定内部规章制度时，要考虑制度的完整性，既要有实体性规范，也要有程序性规范，不仅告诉人们应该或者可以做什么，也告诉人们应该怎么做。

学校在制定内部规章制度时，还必须注意其内容与程序的合法性。学校规章制度的内容不得与国家教育法规的有关内容相抵触，必须是在教育法规所确立的法律原则所允许的限度之内，其制定程序必须符合法定的民主集中制程序。在现阶段，我国确立了学校实行教职工代表大会制度，保障教师参与学校民主管理与监督的权利，学校内部规章制度必须经由教职工代表大会讨论通过才具有合法性。学校内部规章制度的内容及制定程序是否合法，也是实行依法治校的重要标志。

四、建立校务公开制度

校务公开是一种高透明度的学校管理形式。这种管理形式适应了法治的公开、公正以及管理民主化的要求。

校务公开可以有多种形式。根据《义务教育学校管理标准》规定，可以从“定期召开校务会议”，“设置信息公告栏，公开校务信息，公示收费项目、标准、依据等，保证教职工、学生、相关社会公众对学校重大事项、重要制度的知情权”，“建立问题协商机制，听取学生、教职工和家长的意见和建议”，“发挥少先队、共青团、学生会、学生社团的作用，引导学生自我管理或参与学校治理”等方面落实。此外，还可以通过学校领导年度述职报告或者学校年度计划执行情况评估等方式进行。

校务公开的内容，一般而言，主要包括重大事项公开、校务管理事项公开和财务管理公开等方面。

学校重大事项主要包括学校的发展目标和规划、人事制度改革等重大的改革方案或者人事任免、大型基建或者设备购置信息等方面内容。

校务管理事项主要包括校长任期目标，干部职责分工及其责任目标，教职工职称评审、聘任与评优评先，各项规章制度建设，教学安排，招生情况及学籍管理规定，期末考试情况，教研活动的安排、承担人，以及领导干部民主评议与奖惩情况等方面的内容。

学校财务管理事项主要指各项经费收支的基本情况，如：涉及基建、修缮工程的预算、招投标、验收、决算、审计结果；有关教学器材与用具及资料的购买支出情况；向学生发放助学金、补助金情况，包括学生的姓名、人数、领取金额以及相关政策依据；教职工的奖金、福利分配原则和课时补贴、干部职务补贴等分配依据和结果；教职工绩效工资的考核发放以及住房补贴的发放情况。

有些涉及家长和社会公众关心的事项，还应当以适当的方式向家长和社会公开，如学校收费依据、项目及标准，招生与分班的基本情况等。

实行校务公开，不仅便于社会监督，也有利于加强学校办学的社会责任感，能够促进学校及其管理人员和广大教师自觉、主动地落实依法治校。

五、加强教育工作者职业道德建设

依法治校虽然主要是法律问题，但是，由于道德在预防违法方面所具有的独特功能，教育法治的健康发展还有赖于教育工作者道德水平的提高。教育法治建设的基本目标之一是促进各种教育关系的和谐，保障教育秩序的稳定。而社会教育道德水平的提高则有利于教育法治建设这一目标的实现。建立于较高道德水平之上的教育法治更具有现实可行性。同时，教师职业的特点也要求教师能够自律。因而，加强教育工作者的职业道德建设对于教育法治的实施具有重要的推动作用。

第三节　学校常见法律纠纷及其解决

当前，学校经常会由于各种原因产生一定的法律纠纷。以下对学校安全事故、侵犯学生财产权、受教育权事件以及社会侵权事件等学校常见的法律纠纷问题进行相关分析。

一、学校安全事故纠纷

学校是学生群集的场所，安全问题必须引起高度重视。在我国中小学校中，比较常见的安全事故主要有以下几类。

（一）校舍建筑不符合标准导致的事故

学校校舍建筑是否符合安全标准，不仅与学校师生当前学习活动的安全有关，而且在发生灾害时，还可成为救灾的安全岛。例如，据报道，2014 年 8 月 3 日云南鲁甸发生地震，许多房屋建筑倒塌，而云南省鲁甸县龙头山镇龙泉中学 2009 年在国家校安工程中建成的两栋教学楼和学生宿舍仍然挺立，并临时改建为抗震救灾指挥部。原来，在汶川大地震之后，2009 年启动全国中小学校舍安全工程，该项工程在全国中小学校开展抗震加固、提高综合防灾能力建设，使学校校舍达到重点设防类抗震设防标准，并符合对山体滑坡、崩塌、泥石流、地面塌陷和洪水、台风、火灾、雷击等灾害的防灾避险安全要求。① 可见，党和国家一贯重视学校的危房改造和学校建筑的标准要求。然而，在现实中，学校校舍及其附设建筑仍然存在诸多安全隐患。

---

① 邢广利：《云南震中龙泉中学旧楼倒塌新楼屹立对比鲜明》，http://edu.163.com/14/0807/08/A31IKBPL00294M9N_all.html。

如 2010 年 3 月 11 日 11 时 41 分，福州市马尾区琅岐镇金砂小学户外黑板报墙体倒塌，造成正在出黑板报的 7 名学生中的 5 名五年级女生被压死，2 名学生受伤。事故发生后，金砂小学校长等直接事故责任人已停职接受调查。①

校舍是学生在校期间进行学习活动的主要场所，属于人群密集场所，要求有较高的安全系数，因为这直接关系着学校师生的生命完整权。我国的教育法规和有关政策多次对校舍安全问题进行强调和规范，对校舍的选址、建筑质量等都提出了明确的要求。特别是在 2008 年汶川大地震后，教育部办公厅与国家发改委办公厅就对 22 个中西部省份联合下发《进一步加强中西部农村初中校舍改造工程（简称“初中工程”）质量管理的通知》。该通知明确指出，各级教育行政部门应组织专家对校舍项目建设场址周边地质、交通、环境等主要条件，进行科学评测，必须避开地震断裂带、低洼地、滑坡地段、泥石流地区、洪水沟口或泄洪区等自然灾害频发地段。② 可见，该通知重点强调了校舍的选址以及相关的建设标准。

校舍从安全用房到危险用房也是变化的。学校校舍建筑属于学校的硬件设施，使用年限一般比较长。但是，由于建筑校舍时所使用的建筑材料和建筑技术不同，建筑质量不同，使它们的使用寿命的长短会相差很远。

从国家来讲，对于修缮和改造危房的问题是高度重视的。特别是随着九年义务教育制度的发展和完善，国家通过多渠道筹措教育经费的体制，加大对基础教育投入的比例，并明确了地方各级政府的有关责任，来保障学校基本建设需要。2008 年汶川大地震后，国家修改了校舍防震标准，将校舍防震标准提高到了 8 级。应当说，这对保障校舍建筑安全提供了基本的标准，我国目前学校危房的比例已大大下降。但也要看到，我国有些地区由于经济基础比较薄弱，有些学校，特别是一些乡村学校的校舍建设还是比较落后的，每年会有相当一部分校舍，由于各种原因变成危房。例如，地震、水灾等自然灾害发生后，有些校舍的安全使用年限会大大缩短。所以，每年都可能有一些新的危险校舍产生。学校和地方政府及其有关行政部门对此不可掉以轻心，应当经常对校舍进行检查，以防患于未然。2013 年 11 月，国务院办公厅转发教育部等部门《关于建立中小学校舍安全保障长效机制意见的通知》，其中明确规定了从建立校舍安全年检制度、完善校

---

① 詹托荣：《福州小学墙体倒塌事故致 5 死校长停职接受调查》。http://news.xinhuanet.com/edu/2010-03/13/content_13161807.htm。

② 教育部办公厅、国家发展改革委办公厅：《关于进一步加强中西部农村初中校舍改造工程质量管理的通知》，http://www.gov.cn/zwgk/2008-06/02/content_1002590.htm。

舍安全预警机制、建立校舍安全信息通报公告制度、完善校舍安全隐患排除机制、严格校舍安全项目管理制度、健全校舍安全责任追究制度六个方面建立健全校舍安全保障长效机制。

此外，学校在新校舍验收时，一定要严格按照国家规定的安全指标检验，以免留下安全隐患。

除了保证校舍建筑的安全系数，对学生的安全教育与逃生技能培养也是不可缺少的环节。在 2008 年汶川大地震中，四川安县桑枣中学全校 2 300 多名学生仅用了 1 分 36 秒从两栋教学楼中疏散到操场并集合完毕，“无一人伤亡”，使该校校长牛志平被誉为“最牛校长”。那么，该校是怎么做到的呢？

一是当地教育局对本地处于地震带上这个事实警钟长鸣，并统一规定每周上安全教育课。该校对此认真执行，对每周的安全教育课从内容、备课、检查、考核都进行了详细的规定。

二是学校专门制订了应急疏散的方法和预案，对疏散演习的每个环节也都进行了规定。同时，在实践过程中不断完善演习方案。在每学期组织一次紧急疏散演习时，让人计时，不比速度，只讲评各班级存在的问题。就这样，他们做一次，总结一次，修改一次，使之逐渐完善。

三是重视校舍建筑安全，对危房不惜资金不断加固。据称，该校一幢 20 世纪 80 年代初期花费 20 万元建起来的楼房，牛志平校长为加固它就花费了 40 万元。起初很多人不理解，并表示反对。但是，没想到就是因为牛校长的“固执”，拯救了数千名师生的生命。①

（二）学校未尽教育、管理与保护职责导致的事故

根据有关规定，学校应对学生尽到教育、管理和保护之责。然而，在现实中，学校掉以轻心，未能建立完善的安全责任制，导致一些重大安全责任事故发生。例如，2013 年 2 月 27 日 6 时许，湖北省老河口市薛集镇秦集小学发生一起因拥挤引起的踩踏事故，造成 4 名学生死亡，7 名学生受伤。后经事故联合调查组调查，发现事故原因主要是在当日 6 时许，值班老师张某某、杜某某没有按时打开一楼铁门，致使急于出门的学生们下楼时相互拥挤，之后发生踩踏，最终酿成 4 死 7 伤的悲剧。虽然事故的发生有其客观原因，如出事的宿舍楼是由一幢教学楼临时改建的，2—8 楼的 8 间教室里挤住着 502 名一至五年级的学生，全楼仅有一个上下的楼道。按照学校的作息时间，这些住读生 6 点 10 分得赶到各自

① 刘裕国：《“最牛校长”叶志平辞世曾说“我不牛我想做牛”》，《人民日报》2011 年 6 月 28 日。

的教室上早自习。这意味着一楼的铁栅门6点钟打开后，短短10分钟内，500余名学生得从这里鱼贯而出，狭窄的楼道已经埋下了事故的隐患。但正因为如此，学校及其工作人员更应该严密安全管理措施，而不能掉以轻心。①

然而，无论如何，逝去的生命都将无法挽回，这起事故的教训是非常惨痛的。学校应该加强安全责任制度的建设。

（三）侮辱、体罚学生导致的事故

在学校中，因为教师教育方法不当，或用侮辱、体罚学生的方法而导致的学生伤害事故时有发生。例如，1998年3月23日下午，湖北某地初二男生小周从一幢19层高的楼顶跳下自杀，当场身亡。人们在小周的身上，找到了一封遗书，遗书的内容是这样的：

> 亲爱的爸爸妈妈，我走了，请不要悲伤，我是被周××（其班主任）逼的，就因为把凳子踢了一下，就要我请家长，我觉得不公平，我要向上帝起述（诉），我做鬼也不饶过周××。再见了。
>
> 儿子
>
> 1998年3月23日

当天晚上，小周的十几个同学来到周家，递给小周的父亲一份由班上24名同学签名的《我们的控诉》。其中写道："出于对同学的怀念，也出于对一位'老师'的行为的愤懑，我们全班同学特联名控告一位不称职的老师——我们的班主任周××……"

后经调查了解到，小周是由于受不了班主任周某的侮辱、嘲笑而自杀的。学生反映，小周的个子很小，比较活泼好动，有些调皮，班主任周某就给他起了个外号叫"跳蚤"，并且总是当着全班同学的面，取笑他，说他像个跳蚤一样跳来跳去。周某还经常抓住小周的头发用力一旋，小周就原地旋转360°，再一旋，就再转一个，让同学们笑他。周某还经常揪小周的耳朵，敲他的后脑勺。由于经常这样，甚至使同学们都感到班主任打小周是很正常的事情了。初二上学期，有一天小周上课迟到了一会儿，又敞着棉袄没有扣。周某看见了，就让小周把棉袄脱掉放在讲台的柜子里，冻了一个上午才让他穿上。有一次上体育课，小周没穿球鞋，周某就罚他脱了鞋袜，光脚在操场上跑好多圈。

在小周自杀前一周，周某将小周的座位调到了讲台左边，距黑板不到一米，他单独一张课桌，离同学很远，离老师很近，稍不小心，就受处罚，或者被叫起

① 黄俊华：《值班老师未按时开门酿成悲剧》，《楚天都市报》2013年2月28日；高东起：《老河口校园踩踏案一审宣判》，《楚天都市报》2013年9月20日。

来站着听课，或者干脆被赶出教室。而小周坐在离黑板很近的左侧，由于黑板反光，他根本看不见黑板右边的字，只好多次向同学借作业看。

在小周自杀的前三天召开的班会上，班主任周某让小周就学习雷锋日记发言，小周站起来说："我要向雷锋同志学习，做个优秀的中学生。"另一个同学站起来念道："有的人的死重于泰山，有的人的死轻于鸿毛。"周某就对小周说："你要死就死得轻于鸿毛。"

在小周自杀的当天下午第四节课的时候，班主任周某走进教室问小周"有没有踢凳子"，小周说"没有"。周某随即抓住小周的领子，一把将他摔到讲台上，说"去叫你家长来"。小周说家长不在家，周某就要小周给家长打电话，小周说不记得电话号码。接着周某就拉着小周出去了，过了一二十分钟，周某回到教室，但大家再也没有见到小周回来。

小周这个胆小得平时天黑了一个人回家都不敢上三楼，还要妈妈下楼来接他的 14 岁少年，却在这一天一个人摸黑登上了 384 级没有扶手的楼梯，爬上了一座未竣工的 19 层 70 多米高的高层建筑，写下一纸遗书后，跳楼自杀了。

这是一个不该发生的、令人痛心的学生自杀事件。这个事件发生的原因，可以说就是教师既违反法律又违背教育规律的教育方法。

周某作为教师，以这种教育方法对待学生，违背了哪些教育法规，应负什么责任呢？首先，我们应当明确，中小学生虽然未成年，但也具有国家公民身份，他们和成年公民一样享有各项法律规定的人身权利，包括他们的生命安全不受侵害、人格尊严不受侵犯等。其次，我们应该看到，正是由于他们未成年，缺乏自我保护的能力，我国专门制定了《中华人民共和国未成年人保护法》，要求学校、家庭、社会等各方面对他们所享有的权利给予必要的保护。其中还专门对学校教育提出了要求。《中华人民共和国未成年人保护法》第十八条规定："学校应当尊重未成年学生受教育的权利，关心、爱护学生，对品行有缺点、学习有困难的学生，应当耐心教育、帮助，不得歧视，不得违反法律和国家规定开除未成年学生。"学校对学生的保护在很多情况下，是通过教师来直接实施的。再次，《中华人民共和国教师法》明确了教师的有关职责。《中华人民共和国教师法》第八条第四项和第五项从正反两个方面规定了教师应如何对学生进行教育的义务。其第四项的内容为：关心、爱护学生，尊重学生人格，促进学生在品德、智力、体质等方面全面发展。其第五项内容为：制止有害于学生的行为或者其他侵犯学生合法权益的行为，批评和抵制有害于学生健康成长的现象。由这些规定我们可以看到，教师不仅自己不能侵犯学生的人身权利，还负有保障学生合法权益不受他人侵害的责任。因此，很明显，周某对小周的所作所为，已经违反了法律。

1998年7月18日，小周的父母到法院提起刑事附带民事诉讼，控告小周的班主任周某，提出周某侮辱、嘲笑小周的一贯行为，以及小周自杀当天周某的粗暴教育行为触犯了《中华人民共和国刑法》第二百四十六条，构成对小周的“侮辱罪”，但属于“告诉才处理”范围。

法庭在审理过程中，对周某的行为是一般违法错误，还是“犯罪”行为的认定上争议较大。违反法律的行为可以分为两种：一种称为一般违法行为，另一种称为犯罪行为。一般违法行为是指一定社会主体由于过错而违反法律，使社会关系和社会秩序受到破坏的行为。对一般违法行为，通常采用民事制裁或行政制裁的手段来追究责任。犯罪则是指主体的行为违反了《中华人民共和国刑法》，具有严重社会危害性，使国家或其他公民的权益受到严重损害，应该受到《中华人民共和国刑法》惩罚的行为。对于犯罪行为，主要采用刑事制裁手段来追究法律责任。对犯罪行为造成的经济损失，还可以在刑事诉讼的同时附带民事诉讼，要求犯罪人在承担刑事责任的同时，也承担一定的民事责任（主要是经济赔偿责任）。

教育违法行为中，同样也存在这两种情况。所以《中华人民共和国教师法》第三十七条规定，教师如果有体罚学生，经教育不改，或品行不良，侮辱学生，影响恶劣的，由学校或其他教育机构，或者教育行政部门给予行政处分或者解聘（行政处罚）；当上述情况发生时“情节严重，构成犯罪的，依法追究刑事责任”。至于追究哪一种刑事责任，还要依据所犯罪行的严重程度和有关的刑法条款来具体确定。

此案中之所以不易界定，主要是因为教师周某对学生小周所造成的损害是一种精神损害，其损害程度不容易界定，不像身体损害那样，有比较直观的指标。

但在庭审过程中，周某本人向学生小周的父亲承认了自己触犯了《中华人民共和国刑法》第二百四十六条的规定，并写了“悔过书”，其中写道：“因为我的教育方法问题，造成周××的死亡及给你们亲属带来巨大的精神创伤，我有责任，愧对你们，我也会一辈子受到良心的谴责。九泉之下的学生，请你原谅我这个不称职的老师!”

鉴于周某的认罪态度比较好，小周的父亲接受了法院的刑事附带民事调解书内容，撤回了对周某的刑事自诉。根据我国刑事诉讼法第一百二十七条规定，人民法院对自诉案件，可以进行调解；自诉人在宣告判决前，可以同被告人自行和解或者撤诉，同意接受周某偿付1.5万元的精神损失费（根据其偿付能力而定）。对此，虽然周家的亲戚表示不能接受，但小周的父亲说，无论如何，孩子已不能复活，只是不能再发生这样的事情了。

周某同时被当地教育行政部门解除了教师职务（如果已领教师资格证，应当吊销教师资格证）。

（四）校车安全事故

近年来，由于一些地方较大力度地调整了学校布局，一些学生上学路途较远，需要乘车上学，由此产生了校车安全问题。许多地方陆续发生校车事故，造成学生死伤严重的后果。

我们综观各起校车事故，发现发生的主要原因主要有以下几个方面：一是车辆质量存在问题，有些车甚至已经报废，本身不符合运送学生条件；二是违规运营，超载学生严重；三是司机无证驾驶，本身不具备驾驶资质或缺乏应对突发情况经验，处置失当，酿成事故。

为了加强校车管理，2012 年 3 月国务院第 197 次常务会议通过了《校车安全管理条例》（以下简称《条例》），并由国务院第六百一十七号令于 2012 年 4 月公布，自公布之日起生效实施。《条例》的出台，意味着我国已建立起具有法律约束力的切实可行的校车安全管理制度，保障学生上下学集体乘车安全。《条例》对学校和校车服务提供者、校车使用许可、校车驾驶人、校车通行安全、校车乘车安全以及相关的法律责任予以了明确。

值得注意的是，《条例》强调了《中华人民共和国义务教育法》规定的“就近入学”原则，明确规定：“县级以上地方人民政府应当根据本行政区域的学生数量和分布状况等因素，依法制定、调整学校设置规划，保障学生就近入学或者在寄宿制学校入学，减少学生上下学的交通风险。实施义务教育的学校及其教学点的设置、调整，应当充分听取学生家长等有关方面的意见。”可见，解决学生上下学的交通安全问题，光考虑校车本身的安全是不够的，校车再安全也会有风险。必须着眼源头，尽量使中小学学生上学不乘车或少乘车。

二、侵犯学生财产权现象

目前中小学校中还存在侵犯学生财产权的现象，主要表现为乱收费、以罚代教、收取营养餐“回扣”等。

（一）乱收费

教育乱收费问题一直是近年来社会反响比较大的问题，从 20 世纪 80 年代中期至今，治理教育乱收费始终是党中央、国务院在教育领域主抓的重点工作之一。从将禁止教育乱收费写入《中华人民共和国教育法》，明确义务教育学校的收费标准，到关注部分农村义务教育学校的乱收费，并将农村学校的乱收费以法规的形式纳入了治理轨道，再到实施“一费制”、在公办高中执行了“三限”政策，建立收费的听证制度、公示制度、责任追究制度等规章制度，曝光典型案件……举措不可谓不多，力度不可谓不大。

然而，尽管有关部门采取了很多措施进行治理，但效果一直不尽如人意。教育乱收费现象依然屡禁不止，而且呈现出方式更新颖、形式更隐蔽的新特点。有人做了一项调查，在某搜索网站上输入关键词“教育乱收费案件”，能找到相关报道约 181 万篇。而且令人惊讶的是，乱收费的名目之多、数量之大、范围之广，令人咋舌。而考核费、资料费、灯油费、取暖费、邮电费、体检费、电影费、保险费、防疫费、助学费、校服费、理发费、饮水费等名目繁多、五花八门。①

以广东某中学为例，经国家教育收费督导组检查和广东省治理教育乱收费厅际联席办核实，该校存在违规招收择校生和乱收费的问题。该中学 2012 年在未完成招生计划的情况下，违规招收择校生 149 人，共收取择校费 1 713 500 元，并收取其中 120 名分数较低的择校生捐资助学费共 356 000 元。此外，该校还收取了 7 名插班生捐资助学费 19 000 元。上述做法违反了广东省教育厅、省物价局、省财政厅《关于进一步规范公办高中招收择校生有关问题的通知》和广东省教育厅等七部门《关于印发〈2012 年广东省治理教育乱收费规范教育收费工作实施意见〉的通知》等文件的有关规定。对此，广东省治理教育乱收费厅际联席办已责成相关部门做出严肃处理；免去该中学校长的职务；将违规收取的捐资助学款，全额退还给学生；对该中学乱收费问题进行通报批评。②

学校乱收费不仅使学校教育的声誉下降，更为严重的是，还可能导致大量贫困学生辍学。学校乱收费，固然有其历史和现实原因，但不能任其发展。当地政府部门和学校应当联手进行治理。我国已逐步推广全免费义务教育，一方面政府加大义务教育经费投入，确保学校的日常运营经费和教师工资及其他国家规定的福利待遇，落实“两免一补”政策；另一方面加大对乱收费的处罚力度，杜绝乱收费，确保九年义务教育的普及实施。

（二）以罚代教

动辄以“罚款”的方式作为“教育”的手段，是教育简单化、教育无能的表现。如某校一班级推出罚款制度：上课迟到罚款 5 元，上课说话罚款 15 元，穿

① 赵婀娜、尤海佩：《治理教育乱收费——禁而不止难在哪儿?》，《人民日报》2011 年 9 月 16 日。

② 李维宁、城步仁：《广东一中学乱收择校费 170 多万　校长违规被免职》，http://edu.people.com.cn/n/2013/0313/c1053－20780117.html? prolongation＝1。

西装进教室罚款 20 元……短短两个月中竟然收取罚款 3 000 余元。① 应当看到，学生还不具备承担经济责任的能力，以这种方式教育学生会产生意想不到的后果。

例如，2004 年 4 月 15 日是某小学六年级期中考试的日子，考试前，该校六年级数学老师郭某要求他的学生估分，如果学生考不到自己所估的分数，每差 1 分罚款 1 元。15 岁的学生小郭考虑到自己可能考不到所估的分数，又不愿意让父母为自己缴罚款，于 2004 年 4 月 19 日 6 时许服毒自杀。在小郭死后的第三天，母亲在整理他的遗物的时候发现枕头里面塞着一封遗书。遗书写道：

"亲爱的爸妈爷奶：对不起，我期中考试成绩可能不会达到我说的分数，如果考不到，那就是 1 分 1 元钱，我不想让你们拿这些钱数，我决定以（一）死了知（之），才能抵御这些钱……"

看到这封遗书后，小郭的父亲很气愤，立即拿着遗书来找学校和任课老师交涉。他了解到，小郭的数学老师郭某在 4 月 15 日进行的期中考试前要求学生估分，并规定如果达不到自己所估的分数，就每分罚 1 元，小郭当时估的分数是 80 分。从小郭的遗书中可以看出，由于他担心自己考不到所估的分数，害怕被罚款，是他选择自杀的原因。事后家长还找到了小郭的期中考试试卷，发现他只考了 61 分，离自己所估的分数差 19 分。

这一惨案的发生，给学校这种简单化的教育方式敲响了警钟。中小学生由于发展不成熟，认识能力有限，控制自身行为的能力比较差，处理问题容易走极端。学校教育必须充分考虑其身心特点，采取合理合法的手段来进行教育。

国家有关法律规定，学校不具备制定"罚款"这一处罚措施的资格。对擅自制定罚款制度的教师、学生可以举报；一经查实，应予取消，退还所收取的罚款，并对有关责任人员做出行政处分。

（三）收取营养餐"回扣"

学校作为公益机构，其办学，包括办食堂，都不得以营利为目的。然而，在我国学校办学现实中，却存在以提供营养餐牟利的现象。

2011 年 11 月，为了改善中小学生的营养状况，国家启动了农村义务教育学生营养改善计划。这本来是利国利民的大好事，但却被一些"蠹虫"钻了空子，利用营养餐谋利的事件时有耳闻。

例如，某地小学生每天 8 元的午餐费，中间竟然有 1—3 元不等的回扣，这笔钱并不是返还学生，而是到了校领导和教师手里……云南省昆明市 D 公办小

---

① 王超：《班级推行罚款制两月收了 3 000 元》，《华西都市报》2013 年 11 月 8 日。

学一位班主任两个月就可领到餐饮企业给班主任返还的 2 340 元“午餐回扣”。其中包含两笔钱：一是“人头费”，该班有 45 名学生在校用餐，3—4 月用餐 42 天，每人每天返还 1 元，共计 1 890 元；二是“班主任补贴”，每人每月 5 元，共计 450 元。而昆明市另一家公立小学班主任李老师，每个月算下来比上述小学班主任还要多拿回扣 300 元左右。除教师之外，一些学校管理层、财务等负责人也拿到一份回扣，按 D 小学的标准，每两个月大约是每人 1 500 元；不同学校的回扣比例也不同，其回扣金额是公司和校方之间“谈判”确定的。承担该市许多学校的午餐送餐服务的企业坦承，向学校返还金额是当地餐饮企业多年的做法和必要的“门槛”，自 2009 年以来送餐企业一直在给学校支付回扣款项。①

利用管理学生的职权进行营利性经营，收取回扣，不仅是一种违反教师职业道德的行为，也是一种严重的违法侵权行为。《中华人民共和国义务教育法》第二十五条规定：“学校不得违反国家规定收取费用，不得以向学生推销或者变相推销商品、服务等方式谋取利益。”何况，中小学生正处于长身体的关键时期，整天连饭都吃不饱或营养不良，势必影响到他们正常的身高和骨骼的增长以及身体相应部位的健康发育。现在学生的学习任务都很繁重，没有足够的营养，他们怎能有充沛的体力和精力去学习呢？对此案中的主要责任者，首先要给予行政处分，如果回扣问题查实，应要求其退还；如果回扣数额较大，可以受贿罪论处，追究刑事责任。其次，应退还学生被作为回扣的伙食费部分，并向学生赔礼道歉。

三、侵犯学生受教育权现象

在我国中小学校中，当前侵犯学生受教育权的现象主要表现为指定学生填报升学志愿、变相逼迫学生退学、逼迫学生上校外补习班等。

（一）指定学生填报升学志愿

2010 年 7 月，某地一所初中学校发生一起将学生关在教室里，强迫学生填报指定的高中学校事件。

2010 年 7 月 8 日，市民王先生向记者反映，他的孩子被老师强迫要求填报指定的高中。记者赶到现场采访时，校门口已经围了不少家长，他们都是为孩子填报志愿而来。家长们称，虽然孩子的中考分数超过本地一中的录取线，但老师

① 何春好：《是劳务还是贿赂——昆明部分小学午餐回扣问题调查》，《光明日报》2013 年 5 月 30 日。

重重阻拦，不让填报本地一中。一位学生家长气愤地说，孩子考了600多分，老师非让孩子填报指定的一所高中，孩子不照办，老师就把孩子关了起来。此事反映到当地政府部门后，该市招办新闻发言人表示，强迫学生填志愿的行为严重违反了本市招生的相关政策，教育主管部门将切实保护考生的利益，维护教育公平。①

应当看到，在我国现阶段，高中教育属于非义务教育阶段，学生及其家长有权自主选择受教育学校。因此，学校教师的这种做法首先是侵犯了学生的教育选择权利。其次该校教师采用把学生“关起来”不让回家，逼迫学生就范的做法，实际上产生了“非法拘禁”的效果，侵犯了学生的人身自由权利。

（二）变相逼迫学生退学

教师为提高所谓“教学业绩”，导致学生退学的行为，是滥用其教育权的行为，也侵犯了学生的受教育权。例如，河南省郑州市某中学为提高升学率，采取了节清、日清、周清的“三清”政策，虽然其意图是想把学习内容及时消化，但是有些老师采取“高压手段”执行“三清”，包括殴打体罚学生、罚学生抄写100遍、不让学生进教室等，虽然老师没明说不让学习差的孩子上学，但他们实际上用“三清”逼得一些学习跟不上的学生无法在学校待下去。可是，这些学生既不敢回家，也不敢上学，这些才十三四岁的孩子说自己宁愿出去打工，也不愿在这里上学了。据统计，该校八、九年级各有十多名学生因此辍学。对此，家长意见非常大。②

教师是从事教育教学工作的专业人员，应该了解学生发展存在差异性，需要因材施教，而不能采用“一刀切”的高标准，这不仅违背教育规律，而且也是做不到的，造成学生因此而辍学。教师应该通过提高自己的教育教学水平和技能，使每个学生都能完成义务教育，得到应有的发展，为成为合格的公民奠定良好基础。

此外，《中华人民共和国义务教育法》第二十七条规定：“对违反学校管理制度的学生，学校应当予以批评教育，不得开除。”因此，对义务教育阶段的学生一般不适用开除学籍之类的处分。因为义务教育对公民来说，既是权利，也是义务，而且没有特别的理由，是不可剥夺的权利和不可免除的义务。因此，学校及

① 梅应华、付立明、李寅龙：《不填报指定高中不让出门》，《楚天都市报》2010年7月11日。

② 张文：《学校“三清”政策太严厉“差学生”被逼退学》，《大河报》2010年3月19日。

有关部门要尽最大努力保障其受教育权的实现。

（三）逼迫学生上校外补习班

学生到学校上学，本应该在学校按照课程标准完成学习任务。没想到，居然有任课老师为保证自己周末校外兼职补习班的“上座率”而缩减课堂课程，平时上课讲一半，周末补习时再讲一半，学生只得去报校外补习班。

2009 年 12 月，广东中山某小学一名四年级学生反映在课堂上有些“吃不饱，学不够”，因为老师讲课时总是少讲一些教学内容，并对学生说：“要听多一些内容就要报名参加他周末的补习班。”原来，该生的老师正在中山一个培训机构做兼职老师，为保证周末补习班的上座率，想出这样的“教学方式”。有人私下揭秘：“在校老师兼职补习机构的话，一般都要遵守培训机构的‘潜规则’。”据他介绍，在校老师中，有一些老师为赚“外快”，就到培训机构兼职上课，因为要遵守这种“潜规则”，所以就到课堂上拉学生补课。①

教师的这种行为是一种什么性质的行为？往严重了说，这和“权力寻租”的腐败行为没有什么差别。因为，教师的职业权力来源于国家法律的授权，是受到国家和社会的委托、按照国家和社会的基本要求对年轻一代进行的培养活动。同时，教师的工资待遇基本上由国家财政支付，表明教师的工作具有“公务”性质。因此，教师不能将自己手中的职业权力变成敛财的工具。

四、社会侵权现象

学校是教书育人的场所，同时也是学生人群密集的地方。为保障年轻一代健康成长，对学校以及学校周围的环境条件提出了一定的要求。安静、整洁应是最基本的要求，然而，近年来有一些地方，受利益驱动，无视国家法令，对校园环境肆意侵扰，对学校师生的学习、工作和生活秩序造成严重影响。

校园环境侵扰行为有物质污染和精神污染两种。

物质污染主要表现为空气污染、噪声污染和垃圾污染。如有些学校被周围一些单位释放的有毒气体严重污染。某校相邻单位的一个烟囱冒出滚滚浓烟，笼罩该校上空，进校后即可闻到一股刺鼻的气味，操场上空灰雾蒙蒙。在与烟囱接近的家属区，路两旁的绿树也蒙上灰装，大部分树叶发黑枯萎，花坛中的白菊也成了黑灰色，连路面上都蒙着一层厚厚的粉尘。据老师反映，平时即使门窗紧闭，房间里也会很快落下一层黑灰，桌子起码一天要擦六七次，地也得拖两三遍。如

① 李冀珩、张丹：《老师课堂讲一半补习再讲一半 逼学生补习？》，《广州日报》2009 年 12 月 21 日。

果赶上刮东风，满天的黑烟就会黑压压地直逼过来，脸上、鼻孔里都是黑的。住在该学校的师生，家家户户都将阳台封闭，烟囱冒烟的时候，门窗从不敢打开，没有一家敢把衣服挂在外面晾晒。学校内患咽喉炎的人很多，肝癌、肺癌的发病率近年有所升高。

有的学校深受垃圾之苦。如某校院墙边的三十多户居民，向学校内乱倒垃圾，乱泼污水，使学生宿舍楼与院墙之间的两米空道上，满是鱼头、蛋壳、豆腐渣、烂菜叶等生活垃圾，并不时泼上污水。每到夏天，这里臭气熏天，蝇虫乱飞，学生们常常因此被虫子咬伤。还有些人在院墙边搭盖违章建筑，使其高达三米的院墙多处断裂。其中有一违章建筑已严重倾斜，随时都会有倒塌的危险，威胁着学生宿舍楼内住着的一百多名学生的安全，构成事故隐患，严重影响了该校的教学和学生的生活。

有的学校校门外被夜宵排档、歌舞厅等夜生活经营设施包围，其营业时不仅在学校周围排放油烟、垃圾造成学校环境污染，而且制造各种噪声，扰乱学校安宁，严重影响学校师生的教学工作和生活。如某校的大门被饮食摊点包围，这些摊点每天从下午 5 点开始营业，一直经营到第二天凌晨 3 点，摊点周围散落着污水、废筷、废纸造成环境脏乱；另外，由于摊点与校园内的学生宿舍仅一墙之隔，学生们虽然把门窗关得严严实实，仍挡不住嘈杂的划拳行令等喧闹声和油烟的侵扰，严重影响了学生的学习和休息。中央人民广播电台也曾报道某地一小学被小摊贩包围，他们向学生赊销小食品，不仅使一些学生养成不良的消费习惯，还使一些赊欠太多的学生学会了说谎，甚至偷窃。

精神污染主要表现为学校周围不良文化娱乐场所对青少年学生成长造成不良影响，甚至使有些学生因此“堕落”。

此外还有扰乱学校治安的现象，尤其是在中小学校门前敲诈勒索，甚至明目张胆抢劫学生钱财的事件时有发生。勒索抢劫者一般采用对中小学生殴打、威胁等暴力手段，不仅严重影响了学生正常的学习和生活，还对学生的身心健康造成不良影响。一些学生由于被勒索抢劫过程中受到惊吓，需较长一段时间才能恢复正常精神状态。

对于学校环境污染的治理，是一个综合治理问题，需要各有关部门依法协调进行。我国《中小学校园环境管理的暂行规定》对保护校园免受各类污染问题做了明确规定。其中第十一条规定：严禁宣传暴力、凶杀、色情、恐怖、迷信的图书报刊、音像制品在学校中传播。坚决抵制赌博、酗酒、不健康的歌曲和封建迷信活动对学生的影响。第十二条规定：不允许任何单位或个人在校园内从事以师生为消费对象的营利性活动。第十五条规定：不允许任何单位或个人依傍学校围墙或房墙构筑建筑物。不允许校园周围的建筑影响学校教室采光、通风。对已经造成影响的，应要求有关单位或个人按当地政府有关部门规定的限期治理。不允许任何单位或个人在学校周围从事有毒、有害和污染（包括噪声）环境的生产经营活动，或设立精神病院、传染病医院。对已经造成危害和影响的，应要求其按当地政府有关部门规定的限期治理或搬迁。第十六条规定：执行文化部、公安部的规定，不允许任何单位或个人在学校门前200米半径内设置台球、电子游戏机营业点。不允许在学校门前和两侧设置集贸市场、停车场，摆摊设点，堆放杂物。第十八条分别规定了教育行政部门、工商行政管理部门、司法部门、公安部门等不同部门的管理责任。(1)（造成校园环境污染）属学校行政管理不当的，当地教育行政部门应令其限期改正；工作中发生错误，造成一定影响的，当地教育行政部门应对校长及其他责任人员进行批评教育；因工作失误、渎职造成后果者，当地教育行政部门或上级主管部门应追究其行政责任，后果严重的，提请司法部门依法追究刑事责任。(2)（造成校园环境污染）属工商管理范畴的，提请当地工商行政管理部门依有关法规处理。(3)属民事范畴的，提请当地司法部门依法处理。(4)属违反治安管理处罚条例的，报请当地公安部门依法处理。(5)（对于以上各种情况）构成犯罪的，交由司法部门追究刑事责任。

此外，对于由有毒气体造成的环境污染而引起校园污染的，还可向环境保护部门投诉，由环保部门对其提出整顿要求和处罚。

总之，解决校园环境污染问题是一个综合治理问题，有时可能需要几个部门协调解决措施。在这种情况下，学校应向当地政府反映，请求政府出面协调解决，这样才可能取得较好的效果。

复　习　题

1. 什么是依法治校？认识依法治校应避免哪些误区？
2. 实行依法治校有何意义？
3. 落实依法治校应依据什么原则？
4. 依法治校的实施条件有哪些？
5. 如何加强学校安全防范和防止侵权现象？
6. 学校如何维护自身合法权益？
7. 案例分析：教师可以体罚学生吗？

2013年5月的一天，教师黄某在某校七年级某班准备上课时，因擦黑板的事情与该班学生小明（化名）发生争执，遂拿起讲台上的一把塑料尺子追打小明。在追打过程中，黄某将尺子掷向小明，尺子却意外掷中该班学生阿红（化名）的左眼（经法医鉴定，阿红左眼盲，损伤程度属重伤）。

阿红家人将黄某告上法庭。经审理，法院认为，被告人黄某明知在人员密集的教室内向他人投掷尺子会发生危害后果，而放任其危害后果的发生，属间接故意，被告人黄某无视国家法律，故意伤害他人身体，致一人重伤，其行为已构成故意伤害罪，应依法惩处。被告人黄某归案后如实供述自己的罪行，依法可以从轻处罚。故判处黄某有期徒刑 4 年 6 个月。

思考题：

（1）教师应如何行使管理学生的权利？

（2）学校对所属学校教师的侵权行为负有责任吗？

第三编　学校人员管理

第九章　校长管理

我国中小学校长有近百万人，他们对办好我国的基础教育有很大影响。中小学实行校长负责制以后，校长处于学校管理系统的核心地位。校长的思想、行为和作风在学校工作中影响全局。如何提高这支百万大军的管理水平，是一个值得认真研究的问题。

学校内部每个人、每件事都有人管。校长谁来管？校内没有哪个机构是管校长的。当然，学校党组织、教代会、校务委员会可以对校长的思想和行为进行监督，但监督和“管”有很大区别；虽然上级党组织、教育行政部门可以管校长，但“天高皇帝远”，鞭长莫及。如果学校在校长上面再设一个机构来管校长，那就不叫校长负责制。实践证明，那种领导体制弊端很多。管理学也告诉我们，一个基层单位，管理层次越多，效率就越低。这个问题怎么解决？我们认为，要强调校长自我管理，让校长把自己管好，再加上有关部门的监督，校长的思想、行为和作风就不会走上邪路。

校长自我管理的内容包括：校长要充分认识自己所处地位的重要性，要努力具备校长的素质，要忠实履行校长的职责，要讲究领导艺术，要重视进修提高，要建立校长的威信，要注意自我管理的方法。

第一节　校长管理概述

校长在学校的地位极为重要，他受国家的委托，对外代表学校，对内负责领导全校的教育、教学和行政管理工作。他既要对国家负责，又要对学生负责；要领导全体教职工担负起培养、教育青少年一代的重任。旧中国的一些学者在谈到校长的地位时，均认为校长是学校行政的首脑，是一校的领袖，认为学校办得好坏，“以校长的得人与否为权衡”①。苏联和日本的学者说：“校长是教

① 罗廷光著：《教育行政》上册，商务印书馆 1941 年版，第 192 页。

师的教师。”① 改革开放以来，我国有识之士指出：校长在学校工作中以至在整个教育事业的进程中，均处于重要地位。因为经济发展靠科技，科技靠人才，人才培养靠教育，而教育的改革和发展，关键在校长。我国还流行着这样的说法：“有什么样的校长，就有什么样的学校。”“一个学校的校风如何，就看这个学校校长的作风如何。”上述说法，均说明校长是学校举足轻重的人物，有极大的权威。

但是这些说法有一个前提，就是校长应按照严格的条件挑选，并拥有比较大的办学自主权。新中国建立以来的相当长时间里，我国中小学校长没有这么大的权力，因而对学校没有这么大的影响。新中国建立之初和第一个五年计划期间，校长对学校的影响是比较大的。那时校长对校内事务有决策权。1952 年 3 月教育部颁布的《中学暂行规程（草案）》、《小学暂行规程（草案）》明文规定中小学实行“校长责任制，设校长一人，负责领导全校工作”②。1958 年兴起“教育革命”，有好几年没有执行这一条，校长的权力大大削弱了。1963 年 3 月教育部颁发的《全日制中学暂行工作条例（草案）》、《全日制小学暂行工作条例（草案）》重新肯定了这一条的基本内容：“校长是学校的行政负责人，在当地党委和主管的教育行政部门领导下，负责领导全校的工作。”③ 但没过几年，又发生了持续十年之久的“文化大革命”，不仅批判了这种领导体制，连校长的名称也没有了。“文化大革命”结束后，1978 年 9 月教育部颁发《全日制中学暂行工作条例（试行草案）》、《全日制小学暂行工作条例（试行草案）》，对 1963 年的中小学暂行工作条例（草案）做了某些修改，把校长“在当地党委和主管的教育行政部门领导下，负责领导全校的工作”改为“实行党支部领导下的校长分工负责制，学校一切重大问题必须经过党支部讨论决定”。校长要“执行党支部的决议”。这样一来，校长的办学自主权微乎其微，基本上倒退到 1958 年“教育革命”时期。党的十一届三中全会以后，许多地区要求改变学校内部的领导体制，实行校长负责制，以提高学校管理效率，并且出现了一批试点。1985 年 5 月公布的《中共中央关于教育体制改革的决定》明确规定：“学校逐步实行校长负责制”。中共中央、国务院于 1993 年 2 月印发的《中国教育改革和发展纲要》进一步具体规定：

---

① ［苏］苏霍姆林斯基著，赵玮译：《和青年校长的谈话》，上海教育出版社 1983 年版，第 5 页。［日］安藤尧雄著，马晓唐等译：《学校管理》，文化教育出版社 1981 年版，第 19 页。

② 北京师范大学教育科学研究所编：《中小学教育政策法令选编》，第 37 页。

③《中国教育年鉴》，中国大百科全书出版社 1984 年版，第 155 页。

“中等及中等以下各类学校实行校长负责制。”这样，校长享有较大的办学自主权。

校长对学校影响的大小，取决于学校内部的领导体制。我国中小学实行校长负责制以后，校长就是学校举足轻重的人物，他将有充分的机会为教育事业贡献自己的聪明才智。“有什么样的校长，就有什么样的学校”的说法，就能体现出校长的素质将起到关键作用。

第二节 校长的素质

校长是一校之长。校长素质的好坏，对学校影响很大。尤其是实行校长负责制以后，校长的办学自主权扩大了，对学校影响更大。因此，校长应该具备哪些优良素质，值得我们认真研究。

什么叫素质？素质，指事物本来的性质。人的素质有广义、狭义之分。狭义的素质是指生理学上讲的人的神经系统、感觉器官特别是大脑的先天特点；广义的素质则包括人的性格、毅力、兴趣、气质、气宇、风度等心理品质，包括后天的文化修养水平等。本节所指的素质，是从广义说的。

国外很重视校长素质的研究。有的日本学者认为，当代理想的校长应具备的素质是：要有研究精神，不断学习日益更新的知识；要有度量，胸怀宽广，不拘小节；要有领导能力，能坚持原则，切忌八面玲珑；要有使命感，对事业一往无前，坚忍不拔，不气馁；要有积极性，对工作热情，有干劲；对学生要有深厚的爱，一视同仁地爱护每一个学生；要有广阔的视野，眼光远大，富有理想；身体健康，性格开朗，办事光明磊落；谦虚，诚实，努力培养受人爱戴的品质；要善于培养优秀接班人，不仅要善于培养学生，而且要善于培养教师。①

以上大体包括对校长的品德、才能、学识、身体等方面的要求。20 世纪 30 年代，我国学者杜佐周对中小学校长的素质，提出如下要求。

（1）有相当的学识。中学校长，至少须由大学毕业；小学校长，至少须由高中毕业。

（2）富于应时的常识。

（3）有专门的训练，至少须知教育原理、中学或小学教育、儿童或青年心理、近代社会趋势、教学原则及学校行政等。

---

①《当代理想的校长》，《日本教育报》1983 年 4 月 18 日。

(4) 对于办学，有浓厚的兴味以及坚决的志愿，换言之，须以教育为终身事业。

(5) 须有一年以上的教学或办事经验，有健康的身体及耐劳的精神。

(6) 有良好的品性。如和善、公正、热忱、廉洁、诚恳、慈爱、同情等，乃其最要者。

(7) 有各种健全精神作用，如判断、思维、记忆等。

(8) 具有办事的才能，以求得各方面的协助及合作。其主要的条件是敏捷的手腕，勤勉的习惯，创造的思想，诙谐的意思，领袖的资格，平民的精神，远大的眼光，忠实的服务，坚决的自信力。①

可见，上述要求包括了校长的品德、才能、学识、身体，并十分强调校长在教育理论方面的修养。当时这些要求颇有影响，许多研究教育管理的学者竞相引用，并认为"这些要求并不算苛刻"，"可说是起码的资格"。②

今天我们的中小学校长应该具备什么样的素质？换言之，如何正确地表述我国中小学校长的素质？首先要明确以下几个问题。

(1) 要体现我国优秀校长的经验。新中国建立以来，我国涌现出了一大批经验丰富、各方面都很成熟的校长。总结他们的经验，把他们的经验系统化、理论化，从中找出规律性的东西，校长的优良素质便在其中。

(2) 不机械搬用外国的说法。国外很重视对领导者尤其是对企业管理者的素质的研究。他们的见解，有的可供我们借鉴，有的则不一定正确，不可照抄照搬。例如，国外把领导者的素质看成是一种天赋的生理现象，认为领导者应该身体比较高大，让下属有一种"仰上"的感觉；领导者应该年龄比较大，使下属产生敬重之心；领导者说话的声音应该低沉缓慢，待人温和，使下属有正直之感。这些说法，显然是形而上学的，夸大了天赋的作用，忽视了后天的学习和修养。

(3) 素质要求既是基本的、全面的，又是经过努力可以达到的。校长应具备的素质，既不能苛求，也不能降低要求。要求校长具备基本的、全面的素质，并非苛求。因为校长是一校之长，他的素质应高于一般教师。所谓"校长是教师的教师"，主要是从基本素质说的，指校长的思想品德、作风、治学态度，能成为教师的榜样。作为校长，应该使自己具备经过努力可以达到的素质，特别是思想素质（或叫心理素质）。思想素质也就是思想修养。一个领导者对人不可求全责备，但对自己的思想修养则应从严要求，这样才能使自己立于不败之地。

---

① 杜佐周著：《教育与学校行政原理》，商务印书馆 1933 年版，第 161—162 页。

② 罗廷光著：《教育行政》，商务印书馆 1946 年版，第 196 页。

(4) 素质分类要科学，文字表述要简明扼要，便于记忆。我们研究校长的素质，不是搞纯理论研究，而是为了加强学校管理，提高学校管理水平。我们提出校长的素质要求，是给现任校长和未来校长看的，使他们知道作为一个称职的校长应该具备哪些素质，并以此来鞭策自己，严格要求自己。如果我们提出的校长素质分类不科学，要求过高或过低，文字表述不简洁不好记，那就没有多大的指导意义和应用价值。

在管理科学中，最常见的分法是把干部素质分为政治素质、业务素质和身体素质三大方面。这种分法比较科学，可以把对干部的各种素质要求都包括进去。至于各行各业干部素质的特点，则可在阐述具体内容时体现出来。近年来由于管理学和领导学的发展，人们越来越认识到干部的思想素质（心理素质）的重要性。一个领导者的工作效率如何，在群众中有没有威信，能否调动群众的积极性，能否在本单位打开局面，除了应具备基本的政治素质、业务素质、身体素质外，在很大程度上取决于他的思想素质。尤其是校长，不仅要做学生的表率，还应该做教师的表率，更应强调思想素质。思想素质和政治素质不完全是一回事，还是分开为好。因此，一个合格的、称职的中小学校长，应包括以下四个方面的素质。

一、政治素质

有些人认为，用人主要看才，不应强调政治，强调政治会导致压抑人才。这是对政治的误解，把政治同阶级斗争完全等同起来，使我们国家遭到很大的挫折。党的十一届三中全会以后，大家都已认识到，从全国来说，当前最大的政治是实现社会主义现代化。用什么标准衡量干部的政治素质呢？正如邓小平所说："为人民造福，为发展生产力、为社会主义做出积极贡献，这就是主要的政治标准。"① "政治态度好主要应该表现在为社会主义劳动得好，做出的贡献大。"②可见，今天政治素质好的含义和过去我们所理解的有很大的不同，主要指劳动态度好，工作态度好，全心全意为人民服务，为人民造福，热爱社会主义事业，为社会主义现代化建设做出积极贡献。

结合学校的特点，校长的政治素质的主要内容应该是：热爱教育事业，热爱学生，积极为社会主义教育事业做出贡献。如没有这一条，工作中就会缺乏责任感，没有为师生服务的观念，那么，其他素质再好，也不可能成为一个称职的校长。

---

①②《邓小平文选》第2卷，人民出版社1994年版，第151、101页。

当然，在现阶段政治标准还有其他重要内容。例如，反对或抵制十一届三中全会以来党的路线方针政策的人，在经济上严重违法乱纪、不遵守党政纪律、个人主义严重的人，吹拍逢迎、弄虚作假甚至用投机钻营手段追名逐利的人，均不应该成为校长人选。这些，组织部门挑选校长或群众选举校长，是应该注意的。

二、业务素质

作为校长的业务素质，具体内容是什么呢？

（一）有相应的学历、文化水平和专业知识

小学校长应有不低于中师毕业的文化程度，初级中学校长应有不低于大专毕业的文化程度，完全中学、高级中学校长应有不低于大学本科毕业的文化程度。中小学校长应分别具有中学一级、小学高级以上的教师职务，都应有从事相当年限教育教学工作的经历，都应接受岗位培训，并获得“岗位培训合格证书”。

（二）有一定的理论水平

作为教师，应该懂得教育科学；作为校长，更应该具有一定的教育理论水平。所谓“一定的”，就是懂得办学规律，懂得教学规律，有教育学、心理学、教学法、教育史的知识。教育理论范围很广，中小学校长工作很忙，他们不可能像教育理论工作者那样去研究教育理论。校长应该成为教育家，但不应要求每位校长都是教育理论家。

（三）有管理才能

这是校长不同于教师的主要特点。一个校长如果只有相应的文化水平、专业知识和一定的教育理论水平而缺乏管理才能，那他就不可能成为一个合格的校长。有些地区在调整学校领导班子时，由于考察业务素质只注重文化水平和专业知识，忽略管理才能，使有些学有专长而缺乏管理才能的人，在当上校长之后，难以胜任工作。当然，管理才能不是天生的，可以在实践中锻炼。但是，一个人有没有管理才能，会在工作中随时表现出来。在他担任教研组长时，在他担任班主任时，在他担任团队工作时，必然崭露头角，我们不应该否认这种个性上的差异。

管理才能的内容主要包括组织能力、工作作风、工作方法和领导艺术。

有管理才能的校长，必然有较强的组织能力，把学校的人力、物力、财力用在刀刃上，使每个工作人员各司其职，各尽其责。

有管理才能的校长，必然重视工作效率，因而在工作作风上，雷厉风行，要求有令则行，有禁则止，绝不容许推诿、拖拉作风。

有管理才能的校长，必然讲究工作方法，在工作中善于思考，善于同群众商

量，发扬民主作风，寻求最佳方案，绝不骄傲自大，自以为是。

有管理才能的校长，必然注意领导艺术，沉着、冷静、不主观、不急躁，善于以理服人，绝不简单粗暴，只靠行政命令行事。

这些管理才能，当然需要在实践中逐步发展和成熟。

三、思想素质

政治素质同思想素质密切相连，但两者之间不能画等号。政治素质，是指一个人的政治方向、政治立场、政治品德和思想作风，而思想素质是指一个人的心理品质。它隐藏较深，不易表露于外，更需要自我修养和磨炼。政治素质影响思想素质，但思想素质的好坏，并不完全取决于政治素质。正如现实生活中有的人政治上很红，而思想品质并不一定好一样，两者并不总是统一的。因此，我们主张对校长的素质要求，应单列思想素质一项。

思想素质的内容极其丰富，又相当复杂。一般说来，校长要正确处理的问题不外对己、对人、对事等方面，即如何对待自己，如何对待别人，如何处理事情。这就要求校长在对己、对人、对事等方面，努力做到严于律己，宽以待人，实事求是，勇于创新。

所谓严于律己，就是对自己严格要求，以身作则，不空洞说教，不夸夸其谈，作风严谨，一丝不苟。要求学生做到的，自己要做出楷模；要求教师讲师德，自己要带头做到。榜样是无声的命令。“其身正，不令而行；其身不正，虽令不从。”古人深懂这个道理。要做到严于律己，必须有较强的自我克制、自我控制能力，必须有自我批评精神。

所谓宽以待人，就是对别人宽宏大量，有宽容精神。这是一个校长团结群众必须具备的心理品质，也是学校领导内部团结共事最重要的一条。俗话说“宰相肚里能撑船”，领导者要有这样的宽广胸怀。不要计较下属什么时候对你态度不好，伤了你的“威信”；什么时候说话不注意场合，给了你难堪。凡胸襟狭隘不能容物者，绝不是一个好校长。美国中小企业人事管理 24 条中有一条：“记住：如果没有不满，就没有改进。”群众有意见，不一定是坏事；你一到场，鸦雀无声，不一定是好事。一听见群众的批评就暴跳如雷，甚至给反对过自己的人穿小鞋，这样的校长，很快就会失去群众基础。

要做到宽以待人，除了加强思想修养以外，还必须肃清“左”的影响，清除“左”的流毒。过去那种“用阶级斗争的观点分析一切”和“痛打落水狗”的做法，必须抛弃。

所谓实事求是，就是从实际出发，按实际情况办事。

要做到实事求是，并不那么容易。是则是，非则非，不夸大，不缩小，如实反映情况，不怕打击报复，不怕丢乌纱帽，思考问题和处理问题，从实际出发，坚持真理，修正错误等，都是实事求是的重要内容。由于种种原因，还有不少校长有意无意地违反实事求是的精神。例如浮夸风、花架子、弄虚作假，报喜不报忧，只讲空话，不干实事，只图虚名，不讲实效，不择手段追求升学率等，就是和实事求是精神背道而驰的。

所谓勇于创新，就是敢于冲破旧的观念，敢于按照新时代的要求创造、革新，这是现代领导者必须具备的思想素质，否则，就会成为时代的落伍者。因为我们在社会主义现代化建设中，会碰到许多新情况和新问题，如果用旧章法、老一套来处理，就不能开创新局面。

要创新，就要有进取心。因循守旧，安于现状，不求有功，但求无过，与创新精神是格格不入的。校长要想适应新时期的需要，就要不断地给自己提出新要求、新任务，勇于进取。不仅自己如此，对下属也要这样要求，只有从上到下，都有进取心，才能开创新局面。

我国教育面临重大改革，如何按照“三个面向”的精神，对教育思想、教学内容、教学方法以及行政管理等方面进行改革，是摆在校长面前的重大任务。改革的目的是多出人才，出好人才。从全国来说，教育改革是从教育体制改革入手；从学校内部来说，除管理体制的改革外，要认真研究改革陈腐的传统教育思想和教学方法。固定的、僵化的教学内容，灌输式或填鸭式的教学方法，不可能培养出适应新时代需要的新型人才，这就必须进行改革。而改革，需要发扬实事求是的精神，勇于创新的精神。

改革、创新，要有胆有识，既有远见卓识，又要敢作敢为。无胆无识，当然无法进行领导活动；有胆无识，必然违背客观规律，以致蛮干、瞎指挥；有识无胆，把“识”束之高阁，“识”有何用?

四、身体素质

中小学校长责任重大，任务繁重，没有充沛的精力不行。充沛的精力来自健康的身体。一般来说，年轻人比老年人健康，这是自然规律。所以干部“四化”中规定了“年轻化”一条，这是有科学根据的。其一，年龄不同，智力也不同。智力一般指观察能力、思维能力、记忆能力等，包括知觉、反应速度。国外有研究表明，就智力反应速度而言，最佳状态是39—49岁，其次是59—69岁，最差的是70岁以上。其二，年龄不同，精力和体质也不一样。有这么一种说法，50岁以上，精力和体质一年不如一年；60岁以上，一月不如一月；70岁以上，一天不如一天。当然，这也不是绝对的。在现实生活中，有的老年人老当益壮，有的年轻人未老先衰。因此，考察、选拔、聘任校长时，不仅要看年龄，还要看身体的素质。有的人虽年纪轻轻，但百病丛生，承担不了校长的重任；有的人虽然年近花甲，但精力旺盛，经验丰富，治校有方，就不一定要“一刀切”。而就一般情况而言，在年龄上有个规定是必要的。

年轻人在担任校长以后，要保持旺盛的精力，不仅饮食起居要有规律，更重要的是要注意锻炼身体。这样既可不断增强自己的体质，还可为广大师生树立体育锻炼的良好风尚。

综上所述，校长应该具备的政治素质、业务素质、思想素质、身体素质，包括如下内容。

（1）热爱教育事业，热爱学生，积极为社会主义教育事业做出贡献。

（2）有相应的学历、文化水平和专业知识，有一定的教育理论水平，有管理才能。

（3）在对己、对人、对事等方面，能做到严于律己，宽以待人，实事求是，勇于创新。

（4）身体健康。

这些素质要求，既是上级、群众选拔校长的重要条件，也是校长自我修养的主要内容。这些素质要求，是我国许多优秀校长所共有的。它高于教师的素质，但不是高不可攀的，是经过努力可以达到的。

当然，在选拔校长时，我们不能要求校长候选人百分之百地具备这些素质，只要在上述四方面基本上符合要求即可。但是对已经担任校长的人，则应努力做到完全符合这些素质的要求。

第三节　校长的职责

校长应该做什么工作？这是校长从就职的第一天起就应该明确的。新校长往往觉得事情繁杂，不知从何抓起；有的校长勤勤恳恳，事必躬亲；有的则将工作推给下属。这些不仅与工作态度、工作作风有关，也与职责不明有关。校长职责是什么？时代不同，社会制度不同，校长的职责也大不一样。甚至同一社会、同一时期的学校，由于学校内部领导体制不同，校长的职责也有很大差别。为了便于比较研究，下面就旧中国、日本、苏联提到的校长的职责（有的叫职权、职务、任务）各举一例。

旧中国时期一位学者提到的中小学校长的职权如下：（1）视察与指导教学及比较教学的成绩；（2）任聘、升迁及解约教职员；（3）执行例常事务，并督促及审查职员的工作；（4）与教育行政官厅接洽；（5）与学生的父兄接洽；（6）与学生接洽；（7）社会服务；（8）召集校内各种会议；（9）代表学校，参与各种教育会议；（10）记录及报告学校状况；（11）编制预算，并筹划及支配学校的经费；（12）计划课程；（13）审查教科书；（14）厘定校章；（15）兼任教科；（16）视察学校环境；（17）参观教育；（18）研究；（19）决定将来学校的方针；（20）指导学生课外活动。①

日本一位学者提到的校长的职责是：（1）校长必须是学校教育的计划者；（2）校长是学校的组织者；（3）校长应善于处理各种事务；（4）校长必须善于统率教职员；（5）校长必须善于管物；（6）校长有责任对教师的教育活动进行指导建议，即进行教导；（7）校长应当是学校和社会关系的调整者。②

苏联《普通中学章程》提到的校长的职责是：（1）领导学校全部工作，保证教育教学质量；（2）正确挑选和配备师资；（3）提高学校工作人员的思想和业务水平；（4）对德育、智育的方向、内容和质量进行监督；（5）组织学生的职业指导工作；（6）指导学生自治工作、团队工作和家长工作；（7）与社会各界保持密切联系；（8）确定工作人员的职责范围；（9）保证恪守、贯彻学校各项工作制度；（10）作为一长制的领导人，要与集体领导制相结合；（11）讨论工作中带有研究性的重要问题；（12）同党组织、工会组织协商，表扬和奖励先进；（13）对副校长、教师、教导员、班主任及其他工作人员实行监督与指导。③

从以上数例可以看出，不同时代、不同社会制度的学校，校长的职责有很大差别，侧重点有明显的不同。我们应从我国的实际出发来研究我国校长的职责。

新中国建立以后，我国对中小学校长的主要职责第一次做出明确规定的是中共中央 1963 年 3 月颁发的《全日制小学暂行工作条例（草案）》、《全日制中学暂行工作条例（草案）》，概括起来共有如下七条：（1）校长是学校行政负责人，负责领导全校的工作，学校党支部对学校行政工作负有保证和监督的责任；（2）贯彻执行党中央和国务院的教育方针，执行教育行政部门指示；（3）领导教学工作和进行思想政治教育工作；（4）领导和组织师生参加生产劳动；（5）关心教师、

① 杜佐周著：《教育与学校行政原理》，商务印书馆 1933 年版，第 162—164 页。

② ［日］安藤尧雄著，马晓唐等译：《学校管理》，文化教育出版社 1981 年版，第 17—21 页。

③ ［苏］别列兹良克著，梅汝莉编译：《苏联学校管理》，教育科学出版社 1981 年版，第 23—24 页。

学生、职工的生活，注意保护他们的健康；（6）管理学校的人事工作；（7）管理学校的校舍、设备和经费。

1978 年 9 月，教育部发出通知，试行《全日制小学暂行工作条例（试行草案）》和《全日制中学暂行工作条例（试行草案）》。这两个条例是对 1963 年颁布试行的全日制小学、中学两个条例修改而成的。其中对校长的职责做了如下修改：（1）贯彻执行党的教育方针，执行上级党委、教育行政部门和支部的决议；（2）负责领导和组织学校的教学工作和进行思想政治教育工作；（3）领导、组织教职工的政治、文化、业务学习和师生学工、学农、学军；（4）办好校办小工厂、小农场；（5）管理教师、学生、职工的生活，注意保护他们的健康；（6）管理学校的校舍、设备和经费，努力改善办学条件。

这两个条例规定的校长的职责与 1963 年的两个条例相比，有以下几点重大区别。

第一，将原条例规定的校长"负责领导全校的工作"、"党支部对学校行政工作负有保证和监督的责任"的领导体制，改为"实行党支部领导下的校长分工负责制"。

第二，校长要办好小工厂、小农场。

第三，取消了原规定的校长"管理学校的人事工作"。

就当前情况而言，无论是 1963 年还是 1978 年的条例，均与社会主义现代化建设的形势不完全适应。在国家对校长的职责做出新规定之前，我们可以根据新时期的任务和要求对此进行探讨，提出合乎我国当前实际的中小学校长的职责，不少省市教育行政部门也是这样做的。即使国家做出新的规定之后，我们仍然可以根据形势的发展来丰富它的内容。国外有的学者也持这种看法，认为只通过有关规定来研究校长的职责是不够的，因为"法律中所规定的，只不过是校长职责中的极少的一部分"，还必须通过其他途径进行研究，即"通过对现实学校教育进行分析，特别是通过对近代学校经营的实际内容进行分析，来研究校长的职责问题"。他认为，"只按法律规定的职责行事的校长，是被动的消极的校长；按后者确认的校长的职责行事的校长，就可称为积极的主动的校长。"① 这种见解是可取的。

另外，还有如下几点应该明确。

第一，制定校长职责的依据是国家的教育方针、学校的特点和任务。

第二，所谓职责，是指由职务带来的责任和工作范围。不要与权限、任

① ［日］安藤尧雄著，马晓唐等译：《学校管理》，文化教育出版社 1981 年版，第 16 页。

务、修养、作风混为一谈。民国时期只提校长的职权，我们还应该强调校长的责任。

第三，只提主要职责，不要把校长的所有职责都罗列出来，不要把职责变成工作细则。

第四，职责的条文应简明扼要，便于校长铭记在心。

第五，中学校长和小学校长的职责虽不完全相同，但总的方面是一致的。

根据以上意见，我们对中小学校长的主要职责概括如下。

（1）全面贯彻国家的教育方针，执行上级指示。

（2）领导和组织教学工作。

（3）领导和组织德育工作。

（4）领导和组织体育卫生、美育、劳动技术教育工作。

（5）领导总务工作，关心师生生活，保护师生健康。

（6）培养和提高教师。

（7）管理人事工作。

校长要对学校的工作全面负责。上述各点，就是学校行政的全面工作。第一点“全面贯彻国家的教育方针，执行上级指示”，是对校长的总的要求；其他六点是校长的具体工作范围。

2013年4月教育部印发的《义务教育学校校长专业标准》，对校长提出了以下基本要求。

1. 基本理念

（1）以德为先。

坚持社会主义办学方向，贯彻党和国家的教育方针政策，将社会主义核心价值体系融入学校教育全过程，依法履行法律赋予的权利和义务；热爱教育事业和学校管理工作，具有服务国家、服务人民的社会责任感和使命感；履行职业道德规范，立德树人，为人师表，公正廉洁，关爱师生，尊重师生人格。

（2）育人为本。

坚持育人为本的办学宗旨，把促进每个学生健康成长作为学校一切工作的出发点和落脚点，扶持困难群体，推动平等接受教育；遵循教育规律，注重教育内涵发展，始终把全面提高义务教育质量放在重要位置，使每个学生都能接受有质量的义务教育；树立正确的人才观和科学的质量观，全面实施素质教育，为每个学生提供适合的教育，促进学生生动活泼地发展。

（3）引领发展。

校长作为学校改革发展的带头人，担负着引领学校和教师发展，促进学生全面发展与个性发展的重任；将发展作为学校工作的第一要务，秉承先进教育理念和管理理念，建立健全学校各项规章制度，完善学校目标管理和绩效管理机制，实施科学管理、民主管理，推动学校可持续发展。

（4）能力为重。

将教育管理理论与学校管理实践相结合，突出学校管理的实践能力和创新能力；不断提高与完善规划学校发展、营造育人文化、领导课程教学、引领教师成长、优化内部管理和调适外部环境等方面的能力；坚持实践、反思、再实践、再反思，强化专业能力提升。

（5）终身学习。

牢固树立终身学习的观念，将学习作为改进工作的不竭动力；优化知识结构，提高自身科学文化素养；与时俱进，及时把握国内外教育改革与发展的趋势；注重学习型组织建设，使学校成为师生共同学习的家园。

2. 基本内容

专业职责	专业要求	
一 规划学校发展	专业理解与认识	1. 明确学校办学定位，履行实施义务教育的工作使命，保障适龄儿童、少年平等接受有质量的义务教育，着力保障农民工子女、残疾儿童少年、家庭经济困难学生的受教育权利。 2. 注重学校发展的战略规划，凝聚师生智慧，建立学校发展共同目标，形成学校发展合力。 3. 尊重学校传统和学校实际，提炼学校办学理念，办出学校特色。
	专业知识与方法	4. 熟悉国家的法律法规、教育方针政策和学校管理的规章制度。 5. 把握国内外学校改革和发展的基本趋势，学习借鉴优秀校长办学的成功经验。 6. 掌握学校发展规划制定、实施与测评的理论、方法与技术。
	专业能力与行为	7. 诊断学校发展现状，及时发现和研究分析学校发展面临的主要问题。 8. 组织社区、家长、教师、学生多方参与制订学校发展规划，确立学校中长期发展目标。 9. 落实学校发展规划，制订学年、学期工作计划，指导教职工制定具体行动方案，并提供人、财、物等条件支持。 10. 监测学校发展规划的实施，根据实施情况修正学校发展规划，调整工作计划，完善行动方案。

续表

专业职责		专业要求
二 营造育人文化	专业理解与认识	11. 把德育工作摆在素质教育的首要位置，全面加强学校德育体系建设。 12. 将学校文化建设作为学校德育工作的重要方面，重视学校文化潜移默化的教育功能，把文化育人作为办学治校的重要内容与途径。 13. 热爱祖国优秀传统文化，充分发挥优秀传统文化的时代意义与教育价值，重视地域文化的重要作用。
	专业知识与方法	14. 广泛涉猎自然科学与人文社会科学知识，具有良好的艺术修养和相应的艺术欣赏与表现的知识。 15. 了解校园文化建设的基本理论，掌握促进优秀文化融入学校教育的方法和途径。 16. 掌握不同年龄阶段学生思想品德形成和健康心理发展的特点与规律，了解学生思想与品行养成过程及其教育方法。
	专业能力与行为	17. 绿化、美化校园环境，精心营造人文氛围，建设优良的校风、教风、学风，设计体现学校特点和教育理念的校训、校歌、校徽、校标。 18. 精心设计和组织艺术节、科技节等校园文化活动，充分利用好重大节庆日、传统节日等有特殊意义的日子以及学校组织特有的仪式，开展主题教育活动。 19. 建设绿色健康的校园信息网络，向师生推荐优秀的精神文化作品和先进模范人物，努力防范不良的流行文化、网络文化和学校周边环境对学生的负面影响。 20. 凝聚学校文化建设力量，发挥教师、学生及社团的主体作用，为共青团、少先队、学生社团、班集体活动开展提供必要条件，保证活动时间。
三 领导课程教学	专业理解与认识	21. 坚持面向全体学生，因材施教，全面提高教育教学质量。 22. 尊重教育教学规律，注重培养学生的责任意识、创新精神和实践能力。 23. 尊重教师的教学经验和智慧，积极推进教学改革与创新。
	专业知识与方法	24. 掌握学生不同发展阶段的培养目标和课程标准。 25. 了解课程编制、课程开发与实施、课程评价的相关知识和教材、教辅使用的政策以及国内外课程教学改革的经验。 26. 掌握课堂教学以及教育信息技术应用的一般原理与方法。

续表

专业职责	专业要求	
三 领导课程教学	专业能力与行为	27. 有效统筹国家、地方、学校三级课程，确保国家课程、地方课程的落实，推动校本课程的开发与实施，为学生提供丰富多样的课程教学资源。 28. 认真落实义务教育课程标准，切实减轻学生过重课业负担，不得随意提高课程难度，不得挤占体育、音乐、美术及少先队活动等课程的课时，确保学生每天一小时校园体育活动。 29. 建立听课与评课制度，深入课堂听课并对课堂教学进行指导，每学期听课不少于地方教育行政部门规定的课时数量。 30. 积极组织开展教研活动和教学改革，建立完善促进学生全面发展的教育教学评价制度，不片面追求学生考试成绩和升学率。
四 引领教师成长	专业理解与认识	31. 教师是学校改革发展最宝贵的人力资源，尊重、信任、团结和赏识每一位教师。 32. 校长是教师专业发展的第一责任人，将学校作为教师实现专业发展的主阵地。 33. 尊重教师专业发展的规律，激发教师发展的内在动力。
	专业知识与方法	34. 把握教师职业素养要求，明确教师的权利与义务。 35. 掌握教师专业发展的理论以及指导教师开展教育教学实践与研究的方法。 36. 掌握学习型组织建设的方法以及激励教师主动发展的策略。
	专业能力与行为	37. 建立健全教师专业发展的制度，推行校本教研，完善教研训一体的机制，落实每位教师五年一周期不少于360学时的培训要求。 38. 关注每一位教师的发展，指导教师根据自身发展特点制定专业发展计划，加强青年教师培养，支持教师轮岗交流，推进信息技术在教师专业发展中的应用。 39. 扎实开展师德师风教育，落实教师职业道德规范要求，严禁教师体罚或变相体罚学生，严禁教师从事有偿补课。 40. 维护和保障教师合法权益和待遇，关爱教师身心健康，建立优教优酬的激励制度。

续表

<table>
<tr><th>专业职责</th><th colspan="2">专业要求</th></tr>
<tr><td rowspan="3">五 优化内部管理</td><td>专业理解与认识</td><td>41. 坚持依法治校，自觉接受师生员工和社会的监督。
42. 崇尚以德立校，处事公正、严格律己、廉洁奉献。
43. 倡导民主管理和科学管理，坚持教书育人、管理育人、服务育人。</td></tr>
<tr><td>专业知识与方法</td><td>44. 把握国家相关政策对校长的职责定位和工作要求。
45. 掌握学校管理的基本理论与方法，了解国内外学校管理的变化趋势。
46. 熟悉学校人事财务、资产后勤、校园网络、安全保卫与卫生健康等管理实务。</td></tr>
<tr><td>专业能力与行为</td><td>47. 形成学校领导班子的凝聚力，认真听取党组织对学校重大决策的意见，充分发挥党组织的政治核心作用。
48. 尊重和支持教职工代表大会参与学校管理的民主权利，定期向教职工代表大会报告工作，实行校务会议等管理制度。
49. 建立健全学校人事、财务、资产管理等规章制度，提高学校管理规范化水平，不得违反国家规定收取费用，不得以向学生推销或者变相推销商品、服务等方式谋取利益。
50. 努力打造平安校园，建立和完善学校各种应急管理机制，定期实施安全演练，正确应对和妥善处置学校突发事件。</td></tr>
<tr><td rowspan="3">六 调适外部环境</td><td>专业理解与认识</td><td>51. 坚持把服务社会（社区）作为学校的重要功能，勇于承担社会责任。
52. 坚持把合作共赢作为学校对外关系准则，积极开展校内外合作与交流。
53. 坚信学校与家庭、社会（社区）的良性互动是办学水平的重要体现。</td></tr>
<tr><td>专业知识与方法</td><td>54. 掌握学校公共关系及家校合作的理论与方法。
55. 了解所在社区、学生家庭的基本情况，积极获取与学生成长、学校发展相关的信息。
56. 熟悉各级各类社会公共服务机构的教育功能。</td></tr>
<tr><td>专业能力与行为</td><td>57. 优化外部育人环境，努力争取社会（社区）的教育资源对学校教育的支持。
58. 充分发挥家长委员会支持学校工作的积极作用，引导社区和有关专业人士参与学校管理和监督，接受改进学校工作的合理建议。
59. 建立健全家校合作育人机制，建立教师家访制度，通过家长学校、家长会、家长开放日等形式，指导和帮助家长了解学校工作情况和学生身心发展特点，掌握科学育人方法。
60. 积极发挥学校在社区建设中的作用，鼓励并组织学校师生参与服务社会（社区）的有益活动。</td></tr>
</table>

以上内容是选拔、任用、考核和培训中小学校长的基本依据。

第四节　校长的领导艺术

所谓领导艺术，也是一种领导方法，但不是一般的领导方法，而是富有创造性的领导方法，这与个人的素质修养有关。毛泽东说："领导者的责任，归结起来，主要是出主意、用干部两件事。"① 出主意怎么出到点子上？有了多种主意后怎么决断？这就要做到多谋善断。用干部怎么做到任人唯贤？怎么做到人尽其才？这就有个知人善任的问题。学校工作很多，需要其他领导成员同心协力才能做好，校长怎样做到善于团结干部？校长事情繁杂，时间宝贵，怎么珍惜时间，做到善于运筹时间？这些都是创造性的领导方法，是一种领导艺术。当然，校长的领导艺术涉及多方面，这里只从以上谈到的几个方面进行论述。

一、多谋善断

校长是学校的主要决策人，经常要对一些问题做出决策。属于自己职责范围内的事，处理问题要果断，才能提高工作效率和得到群众的拥护。但决断之前，要认真思考，要同有关人员商量。要正确处理谋与断的关系。谋与断有几种类型。一是不谋不断。这是饱食终日的官僚主义者，这种人不具备当校长的资格，如果仍然在位，应当让贤。二是不谋武断。这种人往往独断专行，民主作风很差。实行校长负责制后，校长要特别警惕这一点。三是多谋不断或优柔寡断。对多种方案不做出决定，对下属请示不表态，既不点头，也不摇头。下属最不喜欢这样的领导者。多谋不断，优柔寡断，说到底是不敢负责任。当然，不了解情况，不能乱点头，乱摇头。但当你掌握全部情况之后，仍不表态，就是缺乏责任感，缺乏负责精神。四是多谋善断。这是最好的一种。所谓多谋，即多思考，多同别人商量；所谓善断，即善于判断，善于做出决定。多谋善断是智慧和责任感的产物，是提高工作效率不可缺少的领导艺术。

二、知人善任

实行校长负责制以后，校长在人事管理方面的自主权扩大了，如何知人用

① 《毛泽东选集》第2卷，人民出版社1991年版，第527页。

人，是很重要的领导艺术。“知人善任”这个成语，最早见于东汉历史学家班彪的文章《王命论》。他分析刘邦之所以成大事有五个原因，其中一个原因就是“知人善任”。刘邦确实做到了知人善任，这是有史实为证的。司马迁在《史记·高祖本纪》里写了这么一则故事：刘邦统一天下以后，大摆宴席庆功。他在宴席上向群臣提出这样一个问题：“列侯诸将无敢隐朕，皆言其情。吾所以有天下者何？项氏之所以失天下者何？”席间有人恭维了一番，刘邦听了没有飘飘然。他说：“公知其一，未知其二。夫运筹帷帐之中，决胜于千里之外，吾不如子房；镇国家，抚百姓，给馈饟，不绝粮道，吾不如萧何；连百万之军，战必胜，攻必取，吾不如韩信。此三者，皆人杰也，吾能用之，此吾所以取天下者也。”① 这段话说明，刘邦对张良、萧何、韩信，不仅有着深刻的了解，而且能充分发挥他们的长处；这段话还说明，刘邦不仅知人善任，而且有自知之明。他当着这么多诸侯、将军的面，公开承认自己在某一方面不如张良，不如萧何，不如韩信，这是需要有点勇气的。作为社会主义时代的学校管理者，在知人善任方面，应该比两千多年前的封建帝王做得更好些。

所谓知人，就是了解人。知人是善任的前提。要善任，必须先知人。不知人，就谈不上善任，但要做到知人，并非易事。当“左”的思想横行时，所谓知人，只要简单翻一翻档案，看看此人家庭出身、个人历史和社会关系，就可决定用与不用，重用或一般使用。这种只看出身、历史和社会关系的知人用人的方法，难免埋没人才和重用庸才。在今天新的历史条件下，必须纠正上述知人、用人的方法。

那么，怎样才算做到“知人”了呢？要想真正了解一个人，至少应该从以下几个方面进行。

（1）政治思想和道德品质。例如对党的十一届三中全会以来的路线方针政策抱什么态度，个人的思想作风、道德品质方面的主要优缺点等。

（2）文化水平和工作能力。例如具有什么样的学历，知识化、专业化的程度如何，实际工作能力如何，工作中能不能打开局面等。

（3）工作态度和工作效果两者有时是统一的，有时并不一致，所以不仅要看工作态度，更要看工作效果。

（4）爱好特长。用人要用其所长，扬长避短。因此，应该了解一个人的爱好特长。有的人的爱好及特长早已脱颖而出，一望便知；有的人则不显露于外，必须深入了解。

---

①《史记·高祖本纪》。

（5）家庭经济状况和工作条件。例如人口，全家收入，每人平均生活费，工作条件如何，都应了解。生活负担重和生活比较宽裕，居住条件好和几代人同居一室，都直接影响工作情绪和工作效果。

（6）健康状况。身体状况是良好、一般，还是有病？有什么病？如何组织治疗？能否坚持正常工作？等等。须知其他条件均好，如果健康太差，也难担当重担。

了解上述内容，是个复杂细致的工作过程，比查档案看出身、历史和社会关系要难得多，既要向群众调查，也要向本人了解，不如此，就谈不上知人。

所谓善任，就是很会使用人。应从以下几方面考虑。

（1）量才使用。就是不要大材小用，也不要小材大用，这是用人的一条基本原则。管理学有一条原理叫“能级相称原理”，意思是能力与职务要相称。提拔庸碌之辈担任要职，对年富力强的人才弃置不用，都是违反这条原理的。

（2）用其所长。用人之所长，避人之所短，是管理学特别强调的一个问题。古话说“金无足赤，人无完人”，任何人都不可能是完美无缺的。但在现实生活中，有些人事管理者在用人时，却往往只看短处，不看长处；或者先看短处，后看长处；或者不考虑人的长处，随意安排，以致造成学非所用，用非所长的浪费人才资源的状况。

用人，首先要看“此人能做什么”。在发挥他长处的过程中，帮助他逐步弥补自己的短处，而不是首先着眼于减少他的短处，更不能抱“他这个缺点不改，就不能用”的态度。但在现实生活中，有的人事管理者往往先看短处。诸如“出身不好”、“资格不老”、“级别不高”，本来不是缺点，却成了用人的障碍；“骄傲自满”、“好出风头”、“目无领导”，也往往是弃置不用的重要原因。对这些应做具体分析，不能据此认为“此人不可重用”。例如，什么叫“目无领导”？什么叫“目有领导”？这就有个是非标准问题，不能认为好提意见者就是“目无领导”，唯唯诺诺者就是“目有领导”。

用人的要诀，是把职、权、责三位一体地交给被使用的人。职务不明，就很难行使权力；有职无权，就难负责；有职有权，不负责任，就要追究。在现实生活中，职务不明者有之，有职无权者有之，有职有权不负责者，也有之，这是用人之大忌。

（3）人尽其才。所谓人尽其才，是指能使每个人充分发挥自己的聪明才智。怎样才能做到这一点呢？人们往往只从使用方面考虑，这是远远不够的。孙中山对人尽其才有个具体解释，他说：“所谓人尽其才者，在教养有道，鼓励有方，任使得法也。"① 这个解释很全面。这就是说，要使每个人充分发挥自己的聪明才智，首先要做到"教养有道"。所谓教养有道，就是要有一套教育人培养人的计划、办法和得力措施。光使用，不教育，不培养，让人才自生自灭，人的聪明才智是不可能充分发挥出来的。尤其是今天，知识不更新，就适应不了社会发展的需要。作为一名教师，今年讲的内容，明年应有所更新，否则，教学质量就不能保证。一份讲稿年年用的时代早已过去了。讲授内容要不断更新，就要培养和提高教师，就要给教师进修的机会，就要为教师创造必要的学习条件。其次要做到"鼓励有方"。气可鼓而不可泄，人们做出了成绩，要及时鼓励，要善于鼓励。鼓励与不鼓励大不一样，鼓励有方与鼓励无方也大不一样。在这方面，长期以来也有"左"的影响。例如鼓励的标准，不是看工作成绩和工作效果。而是看政治运动中的表现，不是重在本人的现实表现，而是重在家庭出身、个人历史和社会关系，这就叫鼓励无方。鼓励无方的结果，只能是挫伤大多数人的积极性。目前有的单位，只考虑物质奖励，不注重精神奖励，也是鼓励无方的一种表现。最后要做到"任使得法"。前面谈到"量才使用"、"用其所长"，是使用干部的原则问题，还有个"得法"问题。方法不得当，也可能把事情搞糟。例如，工作安排是否合理，是否妥善，劳逸是否均衡，个人正确意见是否得到尊重等，均应予以重视。

总之，知人不易，善任也难，这正是需要我们提高的领导艺术。

三、善于团结干部

校长必须明白，学校办得有成绩，不是校长一个人的功劳，是全体教职工努力的结果。从"领导正确"这一点来说，还有党支部书记、副校长、教导主任、总务主任、工会主席的功劳。因此，如何团结干部合作共事，是一个很重要的领导艺术问题。

（一）要按照分层管理的原则办事

各人有各人的职责，校长不要越级指挥工作。越俎代庖，就是不尊重他人的职权，必然挫伤干部的工作积极性。善于调动其他领导成员的工作主动性、积极性，使他们在各自的岗位上尽职尽责，是团结干部的重要方法。

（二）要互通声气

校长统管全局，掌握情况较多，要及时向有关领导成员通报。互通声气，沟通信息，是为了使大家取得共同语言。工作中没有共同语言，就容易产生意见分

①《孙中山选集》上卷，人民出版社 1956 年版，第 8 页。

歧，就可能影响团结。校长要善于引导大家把意见摆到桌面上来，求得互相谅解，互相支持。

（三）正确处理已经产生的矛盾

工作中出现这样那样的矛盾是难免的，关键在于正确处理。特别是当其他领导成员同自己发生矛盾时，更要冷静处理。首先要分析矛盾是怎么产生的，其次采取正确的对策。如果是由于自己的过错，就要坦诚相见，承认错误；如果是对方抱有成见，就要正确对待，使对方在事实面前受到教育。

如果对已经发生了的隔阂，已经产生了的矛盾不加分析与不冷静处理，认为是别人不尊重自己，有损自己的“威信”，因而“针尖对麦芒”，硬要争个输赢，必然把事情搞坏，不可能形成一个团结战斗的领导集体。

四、善于运筹时间

作为校长，要充分认识时间的重要性，并做到善于支配时间。时间和人力、物力一样，是一种资源，而且是一种特殊资源。它不像财物那样，可以贮存、增减、借用、购置或替代；也不像人力那样，可以召集、调换、补充或择优录用。时间有进无退，一去不回。由于时间是一种特殊的、宝贵的资源，所以历来受到人们的重视。古往今来，有很多谚语、格言说明时间的宝贵。俗话说：“一寸光阴一寸金，寸金难买寸光阴。”各行各业对时间的珍惜，都有自己的说法。军事家说：“时间就是胜利。”企业家说：“时间就是金钱。”管理学家说：“时间就是数量，时间就是速度。”国外有一种专家，叫作时间管理专家，他告诉你什么时间干什么事效率最高。我们中国很多人时间观念很差，好像时间有的是，今天不行有明天，明天不行有后天，慷慨得很！作为现代管理者，要特别珍惜时间，要有强烈的时间观念。怎样管理好时间呢？主要应注意以下两个方面的问题。

（一）要善于掌握自己的时间

领导者往往感到时间不够用，事多、会多，而且不知道什么时间有人来找，来了就得接待，好像时间不是自己的。但也不完全如此，只要安排好，时间是可以掌握的。那么应怎样安排？

1. 要有一张工作时间安排表

要做到学期有中心，阶段有重点，周周有计划，天天有打算，按表行事，不能过一天算一天。

2. 处理事情要分轻重缓急

一大堆文件、书信，不外乎三类。一是急件，要马上处理；二是优先件，要优先考虑；三是普通件，有空就办。什么时间有空，你得记下来，提醒自己，不然普通件可能会变成急件。

3. 要研究事情的关联性

有些事情往往是互相关联的。国外有人提出，遇事要考虑三点。一是这件事能不能取消。如果能取消，就节约了时间。二是如果不能取消，考虑能不能跟其他事情合并。两三件事合成一件事来办或两三个会合起来开，也就节约了时间。三是如果不能合并，考虑能不能用简便的方法处理。比如，原打算开会解决，后来考虑写条子、打电话、带口信同样可以解决，也就节约了时间。总之，要从节约时间考虑。

4. 想一想是不是干了职责范围以外的事情

你是校长，干的不是校长的事，那就干了职责范围以外的事。时间是个常数，你既然干了职责范围以外的事，那就相对减少了你应该做的事。

5. 要提高不同时间的利用率

每个人的工作习惯不同，有的人早上工作效率高，有的人夜晚工作效率高。如果你碰到一个很棘手的问题，需要非常清醒的头脑去考虑解决，那就不要在你工作效率很低的时间去考虑。

此外，要安排自己学习和锻炼身体的时间。

（二）要合理安排他人的时间

领导者向下属布置任务，实际上就是在安排他人的时间。因此，怎样做到合理安排，不浪费他人的时间，作为领导者，应该认真考虑。以下几点可供参考。

1. 做报告、讲话要简短

校长讲话的机会很多，而群众最怕的是讲长篇大论的空话。有些领导偏偏喜欢讲空话，这样做，对人、对己、对工作都没有好处。当然，有些场合，领导不讲话不行。但要做到：一要有新意，二要简短。领导者要研究讲话艺术。

2. 报表要简化

向下属布置报表是必要的，但不能搞烦琐哲学。不必要的报表，既浪费制表人的时间，又浪费看表人的时间。

3. 约下级人员谈话，要把握时机

领导经常要找下属谈话，如果时机掌握不恰当，效果就不好。比如找教师谈话，你得先了解他有没有课。如果他第三、四节有课，你第一、二节找他谈话，那能有什么效果？这时即使你是一番好意，登门拜访，他也未必欢迎。他想的是自己马上要上课，哪有心思听你的谈话？

4. 对下级的请示要及时处理

下属请示工作，能答复的要及时答复，需要研究不能马上答复的，也要说个期限，这样既有利于提高工作效率，又能节约下属时间。如果你说“这件事三天以后答复”，那说话就要算数，三天以后一定要答复，不可失信。即使不能解决，也要主动说明原因。下属对领导者的信任，往往同言而有信、说话算数有关。如果三天以后，他找上门来了，你说还没有研究，甚至把事情忘了。从此，他对你的信任就会大为降低。

（三）要统筹支配自己学习和各项管理活动的时间

校长每天或每周的时间怎么支配，这是一个很值得重视的问题。有人从 65 个县区的 65 位完全中学校长或分管教育教学工作的副校长按一周工作时间的分配情况，做抽样调查，发现有近半数校长每周抓教育教学工作时间不足 12 小时，35％的校长不足 18 小时。超过 80％的校长一周抓教育教学工作的时间不超过两个工作日，一周中的大量时间被处理行政事务工作和校内党政会议占去了。近 40％的校长要用 13—18 小时开会和处理行政事务，半数校长要用 19 小时甚至 30 小时以上开会和处理行政事务。此外，近半数校长没有业务学习时间。① 这个调查资料，有一定代表性。这说明，校长的主要时间和精力，还没有用在管理学校的中心工作——教育教学问题上。其中原因有学校外部的，也有学校内部的。从学校内部来说，校长对自己的工作时间要统筹支配。校长的工作，大致有教学指导、行政管理、党政会议、接触师生、学习研究等方面，在时间分配上应有合理比例。有些校长设想，在目前情况下，校长每周工作时间以 40 小时计算（不少校长远远超过这个时间），用于教育教学工作应有 20 小时，用于校内外会议 6 小时，处理行政事务工作 10 小时。副校长的时间分配可在此基础上做一些调整，如分管教育教学的副校长，抓教育教学工作应多于 20 小时。分管行政总务的副校长，处理行政事务工作的时间应占较大比例。晚上除检查学生宿舍和教室、与师生个别交谈外，宜用来读书、看报、总结思考学校带全局性的问题，记录当天在校内的观察心得等。当然，这个设想不一定很现实，但有一点必须明白：校长一定要统筹兼顾各方面的工作，在时间分配上不能主次颠倒。

总之，如何运筹时间，管好时间，也是一种领导艺术。

善于决断，善于用人，善于团结干部，善于运筹时间，是领导艺术的几个重要方面。一个校长如果能做到这四个“善于”，就大大提高了领导水平。

---

① 宋载铭：《合理分配时间，保证党校管理工作重点》，中国教育学会学校管理研究会编：《论学校管理》（内部资料），1984 年，第 394 页。

第五节　校长的进修提高

校长要提高领导水平，必须不断学习，不能因为工作忙而挤掉了学习。怎样才能做到这点呢?

一、坚持每天自学

学习不能中断，每天要给自己规定学习时间和学习任务。学习时间从哪里来？只有挤。还有一个很重要的方法就是“夜读”。很多原来文化水平比较低的老同志，年轻时坚持夜读，后来成为学识渊博的干部。只有勤奋学习，才能增长智慧。每晚坚持一至两小时夜读。天长日久，就能见大效。只要真正认识到不提高不行，就能找到时间。当然，读书要有计划，要有选择，要有目的。教育科学方面的书，应该是校长学习的重点。

二、关心和参加教育学术问题的讨论

学校管理工作要有理论指导，校长应参加本地区的学校管理研究活动，注意教育报刊上关于学校管理问题的讨论。此外，对教育学、心理学、教学法等方面的重要问题的讨论也要密切注意，吸收这方面的最新成果。校长如果不关心这方面的学术研究，不加强这方面的学习，就不可能实现教育思想的领导，就难免说外行话。

三、思考、写作

校长平时要深入实际，掌握第一手资料，但又要有一定时间摆脱行政事务工作，超脱实际，否则只能是辛辛苦苦的事务主义者，不可能提高领导水平。所谓超脱，就是学习、思考、写作。对平时记录下来的值得研究的问题认真思考，形成自己的教育观点，组织有关教师讨论，拿起笔来写文章。我国有的优秀中学校长就是这样做的，他们有时边实践、边思考、边总结、边指导工作，有时则在一定时期内（如一周或一个月）带着情况和问题，集中时间（用半天或一天）系统地进行思考，拿出主意来，提交有关会议讨论。

四、参观访问

校长的活动范围主要在校内，但如果不走出校门，而是把自己封闭起来，就

无法了解兄弟学校的教育教学经验和教改经验，也不可能提高领导水平。平时应该同一些学校建立交往关系，还应该利用假期参观一些学校，交流办学经验，取长补短。这种做法能开阔眼界，丰富知识。否则，坐井观天，所见甚少，思路会受到很大限制。

校长进修提高的方式，当然不止这些。还可根据自己的实际水平，参加函授学习。在工作中，也可提出一些从实践中来的专题，组织教师讨论，和教师一道学习提高。

有的校长给自己的进修提高提出硬指标：每年读几本书，思考几个教育教学上的重大问题，写几篇文章，参加一两次教育方面的学术讨论会。这种督促自己进修提高的办法，很有成效。

第六节　建立校长威信

众所周知，作为校长必须在师生中享有威信，才能顺利地开展工作。否则，说话没人听，命令没人服从，校长的管理活动是很难进行的。为什么有的校长威信很高，有的校长威信低甚至没有威信？这同我们前面所说的校长的素质有密切的关系。一般来说，校长具备了优良素质，就能在师生中享有威信。但是作为校长，对于什么是威信，威信在管理活动中有什么作用，校长素质中哪些因素同威信关系最密切，怎样建立和巩固自己的威信这些问题应有正确的认识，所以有必要专门谈谈校长的威信。

所谓威信，简单地说，就是威望和信誉。一个有威信的人，就是得到群众尊重、信赖、拥护的人。由尊重到拥护，是因为可以信赖。用群众的口语来说，就是“信得过”。所以有“威”而无“信”，还不能说是有“威信”。校长在学校里享有威信，就是校长得到师生的尊重、信赖和拥护。威信是校长开展管理活动最宝贵的东西，对于办好学校有着重大意义。

第一，校长有了威信，校长做出的决定就能畅通无阻，这对全面贯彻国家的教育方针、处理学校各种问题是非常有利的。如果校长缺乏威信，正确的决定也可能遭到怀疑和抵制。

第二，校长有了威信，校长发出的号召和提出的倡议就能得到大多数人的响应，这对进行教育教学改革、实现学校的远景规划和近期打算是非常必要的，即使号召和倡议有缺点和不足之处，也能得到谅解。如果校长缺乏威信，尽管提出的规划是美好的，预期的目标是可能达到的，也不会有人相信，甚至遭到讽刺、嘲笑。

第三，校长有了威信，校内人际关系将是融洽的。即使产生矛盾，出现意见分歧，也能及时得到解决。这有利于创设一个团结和谐的、积极向上的、心情舒畅的工作环境。如果校长缺乏威信，群众中扯皮拉筋的事会越来越多。即使校长出面干预或调解，也不会有人听，甚至可能使矛盾激化。

总之，校长的威信，对于调动教工的工作积极性，对于稳定教师队伍，对于培养良好的校风，有着巨大作用。校长有没有威信，关系着一个学校的成败，绝不只是校长个人的荣辱问题。

什么样的校长才会有威信呢？校长的工作作风、校长对师生的态度和言行等，对建立威信极为重要。据国内外许多调查，一个最受下属欢迎的、在群众中享有很高威信的领导者，应有的工作作风可以依序举出如下要点：

（1）对下属公正，赏罚分明；

（2）对下属指令明确，决断及时；

（3）对下属平时要求严格，一旦出了问题，领导者首先承担责任；

（4）不轻易许诺，既许诺就必须切实做到，切勿失信于下属；

（5）不要强迫下属做力所不能及的事；

（6）既用下属，就充分信任。

这个调查资料，对当好一个校长有参考价值。当然，这是对一般领导者说的。联系学校的实际，怎样的校长才有威信呢？我国有些校长曾就这个问题开展过讨论。有的说，千条万条，主要的一条就是校长要处处以身作则。有的说，光有这一条是不够的，还要靠有过硬的业务本领。有的说，校长职务本身就是一种权威力量，如能很好地发挥校长的职能作用，按政策行使职权，威信自然就会高。有的说，不同条件的学校，不同情况的教职工，对校长会有不同的要求和期望。这些议论都有一定的道理，但都不全面。校长的威信是由多种因素构成的，不可能从诸种因素中找出一条就能建立起威信。校长的威信不同于教师的威信。一个教师，只要能做到以身作则，且教学效果好，就能在学生中享有很高威信。校长则不然，他的威信是由多方面的因素构成的，这是他的职务所决定的。我国一位著名的中学校长认为：德才兼备，是领导威信的基础。在这个基础上，主要看以下五条。

（1）多谋善断，有决策力。特别在关键时刻，能做出准确判断。领导做的决定有科学根据，切实可行，就能在群众中形成对领导的信任和信赖感。

（2）执行决定坚决果断，做到言必信、行必果。决定了的事就狠抓落实，使群众切实感到领导的决定有权威，从而产生责任感。

(3) 以身作则，身先士卒。执行决定过程中，身教胜于言教。有了身教，群众和领导就会同心同德，有共同战斗的心气儿。

(4) 襟怀坦白，坚持实事求是的思想路线。待人处事公道正派，是非分明，奖惩分明，功过分明，群众信得过。

(5) 有领导者的气魄，作风民主，敢于批评和自我批评，敢于坚持真理，勇于纠正错误，主动承担责任，不居功，不诿过，群众跟领导走没有顾虑，热心于向领导献计献策。①

这些可谓经验之谈。有的人瞧不起经验，斥之为“经验管理”，像这样经过条理化、理论化的经验，我们不是太多而是太少。

校长威信很重要，这是不难理解的，问题是如何建立和巩固威信。有的年轻校长问道：“刚刚上任的校长，若群众对自己不了解，怎样才能很快地在群众中享有威信?”应该指出，建立威信，不能走捷径，要靠自己在工作中做出成绩，没有成绩就不可能有威信。俗话说：“新官上任三把火”，这三把火如果烧得对、烧得准，是群众最关心的问题，是与群众切身利益有关而又长期得不到解决的问题，你在国家政策允许的范围内解决了，这就是成绩，就能得到群众拥护。

校长要建立和巩固自己的威信，就该明确以下几点。

(1) 威信不是上级授予的。校长这个职务，是上级授予的。有了职务，就有与职务相称的权力，但不能认为有权力就一定有威信。沙俄时代一位资产阶级教育家宣扬这样一个公式：强制—屈服—威信。有的校长对群众动辄训斥，有的教师对学生动辄体罚，企图靠权力来建立威信，实际上是在按这个公式行事，这与我国的社会主义制度是不相容的。正确地运用权力，时刻想到自己的责任，“权”与“威”就能联系在一起。如果错误地运用权力，甚至以权谋私，就不可能有什么威信。

(2) 威信不是自封的。校长的威信，是在日常工作中，尽职尽责，逐步建立起来的。不要以为当了校长，就会自然而然地有威信，因而颐指气使，独断专行，指挥一切，这是摆校长的威风，不是树校长的威信。

(3) 威信不是靠四面讨好、八面玲珑取得的。有的校长以为，要有威信，就要人缘好，不得罪人，于是放弃原则，做“老好人”，或者封官许愿，小恩小惠，甚至做群众的尾巴，迎合落后情绪。这是玩弄权术，不是树校长的威信。依靠这种方法获得的“威信”，是不可能持久的。

① 韦力：《努力做一名合格的中学校长》，《教育研究》1983 年第 9 期。

（4）要树领导集体的威信，不能只树校长个人的威信。学校领导工作做得好，不只是校长一个人的作用，还有副校长、党支部书记、教导主任、总务主任等人的作用。如果校长威信很高，其他领导人威信都不高，校长就要反躬自问这种不正常现象是怎样产生的。这种现象不利于发扬民主作风，不利于发挥集体智慧，不利于领导层的团结合作，应尽快纠正。

（5）不能因为有了威信而滥用职权。校长有了威信，赞扬声喝彩声听多了，容易飘飘然，产生骄傲自满情绪，于是不那么谦虚谨慎了，对自己的要求放松了，甚至利用职权，享受种种特权。这时，他的威信也就下降了，以致丧失威信。

（6）建立威信难，丧失威信易。由上可以看出，校长要在师生中建立威信，必须经过艰苦的努力，而且要经过多方面努力方可达到。可以说，校长的威信是“时间加汗水”换来的，是经过自己勤奋努力得来的，是来之不易的。如果把威信当作自己的本钱，放松思想修养以致行为不检，失去威信却是很容易的，这样的例子并不少见。校长有了威信后，更要严格要求自己，不断提高自己的政治素质、思想素质和领导水平，这样才能巩固自己的威信。须知降低或失去了威信，要把它恢复过来，比建立威信还要困难。

“一身正气，两袖清风”，这是我们对忠心耿耿献身于人民教育事业的老教师、老校长的赞美。这八个字也正说明了校长怎样才能建立和巩固自己在师生中以至在社会上的威信。

第七节 校长自我管理的方法

校长用什么方法来进行自我管理呢？校长自我管理的方法，实际上就是校长加强自我修养的问题。自我修养有以下几种主要方法。

一、内省法（内心反省、反躬自问）

古人常用这种方法来加强自己的修养，如曾子的“吾日三省吾身”。伟大的教育家陶行知也提倡这种方法。1942 年，他在育才学校创办三周年大会上发表讲演，题目是《每天四问》，他要求全校同学每天问自己四个问题：（1）我的身体有没有进步？（2）我的学问有没有进步？（3）我的工作有没有进步？（4）我的道德有没有进步？以督促学生不断上进。鲁迅经常“严于解剖自己”，采取的也是这种方法。我们不妨也来个“每天三问”：我今天是否自觉地履行了校长的职责？我今天在提高自己素质方面有没有进步？我今天在学习方面有没有收获？

二、格言（名人名言）鞭策法

古代、近现代乃至当代，都有许多“有志者”经常用这种方法来鞭策自己，以实现自己的志愿。《孟子》中有两句话：“富贵不能淫，贫贱不能移，威武不能屈。”“故天将降大任于是人也，必先苦其心志，劳其筋骨，饿其体肤，空乏其身，行拂乱其所为，所以动心忍性，曾益其所不能。”这些名言是中华民族优秀的历史文化传统中的精华。又如，北宋范仲淹的“先天下之忧而忧，后天下之乐而乐”，明末顾炎武的“天下兴亡，匹夫有责”。孙中山、毛泽东、邓小平都有类似警句。马克思有一段名言：“在科学上面是没有平坦的大路可走的，只有那在崎岖小路的攀登上不畏劳苦的人，才有希望达到光辉的顶点。”它曾经鼓舞着许多科学工作者奋勇前进，从而在事业上取得辉煌成就。校长可以根据自己的情况选择名人名言，作为鞭策自己前进的座右铭。

三、行为规范法

我国为了加强法治教育，制定了不少法律法规，也有不少行为规范出台，校长心中也应该有个“校长行为规范”用来约束、规范自己的行为，使自己不违反党纪、国法、政纪和职业道德。特别是取得了显著成绩、在社会上有一定声望的校长，更要严格自律，廉洁奉公，淡泊名利，洁身自爱。不要独断专行，假公济私。有的人本来是个好校长，优秀校长，由于忘乎所以，滥用职权，最后害了自己。

四、实践锻炼法

有些事情光读书、学习不行，还要参加实践锻炼。南宋爱国诗人陆游有两句诗说得好：“纸上得来终觉浅，绝知此事要躬行。”当然，事必躬亲不可取，但“躬行”的思想必须有。例如，班主任工作很辛苦，但到底有多深多浅？校长不妨亲自试一段时间，以取得第一手资料。又如，学习教育科学怎样才能达到提高领导水平的目的？这就要有一些硬措施、硬指标。有的校长规定自己每年读几本书，每年思考几个重大的理论问题，每年写几篇文章，每年参加一两次学术研讨会，效果很显著，这也是一种实践锻炼方法。

复 习 题

1. 现代校长应具备什么样的素质?
2. 校长的主要职责是什么?
3. 校长怎样才能做到知人善任?
4. 校长应该怎样管好时间? 他每天的工作时间应该怎样分配?
5. 校长应该怎样加强在职进修?
6. 校长如何建立自己的威信?
7. 案例分析：什么样的校长才能有威信?

一天，局里召开校长学习会。会间有半小时休息。多数人到室外活动，有三四位校长自发地议论起一个问题。

赵："你们说，学校领导的威信如何才能建立起来?"

钱："千条万条，主要是一条，那就是处处能以身作则。你们知道我们学校的老校长，论文化水平，只有初中程度，但是他事事先人后己，不搞特殊化，生活上关心人，谁有病他就往谁家跑，谁经济上有了困难，他就设法给予补助，甚至自己出钱帮助。人与人之间有了矛盾，只要他出面谈一谈，就能平息下去。有人说：'别的不讲，老校长的面子是要给的。'我认为这就是威信。"

孙："老钱说的只是问题的一面。从我们学校看，领导威信的建立，必须靠自己过硬的业务本领。没有这一条，说出来的话就不硬。在领导班子中，有个同志一天忙到晚，上班在别人前头，下班在别人后头，也很关心教职工。大家承认他人缘好，然而工作上没有威信，提建议、做报告，没人信服他。而副校长则不然，有次他同语文教研组长一起去听一位新教师的课，时间过去一半，执教者就把准备好的内容讲完了，不知怎么处理，只好叫学生读书。当时教研组长急得没办法，而副校长即刻用小纸条写了一句话：'请让学生把今天学的《卖炭翁》和已学过的《宫市》联系起来，提个问题，讨论宫廷里是怎样残酷剥削老百姓的。'等这位新教师巡视到后排时，递了过去。这样一做，教学效果很好。事情传开后，大家都佩服副校长，说他业务上有一手。因此，我认为，现在只有业务上高明，才会有真正的威信，才能更好地发挥领导作用。"

李："我还有另外一个想法，学校领导人担负的职责本身就是一种权威力量。如果能很好地发挥计划、组织、检查、监督等职能作用，能按政策行使职权，威信也会是高的。”

赵：“我觉得领导威信是在日常工作中日积月累，逐步建立的，它不是自封的，也不是靠上级授予的。你们所说的都有道理，又都不能凭一点就建立起真正的威信。领导对群众的强有力的影响作用，恐怕是几个方面综合起来的结果。”

钱、孙：“综合也对，但总该有一个主要的方面。”

赵：“恐怕不能一刀切。不同条件的学校，不同情况的教职工，对领导会有不同的要求和期望。他们心目中有威信的领导形象，不会是一样的。”

李：“你这样一说，不是又没有统一的客观标准了吗?”

赵：“标准是有的，但不能只抓住一点，不顾其他，而应该从多方面考虑。”

思考题：

(1) 赵、钱、孙、李四位校长的看法，你同意哪一种？为什么?

(2) 从管理学的角度分析，领导威信在学校管理活动中起什么作用？从目前学校实际情况看，如何才能建立领导威信?

第十章　教师管理

世界上最早诞生的学校是三千五百年前苏美尔的“泥版书屋”，我国最早的学校是夏代的校、庠、序。教师职业的产生比学校的出现更早，学校产生后，教师职业便成为一种社会职业。“教师”一词最早出现在《学记》中：“教师者所以学为君也。”《说文解字》对“师”的解释是：“师，教人以道者之称也”，即教师是向他人传授知识技能的人。在古代，教师一般由年长且有学问的人充任，所以教师被尊称为老师、师长、先生。《学记》最早论及教师管理，如择师的标准、对教师的教学要求等。现代学校诞生以后，教师管理才真正受到重视。

第一节　教师管理概述

教师是国家的宝贵财富，是现代化建设中的一支骨干力量，是人类科学技术、文化艺术宝贵遗产的继承者、传播者，是新知识新文化的创造者，是教育目标的组织实施者，是专门人才的培养者。实现现代化，科技是关键，基础在教育。学校教师肩负着培养专门人才、发展科技文化和开展社会服务等职责，对社会物质文明和精神文明的建设起着重要作用，对社会的进步、国家民族的兴衰和现代化的进程有着至关重要的影响。没有学校教师、没有教育，就不可能有现代化。

教师管理是指对教师的任用、培养、考核、工资待遇等方面的一系列规定及其操作。

一、教师管理的任务

教师管理的任务主要是合理组织教师队伍，提高教师素质，为教师工作学习提供服务，调动教师工作的积极性。具体而言，主要包括下列内容：

(1) 根据国家对教师的资格条件要求和教育主管部门的具体规定，选聘合格的教师；

（2）根据学校工作需要和教师的专业特长，合理安排教师的工作岗位；

（3）制定教师岗位责任制和其他各种必要的管理制度，落实教师的职责要求；

（4）创设良好的工作环境，为教师的工作、学习、生活提供必要的条件；

（5）制订教师培训计划，多种形式提高教师业务水平；

（6）按照教育部门有关规定，做好教师考评、职务评聘和劳动报酬工作。

二、教师职业地位

职业地位是指人们从事的某种职业在经济利益、社会地位和社会声望等方面的总体状况。经济利益、社会地位和社会声望的高低，是职业地位高低的主要标志。教师地位是指教师职业在社会生活中实现的经济利益、政治待遇及社会声望方面的总体状况。它不仅是生产力发展水平的标志，也同社会制度、文化背景和教育功能的实现程度密切相关。在经济利益、政治待遇及社会声望三者之中，又首重经济利益。经济地位的高低，在很大程度上决定了一种职业在社会关系空间中相对位置的高低。因此，世界各国在教师的地位问题上普遍并不断地把改善教师的经济待遇作为提高教师地位的一项重要举措。

虽然中国自古以来就有尊师重教的传统，但教师的地位并非一直都很崇高，而是直接受制于统治者的重视程度。春秋战国时期，师被尊为五圣之一，与“天、地、君、亲”并列；而到了元朝时期，则有“一官、二吏、三僧、四道、五医、六工、七匠、八娼、九儒、十丐”之说，教师的地位仅高于乞丐。新中国成立以后，很长一段时间教师被当作改造对象，其社会作用与地位没有受到应有的重视。

1966 年 10 月，联合国教科文组织和国际劳工组织发布的《关于教师地位的建议》一文指出：鉴于在教育事业发展中教师这种职务对人类和近代社会发展所做出的重大贡献，因而必须确保教师的应有地位。这种应有地位是“社会按教师任务的重要性和对教师能力的评价而给予的社会地位或敬意，以及所给予的工作条件、报酬和其他物质利益”，明确地指出了改善和提高教师的地位所应注意的几个方面，对世界各国解决教师地位问题产生了一定的影响。

在我国，1994 年 1 月 1 日正式实施的《中华人民共和国教师法》，为我国尊师重教提供了法律依据，也为提高我国教师的地位提供了有效的保障。《中华人民共和国教师法》明确指出：教师是履行教育教学职责的专业人员，承担教书育人，培养社会主义事业建设者和接班人、提高民族素质的使命。各级人民政府应当采取措施，加强教师的思想政治教育和业务培训，改善教师的工作条件和生活条件，保障教师的合法权益，提高教师的社会地位。全社会都应当尊重教师。

任何一种职业的社会地位高低，本质上来说取决于该职业在社会发展中的作用，教师不仅传递文明，也创造文明，文明是人类进步的结晶，教师对于社会发展的作用不可谓不重要。但是，在现实生活中，受某些特殊因素的影响，并非对社会作用大的职业，就一定会得到社会的高回报。任何一个国家重不重视教育，就看它重不重视教师；教师社会地位高不高，就看他经济收入高不高。一个不尊重教师的社会，是没有发展前途的社会。

教师地位的高低取决于两方面因素：一是政府对教师作用的重视，二是教师自身素质高低。政府对教师作用的重视不仅看其对教师素质提出的高要求，而且看其在经济上、政治上、人格上如何重视教师。从教师方面讲，教师的社会地位取决于教师的素质，包括教师的职业道德、学术水平、教育专业能力和教育成就。教师队伍整体上学术水平高、专业能力强、教育成就卓著、贡献突出、德高望重，就会得到社会的普遍尊重，理所当然应该而且必须享有优越的待遇、拥有崇高的地位。所以，要提高教师社会地位，既需要政府提高教师的经济待遇、政治待遇，创造良好的尊师重教氛围，也需要教师提高自身专业素质，以自己的实际行动来赢得社会的普遍承认和广泛赞誉。

三、教师的权利与义务

（一）权利与义务的关系

权利是权力与利益的总称，指个人拥有的法定自主性和应得的利益。义务则是指公民在政治、经济、法律以及道义上应尽的责任。权利与义务总是相对而言的。没有只享受权利而不尽义务的，也没有只尽义务而不享受权利的。权利与义务不是对立的、绝对的，而是相对的、统一的，具有一致性。这种一致性主要表现在以下几方面。第一，权利的实现依赖于义务的履行。享有权利的人要实现自己的权利，必须有义务人履行相应的义务。权利与义务存在于同一法律关系的同一行为中，权利与义务具有统一性、相对性，是不可分离的。第二，享有权利的同时必须承担义务，承担义务的同时也意味着享受权利。权利与义务共存于同一法律关系主体之中。义务主体同时是权利主体，权利主体同时也是义务主体。但是，权利主体可以放弃享受权利，却不能放弃履行义务。

（二）教师的权利

教师的权利和义务是教师管理工作首先要明确的问题。只有了解教师的权利，才能有效地保护教师的权利；只有明确教师的义务，才能对教师提出合理的管理要求。教师在法律上的权利分为两部分：一是教师作为一般公民所享有的权利；二是教师作为教育者的权利。作为普通公民，教师享有《中华人民共和国宪法》所规定的公民的基本权利，如公民的政治权利、宗教信仰和自由、社会经济权利、文化教育权利等。作为专业人员，教师在从事教育教学活动中有其特殊的权利。这是一种职业特定的法律权利。本章所说的教师权利就是指教师的职业权利。

教师的权利是指教师在教育教学活动中依法享有的权益，是国家对教师能够做出或不做出一定行为，以及要求他人相应做出或不做出一定行为的许可与保障。依据《中华人民共和国教师法》的规定，我国教师享有以下基本权利。

1. 教育教学权

它是指教师有权进行教育教学活动，开展教育教学改革和实验。这是教师的最基本权利。作为教师，有权依据其所在学校的教学计划、教育工作量等具体要求，结合自身教学特点自主地组织课堂教学；有权依照课程标准的要求确定其教学内容、进度，不断完善教学内容；有权针对不同的教育教学对象，在教育教学的形式、方法、具体内容等方面进行改革和实验。

2. 科学研究权

它是指教师在教育教学活动中自由从事科学研究、学术交流、参与专业学术团体并在学术活动中自由表述自己的意见和学术观点的权利。教师在完成规定的教育教学任务的前提下，有权进行科学研究、技术开发、撰写学术论文、著书立说；有权参加有关的学术交流活动，参加依法成立的学术团体并在其中兼任职务；有权在学术研究中发表自己的学术观点，开展学术争鸣。

3. 学生管理权

它是指教师有权指导学生的学习和发展，评定学生的品行和学业成绩。作为教师，有权根据学生的身心发展特点和教育规律，因材施教，有针对性地指导学生的学习，并在学生的升学、就业等方面给予指导；有权对学生的思想品德、学习、文体活动、劳动等方面给予客观公正的评价；有权运用正确的指导思想和科学的方式方法，使学生的个性和能力得到充分发展。

4. 报酬待遇权

它是指教师有权按时获取工资报酬，享受国家规定的福利待遇以及寒暑假期的带薪休假。作为教师，有权要求所在学校及其主管部门根据国家教育法律、教师聘任合同的规定，按时足额地支付工资报酬；有权享受国家规定的福利待遇。

5. 民主管理权

它是指教师有权对学校教育教学、管理工作和教育行政部门的工作提出意见和建议，通过教职工代表大会或者其他形式，参与学校的民主管理。教师的民主管理权体现在以下方面：听取校长的工作报告，讨论学校年度工作计划、发展规划、改革方案、教职工队伍建设等重大问题；讨论职工奖惩办法以及其他与教职工有关的基本规章制度；讨论教职工的绩效工资分配方案以及其他有关教职工的一些福利事项；监督学校管理工作。

6. 进修培训权

它是指教师有权参加进修或者其他方式的培训。为了更新知识，不断提高自身素质，作为教师，有权参加进修或其他多种形式的培训，以提高思想认识、职业道德和业务水平。教育行政部门和学校应采取多种形式，为教师的进修培训创造有利条件，切实保障教师权利的实现。

（三）**教师的义务**

教师的义务是指依照法律规定教师从事教育教学工作必须履行的责任，表现为必须做出或不做出一定行为，是教师职业对教师的"应为"行为所提出的要求。教师的义务也分为两部分：一是教师作为公民应承担的义务，二是教师作为教育者应承担的义务。本章所说的教师义务指的是后者。

《中华人民共和国教师法》明确规定教师的义务如下。

第一，遵守宪法、法律和职业道德，为人师表。宪法和法律是国家、社会组织和公民活动的基本行为准则，教师教书育人，就应模范地遵守宪法和法律，而且要在教育教学工作中，自觉培养学生的法治观念和民主精神。教师应当自觉遵守职业道德，做到敬业爱岗，热爱学生，诲人不倦。教师担负着培养下一代的任务，在传授科学文化知识的同时，对学生的思想品德、个性形成有着重要影响，所以教师要注意言传身教，为人师表。

第二，贯彻国家的教育方针，遵守规章制度，执行学校的教学计划，履行教师聘约，完成教育教学工作任务。教师在教育教学活动中，应当全面贯彻国家教育方针，自觉遵守教育行政部门和学校及其他教育机构制定的教育教学管理的各项规章制度，认真执行学校依据国家规定的课程计划制订的具体教学计划，严格履行教师聘任合同中约定的教育教学职责，完成规定的教育教学任务，保证教育教学质量。

第三，对学生进行宪法所确定的基本原则的教育和爱国主义、民族团结的教育，法制教育以及思想品德、文化、科学技术教育，组织、带领学生开展有益的社会活动。作为教师，应结合自身教育教学特点，将政治思想教育和品德教育贯穿于教育教学过程之中，有意识地对学生进行爱国主义教育、民族团结教育、法制教育、文化科学技术教育，弘扬中华民族优良传统，引导学生逐步树立科学的人生观和世界观，教育学生爱祖国、爱人民、爱劳动、爱科学、爱社会主义，尊老爱幼，乐于助人，把学生培养成为有理想、有道德、有文化、有纪律的社会主义新人。

第四，关心爱护全体学生，尊重学生人格，促进学生在品德、智力、体质等方面全面发展。教师要关心爱护全体学生，对学生一视同仁，不因民族、性别、外貌、学习成绩等因素歧视学生，尤其是对那些有缺点的学生，教师应给予特别关怀，不能侮辱、歧视学生，不能体罚或变相体罚学生，不能泄露学生隐私。

第五，制止有害于学生的行为或者其他侵犯学生合法权益的行为，批评和抵制有害于学生健康成长的现象。作为教师，负有保护学生的合法权益和身心健康成长的义务，制止在学校工作和与教育教学工作相关活动中侵犯学生合法权益的违法行为；对社会上一切有害于学生身心健康成长的不良现象，如引诱学生抽烟、酗酒、赌博、吸毒，教唆学生从事危险的活动，向学生兜售黄色书刊、视频，在学校招收童工等，应予以批评和抵制，或向有关部门举报。

第六，不断提高思想政治觉悟和教育教学业务水平。教育教学工作是一项专业性较强的工作，担负着提高民族素质的使命，这就要求教师具有较高的思想觉悟和业务水平。为此，教师应加强学习，开阔视野，更新教育观念，调整知识结构，不断提高思想政治觉悟和教育教学业务水平，以适应教育教学的需要。

四、教师管理的内容

教师管理的内容包括教师资格、教师聘任、教师职务、教师培养培训、教师考核与奖励等。

（一）教师资格

教师资格是国家对专门从事教育教学工作人员最基本的要求，它规定着从事教师工作所必须具备的条件。教师资格制度是国家对教师实行的一种特定的职业许可制度。《中华人民共和国教育法》和《中华人民共和国教师法》明确规定，凡在各级各类学校和其他教育机构中从事教育教学工作的教师，必须具备相应教师资格，没有相应教师资格的人员不能聘为教师。

根据《中华人民共和国教师法》的规定，中国公民凡遵守宪法和法律，热爱教育事业，具有良好的思想品德，具备法定的学历或通过国家教师资格考试，有教育教学能力，经认定合格的，可以取得教师资格。受到剥夺政治权利或者故意犯罪受到有期徒刑以上刑事处罚的，不能取得教师资格；已经取得教师资格的，丧失教师资格。

取得教师资格应当具备的相应学历是：

（1）幼儿园教师应当具备幼儿师范学校毕业及其以上学历；

（2）小学教师应当具备中等师范学校毕业及其以上学历；

（3）初级中学教师应当具备高等师范专科学校或者其他大学专科毕业及其以上学历；

（4）高级中学教师应当具备高等师范院校本科或者其他大学本科毕业及其以上学历；

（5）高等学校教师应当具备研究生或者大学本科毕业学历。

教师资格是充任教师的起码条件，学校聘任教师只能等于或高于此标准，否则国家不予承认。许多国家对教师的资格标准都有严格的规定，而且随着社会发展不断提高。例如，美国20世纪初的小学教师学历要求为师范学校毕业生，中学教师为专科毕业生，20世纪70年代后，中小学教师均由高等师范学校培养。20世纪末，在综合大学或文理学院培养教育学士的基础上，设置教学硕士和教育博士学位，把硕士学位作为中小学教师的基本条件。随着教育形势的发展，特别是素质教育的推行，我国对教师素质提出了更高要求。我国中等师范学校已基本取消，今后所有中小学教师的学历要求都将在专科以上。随着社会的发展，教师资格要求将越来越高。

（二）教师任用

新中国成立后，我国中小学实施的教师任用制度主要有任命制和聘任制。

任命制是指在定编、定员、定岗、定职责的基础上，按照确定的学校教师职务的结构比例，由教育行政部门对符合任职条件的教师进行任命，任期由学校根据工作需要确定，教师的升、迁、转、调、退均由教育主管部门统一管理。

聘任制即通过双向选择，以合同的形式聘请教师的制度。我国目前正全面推行教师聘任制。学校实行面向社会公开招聘，平等竞争，聘任过程公开化，实现了教师就业机会的均等。教师凭实力上岗，学校择优录用，实现双向选择，优胜劣汰。教师聘任制是一种灵活的用人形式，根据教师个人特长、学校和具体实际，一个教师可以被一所学校聘任，也可以被多所学校同时任用。用人单位聘任教师也可以采取互聘、联聘、兼聘、返聘等多种聘任形式，从而实现了人力资源的社会共享，提高了师资管理的效益。

还有一种代用制，不属于法定的教师任用制度，但是在我国中小学客观存在。代用制是在教师数量不足的情况下，选择不具有教师资格的制度。这些临时担任教师工作的人员，被称为代课教师，他们在公立学校中没有事业编制。代用制虽然为解决中小学师资不足的问题发挥过重要作用，但是代课教师缺乏系统、正规的师范训练，素质参差不齐，劳动报酬低，管理上存在诸多问题。不少偏远贫困山区因财政困难而招不到公办老师，这些空缺仍需临时教师来填补，所以我国农村中小学仍有大量代课教师。

（三）教师工作考核

教师工作考核重在对教师履职过程及履职的效果进行考核。通过工作考核，一方面掌握教师履职的情况，发现问题，督促教师全面履行自己的职责；另一方面为教师的奖罚、续聘、升职提供依据。由于教师工作的特殊性，考核指标在很多方面难以量化，甚至不宜过分量化，所以教师履职考核的重点和难点有两个方面：一是如何制定科学的考核指标；二是如何运用比较合理的考核方法。

一般而言，教师考评指标包括素质指标、职责指标和效能指标三大方面。素质指标是从教师所承担的各种职责或完成任务应具备的素质和素质提高程度提出的指标，职责指标是根据教师所承担的职责的范围、大小、难度提出的指标，效能指标则是用来衡量教师工作效率和质量的指标。对教师进行履职考核，应以后二者为主，但不能忽视素质指标。在全面考核的基础上，对新教师应重点考核其教育教学的基本功，对有一定教龄的教师，应重点考核其创新能力与效果、教学研究能力与成果、指导新教师以及参与学校管理的能力与表现。

（四）教师培训

教师培训是教育行政部门和学校根据教育发展的要求，对教师开展的旨在提高其素质的培养训练活动，是教师专业化的主要途径。任何国家的教育成败，归根结底取决于教师的素质。现代社会发展日新月异，知识更新异常迅速，一个人离开学校三五年不学习，就无法适应。教师承担教书育人的重任，必须始终站在新知的前沿，更要注重培训学习。

教师培训形式多种多样：按培训途径来分，有校本教研、校外研修、网络培训；按学习形式来分，有专家讲座、经验交流、案例分析、考察学习、异校锻炼、导师带教；按培训内容来分，有理论培训、学科专业培训、教师技能培训；等等。

教师培训内容强调以专业为主，全面安排，按需施教，学以致用。既要注重教师整体素质的提高，也要注意针对性，以学校工作需要为主，以教师知识补缺为主，以校本培训为主。学历不达标的教师以接受学历教育为主，已具有合格学历和胜任教学的教师以接受继续教育为主。教师培训形式以在职为主，业余为主，自学为主。

（五）教师工资报酬

教师工资报酬是指国家或办学单位以货币或实物的方式支付给教师的劳动代价。它是教师维持家庭生活的主要经济来源。工资报酬的高低在一定程度上反映教师在社会生活中的地位。提高教师的工资待遇，是稳定教师队伍、提高教师队伍素质的重要手段。我国现行教师工资实行岗位绩效工资制度。教师工资由岗位工资、薪级工资、绩效工资和津贴补助四部分组成，其中，岗位工资主要体现岗位职责和要求，薪级工资主要体现工作表现和资历，绩效工资主要体现实绩和贡献，津贴补助主要是对在艰苦边远地区工作生活的教师的适当补偿。

第二节　教师人力资源管理

经济学把为了创造物质财富而投入生产活动中的一切要素通称为资源，包括人力资源、物力资源、财力资源、信息资源、时间资源等。其中，人力资源是一切资源中最宝贵的资源，是第一资源。人力资源又称劳动力资源或劳动力，具有广狭二义。广义的人力资源是指能够推动整个经济和社会发展、具有劳动能力的人口总和。狭义的人力资源是指一定时期内，组织中的人所拥有的能够被组织所用，且对价值创造起贡献作用的教育、能力、技能、经验、体力等的总称。人力资源管理是指通过招聘、甄选、培训、报酬等管理形式对组织内外相关人力资源进行有效运用，满足组织当前及未来发展的需要，保证组织目标实现与成员发展的最大化的一系列活动的总称。它是预测组织人力资源需求并做出人力需求计划，招聘选择人员并进行有效组织，考核绩效支付报酬并进行有效激励，结合组织与个人需要进行有效开发以便实现最优组织绩效的全过程。

一、教师人力资源管理概述

（一）教师人力资源管理的含义

教师人力资源是指进入学校管理活动领域，并与学校管理者发生功能联系、产生互动作用的具有智力劳动和体力劳动能力的教职工的总和，它具有生命性、能动性、动态性、智能性、社会性、增值性等特点。教师人力资源管理是对教职工的智力、体力劳动能力所进行的科学、合理的发掘、组织和使用，为充分实现学校目标提供可靠的人力保障的活动。

人力资源管理工作的一个重要内涵，就是能为组织提供增值服务。学校管理者始终要注意学校的人力资源管理工作是否符合学校业务发展的需要，要在了解业务发展目标的基础上，制定相应的人力资源管理工作政策和策略，以使业务目标尽快实现，而不是按管理者的主观愿望来管理人力资源。

（二）教师人力资源管理的目标

教师人力资源管理的目标主要包括以下几个方面。

1. 为学校的发展提供人力支持

学校兴衰系于学校管理者，也系于教师，学校的各项工作都要依赖教职员工去实施、完成。因此，学校人力资源管理的首要目标是通过招聘、培训、考评等活动，寻找合适的人员，进行合理配置，激发员工的工作热情，实现人事匹配，为学校的发展提供强有力的人力支持。

2. 建立新型的人事运作机制

传统的学校人事管理制度偏重于被动地用人，难以适应市场经济和教育改革的需要，因此，教师人力资源管理必须探索以聘用制为基础的能进能出的用人制度，建立客观、公正、全面、透明的评价制度，推行形式多样、自主灵活的分配机制，力求形成进出通畅、有序竞争、严格监管、有效激励、充满活力的人事运作格局，用科学的机制保证学校能够发现人才、留住人才、用好人才。

3. 实现人力资本的增值

人力资本是反映学校竞争力的重要指标，但它不是一个固定不变的常量，一方面，随着知识和技能的老化、工作激情的消减、精力的衰退，人力资本会不断贬值。另一方面，人的经验会不断积累，对工作规律的认识越来越深刻。为此，学校管理者应当为教职工创设学习提高和交流的机会，给他们不断注入工作的动力，使教师能得到持续性发展，从而使人力资本得到保值乃至增值，个人和学校均能从中受益。

4. 提高教职工的工作和生活质量

人力资源管理并不仅仅服务于学校的组织需求，也要服务于生活在学校中的每名教职员工。他们能否心情舒畅地工作，对工作环境的满意度如何，是否享受到工作带来的乐趣，这些都是人力资源管理所要关注的问题。提高教职工工作、生活质量是管理者的责任。

（三）与传统教师人事管理的区别

1. 管理观念上的区别

教师人力资源管理与传统教师人事管理在管理观念上有很大的不同，主要表现为：（1）传统教师管理视人为金钱动物或政治动物，人力资源管理是以“人”为核心，对人和人性的认识内容更广泛，思维视野更开放，更具有整体性和未来性；人力资源管理把人作为资源加以开发，人力资源被提高到了战略高度。（2）传统教师管理视教师为成本或生产技术要素，而且是一种高成本的“自耗性”要素；人力资源管理将人力视为组织的第一资源，一种最有活力、最有创造力、价值最大的资源。(3) 传统教师管理观念强调个人对组织的服从，组织的利益高于一切；人力资源管理认为人与组织权力均势，人不是组织的奴隶，主张组织为人服务，主张个人与组织双赢。(4) 传统教师管理观念无视人的个性，把人看作是符合统一标准的、没有差别的人，因而对人的要求也没有差别；人力资源管理将人视为“个性”的集合体，主张学校实行人性化管理、个性化管理。

2. 管理实践上的区别

教师人力资源管理与传统教师人事管理在管理实践上的区别主要表现在四个方面。(1) 传统人事管理的特点是以“事”为中心，将人视为“工具”，视为一种成本，只见“事”，不见“人”，只见某一方面，而不见人与事的整体性、系统性，强调“事”的单一方面的静态的控制和管理，属于“权力中心”，其管理的形式和目的是“控制人”。现代人力资源管理以人为核心，将人视作无可替代的、不能复制的“资源”，注重保护，注重产出和开发，注重教师专业的持续性发展，注重教师职业生涯管理，而不是一次性的压榨式使用。人力资源管理强调一种动态的心理调节和开发，属于“服务中心”，其核心是认识人性、尊重人性，以人为本。人力资源管理的根本出发点是着眼于人，其管理归结于人与事的系统优化，通过人来使物增值，使事增效，使学校取得最佳效益。(2) 传统人事管理属于学校的辅助性工作，主要是负责考勤、考核、档案及合同管理等事务，行使的是简单的业务职能。人力资源管理作为组织经营战略的重要组成部分，涵盖组织建设、文化建设与系统建设各个方面，通过学校文化整合战略、组织和系统，保证学校战略的执行和实现，推动学校长期稳定地成长。人力资源管理有获取、整合、开发、激励与控制五大职能。体现在人力资源规划、人员招聘、职业生涯规划、绩效管理、培训、薪酬以及劳动关系管理七大模块中，每个模块既相互独立又有机结合。这是传统人事管理所不能做到的。(3) 传统的教师管理注重外控式的封闭式的静态管理，教师人力资源管理是一种开放式的动态的管理，强调从整体效用出发，合理引进、选择和配备各级各类人员，形成合理的教师队伍结构，注重健全管理机制，重视激励原则，注重提升教师人力资源的贡献率，注重提升教师人力资源品位，强调人尽其才，才尽其用，用见其效。总之，强调把人管出活力。(4) 传统的教师管理强调刚性的、控制式的管理，而现代人力资源管理强调刚柔相济的激励式的管理，强调教师需要的满足，注重和谐的人际关系，强调情感投资，强调教师职业生涯的幸福。

（四）教师人力资源管理的意义

1. 深化教育改革的必然要求

教育改革的目的是为了盘活机制，提高效率。教师人力资源管理是整个教育机制中最具活力的因素，学校能否有效地实行人力资源管理，从根本上革除传统人事制度的弊病，建立起以聘用制为基础的能上能下、能进能出、有效激励、严格监督、竞争择优、充满活力的用人机制，不仅关系到学校的发展，而且关系到整个教育事业的发展。

2. 促进基础教育持续健康发展的需要

目前，我国的中小学教师队伍整体素质还不能适应素质教育及教育现代化的要求，教师的教育观念、知识结构、教学方法、教学能力亟待提高，教师队伍的结构性矛盾比较突出，城乡分布、学段分布与学科结构不尽合理，公开、平等、竞争、择优和合理流动的用人机制尚未建立，这些因素制约着基础教育自身的健康发展，也限制了教育发展的后劲。实施科教兴国战略，基础教育要优先发展，关键是要建设高质量的教师队伍，学校实行人力资源管理已经成为促进基础教育良性发展的关键所在。

3. 提高学校办学水平的关键所在

学校的办学水平要受制于多种因素，其中最为关键的因素是师资力量。高绩效的办学水平总是和高质量的师资队伍紧密相连的，尤其是在学校之间竞争日益加剧的时代背景下，要走通以质量求生存、靠特色求发展的办学兴校之路，必须仰仗一支高素质的教师队伍。高素质的教师队伍不会自发形成，需要管理者善于发现教师身上蕴藏的潜力，根据人才的合理结构对教师队伍进行优化配置，客观地评判教师的工作表现和实际业绩，为教师提供可持续发展的条件，构建“人员能进能出、职务能上能下、待遇能高能低”的竞争激励机制。总之，有效的学校人力资源管理能够为教师提供成长的一方沃土。

二、教师人力资源管理的内容

教师人力资源管理的内容包括教师人力资源规划、开发、评价和调整等方面。

（一）教师人力资源规划

教师人力资源规划指学校根据发展战略、教育目标与管理目标以及学校环境的变化，科学预测学校在未来教育、教学、科研、管理方面的教师人力资源供给与需求状况，从而制定相应的政策与措施，以保证学校在适当的时间和一定岗位上获得所需人才的数量与质量，并使学校与教职工的长期利益得到满足。教师人力资源规划可分为战略性的长期规划、策略性的中期规划和作业性的短期规划。

教师人力资源规划的过程包括四个步骤。

1. 搜集信息

人力资源信息指影响人力资源供求的因素，是进行人力资源规划的依据。信息质量在很大程度上决定了人力资源规划的有效性。人力资源信息可以分为学校内部信息和外部信息两大类。内部信息包括学校发展战略、经营计划、人力资源现状（包括员工数量和构成、员工利用情况、教育培训情况、离职率和流动性等）。外部信息包括宏观经济形势和教育发展形势、技术发展趋势、师资市场供求状况、人口和社会发展趋势以及教育政策法规情况等。

2. 供求预测

在搜集、分析人力资源需求和供给影响因素的基础上，采用以定量为主，结合定性分析的预测方法，对学校人力资源需求与市场供给进行预测。这是人力资源规划中技术性最强的工作，也是最关键的工作，其准确性直接决定规划的效果和成败。

3. 制定规划

即根据人力资源供求预测结果，提出学校人力资源管理的总体规划以及各项具体工作的目标、策略及投入等。在制定规划的过程中，还要做好与学校其他计划的衔接和平衡。这是人力资源规划中比较细致的环节。

4. 监督与反馈

监督是关注人力资源规划执行过程是否符合规划要求的活动。反馈是将执行情况输送给决策者或执行者，与规划标准进行比对，以便发现问题，及时调整。规划制定出来以后，在实施过程中要加强监督，发现问题要及时加以纠正。规划实施后，还要对规划进行评估，积累经验，以指导以后的人力资源规划工作。在评估人力资源规划时，需要将执行结果反馈给决策中心或执行部门，与规划的内容进行比较，找出两者的差距，并分析产生差距的原因，以便做出适当的调整。

（二）教师人力资源开发

教师人力资源开发是以政策为导向，以学习为基础，以创新为动力，以激励为手段，持续不断地增强学校成员的能力，改变其工作态度，形成群体合力，提高学校整体效能的管理活动。人力资源开发的成功与否，直接影响到学校教育目标和管理目标的实现。人力资源开发包括选人、用人、育人和留人等内容。本章第三、四、五节将重点从教师聘任、教师专业发展和教育工资待遇三方面展开论述。

1. 选人

即根据工作岗位要求选拔聘用教职工，是学校人力资源开发的重要内容。学校选聘教职工的途径有两个。一是内部选聘。它主要根据平时绩效考评与平时工作状况择优聘任，签订合同。内部选聘可以鼓舞士气，激发上进心。学校内部教职工对学校整体工作目标、发展过程与存在的问题了解充分，既能有效开展工作，具有继承性，又能形成学校优良传统。学校内部教职工互相了解，管理者熟悉，任用中能扬长避短。二是外部招聘。学校根据教职工任职资格和条件，通过笔试、试教、面试等程序公开招聘教职工。外部招聘可以缺什么人才招聘什么人才，补充新鲜“血液”，带来新思想、新方法。

2. 用人

即合理配置和有效使用教职工，这是学校人力资源开发的主要目的。只有用人得当，学校工作质量与产品质量才会不断提高。用人，一要量才录用，用其所长，避其所短，充分调动人的积极性，激发潜能，达到事半功倍的效果；二要合理协调学校人员结构，充分发挥教职工个人优势与集体优势；三要根据教职工的身心要求，重新设计工作，尽可能使工作丰富化，不断提高工作效率；四要注重工作环境设计，为教职工创造一个舒适的工作环境。

3. 育人

即根据工作需要提高教职工素质的活动，这是学校人力资源开发的主要工作之一。学生需要培养，教师也需要培养，教师培养是提高学校教育、教学、科研和经营管理工作质量，推动学校发展的基础与动力。教师培养主要通过岗前培训、在职培训和脱产培训等形式，对教职工进行职业道德教育、基础知识教育与基本技能训练、专业知识教育与专业技能训练、学校管理知识与技术教育培训等。

4. 留人

即吸引教职工长期为学校效力，保持教师队伍相对稳定的工作。这是学校人力资源开发的关键。留不住人才，就会导致学校教育教学、科研和经营管理的巨大损失。留住教师，既需要政府提高教师待遇，改善办学条件，也需要学校管理者创造良好的学校人文环境。学校管理者在人力资源开发中特别要注意如下两点。一要善于激励。有效的激励必须建立在认清个体差异的基础上，使人与职务相匹配；运用目标激励，确保目标对个体的吸引力；个别化奖励，使奖励与绩效挂钩；激励不分亲疏，努力保持公平性；遵循精神激励与物质激励结合、外在激励与内在激励结合、正面激励与负面激励结合、按需激励与公平激励相结合的基本原则，激发教职工内在动力和要求，使其在工作中发挥最大潜力。二要善于领导。学校管理者在人力资源开发中要强化留人举措，事业留人，情感留人，薪酬留人，以管理者的人格魅力、学校远景目标和教师的职业发展引领教师为学校效力。

（三）教师人力资源评价

1. 教师人力资源评价重点

教师人力资源评价即搜集、分析研究和评价教师的工作态度、行为与工作结果方面的信息，对教师工作实绩做出价值判断的过程。评价包含的内容相当广泛，如素质测评、士气调查、绩效评价等，其中最重要的是绩效评价。学校管理者应当建立科学的绩效评价系统，采用科学的手段搜集、分析、评判教职工的工作态度、行为和工作结果方面的信息，以确定其工作实绩，并将绩效评价结果反馈给教师本人。评价的目的是帮助教师认识自己的优点与不足，发扬成绩，改进不足，并针对教师的实际需要制订培训方案和职业生涯发展计划，改进其未来工作行为，推动学校整体工作目标的最佳达成。同时，教职工绩效评价也是制定学校劳务报酬和奖惩制度以及从事职称评定、职务升迁的客观依据。

2. 教师人力资源评价方法

教职工绩效评价要遵循公正、规范、客观和科学的原则，运用因素评价法、比较排序法和查核表法等，定期或不定期、定性或定量地对教职工的工作实绩和行为表现等方面进行评价。在程序上坚持自我考评、民主考评、绩效考评等环节，着力在“实际程度”（实际绩效与目标及标准值之比）、“复杂困难程度”、“努力程度”等要素上进行分析考评，以“达到程度”为主。

因素评价法是将一定的分数按照权重分配给各项绩效考核指标，使每项绩效考核指标都有一个评价尺度，然后根据被评价者的实际表现在各评估因素上评分，最后汇总得出的总分就是被考核者的考核结果。

比较排序法是对教师的绩效进行比较后，根据成绩优劣排名的方法。它又可分为简单排序法、交替排序法和配对比较法。简单排序法是依据某一考评维度，如工作质量、工作态度，或者依据员工的总体绩效，将被考核者从最好到最差依次排序。交替排序法就是根据某些工作绩效评价要素将员工们从绩效最好者到绩效最差者依次交替进行排序的方法。配对比较法也称为两两比较法或对偶比较法，是较为细化和有效的一种排序方法。具体做法是：将每位被考核者按照所有评价要素，如工作质量、工作数量、工作态度等，与其他员工一一比较，优者记为“1”，劣者记为“0”，然后计算每个被考核者的具体得分，排出次序。

查核表法是将所要评比的项目，如员工的行为表现、特征及工作特性等，事先列在查核表内，主管人员再依据查核表内的项目进行绩效评估的方法。

（四）教师人力资源调整

教师人力资源调整是为了使人适其事、事得其人、人事相宜而对教师的岗位职务做出的变动。从内容而言，包括人员调配系统、晋升系统及各项有关制度的调整；就调整幅度而言，包括结构性的大调整和局部的微调；就调整方式而言，有激进式的调整和渐进式的调整；就调整方向而言，有上与下、进与出的调整；等等。对于部分教师而言，调整是残酷的，但对于学校组织而言，调整又是必需的。通过调整，学校能够顺利地完成新老交替，可以实现人力资源的优化配置，有助于激发教职员工的积极性，并保持学校的活力。

第三节　教师聘任制

教师聘任制是聘任双方在平等自愿的前提下，由学校或者教育行政部门根据教育教学岗位设置，聘请有教师资质或教学经验的人担任相应教师职务的一项教师任用制度。推行教师聘任制对建立一支合格稳定的教师队伍，提高教师的社会地位和待遇，促进教师合理流动，增强教师队伍活力，调动教师教书育人的积极性，提高教育教学质量，具有重要意义。

一、教师聘任制与相关制度的关系

教师聘任是学校人力资源管理的初始环节，既涉及事也涉及人。事即工作任务，以岗位来表示；人即任事者，以职位来衡量。相应地，教师聘任制直接与教师岗位聘任制、教师职务聘任制、教师职称评定等制度相关。

（一）教师聘任制与教师岗位聘任制的关系

教师聘任制是一种以教师职务为基础的岗位聘任制度，即学校按工作任务需要设置教师职务岗位，明确岗位职责和任职要求，按岗位任职要求选择合适的任职人选，学校与受聘教师签订聘约，明确聘期和双方的权利、义务；受聘教师在聘任期内履行相应的岗位职责，享受相应的职务工资待遇。

岗位即根据工作需要设置的职位。没有岗位，再优秀的人才都不能聘用。一个单位设置多少岗位，主要根据单位的现实需要和未来发展而定。设计组织中承担具体工作的岗位称之为定岗。与岗位存在密切关系的另一个概念是编制，所谓编制，是指为完成组织的功能，经过授权的机关或部门批准的单位内部人员的定额、人员结构比例及对职位（岗位）的分配。设计组织中从事某个岗位的人数即定编。学校编制一般根据师生比来核定，财政部门据此拨款。在实际工作中，定岗和定编是密不可分的，当一个岗位被确定之后，也就相应地要确定数量和质量要求。教师岗位聘任要求在数量上不得突破学校编制，在质量上不得降格以求。

根据教育部、人事部 2007 年颁发的中小学教师岗位设置文件，我国中小学设管理岗位、专业技术岗位和工勤技能岗位三种。管理岗位指担负领导职责或管理任务的工作岗位。专业技术岗位指从事专业技术工作，具有相应专业技术水平和能力要求的工作岗位。教师岗位是专业技术主体岗位。工勤技能岗位指承担技能操作和维护、后勤保障、服务等职责的工作岗位。中学教师岗位共划分为 9 个等级，小学教师岗位按 6 个等级划分。教师高级岗位五至七级之间的结构比例为 2∶4∶4，中级岗位八到十级之间的结构比例为 3∶4∶3，初级岗位十一级、十二级之间的比例为 5∶5。对于乡镇以下规模小、人员少的义务教育学校或教学点，专业技术岗位设置的结构比例以学区为基础实行集中调控、集中管理。

表 10-1　中小学教师专业技术岗位设置结构比例控制标准

学校类别	高级				中级				初级			
	合计	五级	六级	七级	合计	八级	九级	十级	合计	十一级	十二级	十三级
	≤%	≤%	≤%	≤%	≤%	≤%	≤%	≤%	≤%	≤%	≤%	≤%
中学一类：省级重点高中；示范高中；职业高中	35	7	14	14	50	15	20	15	15	7.5	7.5	
中学二类：高中；职业高中和完全中学	30	6	12	12	45	13.5	18	13.5	25	12.5	12.5	
中学三类：初级中学；初级职业中学	20	4	8	8	45	13.5	18	13.5	35	17.5	17.5	
小学一类：市（州）直属、区规模较大小学（24 个教学班以上）	10	2	4	4	60	18	24	18	30	15	15	
小学二类：区小学；县（市）规模较大小学（24 个教学班以上）	5	1	2	2	60	18	24	18	35	17.5	17.5	

续表

学校类别	高级				中级				初级			
	合计	五级	六级	七级	合计	八级	九级	十级	合计	十一级	十二级	十三级
	≤%	≤%	≤%	≤%	≤%	≤%	≤%	≤%	≤%	≤%	≤%	≤%
小学三类：县（市）小学和乡镇中心小学	2	0.4	0.8	0.8	60	18	24	18	38	19	19	

说明：1. 高级教师中五级、六级、七级岗位之间比例为2∶4∶4。

2. 中级教师中八级、九级、十级岗位之间比例为3∶4∶3。

3. 初级教师中十一级、十二级岗位之间比例为5∶5。

（二）教师聘任制与教师职务聘任制的关系

《中华人民共和国教师法》第十六条规定“国家实行教师职务制度”，第十七条又提出“学校和其他教育机构应当逐步实行教师聘任制”。教师职务制度与教师聘任制是具有密切关联的两种学校人事任用制度。教师职务制度是对教师受聘职务的要求做出的规定，包括职务的种类、名称、不同职务的职责要求、任职条件、职务考核和评审要求等内容。教师聘任制是聘任双方在自愿的基础上，由学校或教育行政部门根据教育教学岗位设置要求，聘任具有相应职务的教师担任相应教师职务的一项制度。对学校如何聘任教师上岗做出的规定，包括聘任的基本原则、受聘者的职务要求、聘任的程序、聘任的方法等。其中受聘者的职务要求，即根据教师职务制度的规定进行，换言之，教师职务制度是教师聘任制度的基础。教师职务制度与教师聘任制的结合，就构成了教师职务聘任制度。在教师职务聘任工作中，考察评价教师的重点着眼于教师的履职能力上，看其能否履行相应的职务职责。

教师职务聘任制度的基本要求是：按工作任务需要设置教师职务岗位，明确岗位职责和任职要求；以岗位任职要求选择合适的任职人选；按岗位聘任，签订聘约，明确聘期和双方的权利、义务。受聘上岗人员在聘任期内履行相应的岗位职责，领取相应的职务工资，享受相应的待遇。用人单位按聘约管理，对被聘教师履职情况进行考核，考核结果作为续聘、解聘、职务变动和奖惩的依据。实行教师职务聘任制度，其重要意义在于引入竞争激励机制，破除教师职务终身制，强调能上能下，强调履行岗位职责，强调权责利相统一的用人机制。实行教师职务聘任制度的目的在于鼓励广大教师不断进取，鼓励学校选好人才，用好人才，优化队伍结构，不断提高办学效益和办学水平。

实施教师职务聘任制度的前提是建立教师职务系列。所谓教师职务系列，即根据各级各类学校教育教学的需要而设置的不同教师岗位职务的统称。我国1986年开始建立的中小学教师职称制度，将普通中小学分别设三级教师、二级教师、一级教师和高级教师等职务，其中三级教师和二级教师为初级职务，一级教师为中级职务，高级教师为高级职务。2011年，教育部改革中学和小学教师相互独立的职称（职务）制度体系，建立统一的中小学教师职务制度。教师职务分为初级职务、中级职务和高级职务。原中学教师职务系列与小学教师职务系列统一并入新设置的中小学教师职称（职务）系列，统一职称（职务）等级和名称。初级设员级和助理级；高级设副高级和正高级。员级、助理级、中级、副高级和正高级职称（职务）名称依次为三级教师、二级教师、一级教师、高级教师和正高级教师。

教师职务是根据学校教育教学工作需要而设置的工作岗位，不同职务的职责和任职条件不同。教育部颁布的《中小学教师专业技术水平评价标准》是中小学教师职称评审的重要基础和主要依据，评审教师职务时，必须根据《中小学教师水平评价基本标准条件》，经过教师职务评审委员会从政治思想、文化专业知识水平、教育教学能力、工作成绩和履行职责的情况几方面全面考核，择优晋升，再由校长根据岗位设置和限额实行聘用。

（三）教师聘任制与教师职称评审的关系

职称的本义即职务的名称，只是表示一个人的职务，不一定表示水平、能力和贡献。在我国，职称制度经历了一个漫长、复杂的过程，职称的内涵逐渐出现了变化，包括了职务、职位、学衔、资格等多种含义。1986年，我国统一实行了专业技术职务聘任制，不再实行“职称”制。由于人们习惯职称这个词，“职称”便沿袭下来，人们把它理解为区别专业技术或学识、水平、能力与成就的等级称号，成为反映专业技术人员学术水平、工作能力及过去成就的标志，作为对专业技术人员的一种评价和承认。这与职称的本义是不相符的。严格地说，“职称”就是专业技术职务的名称，其本质就是专业技术职务。

学校教师专业技术职务简称教师职务，是根据学校教学、科研等实际工作需要设置的，有明确的职责、任职条件和任期，并需要具备专门的业务知识和相应的学术技术水平、身体健康，才能担负的专业技术工作岗位。它具有以下特点：（1）与工资待遇挂钩；（2）有数额限制；（3）有任期；（4）有明确的职责，与工作岗位紧密联系，只能依附于岗位而存在；（5）有明确的任职条件，相同的职务，因具体岗位不同，其任职条件可以有所不同；（6）离退休教师不能参加职务评聘，教师退休后其职务自然解聘；（7）教师能否被聘相应教师职务，首先取决于岗位需要，其次才取决于自身具备的条件。考核教师是否具备任职条件，不仅要考察教师的学术水平、工作能力及工作实绩，还要考察教师的思想政治表现、职业道德、发展潜力、身体状况、年龄因素等方面的情况，看他能否履行相应的职务职责。

2011年起，我国建立统一的中小学教师职称制度，教师职务分为初级职务（员级和助理级）、中级职务和高级职务（副高级和正高级），与此相对应的职称系列依次为三级教师、二级教师、一级教师、高级教师和正高级教师。实现教师职称制度与事业单位岗位聘用制度的有效衔接，中小学教师职称评审只能在核定的岗位结构比例内进行，不得进行岗位结构比例之外、与岗位聘用相脱离的资格评审。

表10-2 教师职务与教师职称对应关系表

级别	专业技术岗位	教师职务	教师职称
高级职务	1—4级	正高级	正高级教师
	5—7级	副高级	高级教师
中级职务	8—10级	中级	一级教师
初级职务	11—12级	助理级	二级教师
	13级	员级	三级教师

教师聘任制是一种职务聘任制，既然是职务聘任，必然涉及教师的技术职务（职称）评审。中小学教师职称评审是中小学教师岗位聘用的重要依据和关键环节，岗位聘用是职称评审结果的主要体现。从这个角度来说，职称是评出来的，职务是聘出来的。

我国教师职务评聘有三种形式。一是以评代聘，即每年教育行政机关给各中小学审批下达当年该校可使用的职称评定指标，实际上是确定学校当年可以聘任的专业技术岗位的数量。学校成立评审小组，按指标数筛选出同意推荐的申报人员，上报有关省、地、县评审委员会，经评委会评审通过的人员即由学校聘任相应的教师职务。二是以聘代评，即政府人事部门不再组织教师专业技术职称评审，改由教师所在学校成立教师专业技术职务评聘委员会，按照规定的任职条件对教师进行综合考核，择优聘任教师担任相应的专业技术职务。三是评聘分开，即任职资格的评审与校内教师职务的聘任相分离。教师晋升高一级专业技术职务，其任职资格的评审不受单位岗位职数的限制，由个人根据专业技术职务任职条件和规定的程序申报。教师取得高一等级职务的任职资格后，并不一定会晋升教师职务，其能否晋升职务和工资，还要看学校是否有此类职务的空缺以及该教师能否竞聘成功。教师的工资福利按其实际受聘职务（专业技术岗位）的等级确定。以评代聘和以聘代评都属于评聘合一，评聘合一可以减少某些环节，但是从整个中小学教师任用制度的构建上看不尽合理，也不太符合中小学教师的心理需求。一般而言，中小学教师职务评定是政府行政行为，教师职务聘任则是学校内部人事管理行为，以评代聘，存在行政权力代替学术权力的弊病；以聘代评，容易产生降低教师的专业地位的后果；先评后聘，评聘分开，学术权力与行政权力分离，更符合法理。

二、实行教师聘任制的缘由

长期以来，我国把教师队伍（包括具有干部身份的职员）纳入国家干部管理系统进行管理，这种计划调配、统一管理的学校人事管理制度，是在计划经济体制下形成，并与计划经济体制相适应的。

（一）传统教师任用制度的利与弊

传统教师任用制度的优点是：（1）有利于教师队伍的统筹规划和管理，有利于照顾地区教育发展的不平衡。（2）有利于保证教师安心工作，教师不用担心失业；师范生在校也可以安心学习，不用担心将来找不到工作。（3）有利于学校教师队伍稳定，学校管理者不用担心教师跳槽。

随着改革开放的深入和市场经济体制的逐步建立，这种管理已经不适应经济体制和教育改革的需要，其弊端主要有以下一些：（1）教师管理方式过于集中统一，教师来源统得过死，学校和教师都没有充分的双向选择权力。（2）教师由教育行政部门统一配置，一旦分到学校就定了终身，归学校所有。学校没有用人权，需要的人进不来，也留不住，不需要的人又出不去，造成许多学校既超编又缺人。（3）教师管理制度不健全，管理工作不规范，缺乏严格的责任制，加之分配上的平均主义，使教师缺乏工作积极性。（4）由于人员不能正常流动，不称职教师占据工作岗位却不能很好履行职责，学校只得想方设法增加人员，使得部分学校尤其是城市学校人员超编严重，工作效率低下。教师职务聘任制度可以有效地解决以上弊端。

（二）教师聘任制的目的

实施教师聘任制的目的，是通过建立公开平等、竞争择优、能上能下、能进能出的用人制度，破除教师职务终身制，形成持续有效的调动教师积极性、优化教师队伍、提高教育教学质量和办学效益的人事管理机制。

三、教师聘任制的内容

教师职务聘任制也好，教师岗位聘任制也好，都属于教师聘任制。前者强调教师拥有相应职务才能竞聘相应岗位，而教师职务是根据教师过去的工作成绩来评定的，以此激励教师努力工作，干出成绩，才能竞聘理想的岗位；后者重在强调教师聘任制应按照岗位的数量和质量要求来聘任教师，既保证教师素质胜任岗位要求，又保证不突破编制限额。

教师聘任制依其聘任主体实施行为不同可以分为以下几种形式。(1) 招聘。即用人单位面向社会公开择优，选择具有教师资格的应聘人员。(2) 续聘。即聘任期满后，聘任单位与教师继续签订聘任合同。(3) 解聘。即用人单位因某种原因不适宜继续聘任教师，双方解除合同关系。(4) 辞聘。即受聘教师主动请求用人单位解除聘任合同的行为。

教师聘任制是一个完整的制度体系，主要内容包括以下几方面。

(1) 公开招聘制度。学校新进人员必须在核定的编制和增人计划内面向社会公开招聘，实现用人上的公开、公正、公平。公开招聘教师的主要程序包括：发布招聘公告—资格条件审查—组织考试考核—择优确定拟聘人员并公示—审核备案—与受聘人员签订聘用合同。

(2) 竞聘上岗制度。学校聘任教师要按照岗位需求和岗位条件，通过考试、考核等方式公开选拔岗位所需要的人才。按学校发展要求，科学合理地设置各级各类岗位；明确岗位职责、任职条件和聘任期限，通过竞争上岗的方法产生聘任人选。

(3) 聘用合同制度。教师应与学校在平等自愿、协商一致的基础上，签订聘用合同，以契约的形式明确双方的权利和义务。聘约合同书中明确规定岗位职责、工作目标和任务，聘用期限、报酬待遇、工作纪律、违约责任及双方认为需要规定的其他条款。合同要力求详尽，并体现不同岗位的特点和要求。

(4) 定期考核制度。学校应对受聘人员履行岗位职责、完成工作任务的情况进行年度考核和任期考核。考核时以聘约合同为依据，主要考核聘任期间履行岗位职责和完成工作任务情况。任期考核同时与新一轮聘任相结合，任期考核获得优秀等次的可直接续聘；考核合格的可以参加新一轮的竞争上岗；考核基本合格的视情况缓聘半年至一年；考核不合格的不得续聘。

(5) 解聘辞聘制度。学校可以按照聘用合同解聘受聘人员，受聘人员也可以按照聘用合同辞职辞聘。合同期满后若不再续签合同，双方工作关系自行解除，聘用方可按岗再行招聘，而受聘方则有权另谋出路。

(6) 监督检查制度。政府应通过建立人事争议仲裁制度和司法救济制度，保证聘用制度的规范运行。教育主管部门和人事争议仲裁部门应不定期对学校的聘任工作和职数使用情况进行检查，对违反规定程序和要求开展聘任工作的，应责令整改。学校和受聘人员在履行聘约过程中发生争议的，由双方平等协商解决，也可向教育主管部门申请协调或依照有关规定申请仲裁。

（一）教师聘任制的原则

1. 按需定岗，因事设职

教师能否被聘任需要两个条件，除了教师必须具备相应职务之外，还需要有相应的岗位，即中小学教师职务聘任和岗位聘用统一。所谓岗位，就是根据学校工作的实际需要确定的工作职位。教师岗位设置既要考虑学校工作需要，也要考虑教师的教育教学水平和能力，注意职位分类与品位分类相结合。在此基础上，以岗择人，按岗聘任。

2. 择优聘任，鼓励竞争

国家规定了学校不同教学岗位的任职条件，这是教师岗位聘任的底线，学校教师聘任应以此为标准。不同地区、不同学校甚至不同学科、不同专业之间的具体任职条件也可以有所区别，但不得低于国家规定的标准。教师岗位聘任应坚持任人唯贤、择优聘任的基本原则，让德才兼备的教师上岗，形成一种优质优聘的聘任导向，鼓励教师公开竞争。

3. 人事相宜，责权利统一

聘任教师上岗不仅要求教师德才兼备，还要考虑教师的专长与岗位的要求一致，适人适事。教师上岗要明确职责，按职责授予相应的权利，根据所任职务和工作实绩享受相应的待遇。责权利统一既有利于调动教师工作积极性，也有利于提高学校工作效率。

4. 地位平等，聘任公开

教师聘任应在双方地位平等的前提下实现双向选择，学校有权聘任或不聘任某位教师，教师也有权接受聘任或拒绝聘任，双方平等、自愿，协商一致，谁也不能强迫另一方。为保证聘任的公平公正，应坚持岗位设置公开、实施方案公开、聘任条件公开、操作程序公开、聘任结果公开。

（二）教师聘用程序

教师聘任制一般分为聘用、任用两个步骤。聘用是以合同的形式确定学校与教师的基本人事关系。任用是指用人单位通过契约明确受聘教师的工作岗位和工作职责。聘任工作一般按照学校公布聘任程序、个人申报、聘任小组考核、学校聘用的基本程序进行。

1. 学校公布聘任程序

学校教师聘任工作领导小组，向教师张榜公布学校应聘的教师编制数、设定的工作岗位、岗位说明书、岗位责任目标、岗位工资标准以及教师聘任的过程，报告岗位余缺，引导富余人员进入教育人才市场交流。

2. 个人申报

个人申报是指中小学教师竞聘相应岗位，要按照不低于国家和当地制定的评价标准条件，按规定程序向聘用学校提出申请，并提交相关材料。

3. 聘任小组考核

考核是指学校教师聘任工作领导小组对参加竞聘的教师，从德能勤绩、学历水平、身体健康状况、教师资格等方面进行综合性量化考评，择优聘任各岗位人员，广泛征求意见，并张榜公布拟聘教师及岗位，接受教师、社会的监督。

4. 学校聘用

待初聘教师名单公示以后，经受聘教师与学校协商，达成协议，由学校校长与受聘教师正式签订具有法律效力的聘任合同，并进行司法公证。

（三）教师聘任制的特点

真正的教师职务聘任制应具有如下特点。(1) 双方地位平等，双向选择。学校有权选择或不选择某教师上岗，教师也有权接受聘任或拒绝接受聘任。(2) 对教师的聘任必须以岗位需求和教师职务为基础。能否聘用某教师，首先取决于是否有岗，其次取决于应聘教师是否具有相应的职务，但这仅仅是必要条件，充分条件是教师必须具有胜任该岗位的工作能力。(3) 聘任范围是开放的，即聘任对象不限于校内具有教师资格的教师。(4) 学校与被聘教师签订聘任合同，明确规定双方的权利、义务和责任，规定教师所担任的职务、任期和享有的报酬和福利待遇，并按合同对教师实施管理和考评。

四、教师聘任制常见问题分析

（一）教师聘任制问题的表现

我国当前中小学实行的教师聘任制并不规范，处于新旧体制转换的过渡状态，离真正意义上的教师职务聘任制还有较大距离，表现在如下几方面。

1. 聘任主体不明

教师属于政府雇员还是学校雇员？谁是教师聘任的主体？一些地方采用教育行政部门和学校校长共同聘任的方式，一些地方采取校长聘任的方式，还有学校采取逐层聘任的方式，即校长聘教导主任，教导主任聘教师，还有学校由教师民主投票实行差额聘任。聘任主体不明，聘任方式各异。

2. 考评缺乏明确的指标

虽然教师聘任普遍强调考核教师的德、能、勤、绩，由于缺乏比较具体的指标体系，考评往往走样，或变味为关系聘任，或热衷于末位淘汰，或走过场皆大欢喜。

3. 聘任目的偏离

在聘任制的操作过程中，某些地方为减少财政支出，不考虑学校是否真正超编，强行规定落聘比例，然后以低薪聘任代课教师，完全背离了教师聘任制的宗旨。

4. 聘用监督机制不健全

现行的教师聘任制缺乏完善的监督机制，难以保证评聘程序公正规范和评聘过程公开透明，教师缺少维权途径。教师聘任合同不规范，内容不完备，执行随意性较大。一些地区学校方面履约能力差，被聘教师的工资福利得不到保障，聘用合同如一纸空文。

5. 以聘代管现象严重

实行聘任制的目的之一就是以聘任促管理，向管理要质量。而某些学校管理者把聘任制当作灵丹妙药，以为聘任了就万事大吉。平时疏于管理，不了解教师工作状况和思想动态，不关心职工冷暖，一旦教师工作中出现差错，则以解聘相威胁。这样一来，聘任制不但未起到应有的作用，反而帮了庸官、懒官的忙，滋生了官僚主义和腐败行为。

6. 合格教师储备不足

在自然条件恶劣、经济落后的地区，合格教师储备不足，缺编现象严重，校长无人可聘，教师聘任制形同虚设。

（二）教师聘任制问题归因

教师聘任制实施不到位的原因是多方面的。(1) 国家教育行政部门有关教师聘任制的法规缺位，各地按照学校自身具备的条件来试行，处于尝试之中，不规范自然难免。(2) 教师人才市场还没有形成，高素质教师人才储备不足，职业保障制度不完善，教师落聘后的培训政策、再就业制度不配套。(3) 各地经济发展不平衡，教师待遇偏低，而且差别大，多数学校缺少吸引高素质人才的物质条件。(4) 教师素质偏低，中高级教师职务比例偏低，导致教师职务结构失调，也是困扰教师聘任制的一个重要原因。

（三）完善教师聘任制的思路

1. 正确认识教师职务聘任的目的

教师聘任的目的是为了优化教师队伍结构，调动教师工作积极性。学校管理者要树立依靠教师办学的观念，通过聘任促进教师发展，逐步优化教师队伍结构。教师聘任是教师管理的重要一环，不能以聘代管，更不能借聘任排斥异己。

真正好的聘任，是让合格教师更自信、更心安，不合格教师更心服、更努力的聘任。

2. 规范教师职务聘任的程序

基础教育的稳定性大于可变性，共性大于差异性，对于基础教育阶段学校教师的职务聘任，应以稳定为主，教师聘任期限不宜过短。特别要明确，教师是国家公职人员，教师的聘任主体应该是代表国家行政的政府，政府委托校长管理学校，校长有学校人事管理权。但参考发达国家的经验，在教师聘任问题上，应以政府聘任为主，校长参与并有较大的发言权。可以在政府把关确认的人选范围内，校长自主聘任。做到标准公开，程序公开，结果公开。教师聘任合同的签订程序和签订内容必须合法。可以由教育行政部门以文件的形式规定教师聘用的主要条款，学校根据本校的具体情况制订聘任制实施细则，依法有序地实施教师聘任制。

3. 完善教师岗位责任制

学校必须建立一套相对稳定、规范、合理的制度，特别是校内各种岗位责任制及其量化考核标准，对教师进行公平、公正的综合考评。教职工能否被学校聘用，以后是否能续聘，关系到每个教师的利益，完善的岗位责任制和公平公正的考评，才会让教师心服口服，教师聘任制才能落到实处。

4. 慎重对待教师落聘问题

教师聘任必然有上有下、有进有出，如何保证聘任的公平公正，维护教师和学校双方的合法权益，防止落聘教师成为学校不稳定因素，需要政府部门和学校加强监管。一是制订教师解聘的执行细则，使教师解聘有据可依。《中华人民共和国教师法》第三十七条规定，教师有下列情形之一的可以解聘：故意不完成教育教学任务给教育教学工作造成损失的；体罚学生，经教育不改的；品行不良、侮辱学生，影响恶劣的。这些规定在执行中弹性较大，为了确保公平，需要制定细化量化的执行标准。二是完善教师聘任的监督保障制度，防止教师聘任制演变成拉帮结派、排斥异己的工具，影响学校的和谐发展。三是积极应对教师聘任过程中出现的新问题，如成立教师人事争议调解委员会，调解教师聘任纠纷；为落聘教师提供各地用人信息，方便教师应聘；为落聘教师提供培训学习机会；等等。

5. 增加合格教师数量

学校要想聘到合格教师，首先要增加合格教师储备，改变无人可聘的局面，这需要政府加大师范生培养力度、教师培训力度以及偏远落后地区教师优惠政策的倾斜力度。其次要提高教师的工资待遇，特别是农村教师工资待遇，完善教师队伍补充机制，吸引大批优秀人才从教。

第四节　教师专业化

教师专业化的研究有两种视角：一种是社会学视角，另一种是教育学视角。社会学视角的教师专业化注重教师专业素质与教师社会地位的关系，教育学视角的教师专业化注重教师专业素质与教师专业服务水平和效果的关系。本节主要从教育学视角探讨教师专业化问题。

一、概念界定

（一）职业与专业

随着经济与社会的发展，社会分工不断加剧，某些专门的社会服务活动逐渐成为有独特的技术、专门的服务对象、共同的标准的活动，在社会分工体系中占有着不可替代的作用，这就是职业。从社会角度看，职业是一种社会分工；从个人角度看，职业是个人为获取主要生活来源而从事的社会性工作类别。职业具有五大特点：（1）需要专门的知识和技能；（2）为社会创造物质财富或精神财富；（3）有报酬；（4）有继续性；（5）为良习公俗所认可。换言之，不具有技能要求、什么人都可以干的不是职业；不能为社会创造物质财富或精神财富的不是职业；有报酬而无工作或有工作而无报酬不属于职业；临时性、机会性的工作不属于职业；违背良习公俗的工作，即使有报酬、有继续性，也不被承认是职业。职业是参与社会分工，利用专门的知识和技能，为社会创造物质财富和精神财富，获取合理报酬，作为物质生活来源，并满足精神需求的工作。

专业有两种含义：一是指“学科”，如高等学校设置的计算机专业、管理专业等；二是指技术性很强的“职业”，如程序员、教师、医生、律师职业。英国社会学家卡尔·桑德斯认为，专业是指一群人在从事一种需要专门技术的职业，专业需要特殊之力来培养和完成，其目的在于提供专门性的服务。专业区别于职业的特殊性在于：（1）专业具有非同寻常的深奥知识和复杂技能要求，而职业则不一定；（2）专业需要接受长时间的专业化训练，一般以是否接受过高等专门教育为标志，而职业主要是通过个人体验与个人的经验总结；（3）专业与职业相比，要更多地提供一种独特、明确、必要的社会服务与奉献，而普通职业的从业人员仅仅把工作当作一种谋生的手段；（4）专业需要不断地面对文化，需要不断进修，并做出创新，而职业更多地体现为工匠式的特点，一旦掌握，即可不断重复，无须创新。1948年，美国教育协会公布了关于“专业”的八条评判标准：（1）专业实践属于高度的心智活动；（2）具有特殊的知识领域；（3）受过专门的职业训练；（4）经常不断的在职进修；（5）视工作为终身从事的事业；（6）行业内部自主制定规范标准；（7）以服务社会为最高目的；（8）设有健全的专业组织。

总之，专业是一种职业，职业不一定是专业。一种职业要被认可为专业，大致应该具备如下三个方面的基本特征：（1）具有特定的、不可替代的社会功能；（2）具有系统的、完善的专业理论和成熟的专业技能；（3）具有保证该专业活动顺利进行所必需的专业自主权和专业组织。

（二）职业化与专业化

职业化是指某种社会活动被社会认定为是一种职业，并得到发展的过程。在现代社会中，某种职业的社会认可常常表现为政府的职业管理部门的认定，而这种认定又以社会的需要、该职业技术与服务的特殊性及不可替代性为基础。虽然专业是一种职业，但职业并不等于专业，职业化也不等于专业化。职业化指的是某种工作作为社会分工体系中的一个组成部分，并得到发展；专业化指的是从事某种工作的人是否具备专业素质，持守专业理念、运用专业方法进行服务。在这种意义上，可以说职业化是专业化的基础，当某种工作还没有成为一种职业时，其专业化就无从谈起。工作的职业化也并不一定导致工作的专业化，当某种工作被认为可以由并非受过专业训练的人充任时，当某种工作并不认为需要专门的技巧和方法时，该项工作可以成为一种职业，但并不一定成为一个专业。

如上所述，专业有学科和职业两种含义。从“学科”含义上讲，专业化是指进入某学科的人员按照该专业的标准，规范化地发展该学科的过程。在这种意义上，任何学科的发展都有从不太专业变为较为专业的过程。从“职业”含义上讲，专业化是指一个普通的职业群体在一定时期内，逐渐符合专业标准，成为专门职业并获得相应的专业地位的过程。换言之，某一职业越来越由受过专门的高等教育的人充任，并按照专业要求为社会服务的过程即专业化。教师专业化主要是从后一种意义上而言的，即从事教育工作的职业群体的专业化。

我国学者认为，专业化是一个包含着众多方面内容的社会过程：在专业能力方面，从业者的工作专业化程度逐渐提高，表现为最初从业者在其工作中只是表现为某种专长，后来该工作逐渐成为准职业、职业，最后变成一种专业；在组织方面，该活动人群的组织程度逐渐提高，开始从事这些活动的人们可能寄生在某些专业组织之中，后来开始形成自己的松散的组织，再演变成准专业组织，最后形成专业组织，有了自己独特的组织规范；在活动的知识基础方面，开始这一活动群体接受的是非正式教育，后来是课程培训，再变成接受高等教育以至大学学位课程；在效果方面，起初该社会活动的经济与社会效果微弱，后来逐渐增大，再到后来这一活动变得十分重要；在政府的支持方面，由于该活动所表现的以及社会对它的重要性的认识发生变化，所以政府对该活动的支持逐渐增加，由开始的少量承认和支持，无市场保护，到多样化承认和支持，一直到国家设置规定对其进行市场保护；从该群体的自治程度来看，开始他们对其他组织的依赖性大，后来逐渐独立和建立自己的威信，最后表现为该群体的高度独立，并形成自己的专业威信。

（三）教师职业与教师专业

教师职业经历了一个漫长的发展过程后，才成为一种专门化的职业。最初的教师是由长者、官吏、神父来担任的，并不是一种专门的职业，教师成为一种专门职业是在现代学校系统产生之后。由于教学内容不断丰富，教育活动日益复杂，教育的规范性程度也不断提高，知识传授的专业性要求教育者必须同时掌握所教授的学科知识和有关教育的专门知识，这一变化促使人们对于教师职业有了新的认识，教师职业化逐渐被人们所认同。

但是，教师职业是否是一种专业却一直存在着争议。有人认为，教师职业不是一个严格意义上的专业，因为教育的科学原理与技术的发展水平低，教师职务范围不明确，“自律性”有限，对教师专业的性质与内涵还没有建立起一套普遍认同的严密体系。有人甚至认为，只要会识字、有文化的人都可以当教师，教师职业充其量是“半专业”、“准专业”或是“中位专业”。1966 年联合国教科文组织和国际劳工组织发布《关于教师地位的建议》，首次以官方文件形式明确指出：“应把教育工作视为专门的职业，这种职业要求教师经过严格地、持续地学习，获得并保持专门的知识和特别的技术。”至此，教师专业才逐渐得到各国的普遍认可。

教师工作既是一种职业，也是一种专业。教师职业化、专业化是一种相互促进的关系。一方面，职业化是专业化的前提，教师工作的专业化是在职业化的基础上对更高的专业服务水平和效果的追求；另一方面，专业化也会进一步推动与促进职业化，使教师的职业地位和职业声望得以凸显和巩固。专家化则是专业化建设的最终目标。

（四）教师专业化与教师专业发展

教师专业化是指教师在整个职业生涯中，通过终身专业训练，提高教育技能，体现专业精神，由普通教育工作者逐步成长为优秀教育工作者的专业发展过程。从教师角度看，教师专业化的内涵包括专业知识技能、专业道德、专业自主和专业组织等方面。教师专业化贯穿于整个教师生涯中，其发展过程不仅是一种认知过程，同时还包括情感、价值、需要等多方面变化的动态过程。从社会角度看，教师专业化的内涵包括：（1）学科专业性与教育专业性；（2）国家有教师教育的专门机构、专门教育内容和措施；（3）国家有教师资格认定制度；（4）教师专业化是一个发展概念，是一个不断深化的过程。

与教师专业化密切相关的另一概念是“教师专业发展”。根据西方学者的研究，“教师专业发展”有广义和狭义之分。广义的教师专业发展包括两个基本含义：一是指教师的专业成长过程；二是指促进教师的专业成长的过程。广义的教师专业化与广义的教师专业发展内涵基本是相通的，可以互换使用。从狭义上来理解，教师专业发展主要指教师的专业成长过程，教师专业化主要是指促进教师的专业成长的过程；教师专业发展更强调教师素质的“内生”，教师专业化更强调教师素质的“外烁”。从这个意义上说，教师专业发展与教师专业化互为表里，教师专业化为教师专业发展创造条件，教师专业发展是教师专业化的保证，只有教师个体不断追求专业发展，才能确保教师群体的整体专业化水平的提高。

最明确地表达教师专业化标准的文件是美国卡内基基金会的改革委员会组织的“全美教师专业标准委员会”的《教师专业标准大纲》。它包含以下五方面要求：教师接受社会的委托负责教育学生，照料他们的学习；教师了解学科内容与学科的教学方法；教师负有管理学生的学习并做出建议的责任；教师系统地反思自身的实践并从自身的经验中学到知识；教师是学习共同体的成员。关于“教师专业化发展”的内涵和标准，目前学界还没有一致的看法。我们认为，教师专业发展就是指教师能力熟练程度由一般化到专业化的持续发展过程。其中，包括专业精神、专业知识、专业能力的发展以及专业自我的形成。

二、我国教师专业化发展历程

教师职业从随意化、经验化到专业化，经历了一个漫长的发展过程。教师专业化是现代教育发展的必然要求，也是现代学校教育的重要标志。特别是从20世纪中后期以来，确认教师职业的专业性，推进教师专业化进程，提高教师的准入标准和从业标准，一直是许多国家提高教师素质和教师教育质量的共同做法。

我国最早的专设师范学校肇始于1897年上海南洋公学中的“师范院”，1898年京师大学堂所设立的“师范斋”则是我国近代高等师范教育的开端。1904年清政府颁布《奏定学堂章程》，将师范教育列为一个独立的系统，首次确定了师范教育在学制系统中的地位。民国时期，政府对清末制定的师范教育制度进行了改革，先后颁布了《师范教育令》、《师范学校章程》、《高等师范学校规章》、《师范学院规程》等一系列法规，建立了新的师范教育制度。但是，我国教师教育起步较晚，师范教育体制是在被迫的现代化过程中，随着普及义务教育运动而产生的，在时间比西方晚一百多年。

20世纪50年代后，由于我国人口增长一度失控，经济濒临崩溃的边缘，国家无力承担巨额教育费用，为节省开支，学校大量任用非师范毕业、非公职人员、非学历合格的教师，严重影响了教师地位和素质的提高。20世纪80年代以来，政府一直致力于教师专业地位的改善和教师专业化的发展。1985年，六届全国人大常委会通过议案，将每年9月10日定为教师节。1994年开始实施的《中华人民共和国教师法》规定“教师是履行教育教学职责的专业人员”，虽然第一次从法律角度确认了教师的专业地位，但是并没有对教育部门的从业者是否接受正规的教师教育、是否学习教育专业课程提出硬性要求，只是对从事各级教师职业所应达到的最低学历标准做出了规定。

1995年国务院颁布《中华人民共和国教师资格条例》。2001年4月1日起，国家首次开展全面实施教师资格认定工作，进入实际操作阶段。20世纪90年代后期，我国经济与社会的飞速发展，对劳动者的素质和人才结构提出了新的要求，师范教育相应地进行层次与结构的改革，实行由“三级”师范教育体系向“二级”、“一级”师范教育体系的过渡，停办了一大批地方中等师范学校，教师学历提高速度加快，学历达标比例有大幅度的提升。中等师范学校在我国基础教育发展进程中发挥过重要作用，特别是对农村基础教育的发展功不可没，停办地方中等师范学校，导致农村学校得不到高质量的新鲜师资力量补充，师资短缺和师资质量下滑问题日趋突出，城乡教育差别日益扩大。1999年开始，我国提出不仅师范院校可以培养教师，而且其他大学也可以培养教师，逐渐形成以师范院校为主体，其他高等学校共同参与的有开放性特点的教师教育体系。但在此期间，许多师范院校变成了综合大学，而综合大学极少设置师范专业，师范教育资源大量流失。与此同时，各省市几乎都取消了教育学院，削弱了教师培训。

2000年，我国编纂的第一部《中华人民共和国职业分类大典》，首次将我国职业归并为八大类，教师属于“专业技术人员”一类，教师专业化的观念逐渐成为社会的共识。但是，由于教师教育起步较晚，发展缓慢，改革中的短期行为严重，教师专业培训不力，教师收入过低、工作压力过大，教师流失严重等状况，使得我国教师职业的专业化地位失去了最根本的依据，教师专业化进展缓慢。

我国理论界对教师专业化的探讨是从20世纪90年代中后期开始的，虽然教师职业的专业性质得到了国家法律和教育理论界的认可，但教师职业专业性不强的状况依然是制约教育发展的重要因素，而教师专业化的误读和教师教育过程中存在的问题又严重制约了教师专业化的发展。一是专业技能本位的倾向，认为专业化的教师应该是某一学科领域的“专才”，知识的专精化和训练的规范化是专业教师和专业教师教育的根本特征。似乎只要掌握了精深的学科知识，接受过规范化的教学技能训练的人就可以称为“专业教师”。具体来说，在专业教学方面，抱有一种狭隘的专业发展观，只把所教学科看作自己的专业范围，不愿与同事协商均衡各种教学资源，表现出一种孤立的专业观和互相敌视的个人主义教师文化；在专业道德方面，“唯专业主义”思维方式把优秀教师的最重要的标准固定在专业教学技能领域，忽视学生合理知识结构的养成、素质的综合发展、品德与思想的提高和社会责任，由此导致学校教育中道德教育的失位。二是学科课程本位倾向，师范院校教育类课程处于学科课程的附属地位，并在学科课程的强劲发展态势下日益边缘化。课程设置上不断强化高、精、尖的学科课程，学术性课程难度加深，选修课门类不断增加，而教育类课程的设置还停留在通识培训的水平，内容陈旧、课时极少的教育学、心理学、学科教学法代表了教育理论课的全部，教育实习和实践不被重视甚至流于形式，教师教育的特色消磨殆尽。三是学历晋级本位倾向，教师继续教育在很多方面表现出形式大于内容的严重倾向。在很多地区，一些课程进修班纯粹以营利为目的，学员只要缴纳适当的培训费便可顺利毕业，得到主办方承诺的学历证明。一些教育行政部门组织的教师职后培训也致力于颁发证书，出现只要缴费就可发证的不良现象，学历晋级成为教师职后培训的出发点和归宿。

三、教师专业化的影响因素

（一）社会因素

主要指影响教师专业发展的大环境因素，包括社会舆论定位、教育政策、不同行业的地位差异、家人的支持程度等。社会心理学认为，一个人的发展在很大程度上取决于社会心理环境。社会经济文化的发展水平，全社会对于教育与教师的地位与价值的认识和看法，教育改革与发展对学校教育和教师的要求，教育行政部门对教师培养和发展的政策导向、奖惩机制等，作为社会环境因素影响着教师的成长，特别是影响教师的专业发展。可以肯定，良好的经济发展水平，政府对教育的宏观重视，全社会尊师重教的良好氛围，教育改革对教师提出的挑战和要求，教育行政部门重视和鼓励教师成长发展的良好政策导向，将为教师专业发展创造良好的环境空间。

社会舆论定位既取决于教师自身良好的职业素质，也取决于政府对教师职业的重视。职业道德高尚、教学能力强、教学效果好的教师，总能赢得社会的尊重。教师社会地位高，收入高，生活无后顾之忧，也有利于促进教师专业化。政府对教师职业的重视，还体现在对教师职业发展的重视。目前，我国教师教育机构还难以适应中小学教师教育发展的需要。各地区现行的教师培训基本上采取国家统一培训的方式，在培训内容上忽视了学科教师特点和教师差异。很多培训者长期脱离学校实际，培训内容无法与教师的需求相适应，在培训范围上，仅有小部分教师能有培训的机会，培训之后，教师也鲜有实践的机会和动力，造成了培训的形式化。

（二）学校因素

学校是教师进行教育教学工作的主要场所，更是教师专业发展的主阵地。学校的工作氛围，领导的管理水平，学校的制度建设等，对教师的专业发展起着重大的影响。学校是否营造一个宽松、开放的成长氛围，是否制定目标规划、明确教师的培养要求，是否实行民主管理、激发教师的自我发展需求，是否建立多种渠道、关注教师的成长，等等，直接影响着教师的专业发展水平。群体组织对于个体成长有十分明显的影响，学校组织的活力，教师群体的工作作风、人际关系、修养水平，教师之间的相互学习、交流、合作和竞争的状态，构成教师个体成长的心理环境，极大地影响着教师的专业发展。

学校管理者对教师素质发展的重视程度直接影响教师的专业发展。我国中小学管理者普遍存在不重视教师专业发展的问题。不重视的原因是多方面的。一是认识问题。认为培训教师是政府的责任，学历提高是教师自身的责任，学校只管使用教师，没有培训教师的责任。二是经费问题。教师培训经费由地方教育主管部门掌控，下拨到学校的办学经费中不包含教师培训经费，学校无力承担教师培训的费用。三是学校工作压力问题。政府、社会、家庭对学校的期望过高，教育管理部门对学校管理过死，而高考指挥棒的威力从高中辐射到小学，甚至幼儿园，“应试教育”的影响无所不在。而学校按照国家规定的编制配备教师，一个萝卜一个坑，教师参加培训或提高学历要耽误大量教学时间，影响学校工作。加之教育部行政部门组织的许多培训，缺少针对性、连贯性，形式主义严重，对提高教师素质效果不佳，所以学校对教师培训反应冷淡。不少学校甚至对教师参加学历培训采取限制措施，既担心教师参加学历培训影响学校工作，又担心教师获得学历后跳槽。四是学校培训制度问题。我国中小学普遍没有把教师培训纳入教师考核内容，更没有纳入学校工作计划。教育评价决定着教育发展的方向，教师评价决定着育人的目标，教师评价工作的重要性因现代教育的发展而明显突出。但是，不从教师评价的全过程着眼，不从学生的情感个性、发展程度出发，而更多地停留在教师评价的选拔、甄别、鉴定功能上，制约了教师的专业发展。

（三）教师个人因素

个人因素包括教师对于职业价值的认识和追求，教师自主发展的需求和动力，教师应对教育改革挑战的态度和能力，教师自身的专业结构，如专业信念、专业能力、专业自觉等，是从根本上影响教师专业发展的关键因素，其中专业理念又是最根本的。

教师的专业理念是教师对教育、学生以及学习等问题的基本看法。教师专业理念的发展主要是指教师在职业生涯中不断适应教育的需要，更新教育观念，树立正确的人才观、学生观、教师观、教育观，以志存高远、爱岗敬业、热爱学生、为人师表、教书育人的精神，勇于改革创新，与时俱进。在实际工作中，由于种种原因，部分教师对自身专业发展意识淡漠，对职业规范、发展周期及专业发展规律、价值等认识不清，导致发展意识缺乏，教育观念滞后。

教师职业倦怠是影响教师专业发展的又一重要因素。据调查，我国中小学教师普遍存在职业倦怠感，严重降低了教师的职业幸福感。所谓教师职业倦怠，指教师在工作重压下产生的身心疲劳与耗竭的状态。一般表现为：工作缺乏激情，消极敷衍，丧失职业理想，无成功追求，安于现状，不思进取，得过且过；情绪上则常常表现为焦躁不安、紧张、萎靡不振，效能感降低，猜疑、自责，等等。究其原因，在于教师工作任务重，压力大，发展空间狭窄，收入偏低，社会地位偏低。职业倦怠感会严重降低教师职业发展的动力，应引起政府和学校管理者的重视。

四、我国教师专业化策略

尽管我国教师的教育教学活动已经在一定程度上达到了专业化标准的要求，但是与发达国家相比，教师专业化尚有不小差距。我国小学和初中教师的合格学历起点偏低，部分教师职业道德意识淡漠，教育观念陈旧落后，创新意识和研究能力不强，教学方法和手段落后，知识面狭窄等，都是不能忽视的重要问题。随着教育整体水平的提高，特别是随着基础教育改革的不断深化，我国的教师质量与全面实施素质教育要求的差距明显表现出来。改革与发展教师教育，推进我国中小学教师的专业化水平势在必行。

教师教育一体化、建立开放的教师教育体系、改革教师教育课程和走向专业发展的教师继续教育，是世界教师教育改革的趋势。在这些方面，我国存在明显的不足，因而也是我国提高教师专业化水平、发展教师教育的方向。社会职业有一条铁律，即只有专业化才有社会地位，才能受到社会的尊重。如果一种职业是人人可以担任的，则不可能有崇高的社会地位；没有崇高的社会地位，教师职业就很难得到社会尊重。

教师专业化既是政府的责任，也是学校和教师个人的责任。

（一）政府的责任

1. 制定教师专业标准

《国家中长期教育改革和发展规划纲要（2010—2020 年）》明确提出，要建立高素质专业化的中小学教师队伍。教师专业标准是教师队伍建设的基本准则，是教师专业化的重要保障，在教师队伍建设中具有基础性、先导性和全局性的作用。

教师专业标准是提高教师队伍整体素质的重要保障，只有达到教师专业标准的人才能进入教师队伍的行列，才能从事教师职业，这对于加强教师队伍的管理、提高教师队伍的整体素质、保障教育事业科学发展具有重要意义。教师专业标准是教师教育教学活动科学有效的重要指导，是教师在教育教学活动中应该具备的观念、行为和态度的具体规范。教师遵守这些要求，不仅能保证教育教学活动的科学性，也能保证教育教学活动的有效性。同时，对于教师教育教学活动的评价也有了具体的标准。这对提高教育教学质量，保障教育教学的规范性，更好地促进学生的发展意义重大。教师专业标准是教师专业发展的重要依据，对于教师的品德、知识、能力等都做出具体的规定，提出明确的要求。这就为教师个人、学校、教育行政部门等提供了明确的努力方向和努力目标。教师专业标准是教师教育的重要指南，不仅可以规范教师教育机构的职前教育和职后培训内容，也有利于对教师教育机构的培养培训质量进行考核评价，还有利于各教师教育机构在保证基本内容的基础上，突出特色。这对于提高教师的职前培养和职后培训质量意义重大。

教育部于 2012 年颁布中小学教师专业标准试行草案，包括“维度”、“领域”和“基本要求”三个层次，即“三个维度、十四个领域、六十一项基本要求”。“三个维度”是专业理念与师德、专业知识和专业能力，在各个维度下，确立了四至六个不等的领域，在每个领域之下，又提出了三至六项不等的基本要求。该文件还对如何实施中小学教师专业标准提出了建议，要求各级教育行政部门、教师教育院校、中小学校以及教师自身将专业标准作为中学教师队伍建设、教师培养培训、教师管理、教师自身专业发展的重要依据，现行的问题是如何具体落实这些标准。

2. 完善教师资格制度

教师资格是国家对专门从事教育教学工作的人员提出的最基本的要求。它规定着从事教师工作所必须具备的条件。教师资格制度是国家对教师实行的一种特定的职业许可制度。学校教育教学工作是一种专业性很强的工作，只有具备一定素质的人才能胜任。国家制定一定的标准，采取一定措施来检测，只有通过这种检测的人才能获得从业的资格。实施教师资格制度是吸收优秀人才从事教师职业，优化教师队伍结构的重要保证，是促进教师专业化的基本条件。一般认为，最早的教师资格证书可以追溯到12世纪的中世纪大学，当时的硕士、博士学位就类似于今天的教师资格证。作为法定的职业许可制度，教师资格制度发轫于1782年的美国佛蒙特州。

教师资格制度主要包括建立教师资格证书和教师资格认证制度，制定教师认证标准和确立教师资格认证考试制度，以专业资格证书制度代替学历教育等。同时需要健全完善的管理和法律制度保证，即要解决由谁来认证教师资格、由谁来颁发教师资格证书、由谁来制定教师资格认证标准、由谁来主持教师资格认证考试等问题，实现教师管理、教师资格审定、学历认可、教师标准、教师测验等管理法制化。

美国的做法是建立较统一的教师专业标准，成立了教师职业标准国家理事会，主要负责制定各级教师资格标准，建立了全国统一的教师资格证书制度。我国在1995年建立了教师资格认证制度，2001年国家首次开展全面实施教师资格认证工作。《中华人民共和国教师法》和《中华人民共和国教师资格条例》的颁布实施，为我国教师专业化发展提供了宏观的法律保证。教师资格证书制度不但是提高教师专业化的政策导向，而且是教师专业化进程中最重要的成果和最有力的保证。目前，我国教师资格证书制度还缺乏科学的鉴定，操作过程还不规范，还需在诸如教师教育机构的认证制度、教师教育课程鉴定制度、教师教育水平等级评估制度等方面逐步加强和完善，以促进教师教育专业化的发展。

3. 加大教师培训力度

教师专业化的主要途径是教师培训。我国现行中小学教师培训主要有脱产培训、远程培训、校本培训等形式。脱产培训一般是由教育行政部门委托教育培训机构组织教师离开工作岗位，集中时间在集中地点集中学习提高的活动。远程培训主要通过卫星、网络、多媒体等媒介实现两点和多点间互动的远距离培训学习活动。校本培训是指在教育行政部门、教师培训机构的规划指导下，由校长组织领导，教师任职学校自主开展，以学校的需求为中心，紧密结合学校工作实践，促进教师专业发展和职业修养为目的的教师在职培训形式。

加大教师培训力度，一是要对教师培训做出硬性规定，不仅要规定教师的责任，更要规定政府和学校的责任。例如，制定相应法规，保证教师培训经费的落实，督促培训学校制订并具体实施明确而切实的培训计划，教师所在学校配合培训任务的落实，明确要求教师每学年必须修满若干的培训学分，培训学分纳入教师绩效考评，达不到规定者既可能影响绩效工资，还可能丧失晋升职称的资格，甚至影响聘任。二是学校必须对所有教师的培训做出系统安排，例如入职培训、工作三年培训、五年培训、十年培训等等。每一阶段培训在内容上相互衔接，脱产培训与校本培训相结合。三是政府加大培训投入，保证培训经费像教育经费一样逐年递增，保证专款专用。

4. 提升教师待遇

中国自古就有"君子忧道不忧贫"、"谋道不谋食"的格言，但是，作为教师的精神追求则可，作为政府对教师的要求则不可。因为拥有崇高威望和良好的经济条件是社会认可、尊重专业权威的重要体现，也是政府尊师重教的重要体现。随着教师专业化进程的发展，教师的经济地位和社会地位有了比较大的提高，但是教师还没有成为高收入者，教师职业还远没有成为社会普遍羡慕的职业。知识经济时代，教师由知识传递者转变为教育实践研究者，大大增强了教师工作的复杂程度和专业水准，那么，教师的待遇也应该得到相应提高。又想马儿跑得快，又想马儿不吃草，是不现实的。鉴于我国中小学教师的现实情况，提高教师待遇重点是提高他们的经济待遇，让教师能获得与他们的付出相匹配的收入，这是教师专业化的内在动力之一。

具体而言，应落实教师的平均工资水平不低于或者高于国家公务员的平均工资水平，并逐步提高的法律规定，建立正常的教师晋级增薪制度；对城市教师住房的建设、租赁、出售实行优先、优惠；县、乡两级人民政府应当为农村中小学教师解决住房提供方便；教师的医疗同当地国家公务员享受同等的待遇；定期对教师进行身体健康检查，并因地制宜安排教师进行休养；等等。对落实上述规定不力的政府官员应进行问责。只有这样，教师才会珍惜教师职业，教师专业化才会有强大的内部动力。

（二）学校的责任

教师专业化是教师生存和发展的迫切需要，学校在教师专业化发展的过程中，应结合办学理念、办学条件、办学规模等，积极探索切合本校实际的教师专业化发展道路。没有学校的努力，政府的努力很难落到实处。具体而言，学校可以从如下方面做出努力。

1. 制定教师专业发展规划

教师专业发展规划是指学校管理者根据学校的发展需要以及教师素质的实际状况，对本校教师的专业发展分类、分阶段做出安排。校长应该根据教师的特点，树立长远的效益观念，对教师的职业目标和预期成就，在人才引进、使用、培养等方面进行战略性科学规划，为教师专业发展提供宽松的成长环境，搭建良性的竞争平台，构建良好的制度与文化氛围，促使教师形成鲜明的自主发展意识，激发师资队伍的活力。

首先，校长应把教师专业发展纳入常规工作日程，像抓教育教学工作一样抓教师专业发展工作。其次，正确定位教师的发展目标。校长应了解教师的成长规律和发展特点，结合教师成长的不同阶段，帮助教师合理定位，确立不同阶段不同时期的职业发展目标，制定出短期的和长期的专业成长目标，指导教师尽快缩短入职适应期，突破发展的高原期，安然度过职业发展危险期，并保持成熟期应有的职业水平。再次，教师专业发展规划要与教师职业生涯规划相配套，并为教师的专业发展提供制度、物质、智力上的支持，结合教师专业发展规划考评教师的专业发展状况。最后，应把教师专业发展规划的落实状况作为考核学校管理者的一项重要指标。

2. 开展校本培训

校本培训是源于学校课程和整体规划的需要，由学校发起组织，旨在满足个体教师的工作需求的校内培训活动。它是以教师个人教学能力发展需要为出发点，以学校为培训场所的培训模式。校本培训针对性强，可以使教师在学校教学实践中找到专业发展的动机，帮助教师排除专业发展的障碍，缩小理想与现实教学的距离，跨越理论与实践的鸿沟，达到学校的发展与教师的发展同步进行的目的。校本培训形式多样，方法灵活，如校本研修、新教师导师制、专家讲座等，都是校本培训的重要形式。

校本研修是为了学校的发展，为了学生的发展，为了教师的终身发展，在学校中通过同伴互助、专业引领、实践反思等研究形式，解决教育教学中的问题，不断地更新教师的知识，形成教师的教学风格，提高教育教学质量的活动。校本研修是校本培训的主要形式，是教师专业化的重要途径。由于逐步结合了校本培训的其他形式，校本研修甚至成为校本培训的代名词。校本研修的优势在于：研修基地就是教师所在的学校，校长和教育教学的中层组织是校本研修的组织者，在研修中起主体作用，带领教师实现专业化；教师不必脱离工作岗位，转换角色，就在学校接受全面的研修；有利于因校制宜地制订校本研修的方案、计划，建立校本研修的管理制度、评价制度、激励机制，从而保证校本研修的针对性和实效性；能贴近学校的教育教学实际，建立常规性的全员研训模式和非全员性个别化的研训模式；能充分利用校内的一切教育教学资源，促进普通教师向学者型教师、专家型教师转化。

校本研修容易出现以下问题：一是缺少研修目标，不知道研修什么；二是缺少计划组织，各行其是；三是缺少专业引领，不知道如何研修。这些问题很容易使校本研修流于形式，所以，要使校本研修真正成为促进教师专业发展的有效途径，应做到以下几点。第一，校本研修一定要结合学校实际和教师实际来开展，使校本研修与学校常规教育工作融为一体。例如研究差生转化、研究教材教法、研究班级管理、研究个人的教学风格等，以解决学校实际问题、提高教师素质为重点，切忌追求高大上的课题。第二，学校要根据教师专业发展的不同阶段和面临的障碍，为教师提供针对性服务指导。如通过教学研讨、案例分析、专题讲座、经验交流等形式提高教师解决问题的能力，通过聘请专家开展专题讲座，有针对性地解决教师的理论困惑，还可以与大学、教育科研部门合作，通过定期研讨、课题指导、合作研究等形式实现理论研究者与学校教师的合作。教研组是学校教学研究的合作组织，是校本教研的基本单位，是教师专业成长的重要平台，学校要重视教研组长、年级组长的骨干作用。总之，学校选择什么样的校本研修模式，开展什么样的校本研修活动，一定要适合本校的校情，要能激励教师积极参与，形成学校的校本研修文化，从而助推教师的专业成长。

3. 创新教师专业发展评价机制

教师专业发展评价机制是指一套符合教师评价规律，能科学衡量教师专业发展水平，有效提升教师专业发展的内驱力，提高教师专业发展成效的良性制度。论资排辈和内部缺乏公平竞争的机制，评价尺度与内容的单一，注重评选结果而忽视获得职称、荣誉之后的继续管理，常常使得许多优秀教师缺少对教育理想的追求，逐渐丧失了继续前进的动力。因此，创新教师专业发展评价机制，要根据教师专业发展的阶段特征，在管理机制、激励机制和提高机制上下功夫。

教师专业发展积分制是近些年我国部分中小学借鉴企业的员工积分制管理而试行的一种教师专业发展评价制度，即将教师的专业发展析为若干指标，分别予以量化，并定期考评，以此促进教师专业发展。教师专业发展积分制可以涵盖教育教学、学术研究、交流学习、特色发展、业务评比等各方面，进行全方位量化计分，实施动态管理，并与教师绩效工资、职称评定和岗位聘任挂钩。其优点是：将教师专业发展与教师日常工作学习紧密结合，有利于通过教师发展来促进学校发展；可以使教师较直观地了解自己与同行在专业发展方面的差距，有利于激发教师专业发展的积极性；方便学校管理者掌握教师专业发展的状况，从而有针对性地提供专业发展支持；使单纯的教师绩效评价与教师发展评价相结合，有利于完善学校评价制度。

教师专业发展积分制尽管有其独特价值，但是目前还很不完善，有些问题需要特别注意。一是专业发展积分必须充分体现教师专业发展的状况，专业发展积分可以作为工作绩效考核的一部分，但要避免以工作绩效考核制代替专业发展积分制，或者两种积分互相代替，避免教师得了很高的积分，专业上却很少有长进的现象。二是各种专业发展项目如何赋值才比较公平，如何处理好质与量的关系，处于不同发展阶段的教师的积分要求是否应该区别对待，需要认真探索。不合理的要求不仅会导致不公平，还会对教师专业发展形成误导。三是可以考虑设置必修分和选修分，例如参加专业培训课程、听专家讲座、参加学术交流、校本课题研究（参与教改活动、学生特长培养、特色教学等）可设为必修分，其他如承担校外课题、发表学术论文、学历提升、充当学术带头人等可设为选修分。教师承担的岗位任务如课程教学、班级管理、行政管理、各种兼职或超额完成工作任务，可以纳入工作绩效考核的内容，不应计入专业发展积分，但是在这些常规事务方面做出突出贡献并明显体现专业成长的，如班级管理改革有新的创举、差生转优成绩突出、论文获奖、获得与专业有关的社会荣誉等，可以计入选修分。必修分和选修分应分档设线，两种积分不能相互代替。

（三）教师的责任

教师是专业发展的主体，必须增强专业发展的责任感，提升自我追求、自我发展的意识，教师发展的内驱力是自我专业发展的需要和意识。当教师对教育的意义、对自己所授学科的教育意义、对怎样使这样的教育意义在学生身上得到实现等有着清醒意识的时候，当教师把自己的专业发展完全融入日常的教育教学活动的时候，当教师把解决与自己有关的每一个问题当作自己的责任的时候，当教师对每一种教育行为都有了自觉明确的意义追求的时候，不仅对专业的理解可以得到提升，教育教学行为可以得到改善，而且其工作态度、方式甚至精神生活就会发生根本的改变，专业发展就会成为其人生的幸福之路。教师在自身专业发展过程中应在如下方面做出努力。

1. 树立自主发展意识

所谓自主发展意识，就是强调教师做自己专业发展的主人，积极主动地提升自己的专业素养。英国课程专家 L. 斯腾豪斯（L. Stenhouse）认为，教师专业发展的关键在于专业自主发展的能力。作为教师，在促进学校发展、促进学生成长的同时，应该多一点自主意识。澳大利亚学者凯米斯（S. Kemmis）从教师自主的角度探讨过教师专业化的问题，深感教师少有研究意识，而且严重缺乏专业自主，尤其缺乏集体层面上的专业自主。没有自主发展意识，就会失去专业理想和追求，即使再好的继续教育培训，再好的校本教研，也都可能是被动发展，往往痛苦而低效。只有不断树立更高的追求目标，强迫自己付出更多的努力，不断地用新的知识充实自己，才能使自己的专业能力更高超纯熟，专业视野更开阔宽广，专业积淀更丰厚扎实。因而他力主教师通过亲自进入研究来解放自己和自己的专业，使教学变成“研究式的教学”。

教师专业发展的立足点不仅在于对学生的责任、对学校的责任，更重要的是要立足于对自我发展的责任。教师的职能不仅具有“教”的工具性，也有“学”的主体性。尤其是在现代社会知识更新速度加快和信息来源多元化的情况下，教师需要不断地回归受教育的过程，才能保证专业素质的持续发展。

2. 制定职业生涯规划

教师职业生涯规划是指教师个人与学校相结合，在对个人职业生涯的主客观条件进行分析总结的基础上，对自己的兴趣爱好、专业基础、能力特长等进行综合分析与权衡，根据自己的职业倾向，确定最佳的职业奋斗目标，并为实现这一目标做出的安排。

影响教师专业化发展的因素是多方面的，掌握职业生涯发展的主动权，是教师实现潜能开发和人生价值的基础。教师作为一种特殊的职业，要获得职业生涯的成功，就必须在专业成长的道路上，通过有效的职业生涯计划和管理，使自己的能力、技术、价值观等沿着崇高的目标，不断追求，不断实现。

教师职业生涯的演进过程，与教师专业发展过程密切相关。一般说来，教师职业生涯成功的标准，可以从专业发展性质和结果来衡量。如教师在课堂工作中表现出的知识技能和判断力的提高程度、对专业团体所做的贡献大小、教育教学工作在个人生命中的意义体现等，都可以反映教师职业生涯成功的水平和层次。成功的教师，应该是在教育教学实践中取得了突出的教书育人成绩，在教育教学理论和实践方面具有创新性的学术贡献，具有崇高的人格魅力并赢得学生与社会的真心爱戴。

职业生涯规划的步骤大致包括如下几方面。一是自我评估。包括对自己目前的状况分析和对自己将来的基本展望。二是环境分析。包括对国家政治、经济、教育、科技等社会外部大环境的分析，也包括对教师职业、工作单位的背景、制度要求、发展前景等的分析。三是确立目标。包括实现目标的主要影响因素分析、目标选择、目标分解。影响因素主要有社会的压力与挑战、学校支持条件以及自身的优势与劣势等。目标选择是在众多可行的发展目标中选择最适合自己发展的目标作为职业生涯奋斗的方向。目标分解是将总目标分解为各阶段的具体任务，确立评价指标。

3. 选择恰当的发展路径与策略

教师在自主发展中，职业生涯规划要付诸实施，就面临着专业发展路径的选择问题。很多教师由于找不到适合自身独特性的自主发展路径，导致相应专业水平的提升缺乏内在的生成力，难以实现新的超越。从目前学校教师发展的具体实际来看，大致有三种路径：一是走理论与实践相结合的道路，二是走注重教育教学经验与技能的道路，三是走注重提高教育理论与科研水平的道路。三条路径无所谓优劣，都能成就优秀的智慧型教师，但其发展策略有所不同。第一类教师在专业发展的任一阶段，要矢志不渝地保持教学技能与教学知识的和谐发展，不断注意理论知识与实践经验的合理互动与转换，保持结构的合理与比例的平衡。要做到这一点，必须有清晰的专业发展目标和科学的发展策略，能及时得到专家的指导，并拥有锲而不舍的专业自主发展动力。第二类教师在专业教学中会有较快的发展，并容易获得外界的认可，但往往会因理论知识的欠缺与知识结构的不完善，导致视野不开阔，眼界不高，缺乏发展的后劲，很难有较大的突破。因而这类教师要尽可能充分利用自己的先发优势，抓住各种有利的时机，加强系统的理论学习，全面提升自己的专业知识和理论素养，实现理论与实践的融合，创建自己的教育行动理论。第三类教师的发展起点高，但是难度大，特别是在“应试教育”大环境得不到改变的背景下，如果不注重将理论知识与实践需求有机结合，及时弥补教学技能的不足，就很难在中小学立足。由此可见，教师在专业发展的策略上，无论做哪种选择，都要注意扬长补短，及时突破高原期，保持可持续发展的潜力和后劲。

教师自主发展途径包括专业培训、自修提升、专业创新等。专业培训指教育行政部门和学校针对教师专业需要开展的专门的素质提升活动，是教师更新教育观念、拓宽知识面、深化专业知识、培养专门技能的主要形式。自修提升是教师利用业余时间，通过自觉学习、主动学习来提高专业素质的形式，现代社会电脑和网络技术的发展，为教师自修提升创造了良好的条件。专业创新是教师有意识针对教育教学问题，以有别于常规或常人的思路和方法开展探索尝试活动，并获得良好效果的行为。专业创新的基础是较雄厚的理论根基，对现实问题的深刻认识以及别出心裁的方法。

实施自主发展离不开自我反思、专业引领和同伴互助。自我反思指教师以专业活动为对象，对自己的行为及其结果进行审视的过程。教师要定期对自己过去、现在的学习、研究、实践进行有意识的批判性的回顾、反省、探索和研究，总结经验，发现问题，挖掘原因，探寻规律，修正和调整自己的计划，设计新的解决思路，使自己成为自身专业发展的主人。

专业引领是借助教育理论工作者或名师的指导、示范，教师快速实现专业突破，从而促进专业成长。专业引领需要发挥专业研究人员的理论特长，对教师专业发展起指导示范作用。教师专业发展也好，校本研修也好，都离不开专业研究人员的帮助。因为中小学一线教师普遍长于实践而短于理论，专业研究人员的特长在于教育理论素养，专业引领可以充分利用专业研究人员的特长，弥补一线教师的短板，理论指导、专业引领是教师专业发展以及校本研修的重要支撑。因而，专业引领实质上是理论对实践的指导，是理论与实践相结合的活动。

同伴互助是指教师之间的相互配合支持和帮助，是提高教师教学能力，促进教师共同成长的重要途径，也是校本教研的重要标志和灵魂。学生的成长是教师集体智慧的结果，教师的专业成长同样离不开同伴的互助。在一个教师群体中，不同的思想观点、教学模式、方法技巧的交流、碰撞和冲突，对教师个人有重要的启发作用。因此，学校应为教师创设专题研究、信息交流、经验交流、经验分享的平台，教师应主动通过集体备课、示范教学、听课会诊、研讨切磋的工作方式，通过讲座、论坛、沙龙、现场研讨、课题合作等教研形式，通过教师之间开放、合作、协调、支持、共享的专业对话，达到同伴互助、经验分享、学术互动、专业共生的目的。

第五节　教师劳动报酬

一、教师劳动报酬的含义

教师劳动报酬指教师在从事育人及其有关的辅助工作中，按付出的劳动数量和质量而获得的经济回报。合理地确定教师的劳动报酬，是调动教师的积极性和创造性、提高教育质量和教育投资效益的重要条件。

教师是履行教育教学的专业人员，承担教书育人、提高民族素质的使命。教师的劳动直接创造社会的精神财富，也间接创造社会的物质财富，对个人和社会的发展都起着极为特殊的重要作用。教师的劳动特点在于他们的劳动对象不是物，而是成长中的儿童和青少年。教师的劳动时间除包括对学生进行教育和训练的直接劳动时间外，还包括为教育和训练进行准备的间接劳动时间。现代社会科学技术发展迅速，教学内容和方法不断更新，要求教师不断地再学习和再训练。教师劳动的这些特点，要求给予教师的劳动报酬应高于一般体力劳动者，也应适当高于一般脑力劳动者。对于有突出贡献的优秀教师，还应给予较高的奖励。在我国，确定各级各类教师劳动报酬的主要依据是：教师所受教育的程度、专业知识和教学水平、承担的职责和完成的工作量以及他们从事教师工作的时间等。

二、教师劳动报酬的理论根据

马克思的劳动价值理论把价格归结于价值，把价值归结于劳动。它认为等量劳动领取等量产品，复杂劳动创造的价值等于多倍简单劳动创造的价值；复杂劳动较之普通劳动力需要较高的教育费用，其生产要花费较多的劳动时间，所以具有较高的价值。教师劳动是一种复杂的创造性劳动，教师劳动以脑力劳动为主，劳动对象是活生生的发展的学生个体，教师劳动没有时间和空间限制；教师需要灵活运用教育学、心理学、管理学理论，针对学生的身心发展特点，因材施教；从教育目的出发，教师不仅要教好书，更重要的是育好人，使学生德、智、体多方面得到发展，利用一切有利因素，克服环境中的各种负面影响，形成全方位的教育合力。从长远看，教师创造的经济价值和社会价值质高量多，要远远高于一般脑力或体力劳动所创造的价值，按照按劳分配的原则，教师劳动报酬应该高于一般劳动的报酬。

1960 年，美国著名经济学家西奥多·舒尔茨（Theodore W. Schultz）提出人力资本理论，其基本观点是，人力资本是由人力投资形成的，是由个体的知识、技能等构成的。在劳动力市场上，个人的人力资本含量越高，其劳动生产率就越高，边际产品价值就越大，因而得到的报酬也就越高。舒尔茨的人力资本理论对教师收入分配的最大指导意义在于：教师的收入分配应该能够基本反映其人力投资成本和人力资本存量的大小，人力投资成本大、人力资本存量高的人应获得较高的收入。教师是具有较高人力资本存量的劳动力，教师劳动力的价值构成，应包括养育和培养教师的长期投入所需要的费用，维持一名教师的生活与健康消费达到相应标准所需要的费用，教师维持家庭成员生活所需要的费用，教师从业过程中所必需的经常性学习、研究及培训的费用，等等。遵循人力资本投资必须要有收益或至少收回投资的原则，只有人们认为未来教师的劳动报酬能收回因接受师范教育而花费的和放弃的机会成本并且能保障未来的其他投资需要时，他们才会进入教师行业，同时只有教师的劳动报酬高于其他人力资本积累需求少的劳动力行业的报酬，他们才会继续留在教师行业。

美国人本主义心理学家马斯洛（Abraham H. Maslow）的需要层次理论认为，人的需求是有层次的，其中基本的衣、食、住、行等满足人生存的生活需求是最首要的，较高的工资待遇是教师满足尊重需要、自我实现需要的先决条件。教师的工资需要维持本人生活和健康消费、家庭生活费用和子女高额的教育培训费用、教师职业需要的继续教育和培训教育费用，如果教师连起码的生存需要都无法得到满足，侈谈职业奉献是不实际的。亚当斯（John S. Adams）的公平理论认为，对薪酬的满意度往往不取决于其绝对收入，而是取决于相对收入和人们对公平的认知。如果人们觉得自己的报酬和投入比例等于或大于他人，就能在感觉公平的基础上保持工作的积极性和努力程度。反之，他们就会要求增加报酬或者自动减少投入甚至离职。教师劳动报酬偏低，产生的后果就是：教师的工作积极性受到严重挫伤，致使部分教师不思进取、不求创新，工作敷衍了事，一有机会就会选择离开教育行业。事实证明，职业地位必须有经济实力支撑才得以切实体现，只有以必需的物质激励为基础，精神激励才会更为有效，所以改善教师的经济状况和生活条件的物质激励是必要的。基于此，要真正增强教师的职业吸引力，使教师成为最让人羡慕的职业，教师的地位特别是经济地位必须得到改善。

埃德·劳勒（Ed Lawler）于1971年提出全面薪酬的概念，将员工薪酬与组织发展密切联系起来，明确组织所有的资金和奖励计划作为一种激励手段，其目的是为了让员工变得更有朝气、有干劲。美国薪酬协会将全面薪酬定义为：所有能够吸引、保留、激励员工的可行方案，它包含使员工从雇佣关系中感知到价值的所有东西。全面薪酬包括外在薪酬和内在薪酬两方面。外在薪酬主要指为员工提供的货币性收入，它主要是满足员工低层次的生存需要和安全需要等。包括基本工资、短期奖励、长期的股权收益激励，以及显性或隐性的福利待遇。内在薪酬指那些给员工提供的不能以量化的货币形式表现的各种奖励价值或更多的机会，它主要是满足员工高层次的自我实现等方面的需求。它主要包括三个部分。一是工作体验，指富有意义的工作所带来的好处，具体包括：工作富有挑战性和趣味性，创造力的发挥，能够参与决策而有的权威感、责任感及成就感等。二是自我实现，主要包括晋升机会、表彰与嘉奖、个人的成长与发展和培训学习等。三是文化氛围，主要包括上下级之间、同级之间令人愉悦的协作氛围，具有良好办公设施的舒适的物理工作环境，可以平衡工作和家庭的富有弹性的工作时间等。

我国宪法规定“实行各尽所能、按劳分配的原则”，“坚持按劳分配为主体、多种分配方式并存的分配制度”，劳动者所应分得的消费品数量，取决于他们为社会提供的劳动数量和质量，多劳多得，少劳少得，等量劳动获得等量报酬，不劳动者不得食。衡量劳动数量和质量的因素包括劳动时间的长短、劳动强度的大小、劳动的熟练程度、劳动的复杂程度等。

在市场经济体制的背景下，要提高教师素质和教育质量、吸引优秀人才充实教师队伍，必须重视教师的社会地位和物质利益；必须依据价值法则和市场机制，解决教师待遇问题，使师资的供给与需求在动态中实现平衡。

三、我国教师工资制度的变迁

（一）新中国成立初期的教师工资制度

新中国成立初期，老解放区的教师一般实行供给制，新解放区以实物（小米）为工资形式，教师工资与工人工资大体持平。1952 年以后，教师一律实行以工分为单位的工资标准，共分 35 个等级。1956 年实行统一的货币工资制度后，教师工资与体力劳动者工资的差距有所扩大；1957 年以后，教师工资出现相对下降的趋势。

（二）改革开放后的教师工资制度变革

1978 年以后，我国实行改革开放，伴随着经济复苏，教育秩序逐渐恢复正常，但也开始出现教师与体力劳动者收入倒挂的现象。1982 年，所有教师、工人均升一级工资，部分人员升了两级。1985 年，工资制度改革，教师工资又有所增加。这些措施使教师的工资待遇有了不同程度的改善，但是，同期工人增加的收入远比教师多，教师与体力劳动者收入倒挂问题仍然没有解决。

1984 年，北京市普教系统先后在一百多所中小学进行了以校长负责制、教职工聘任制和工资总额包干制为前提，以校内结构工资制为主要内容的综合配套改革试点工作，简称“四制改革”，于 1988 年在北京市全面推行，并向全国推广。结构工资制即根据工资的不同因素，将工资划分为基础工资、职务工资、工龄津贴和奖励工资四个部分，并确定一定的比例关系，构成教师的全部劳动报酬的制度。这项改革的措施提高了教师的工资水平，较好地贯彻了按劳和绩效分配的原则，在一定程度上调动了教师的积极性。但是，由于奖励工资由学校自筹，扩大了学校间的差距，特别是城乡学校之间的差距，从而导致了义务教育机会的不均等。

1993 年 10 月，国务院对包括中小学在内的事业单位再一次进行工资制度改革，总体思路是制度脱钩、分类管理、区别对待。教师被纳入专业技术人员范畴，工资包括专业技术职务工资和津贴，且津贴体现专业技术人员的实际工作量和质量。在各学校的全部工资总量构成中，职务等级工资占 70％，津贴部分占 30％，职务工资仍然是工资主体。学校自筹津贴部分，使得学校之间的差距进一步拉大，也直接导致学校乱收费的现象发生，拖欠教师工资和教师工资不能足额发放的现象在某些地区仍然存在。

2001 年，国家调整包括各级各类学校在内的机关事业单位工作人员工资标准，中小学教师待遇明显提高。同时，随着“分级办学，以县为主”的基础教育管理体制的实施，农村中小学教师工资从乡镇财政保障上移到由县级财政保障，保证了农村中小学工资能按时足额发放，工资拖欠问题逐步得到解决。2006年之后，中小学教师工资主要由四个部分构成：岗位工资、薪级工资、绩效工资和津贴补贴。其中岗位工资和薪级工资为基本工资，绩效工资主要体现工作人员的业绩贡献，发挥激励功能；津补贴分为艰苦边远地区津贴和特殊岗位津补贴。

四、现行教师工资制度的主要内容和特点

2009年1月1日起，义务教育阶段教师实施绩效工资制度，高级中学基本参照执行。绩效工资制是建立在一定的工资标准和管理程序基础上的工资制度。它是通过对教师的工作业绩、工作态度、工作技能等方面的综合考核评估，确立教师的绩效工资增长幅度，以科学的绩效考核制度为基础。其基本特征是将教师的薪酬收入与个人业绩挂钩。它是一种劳动制度、人事制度与工资制度密切结合的工资制度。实行绩效工资制的目的是发挥绩效工资的杠杆作用，根本上消除平均主义的做法，体现多劳多得、奖优罚劣、奖勤罚懒的分配原则，建立科学规范的收入分配机制，调动教师工作积极性，促进教育事业的发展。

绩效工资分为基础性和奖励性两部分。基础性绩效工资主要体现地区经济发展水平、物价水平、岗位职责等因素，占绩效工资总量的70%，按月发放。奖励性绩效工资主要体现工作量和实际贡献等因素，在考核的基础上，由学校确定分配方式和办法，并在绩效工资中设立班主任津贴、岗位津贴、农村学校教师补贴、超课时津贴、教育教学成果奖励等项目。绩效工资所需经费纳入财政预算，按照“管理以县为主、经费省级统筹、中央适当支持”的原则落实。同时还要求学校结合所教学科特点，考核教师在课堂教学中实施德育的情况。对教学效果的考核，主要以完成国家规定的教学目标、学生达到基本教育质量要求为依据。为防止绩效考核助长片面追求升学率的风气，禁止把升学率作为考核指标。

绩效工资制有利于教师工资与可量化的业绩挂钩，将激励机制融于学校目标和个人业绩的联系之中；有利于工资向成绩突出者倾斜，提高教师的工作积极性；绩效工资全部由财政拨款，可以杜绝学校乱收费现象，可以使学校管理者全身心投入教学管理；绩效工资制也有利于缩小地区差异和行业差异，保证教师收入与公务员相当。

五、完善绩效工资制的思考

绩效工资制较之以往的教师工资制度，有了较大的突破。但是，以量化的方

式发放效益工资，仍不能充分反映学校工作的特殊性。因此，绩效工资制还需要进一步完善。

一是绩效工资的激励作用取决于绩效考核标准的合理性。事业单位的绩效在很大程度上是要显现其社会公益性，教育是一项需要用心投入的爱心事业，对学生的人格塑造、知识能力的培养更多地体现在潜移默化中，不是简单地用几条量化指标可以考核得了的。教师的人格魅力与教学风格对学生的影响是长远的，学生的转变与发展也不是立竿见影的。学校工作有可量化部分，不可量化部分更多。教师课时量可以量化，教学质量却难以量化；学生学业成绩可以量化，学生品行和个性发展则难以量化。教师的敬业精神、工作态度、创新意识、师生关系这些方面对学生的成长至关重要，但是由于难以量化，在绩效考核中往往被忽略不计，这样的绩效考核容易使教师过分注重结果而忽视育人的过程。众所周知，学校育人重在过程，绩效是过程的结果，但是相同的过程不一定会产生相同的绩效，相同的绩效也不一定由相同的过程产生。实施绩效工资制，由于工资收入与绩效挂钩，一些人为了获得较高收入，可能会不择手段采用非法途径取得业绩。如不按照学校的规定加重学生课业负担；教师之间封锁信息，保守经验，甚至相互责怪、相互诋毁、互挖墙脚；工作中弄虚作假，投机取巧，相互蒙骗，甚至舞弊。学校有可能为了简化绩效考核指标，以考试分数代替绩效，使“应试教育”在学校愈演愈烈。这样无疑会导致教师之间的恶性竞争，最终危害学校的长远发展。总之，一切都数量化不仅会使教师异化为数字的奴隶，学校也会异化为育人机器，显然有违学校工资改革的初衷，教师绩效考核一定要重视教师工作的特殊性，要力避绩效考核的副作用。

二是只要有激烈的升学竞争，教师绩效考核就很难摆脱片面追求升学率的阴影。这种压力经过层层传递，会影响到义务教育全过程。由于考试是最简单、最常用，表面上也是最公平的绩效评价方法，因此，很容易导致与学生成绩和升学率挂钩。教师考核不看成绩看师德，又很难区分高低，极易流于平均主义，最终影响到实施绩效工资的初衷和本意。再者，不少地方教育主管部门往往以所辖学校的升学率作为自己的政绩工程，明里暗里用升学指标评估学校，必然导致学校用学生成绩作为考核教师绩效的重要指标，并最终与学校升学率挂钩。因此，教师绩效考核不与升学率挂钩几乎是不可能的，事实上追求升学率并不完全错误，错误的只是把升学率作为学校教育的终极目标，片面追求升学率。如何使教师绩效工资制能促进学校人才培养，又不至于成为片面追求升学率的推手，需要深入探索。

第三，要完善教师工资保障机制和增资机制。教师工资是教育资源的组成部分，在市场经济条件下，教育资源配备方式也在发生变化。但教育作为公益事业，教师工资不能完全市场化，必须由财政拨款来保证。其中义务教育阶段，教师工资应完全由政府财政拨款予以保证；非义务教育阶段，也应该由政府财政拨款为主，可适当采用市场机制由学校自筹一部分。确定教师工资必须遵循市场经济规律，贯彻按劳分配和绩效分配的原则；必须保证教师实际工资不受通货膨胀的影响。应将义务教育绩效工资经费保障责任重心上移，由国家和省级财政负主要责任，县级财政负次要责任，同时扩大经费来源渠道，允许利用社会资金、私人捐赠资金。教师工资主要源于国家财政拨款，因此地方各级人民政府应当在财政预算中将义务教育经费予以单列。为保障教师待遇不低于公务员，可以考虑建立教育公务员制度，将教师工资纳入公务员工资序列，与公务员工资实行统一保障，对拖欠教师工资的行为进行追责。教师绩效工资尽管由财政拨款，有了稳定的来源，却取消了教师的其他福利，教师总体收入较之过去并没有明显提升，有些地区甚至可能下降。所以要建立增资机制，保证教师工资收入逐年提高，让教师能过上比较体面的生活。提高教师工资收入不仅可以改善教师的形象，也可以使教师从过去只关注学生成绩，希望得到一点教学奖满足物质层面的需要，转向全面关注学生的发展以获得精神方面的需要，这样就能切实推进素质教育。

第四，校长绩效工资纳入教师绩效工资考核不完全合理。教师的工作可以通过个体出勤、工作量和教学成绩等具体指标来体现，但校长的工作绩效并不体现在出勤、工作量和教学成绩上，而是体现在学校的整体发展水平上。取消校长职务津贴，把校长绩效工资纳入教师绩效工资考核，既不能体现校长的工作性质和管理水平，也不利于激励校长的管理积极性，还容易激化教师和校长之间的矛盾。校长的绩效考核应与教师分开，由教育行政部门单独组织考核，其绩效工资也应单列，甚至可以考虑实行校长年薪制。

第五，要实现绩效管理的整体配套。绩效工资的推行，要求强化绩效考核，必然要涉及教师的招聘、录用、培训、开发、奖励、晋升、降职和辞退等人力资源管理的各个环节，通过绩效考核和绩效反馈与沟通，可以发现组织和个人在工作中存在的问题和不足，找出解决问题、弥补不足的思路和方法，强化对教师的培训与开发，引导并规范教师的行为，使其朝着有利于学校目标实现的方向发展，使个人目标与组织目标更加趋于一致，个人愿景与学校愿景更加融合，最终实现个人绩效和学校绩效的共同提升。绩效考核和绩效工资改革只是绩效管理的手段及其结果的运用，其实质是要通过在学校推行全面的绩效管理，改善学校人力资源管理水平，完善政府对社会整体工资收入分配的宏观调控，激发学校的活力和创造力，使学校更好地发挥其社会公益性服务功能。那么，以实行绩效工资为突破口，实现绩效管理的整体配套改革，是学校发展的必然要求。

复 习 题

1. 教师人力资源管理的内容包括哪些方面？与传统教师管理相比有哪些区别？

2. 教师聘任制的目的是什么？如何完善教师聘任制？

3. 政府、学校和教师个人在教师专业化过程中各应承担哪些责任，做出哪些努力？

4. 你认为教师绩效工资制存在哪些问题？如何完善教师绩效工资制度？

5. 案例分析：三套聘任方案的优劣。

县教育局决定逐步在全县中小学实行教师聘任制，槐荫中学、柳林中学和竹溪中学是首批试点。

槐荫中学陈校长是一位刚由普通教师竞聘成功的年轻校长。他提出了一套颇为激进的改革方案：学校现有教师全部解聘，平等参加学校对外公开的教师招聘会。他设计了一套称之为“过三关”的聘任方案。第一关是资格审查关。由教育局负责审查应聘者资格，合格者进入理论考试关。理论考试合格者才能进入第三关。第三关是能力考试，考官由教育局有关领导、校长、特聘专家、家长代表等组成。方案提交教育局后，教育局还没表态，方案内容就在学校传开了，立即在校内引起轩然大波，教师们以罢课相威胁。尽管陈校长一再解释他们当中会有大部分被重新聘任，但是无济于事。这时传来消息，教育局没有批准陈校长的聘任方案，而是要求陈校长分两步走：第一步对在职人员进行聘任，并规定落聘比例不超过5%；第二步对缺编名额进行公开的“过三关”招聘。新方案公布后，招聘风波才得以平息，可是陈校长觉得难以实现他的改革愿望，辞职去了南方。

柳林中学建校有近八十年的历史，现任校长是任职多年、富有管理经验的李校长，在他的管理下，办学质量一直稳居该县前列。柳林中学的教师聘任改革自始至终在平静中进行。李校长认为改革必须渐进，欲速则不达。教师习惯了多年的铁饭碗，对激进的改革缺乏心理承受能力，学校的任何改革必须适应教育的性质和教师工作特点，教师聘任制应让多数教师感到自信、心安，这样才会对学校发展有好处。因为学校规模大，李校长觉得自己对每位教师并不是非常了解，于是将聘任分为三步，即校长聘教导主任，教导主任聘教研组组长，教研组长聘科任教师。聘任首先在校内已有教师中进行，缺编者由校长、主任、教研组长组成聘任小组，对外公开招聘。对这种逐级聘任方式，教研组长很有意见，认为校长不敢承担解聘教师的责任，把责任转嫁到他们头上了。所以除了个别教研组因为超编有教师落聘外，多数教研组基本原封不动全员聘任。在整个聘任过程中，学校基本风平浪静。

竹溪中学是该县一所比较落后的中学，校内人事关系复杂，现任校长姓沈，是不久前由副校长升任的。沈校长分析了学校情况，如果按合格教师素质聘任，将有一大半教师落聘，而这些人当中不乏那种“刺头”人物，势必有人会采取极端行动；学校地处偏僻，物质条件差，对外也很难招聘到理想的师资，不如采取小步走的办法，逐年淘汰更新。从槐荫中学的教训中，沈校长更感到教育行政部门既希望学校有所改革，但又害怕学校出乱子，所以支持改革的态度并不十分坚决。于是沈校长设计了一种新的教师聘任方式：按照师生比该校有 65 个教师编制，现有教师 70 名，末位淘汰 5 名超编教师。他将教师分为文、理、综三组，将聘任名额分配到各组，由各组以投票方式民主聘任。例如，文科组 25 位教师在 25 人的名单中勾选 22 人，当场唱票公布排名。聘任方案传出来后，有人大声叫好，认为这才是真正的民主管理，而且校长压力小，教师压力也不大，难受的只有那些“刺头”了。也有人认为，“刺头”终归是“刺头”，只要他的利益受损就会闹事，校长别太天真了！也有人质疑：学校人事权到底属于谁？作为普通教师，你有何德何能决定我的命运？我有什么资格决定你的饭碗？

思考题：简评上述三种聘任方式，谈谈你对改进上述教师聘任方式的设想和理由。

第十一章　学生管理

学生管理是学校管理乃至教育管理中的重要部分。我国比较传统和权威的看法是：学生管理是学校对学生在校内外的学习和活动进行计划、组织、协调、控制的总称。它是学校管理者组织和指导学生按照教育方针所规定的教育标准，有目的、有计划、有组织地使学生在德、智、体等各方面都得到发展，成长为社会主义事业接班人的过程。近年来很多学者对这种概念的界定提出疑问，如学校是否成为学生管理的唯一主体，学生管理的时空范围尚待进一步明确等。

第一节　学生管理概述

一、学生身心发展的特点

加强对学生的管理工作，必须明确学生的身心发展特点，以便有针对性地开展教育管理活动。对于成长中的中小学生而言，身心的发展有其自身的特殊性。

（一）中小学生的生理特点

1. 神经系统方面

中小学生的中枢神经系统发育迅速，脑重增加较快，神经髓鞘逐步形成，血脑屏障功能不完善，脑耗氧多，对血糖变动敏感，大脑皮质的兴奋过程大于抑制过程，易扩散，也易疲劳，应注意合理地安排学习活动时间，且每次活动时间不宜过长。

2. 运动系统方面

中小学生骨骼软，不易骨折，但易变形，肌肉易疲劳，关节易脱臼，需要安排适当的体育锻炼和户外活动，培养正确的坐、立、行姿势，以防止骨骼因长时间负重而变形。

3. 呼吸系统方面

中小学生呼吸道狭窄，组织柔嫩，黏膜上有丰富的血管和淋巴管，易受损、出血、出现炎症反应。学校应保证学生学习、生活场所空气新鲜，注意通风换气。

4. 循环系统方面

中小学生血容量增长快，造血原料要求多，心率快，血压低，血管流量大，供氧充分，淋巴结易肿大，要注意营养的供给。初中阶段的学生，性腺机能开始发生作用，第二性征开始出现，教师要注意对该阶段的学生进行科学合理的青春期教育。

中小学生的生理发展特点说明，学校在学生管理工作中应考虑到学生生理发展的状况以及学校管理的环境和条件，合理地安排各项活动，在量上适度地控制，在质上渐进地提高。同时，要考虑到学生的生理承受能力，使学生管理工作真正有益于学生的生理健康。

（二）中小学生的心理特点

学生的心理特点是学生管理的主要依据，掌握不同年龄阶段学生的心理特点，有利于对学生进行科学的管理。

1. 小学生的主要心理特点

（1）感知觉方面。小学生有比较明显的无意性和情绪性。在知觉过程中，还不能自觉地组织和支配自己的知觉，知觉的持续性很差；理解性水平不高，只满足于对表面现象的理解；目的性不够明确，容易被有趣的、生动形象的图片、标本、事物等所吸引。在注意方面，小学生的注意稳定性不高，易分散。无意注意在小学生的注意中占优势，有意注意虽有发展，但还达不到完善的程度。注意的转移比较困难，不容易主动地从一事物转移到另一事物。

（2）记忆方面。小学生的机械记忆占优势，擅长具体形象的记忆，理解记忆和意义记忆的水平不高。

（3）思维方面。从以具体形象思维为主要形式逐步过渡到以抽象逻辑思维为主要形式。但这种抽象逻辑思维在很大程度上仍然是直接与感性经验相联系的，带有很大成分的具体形象性。在情感方面：小学生的情感易从外部表现出来，即易外显，自制力较差；对教师的依恋情感非常明显，尤其是初入学的儿童和低年级学生，他们一般对教师有一种特殊的信任和依恋，家长的话有时可能不听，可是对老师的话基本上是言听计从，很少怀疑。

（4）意识方面。小学生自我意识发展较明显，从依靠教师或父母的评价向独立的评价发展，从依据具体行动进行评价发展到运用道德原则进行评价，从依据行为结果进行评价发展到将动机与结果结合起来进行评价。集体意识初步形成，但没有自我意识那样明显。

2. 中学生的主要心理特点

（1）感知觉方面。中学生的听觉、视觉的敏感度都得到高度发展，观察的自觉性、稳定性、精确性、概括性与成人基本无异。

（2）记忆方面。意义识记开始占优势，抽象识记有明显提高，有意识记日益占有重要地位。

（3）思维方面。中学生思维发展的主要特点是，抽象逻辑思维逐渐占主要地位，但在很大程度上还属于经验型，即在他们的抽象逻辑思维中，具体形象的成分仍然起着重要的作用。思维的独立性和批判性有显著的发展，但仍然很不成熟，容易产生片面性和表面性，在毫无根据的情况下，还固执己见，怀疑一切。

（4）情感方面。中学生的情感很丰富，表现强烈，易冲动。道德感和理智感有较大的发展，他们开始根据自己的兴趣爱好和道德标准来选择朋友。

（5）意识方面。中学生的自我意识进一步加强，开始对人的内部世界、内心品质产生兴趣，要求了解他人和自己的个性特点；开始能自觉地评价自己，独立地选择学习榜样；开始把自己看作是“成年人”，对自己的要求有了更高的自觉性。集体意识也得到发展，开始把自己作为集体中的一员来考虑和处理个人与集体的利益冲突。

中小学生的心理发展特点说明，由于心理的发展水平不同，所以表现出来的感知觉、意识、想象、思维和情感等心理现象是不同的，这就要求学生管理不能只有一种模式、只用一种方法、只创设一种情景、只考虑学生的某一种需要。不同年龄阶段的学生的认知和需要是有所区别的，知其心，才能知其人，学生管理工作才能有的放矢。

二、不同教育流派的学生观

学生，从广义上来讲，是指一个国家内所有受教育的公民，从这个意义上来说，它与“受教育者”同义；从狭义上来讲，学生则是指在国家法律或相关法规认可（批准或注册）的各级各类学校或其他教育机构中接受教育的有学籍的公民。本书所论述的是学校管理，因而本章所说的学生主要是各级各类学校教育中的学生。学生是构成一所学校的基础，没有学生也就无所谓学校。在学校中，学生作为受教育者，在生理、心理以及社会意识等方面是正在发展而尚未成熟的个体，是学校管理工作的直接对象。学校工作质量的好坏，往往会通过学生的综合素质是否得到全面提高和发展来体现，总而言之，学生工作是学校管理乃至整个学校工作的起点和归宿，是学校工作的生命线。因此，正确的学生观是学校管理工作能否取得成功的首要条件。

在不同时代、不同文化背景下形成的各种教育流派，其学生观各有不同。了解这些教育流派的学生观，对于形成正确的学生观不无启发意义。

（一）西方近现代教育流派的学生观

1. 实用主义教育的学生观

实用主义教育是近现代西方教育思潮的重要流派，为美国教育家杜威（John Dewey）所创立。这种教育思想认为学生具有学习的主动性，是具有主体性的人，在教学过程中占中心地位，学生可以通过问题的发现、解决等行为来获取知识。实用主义教育的学生观，注重学生的主体地位，这是它与传统教育的学生观的根本不同之处，也是最有价值的地方。但这种观点片面强调儿童生活中的"直接经验"和学生的主体性，忽视间接经验在课程中的地位和教师的作用，不可避免地降低了智力训练标准，削弱了基础知识的作用。

2. 新教育的学生观

新教育是欧洲 19 世纪末 20 世纪初西方教育改革运动中出现的一种教育思潮，与实用主义教育一样，非常重视儿童在活动中自主学习和自我创造性的表现，信任儿童具有内在的、潜在的力量。它在反对形式主义教育片面地强调教师的"权威"方面，起到了积极的作用。

3. 要素主义教育的学生观

要素主义教育出现于 20 世纪 30 年代美国资本主义经济大危机时期，主要代表人物有巴格莱（William C. Bagley）等。它积极反对实用主义以儿童为中心，主张教育过程中的主动性在于教师而不在于学生，提出必须把教师放在教育体系的中心，充分发挥教师的权威作用。同时，要素主义教育思想极力主张天才教育，认为学生中的天才只是少数，应对他们加以精心培养，但是忽视了教育的对象应该是所有受教育者，应该对所有受教育者予以精心培养。

4. 永恒主义教育的学生观

永恒主义教育产生于 20 世纪 30 年代，主要代表人物有美国的阿德勒（Mortimer J. Adler）等人。该流派认为，儿童只是未成年人，是成人的雏形。学习是艰苦的劳动，教师的基本任务就在于磨炼学生的意志，但是该流派没有看到儿童作为独特的社会个体具有自身的不同于成人的本质特征。

5. 存在主义教育的学生观

存在主义教育是现代资产阶级教育思想的流派之一，认为教育应以个人的"自我完成"为目标，把个人作为"教育的主体"，极力鼓吹"天才教育"，反对普及教育。在教育组织形式上，强调"个别对待"。该思想与现代社会中"人人都有接受教育的权利"的基本观念是不相容的。但存在主义教育强调师生之间要建立一种“信任感”，这在一定意义上是科学的。

6. 新行为主义教育的学生观

新行为主义教育思想以斯金纳（Burrhus F. Skinner）的操作条件反射理论为依据，把儿童的教育视为“正如一个雕刻师塑造一块烂泥一样”，完全无视儿童内在的发展潜力，没有看到儿童是发展中的社会个体。

（二）中国近现代教育思潮的学生观

1. 维新教育思潮的学生观

维新教育思潮是鸦片战争后随着民族矛盾和阶级矛盾日趋尖锐以及中国近代工商业的发展，推动思想界发生急剧变化而逐步形成的一股资产阶级的启蒙教育思想。其中一个重要特征是主张“女子与男子并重”，指出中国教育应该向西方学习，“人生1岁，无分男女，皆须入塾”。它体现了一种把所有适龄儿童都作为教育对象的学生观。

2. 平民教育思潮的学生观

平民教育思潮是“五四”新文化运动时期兴起的一种教育思潮。该流派的学生观体现在其培养“整个的人”的教育目标上，即要使教育者具有“知识力”，具有“生产力”以及“公德心”，基本上是一个和谐的全面发展观。

3. 乡村教育思潮的学生观

乡村教育思潮是“五四”新文化运动后勃然兴起的一种教育思潮。这种教育思潮充分认识到学生是学习的主体，具有主动学习知识、形成技能的能力，教师在教学活动中主要起导向的作用。教师与学生之间是平等的关系，他们一起劳动、一起生活、一起学习、同甘共苦。

综上所述，不难得出一个结论：无论是东方还是西方，不同时期、不同的社会现状会产生不同的教育思想，随之也会产生不同的学生观，站在现时代的立场看以前的学生观，难免会发现这样或那样的不合时宜之处。因此，在现代学生管理工作中，就要界定现时代科学学生观的内涵。

三、学生观的基本内容

所谓学生观，就是对学校教育过程中的学生的根本看法，是教育观的重要组成部分。它支配着学校校长、教师的教育行为，决定着他们的管理态度和方式。学生观包括三个层次的含义：一是对学生本质特性的认识，即对学生是社会中的个体以及是怎样的个体的认识；二是对学生在教育过程中的地位的认识，即学生在教学过程中处于怎样的地位，师生之间的相互关系是怎样的；三是对学生的整体和个体关系的认识，即教育活动在具体操作过程中是以学生整体为对象，还是以学生中的部分甚至极个别为对象。

受教育者（学生）是教育活动的重要组成部分，是教育双边关系——教育者与受教育者中的一边，没有受教育者就没有教育者，没有受教育者就没有教育活动，教育活动的目的就在于促进学生的发展，将其培养成为社会需要的人。对受教育者没有一个正确和科学的认识，就无法对受教育者施以优质的教育，促进其和谐、全面地发展，也就达不到社会确立的教育目标。不树立正确、科学的学生观，就不能制定合理的学生管理目标，采取适宜的学生管理方法，对学生进行有效的管理。现代教育的学生观的基本观点可以综述如下。

（一）个性发展的主体观

针对学生在教育过程中具有哪些本质特性的问题，现代学生观认为：首先，学生是社会的人，具有人的能动性、思想感情的独特的价值；其次，学生是发展中的个体，具有与成人所不同的独特的身心特征，具有潜在的发展能力；最后，学生应该成为一个完整的社会个体，是独特的个体，在德、智、体、美、劳等方面全面发展，即认为学生是具有主体性、发展性、完形性的人。

主体性包括以下几方面。(1) 社会性。社会性是主体性的根源基础，人的主体性是通过社会实践发展和发挥作用的。个体主体性的力量与方向是受社会的生产力、生产关系、经济基础和上层建筑等诸多因素制约的。(2) 能动性。人在社会实践活动中不仅能动地反映客观世界，更重要的是能动地改造客观世界。能动性是主体性最基本的特征。(3) 自主性。学生具有独特的自尊、自信、自律、自强等个性，具有情感、需要、动机等心理特征。学生能在自己的需要、动机、价值观的作用下激发一定的行为，能依靠自尊、自强、自信、自主，成功地完成认知任务。学生是自主、自觉的社会个体。

发展性说明中小学生是青少年、儿童，不同于成年人，不是成人的缩影，具有自身的身心发展的阶段性、顺序性和个别差异性，教师应根据这些特性施以全面的教育。传统的学生观在很长一段时期内，将儿童看作是“小大人”，并不认为他们与成人有什么质的差别，在教育工作中抹杀他们的特殊性，向他们提出与成人同等的要求和标准，这是不合理的。当然，我们也要看到青少年必定要向成人方向发展，他们身上潜藏着向各方面发展的极大可能性。

完形性说明学生应该成为一个完整的人，在肉体和精神上都应得到全面的发展。同时，学生也应该有自身的独特个性，全面发展与个性发展在学生身上的对立统一，就是完形性的全部内容。

（二）和谐发展的整体观

学生个性的全面发展，学生全面发展的独特个性，这是从学生个体的和谐发展角度得出的必然结论。而从所有受教育者整体出发，我们要看到教育的对象应该是全社会所有适龄青少年，而不是一部分所谓的“特权阶层”。和谐的发展应立足于所有受教育者的和谐发展，而不能只是一部分所谓“天才”的发展。和谐发展的整体观就是指全体受教育者中的每个个体都得到和谐的发展，这体现了社会中人与人之间平等与民主的关系，这是对学生观中学生整体与个体之间关系问题的回答。

（三）交往沟通的平等观

“师者，传道、授业、解惑也”成为千古名言，它准确地指出了教师的职责和任务。“教学相长”、“尊师爱生”、“三人行必有我师”之所以为人津津乐道，是因为它们指出了师生关系的一个重要特征。

师生关系是教师与学生之间发生的一种联系，这种联系是在教育活动过程中形成的。作为教育活动关系的师生关系，是一种“教学相长”的关系。教师不必比学生各方面都强，学生不必比教师各方面都差，一技之长皆可为师，古时如此，现代社会更是这样。在现代学校中，很多学生知道的事情教师不知道；学生会做的事情教师也不一定做得好；教师的问题学生可以回答，学生的问题教师反而答不上来的情形也时有发生。这说明师生关系作为一种教育活动的关系，是一种信息平等沟通的关系。

现代社会中的师生关系是民主平等的关系。教师与学生同为国家的公民，同为社会独立的个体，在法律面前一律平等，都受法律的保护，都享有宪法所规定的权利，都要履行宪法规定的义务，谁也没有凌驾于对方之上的特权，教师绝对不能依照传统做法对学生的人格妄加伤害。

作为一般人际自然关系，它是一种互相尊重、互亲互爱、“尊师爱生”的关系，是一种情感沟通的平等关系。这是一种将心换心的过程，教师的爱心、诚心、耐心，必然会换回学生对教师的尊重、信任、体贴以及真诚等。

从以上三个角度可以看到，在教育工作中师生关系是信息沟通的平等关系，在法律面前是平等的关系，在人际交往中是情感的平等关系，这就是教育过程中的师生关系。

和谐发展的整体观、个性发展的主体观、交往沟通的平等观三方面的有机结合，就构成了现代学生观的基本内涵。这种学生观既是现代学校教育工作者和管理者对学生应有的基本态度，也是学校学生管理工作的基本指导思想，它明确了学生管理工作的基本方向，规范了教育者、管理者对学生管理的态度和行为。以此为指导思想，考虑到学生的身心发展特点，学生管理工作才会适应现代社会发展的要求。

第二节 学生管理工作内容

学生管理，包括所有学生在学校学习期间相关工作的管理，内容涉及教学管理、学生安全管理、学生德育管理等诸多方面。为了避免与本书中“学校工作管理”章节的内容重复，本节仅论述学生的安全管理与健康管理两个方面。

一、安全管理

学生安全管理，是指对学校内和校外集体活动中学生的人身和财产安全的管理，从而维护学生和学校的合法权益，维持学校的正常教学秩序。学生安全是学校开展各项教育活动的前提条件和基本保障，学生安全管理是中小学学校教育管理的重要组成部分。

根据管理的对象不同，安全管理可以分为两大部分：人身安全管理和财产安全管理。目前我国中小学的管理中，学生的人身安全管理显得尤为重要和突出。

（一）安全管理的原则

1. 预防性原则

安全工作，预防为主，这个原则在学校的安全管理中照样适用。对于中小学师生以及财产的安全管理，也应该防患于未然，防范也是安全管理的目的和归宿。

2. 常规性原则

安全管理不是一朝一夕可以成就的，安全也不是一天或几天的安全，而应该是学校教育的全程安全，是一项长期的工作。学校应该将安全管理合理地纳入日常的学校管理中来，天天抓安全，一日也不容疏忽。

3. 全员性原则

学校的安全管理涉及校内每位学生和教职工的安全以及每处财产的安全。鉴于此，安全管理工作的面就比较广，是不可能仅仅由校长和几位教职工就能解决的。在日常的学习和生活中，校长对于学校的安全工作固然负责，在实际的操作过程中还是离不开每位在校人员（学生和教职工）的积极参与和配合。

4. 社会性原则

虽然中小学学生大部分在校园中度过，但是学生也是整个社会中的一分子，他们的成长和发展离不开家庭和社会。学生的安全自然也要包括他们在校外的安全，例如假期的人身安全、上下学途中的交通安全等，诸如此类的安全工作都离不开家长以及社会各相关部门的密切配合。

（二）安全管理的要求

1. 防止教学过程中的学生伤害事故

教学过程中的学生伤害事故，是指学生在上体育课、实验课、课外或校外专题活动课等过程中的安全事故。学校应制定一系列的教学操作规章制度，有效防止学生在教学过程中发生意外。还要注意的是，近年来，国内中小学多次发生在上下楼梯或其他大规模活动中的学生拥挤踩踏导致学生伤亡的事故，各校应该针对这种现象，结合自身的实际情况制定合理的管理制度，防止类似事故的发生。

2. 有针对性地加强学生交通安全的教育和管理

交通安全同样是学生安全管理的重要部分，主要包括上学、放学途中的安全。学校可以根据自身的情况制定一系列的制度。例如，对于没有家长接送的低年级学生可以要求他们结伴而行，不要在马路上玩耍，由队长或教师负责监督；有条件的学校可以配备若干安全的学生接送车辆，确保学生的交通安全等。

3. 有效预防校园暴力、伤害事件的发生

学校应加强常规管理，帮助学生养成文明的行为和习惯，防止学生打架斗殴，采取适当的措施预防校园暴力，以及校外社会人员进入校园中对学生进行敲诈勒索或其他人身伤害事故的发生。

4. 认真做好各种传染疾病的防控工作

学校要积极配合卫生部门，定期对学生进行健康检查，对于患有传染病的学生应建议积极治疗，并与其他学生隔离。学校还应做好对学生进行的各种疾病疫苗的接种工作，采取多种措施防止各种传染性疾病在学生之间的传播。

5. 认真做好学校的安全保卫工作

学校应设立相应规模的保卫机构，加强校园常规的安全管理和保卫工作，制定并严格执行校园的出入制度，做好校园的巡查工作，确保校内师生的人身及财产安全。学校在教学区和生活区都应配备完善的消防设备，组织学生学习消防知识并进行实践。

6. 切实加强对中小学的安全监管

各地政府要按照国家有关要求，在公共安全、生产安全应急管理的总体框架内，提出制定中小学校紧急事件应急预案的指导意见，并纳入当地应急预案。各级安全监管部门要配合公安、交通等部门，深化道路交通安全专项整治，认真治理危险路段，在学校周边道路上设置醒目的交通标志以及安全示意牌等。

7. 安全责任落实到人

学校安全工作的各项制度建立后，关键还在于落实。安全管理工作要有成效，就要责任落实到人，做到各司其职，各负其责，确保安全的同时追究责任也可以有法可依。教育行政部门和学校都应制定多种应急预案，明确特殊情况下的工作分工，确保安全工作有条不紊地落实到人。

8. 制定校园突发事件的处理制度

应对学生突发事件，靠单枪匹马解决不了问题，必须依靠组织力量，集中人力，团结协作。而校园突发事件处理机构中的有关部门要形成一个指挥权威，并在权威的指挥下各相关部门形成环环相扣的应对配合关系。此时指挥权威的应对行动具有决定性意义，他要充分运用自己的权力和威信，充分发挥自己对于突发事件的感知能力，沉着应对，立即启动应急机制的程序。（1）正确判断事件性质；（2）果断启动应急机制；（3）确保学生安全；（4）执行正确通报程序；（5）采取防止恐慌措施，稳定人心，调动每个部门和教职员工正确处理突发事件的主动性，尽快化解危机。

（三）安全管理的主要途径

1. 开展有效的安全教育

（1）将安全教育常规化。中小学可以将安全教育纳入课程体系中来，配置安全教育教材或者安全教育读本，每周开设一节安全教育课。安全教育活动的形式也可以多种多样，不拘一格，例如可以不定期地请一些社会安全部门的相关人员来学校对师生们进行各种安全教育。安全教育的目的在于让学生，甚至教职工培养安全意识、了解安全常识以及自我保护的技能等。

（2）全体学生、教职工都来接受安全教育。安全包括学校内所有人员及财产的安全，而不仅仅是学生群体的安全，所有安全教育的对象还应包括老师以及学校的其他工作人员。

（3）将安全教育社会化。家校沟通是现代学校管理非常重要的方面，学校开展的安全教育自然也离不开家长的支持和配合。学校可以采取多种方式，让家长积极参与到学校的安全教育中，巩固和发展安全教育的效果。

2. 制定有效的安全管理制度

制定行之有效的安全管理制度是学校做好安全工作的重要保障，学校各项工作都要制度化、规范化，确保学生、教职工和学校财产的安全。学校的安全管理制度一般包括《安全教育制度》、《门卫制度》、《学生外出参加活动安全审批制度》、《学校防火制度》、《食堂卫生管理制度》、《实验操作安全管理制度》、《学校安全事故报告制度》、《安全管理评估考核制度》、《节假日值班制度》等。对于有寄宿生的学校还要制定《寄宿生管理制度》，最后还有《安全工作责任制度》，将每项具体的安全工作责任落实到个人，保障各项制度的顺利实施。这一系列有效的安全管理制度的建立、完善，对中小学安全工作的发展能起到积极的促进作用。

二、健康管理

健康教育是提高全民族素质、促进社会文明和进步的重要举措，做好学生的健康管理工作，是培养全面发展合格人才的重要一环。学生的健康，包括学生的生理健康和心理健康两个方面。

（一）健康管理的原则

1. 常规性原则

学生的健康同学生的安全一样，是学校教育顺利进行的重要保障。健康是一种状态，而不是一个结果，因此需要无时无刻地关注和保持。中小学教育过程具有长期性和周期性的特点，所以学校对学生的健康管理更应该是一个长期的过程，应该纳入学校日常的常规管理中来。

2. 预防性原则

健康管理的目的主要在于维持学生的身心健康状况，预防各种生理及心理疾病的发生和恶化。从一定程度上来讲，在中小学对学生的健康管理中，预防的作用更甚于治疗的作用。所以，中小学的健康管理应以预防为主，时时关注学生的健康状况，及时发现疾病的先兆，将疾病的发生降到最低程度。

3. 身心并重的原则

由于中小学学生的心理因素导致的事故发生率不断上升，心理健康已经成为学校健康管理工作中一个不可忽视的重要部分。所以，在学校的健康管理工作中，不仅要重视学生的生理健康，还要重视学生的心理健康，在一些学生群体比较特殊的学校（如单亲家庭子女较多的学校），则更应该重视学生的心理健康。

（二）健康管理的主要途径

1. 制定并实施有效的健康管理制度

每所学校都应该从自身的实际情况出发，制定卫生工作条例，安排各种日常健康管理的工作制度，设置相应的机构和责任人员，建立责任制，具体任务落实到人，并不断完善健康管理的相关制度，这是做好学生健康管理工作的前提。

2. 加强学生的健康教育

加强对中小学生的健康教育可以从以下几个方面着手。（1）学校应成立一个健康教育工作领导小组（或委员会），这对推动学校健康教育的发展和全面管理学校健康教育工作是十分重要的。委员会成员除学校员工代表和学校领导外，还应包括学生、家长和学校所在社区人员等。（2）学校和教育行政部门都要建立良好的健康教育环境，加强健康宣传，为学校健康教育的顺利开展提供便利。（3）学校设置一定的健康教育课程，这是传授健康知识和技能的最为直接的途径。目前，我国中小学的健康教育发展还很不均衡，健康教育课程至今在我国尚处于实验研究阶段。例如，学校应该从何时开设健康教育课、健康教育的师资队伍建设等一系列的问题都还需要进一步的研究和论证。

3. 设置心理健康中心

心理健康中心是对学生进行心理健康教育和提供心理咨询服务的常设机构。近年来，由学生的心理因素引发的事故越来越多，学生的心理健康问题逐步凸显。因此，在校内设立心理健康中心，定期或不定期地对学生进行心理健康教育，与他们进行必要的交流和沟通，对他们的心理进行适时的关注和了解，及时发现心理的各种变化并排解学生的不良情绪，为学生提供适当的心理服务，引导学生健康地发展，显得非常重要和必要。

4. 建立学生健康档案

健康档案是学生在生长发育过程中的健康状况的真实记录，它为学校制订健康管理计划提供科学依据。学生的健康管理是一个长期的过程，相关信息随着学生年龄的增长而不断增加，学生的健康信息也需要记录并长期保存，因而建立学生健康档案是对学生进行健康管理的重要途径，也是学校健康管理工作水平的重要体现。

第三节　学生管理常规

一、加强学生管理队伍建设

学生管理是对学校内全体学生的管理，不同规模的学校学生人数不同，少则几百人，多则数千人。受管理幅度的限制，学校不可能只通过一个人或几个人来实施管理，必须组建一支强有力的学生管理队伍。这支队伍主要包括班主任、共青团、少先队、学生会干部。具体内容参见德育管理。

二、加强学生日常行为规范的管理

我国教育行政部门颁布的中小学的学生管理规范主要有《中小学生守则》、《小学生日常行为规范》以及《中学生日常行为规范》等。它们对中小学生良好行为习惯的养成，以及学校形成良好的校风、学风、教风等都起到了重要作用。

（一）**《中小学生守则》**

1. 爱党爱国爱人民。了解党史国情，珍视国家荣誉，热爱祖国，热爱人民，热爱中国共产党。

2. 好学多问肯钻研。上课专心听讲，积极发表见解，乐于科学探索，养成阅读习惯。

3. 勤劳笃行乐奉献。自己事自己做，主动分担家务，参与劳动实践，热心志愿服务。

4. 明礼守法讲美德。遵守国法校纪，自觉礼让排队，保持公共卫生，爱护公共财物。

5. 孝亲尊师善待人。孝父母敬师长，爱集体助同学，虚心接受批评，学会合作共处。

6. 诚实守信有担当。保持言行一致，不说谎不作弊，借东西及时还，做到知错就改。

7. 自强自律健身心。坚持锻炼身体，乐观开朗向上，不吸烟不喝酒，文明绿色上网。

8. 珍爱生命保安全。红灯停绿灯行，防溺水不玩火，会自护懂求救，坚决远离毒品。

9. 勤俭节约护家园。不比吃喝穿戴，爱惜花草树木，节粮节水节电，低碳环保生活。

（二）**《小学生日常行为规范》**

1. 尊敬国旗、国徽，会唱国歌，升降国旗、奏唱国歌时肃立、脱帽、行注目礼，少先队员行队礼。

2. 尊敬父母，关心父母身体健康，主动为家庭做力所能及的事。听从父母和长辈的教导，外出或回到家要主动打招呼。

3. 尊敬老师，见面行礼，主动问好，接受老师的教导，与老师交流。

4. 尊老爱幼，平等待人。同学之间友好相处，互相关心，互相帮助。不欺负弱小，不讥笑、戏弄他人。尊重残疾人。尊重他人的民族习惯。

5. 待人有礼貌，说话文明，讲普通话，会用礼貌用语。不骂人，不打架。到他人房间先敲门，经允许再进入，不随意翻动别人的物品，不打扰别人的工作、学习和休息。

6. 诚实守信，不说谎话，知错就改，不随意拿别人的东西，借东西及时归还，答应别人的事努力做到，做不到时表示歉意。考试不作弊。

7. 虚心学习别人的长处和优点，不嫉妒别人。遇到挫折和失败不灰心，不气馁，遇到困难努力克服。

8. 爱惜粮食和学习、生活用品。节约水电，不比吃穿，不乱花钱。

9. 衣着整洁，经常洗澡，勤剪指甲，勤洗头，早晚刷牙，饭前便后要洗手。自己能做的事自己做，衣物用品摆放整齐，学会收拾房间、洗衣服、洗餐具等家务劳动。

10. 按时上学，不迟到，不早退，不逃学，有病有事要请假，放学后按时回家。参加活动守时，不能参加事先请假。

11. 课前准备好学习用品，上课专心听讲，积极思考，大胆提问，回答问题声音响亮，不随意打断他人发言。课间活动有秩序。

12. 课前预习，课后认真复习，按时完成作业，书写工整，卷面整洁。

13. 坚持锻炼身体，认真做广播体操和眼保健操，坐、立、行、读书、写字姿势正确。积极参加有益的文体活动。

14. 认真做值日，保持教室、校园整洁。保护环境，爱护花草树木、庄稼和有益动物，不随地吐痰，不乱扔果皮纸屑等废弃物。

15. 爱护公物，不在课桌椅、建筑物和文物古迹上涂抹刻画。损坏公物要赔偿。拾到东西归还失主或交公。

16. 积极参加集体活动，认真完成集体交给的任务，少先队员服从队的决议，不做有损集体荣誉的事，集体成员之间相互尊重，学会合作。积极参加学校组织的各种劳动和社会实践活动，多观察，勤动手。

17. 遵守交通法规，过马路走人行横道，不乱穿马路，不在公路、铁路、码头玩耍和追逐打闹。

18. 遵守公共秩序，在公共场所不拥挤，不喧哗，礼让他人。乘公交车、船等主动购票，主动给老幼病残孕让座。不做法律禁止的事。

19. 珍爱生命，注意安全，防火、防溺水、防触电、防盗、防中毒，不做有危险的游戏。

20. 阅读、观看健康有益的图书、报刊、音像和网上信息，收听、收看内容健康的广播电视节目。不吸烟、不喝酒、不赌博，远离毒品，不参加封建迷信活动，不进入网吧等未成年人不宜入内的场所。敢于斗争，遇到坏人坏事主动报告。

（三）《中学生日常行为规范》

一、自尊自爱，注重仪表

1. 维护国家荣誉，尊敬国旗、国徽，会唱国歌，升降国旗、奏唱国歌时要肃立、脱帽、行注目礼，少先队员行队礼。

2. 穿戴整洁、朴素大方，不烫发，不染发，不化妆，不佩戴首饰，男生不留长发，女生不穿高跟鞋。

3. 讲究卫生，养成良好的卫生习惯。不随地吐痰，不乱扔废弃物。

4. 举止文明，不说脏话，不骂人，不打架，不赌博。不涉足未成年人不宜的活动和场所。

5. 情趣健康，不看色情、凶杀、暴力、封建迷信的书刊、音像制品，不听不唱不健康歌曲，不参加迷信活动。

6. 爱惜名誉，拾金不昧，抵制不良诱惑，不做有损人格的事。

7. 注意安全，防火灾、防溺水、防触电、防盗、防中毒等。

二、诚实守信，礼貌待人

8. 平等待人，与人为善。尊重他人的人格、宗教信仰、民族风俗习惯。谦恭礼让，尊老爱幼，帮助残疾人。

9. 尊重教职工，见面行礼或主动问好，回答师长问话要起立，给老师提意见态度要诚恳。

10. 同学之间互相尊重、团结互助、理解宽容、真诚相待、正常交往，不以大欺小，不欺侮同学，不戏弄他人，发生矛盾多做自我批评。

11. 使用礼貌用语，讲话注意场合，态度友善，要讲普通话。接受或递送物品时要起立并用双手。

12. 未经允许不进入他人房间、不动用他人物品、不看他人信件和日记。

13. 不随意打断他人的讲话，不打扰他人学习工作和休息，妨碍他人要道歉。

14. 诚实守信，言行一致，答应他人的事要做到，做不到时表示歉意，借他人钱物要及时归还。不说谎，不骗人，不弄虚作假，知错就改。

15. 上、下课时起立向老师致敬，下课时，请老师先行。

三、遵规守纪，勤奋学习

16. 按时到校，不迟到，不早退，不旷课。

17. 上课专心听讲，勤于思考，积极参加讨论，勇于发表见解。

18. 认真预习、复习，主动学习，按时完成作业，考试不作弊。

19. 积极参加生产劳动和社会实践，积极参加学校组织的其他活动，遵守活动的要求和规定。

20. 认真值日，保持教室、校园整洁优美。不在教室和校园内追逐打闹喧哗，维护学校良好秩序。

21. 爱护校舍和公物，不在黑板、墙壁、课桌、布告栏等处乱涂改刻画。借用公物要按时归还，损坏东西要赔偿。

22. 遵守宿舍和食堂的制度，爱惜粮食，节约水电，服从管理。

23. 正确对待困难和挫折，不自卑，不嫉妒，不偏激，保持心理健康。

四、勤劳俭朴，孝敬父母

24. 生活节俭，不互相攀比，不乱花钱。

25. 学会料理个人生活，自己的衣物用品收放整齐。

26. 生活有规律，按时作息，珍惜时间，合理安排课余生活，坚持锻炼身体。

27. 经常与父母交流生活、学习、思想等情况，尊重父母意见和教导。

28. 外出和到家时，向父母打招呼，未经家长同意，不得在外住宿或留宿他人。

29. 体贴帮助父母长辈，主动承担力所能及的家务劳动，关心照顾兄弟姐妹。

30. 对家长有意见要有礼貌地提出，讲道理，不任性，不要脾气，不顶撞。

31. 待客热情，起立迎送。不影响邻里正常生活，邻里有困难时主动关心帮助。

五、严于律己，遵守公德

32. 遵守国家法律，不做法律禁止的事。

33. 遵守交通法规，不闯红灯，不违章骑车，过马路走人行横道，不跨越隔离栏。

34. 遵守公共秩序，乘公共交通工具主动购票，给老、幼、病、残、孕及师长让座，不争抢座位。

35. 爱护公用设施、文物古迹，爱护庄稼、花草、树木，爱护有益动物和生态环境。

36. 遵守网络道德和安全规定，不浏览、不制作、不传播不良信息，慎交网友，不进入营业性网吧。

37. 珍爱生命，不吸烟，不喝酒，不滥用药物，拒绝毒品。不参加各种名目的非法组织，不参加非法活动。

38. 公共场所不喧哗，瞻仰烈士陵园等相关场所保持肃穆。

39. 观看演出和比赛，不起哄滋扰，做文明观众。

40. 见义勇为，敢于斗争，对违反社会公德的行为要进行劝阻，发现违法犯罪行为及时报告。

中小学生守则和日常行为规范集中体现了对中小学生思想品德和日常行为的

基本要求，对学生树立正确的理想信念、养成良好的行为习惯、促进身心健康发展起着重要作用。

新的中小学生守则和日常行为规范从行为习惯养成入手，对中小学生提出了具体的、操作性较强的要求。各地教育行政部门和学校还可以根据本地区或本校的实际情况，在遵循新守则和新规范的前提下，制定一系列的其他规范制度，确保本地的中小学管理工作有效地开展，促进教育工作的顺利进行，引导学生健康全面发展。

第四节 学生管理方法

一、学生的自我管理和参与管理

学生的自我管理指学生对自己的生活、学习、交际等进行设计、安排和调控的活动。学生的参与管理则指学生投入到学生群体中自我管理中来的活动。前者可培养学生的自主性，后者则可培养学生的责任心。

（一）培养学生主体意识和参与管理能力

1. 主体与客体的界定

“主体”这一概念最初出现于哲学范畴内。到20世纪90年代初，“主体”思想渗透到教育科学领域，但是对这一概念的界定或描述仍然模糊不清，要么机械地划分，如教育主体就是教师，教育客体是学生，要么认为教师是教育主体，学生也是教育主体，出现“双主体”论。

其实，主体、客体是两个关系范畴，两者相互依存、互相规定，没有主体就没有客体，没有客体也就没有主体，有主体一定有客体，有客体一定有主体，指出教师为主体，学生就必为客体。而且，教师与学生也是相互规定、相互联系的关系范畴：如果学生是主体，那么教师就成为客体；如果教师、学生都是主体，那么教育活动的客体是什么？是教育内容、物质吗？所以，必须明确学校教育活动必然以教师为主体，学生为客体，这是一方面。另一方面，辩证唯物主义告诉我们，矛盾的对立统一的两个方面，相互规定、相互依存、相互对立，一定条件下又相互转换，所以，教师为主体与学生为客体的关系，在一定条件下也可以发生转变。

2. 对学校工作中主体和客体关系的分析

学校工作包括教学和管理工作，教学又包括教师的教与学生的学。从教学过程看，一个阶段是教师传授教育内容，学生接受新知识。这一过程中，教师作为主体存在，作用于学生，学生作为客体存在，接受教师的主动影响。另一个阶段是，学生把教师传授的新知识，同化到自己原有的知识结构中的过程。这一过程中虽然有教师的导向、催化作用，但不起决定性作用。这一过程主要是学生自主、自觉地实现知识内化、构建新知识体系的过程。此时，学生是主体，客体是教师所授的知识，教师只是条件。还有一个阶段就是学生完全独立地自学的过程，学生在自己的兴趣、好奇心的推动下，激发出强烈的求知欲，在没有教师的直接作用下，自主、自觉地学习科学文化知识，这一个过程完全是学生的主体能动活动。学生是学习的主体，科学文化知识是客体。

从师生关系来看，首先，在教育内容的传递上，教师与学生的关系是教与被教的关系。教师是教育者，学生是受教育者；教育者是教育实践活动的主体，他把受教育者作为对象，以其自身的活动来引导、促进受教育者的身心发展和变化，他把教育措施作为手段，用它把自己的活动传导到受教育者身上，使受教育者发生合乎自己意图的变化。受教育者是教育实践活动的对象，处于客体的地位，接受教育者对自身的影响，按照教育者指明的方向，积极地转化教育影响，朝着健康、明确的方向发展。从这一角度看，可以明确地指出教师是教育主体，学生是教育客体。但是，这一关系仍然不能机械地、僵化地看待。现在有的学生知道的东西比老师还多，教师有时也要从学生那里学到新的知识，这一状态下教师就成了教育客体，对教师产生影响作用的学生就是教育主体。孔子曰“教学相长”、“三人行必有我师”，就是这一状态的真实写照。其次，在德育过程中，师生之间联系的过程，是相互促进、相互影响，使双方道德都不断完善的过程。在这一个过程中，教师以自身的言传身教影响学生道德形成，发展学生良好的道德认知、道德情感、道德意志和道德行为，此时教师是主体存在，学生是客体存在。然而，有时学生的某一道德行为会引起教师内心极大的震动，从而使教师转变那些不好的认知和观念，使自身道德结构更加完善，这样，学生就成了主体，而教师则成了客体。最后，在人格上，师生是一种平等的关系。教师与学生都是一定社会中的独立个体，都是公民的一分子，处于政治上平等的地位，没有尊卑之分。如果教师的主动行为对学生的人格产生影响，那么教师是主体，学生是客体；如果学生的自主行为对教师发生作用，那么学生就是主体，教师就是客体。

从学校的管理工作分析，学校的管理关系中有校长—教职员工、校长—学生、教职员工—学生、学生干部—学生四种关系。第一种情况不涉及学生，此处不予分析。第二种情况稳定性相对较大，也不做详细论述。第三种情况从传统的观念看，学生是被管理者，教师是管理者，这是绝对的。但是如果换一个角度看，现代学校管理要求实行民主管理、参与管理，我们通常称“学生是学校的主人"，那么学生也必然应该参与学校管理，参与学校有关事宜的决策，即学生的意见、建议在学校管理的决策过程中必须予以考虑。一旦学生的思想在学校的决议中得到体现，就会对教师产生影响，这样学生就在一定意义上成了管理的主体，教职工就成了客体。第四种情况是学生干部—学生，这是学生自己管理自己的情况，学生既是主体也是客体。因为主体既可以用于学生个体，也可以用于学生群体，学生干部（或代表）体现的是学生群体的意志，是学生对自己的管理，是一种自我管理。所以此刻的学生既是管理的主体，也是管理的客体。

通过以上的主体和客体的关系的分析，我们可以把发展学生的主体意识描述为：使学生意识到，从某种意义上讲，学生在学校教育、管理活动中是处于主体地位的，是活动的主体。同时，特别是从学校管理角度的分析中可以看到，发展学生的主体意识与学生参与管理、发展学生参与管理的能力密切相关，只有让学生参与管理，自己管理自己，学生才能在一定程度上处于管理的主体地位。意识是对客观事物的反映，只有学生处于主体的地位，才有可能形成学生的主体意识。而要让学生参与管理，必须提高学生参与管理的能力；能力是顺利完成某项任务是必须具备的心理特征的总和，即只有具备了相应的能力，才能成功地完成某项任务，只有拥有了参与管理的能力，才能成功地参与管理。简言之，要发展学生的主体意识，必须让学生自我管理、参与管理，培养学生自我管理和参与管理的能力。

（二）培养学生自我管理和参与管理能力的途径

1. 创设良好的环境

现代科学证明，环境因素对人的能力形成的作用不可低估。环境可以分为物质环境和文化环境。此外，所谓创设良好的环境，指的是创设良好的校园文化环境，特指要在学校内部建立良好的民主管理制度，营造学生自我管理和参与管理的氛围。

学生是学校的主人，应该对学校的发展负有一定的责任，但是学生往往没有意识到这一点，没有"当家做主"的主人翁意识，对学校的事务漠不关心，更别谈参与管理。这种情况来源于学校领导和教职工对学生认识的偏差。他们认为学生年龄小、知识少、能力差，对学校工作不可能了解，学生在学校里只是来学习的，是处于被管的地位的，学生没有自我管理、参与管理的能力。一方面学生没有对学校负责的精神，另一方面校方没有民主管理的意识，这样就不可能形成学生参与学校管理的文化环境，学生的自我管理能力和参与管理能力就不可能得到发展。这就需要在学校内部开展民主意识的双向教育，既要对学生进行主人翁意识和责任感的教育，又要使学校领导和教职工懂得：学生是学校的主人，有必要也有能力自我管理和参与管理；懂得学生是具有主体性的社会个体，而且在现今信息社会，学生通过各种媒体所接受的信息、所掌握的知识，比有些教师还要多；学生有权利，也有义务进行自我管理和参与管理，学校要保证学生的这种权利得到行使，义务得到实现。学校管理者与教师的观念是第一位的影响因素，如果不允许或不创造条件，学生有再强烈的参与意识都是难以实现的。

2. 积极引导学生参与学校管理实践活动

人的能力是在实践活动中形成和发展起来的。离开了实践活动，人的能力就难以形成和发展。我国古代思想家王充就提出过“施用累能”的观点，即能力是在使用中积累的。大量事实资料也证明，音乐能力只有在音乐的实践活动中才能形成和发展，科研能力也只有在科研的实践活动中才能形成和发展。当然，学生的自我管理和参与管理能力也只有通过学校管理的实践活动才能形成和发展。

在创设良好的学校管理文化环境后，就要通过各种形式，有意识地引导学生进行参与管理活动和自我管理活动。例如，通过设立由教师、学生家长、社区名流、学生代表等组成的校务委员会，对学校的重大问题的决策进行咨询和商议；通过实行校务公开，引导学生充分运用自己的权利如发言权、监督权等，对学校事务的管理献计献策，监督帮助形成校长的决策意见以及各项规章制度和计划；让学生自己建立各种班、组、队、会、团的组织，产生各级各类学生干部，建立自己的各项规章制度，开展各种各样的自我管理活动，培养和发展学生参与管理、自我管理的能力。

3. 培养学生优良的个性品质

在实践活动中，优良的个性品质对能力的形成和发展具有重要的意义。学生参与管理和自我管理的动机会影响参与管理和自我管理的能力的发展。动机强，学生就会在实践中自觉积累管理经验和知识，从而不断提高自身的管理能力；动机弱，参与管理的意识和行为淡漠，就不会在管理实践活动中主动地积累经验和知识，更谈不上发展能力了。

管理活动中，学生谦虚好学的态度，有利于管理能力的发展。活动中有不理解之处或难以决策的地方，谦虚好学的学生乐于请教学校领导、教师或有经验的同学，无形中就增长了自身的经验和知识，发展了自己的能力。相反，骄傲的学生就会认为自己这也知道，那也明白，遇到难以解决的问题也不请教，不咨询，知识、经验得不到增长，能力当然上不去。

坚强的毅力有助于能力的增长。在管理实践活动中，总会遇到一定的困难，没有克服困难的毅力，就无法完成活动任务，更谈不上能力的增长。即使是管理能力较差的学生，只要有毅力，百折不挠，勇于克服困难，其能力最终是会得到发展和提高的。当然，发展学生自我管理和参与管理能力不能只限于以上几条途径，但是以上三条途径是学校培养自我管理和参与管理能力所应该予以足够重视的。

二、学生个体管理和群体管理相结合

学生管理是为学生的教育工作服务的，学生的教育工作是为使每个学生个体的身心得到全面发展，而实施优质的教育。相应地，学校也要对每个学生个体实施优质的管理，为优化教育提供保障。学生不是完全独立存在的个体，他们会与其他学生个体结成这样或那样的联系，组成这样或那样的群体，从而对学生管理工作提出了新的要求：学生管理必须注意个体管理与群体管理相结合。

（一）学生个体的管理

1. 学生的需要与学生管理

需要是有机体对客观条件的要求，每个人都有自己的需要。需要是行为的原动力，研究学生的需要对于学生个体的管理工作有十分重要的意义。青少年学生的需要从内容来看，多与学习相联系，如希望得到教师的表扬，希望得到好成绩等；从满足的方式来看，多是由外部的刺激而获得间接或外部满足，如家长、教师、同学、亲友对学生的评价。从其水平来看，水平较低，多以现实性需要和情境性需要为主，且较易从外部行为表现中观察到。

对学生个体的管理要了解学生个体的不同需要；针对不同需要采取不同的处理方式，尽量满足其合理需要，转变其不合理需要；引导学生发展较高水平的社会性需要；在不同的发展阶段，树立不同的合理的主导性需要，引导学生不断地健康成长。

2. 学习动机与学生管理

动机是激发和维持个体进行活动，并使该活动朝向某一目标的心理倾向。培养和激发学生的学习动机是学生管理工作的一项重要任务。

培养学生的学习动机要引导学生形成合理的动机结构。学生的学习动机十分复杂，同一个学生个体从事学习活动，可能有对其内容直接感兴趣的原因，也可能是为了将来有用的动机，还可能是其他动机。学生管理工作要引导学生以正确的动机从事学习活动，要以为现代化建设服务的动机为主导动机，形成合理的动机系统。

培养学生的学习动机还要创造各种条件，增强学生的学习需要和兴趣。例如，可以通过摆事实，讲道理，使学生认识学习的目的、任务、意义来提高兴趣，引起需要；或通过榜样人物的思想行为和卓越成就引起学生的学习需要，激发学生的学习兴趣。

要注意合理利用学习结果的反馈效应，激发和培养学生的学习动机。让学生及时了解学习的结果，看到自己所学知识在实际运用中的成效，解答问题时的答案正误以及学习成绩的优劣，都可以激发学生进一步学习的动机。

开展适当的竞赛活动，合理利用奖惩手段，也可以有效地激发学生的学习动机。在竞赛过程中，学生的成绩动机或获得自尊与成就的需要较为强烈，学习兴趣和克服困难的毅力就会大大增强，学习效果会有很大提高。若对比赛结果给予恰当的强化，则效果会更明显。

3. 学生的感情与学生管理

感情是情绪、情感的总称。感情对人的行为有促进或阻碍作用。引导学生积极感情的产生如爱国主义情感、正义感、集体主义情感等，将有助于学生树立正确的学习目的，自觉地刻苦学习。积极的感情还会加速对与决策有关的材料的加工，促进思维的流畅性，简化决策过程的复杂性；同时在积极的感情下，人倾向于用肯定的眼光看事物，做判断，做出积极的反应，因此，学生管理工作要培养和保持学生积极的感情。学生管理者也应对学生满腔热情，以积极的感情培养学生，管理学生。

4. 学生的态度与学生管理

态度是个体对事物所持的肯定或否定的情感反应。学生对学校工作如果持积极的态度，就会做出积极反应，反之，就会做出消极反应。学生管理工作要通过创设一定的活动情境、对话情境、规范情境等，引起学生对人生、对社会、对学校的积极的态度。

（二）学生群体的管理

所谓群体，是指为了实现特定的目标而组织起来的，按照一定的规范相互作用、共同活动的组织团体。按照学生群体的形成方式，可以将学生群体分为正式群体和非正式群体。

正式群体是按学校正式文件的规定，在校领导者、班主任、教师的指导下，组织起来的学生群体。例如，学校的年级、班级、学习小组、学生会、班委会、团支部、少先队等。非正式群体是学生在相互交往中，自发地形成或组织起来的群体。如兴趣相投、关系密切的学生自发形成并私下活动的兴趣小组、小帮、小派等。正式群体的管理有明确的规章制度指导，这里着重谈谈学生非正式群体的管理。

1. 正确对待不同类型的非正式群体

非正式群体可以分为：积极型、中间型、消极型和破坏型。

积极型非正式群体，对学校正式群体、组织的发展有促进作用。对于积极型非正式群体应加以保护和利用，对其核心人物可以适当授权，不仅让他组织他的团体开展有意义的公开活动，还可以让他成为班委会或学校正式组织的成员。

中间型非正式群体是与组织若即若离，其活动与班集体或学校组织目标，有时一致，有时不一致，一般既没有积极作用，也没有消极作用。对中间型的非正式群体要采用教育和引导的方法。

消极型非正式群体属于偏离学校组织或班集体的非正式学生群体，其活动与校组织、班集体的目标不一致，对班集体、校组织会产生消极影响，但行为后果较轻，虽有违纪，但无违法。对消极型非正式群体，则应采取改造的办法。主要是从改造他们的思想、认识入手，加强思想教育来改造他们的行为。

破坏型非正式群体属于反学校组织或班集体的非正式学生群体，其活动后果较严重，不仅违纪，而且具有违法性质，如学生盗窃团伙、流氓团伙等。对于破坏型的非正式群体，重在预防，要注意防止消极型非正式群体向破坏型非正式群体转化。对破坏型非正式群体成员，学校仍然要以教育为主，特别是对情节较轻，出于好奇受人引诱而做了错事的学生，不应推给公安机关了事，要力争通过学校教育使其向好的方面转变。

2. 加强正式学生群体的建设

搞好学生正式群体的建设，不仅可以有效地实现组织目标，还可以对非正式群体起到有效的控制作用。例如，通过建立多种类型、多层次的学生正式群体，可以尽量满足绝大部分学生的需要，控制非正式群体的组成，通过内容丰富多彩、形式灵活多样的正式群体的活动，可以把学生的注意力和兴趣吸引到正式群体身上，削弱学生组建非正式群体的兴趣。尽管如此，学生管理工作还是应当允许非正式群体的存在，并认识到它们的存在，不仅允许它们在正式群体外存在，还可允许它们在正式群体内存在。只要这些非正式群体对正式群体无害，就不要排斥它，解散它，事实上是不可能禁绝非正式群体存在的。允许无害的非正式群体的存在，与正式群体建设并不矛盾，因为这样可以给学生更多的自由，更多的自我满足的机会，学生对正式群体会产生更强烈的归属感，而不会把过多的精力用在非正式群体上。

三、常规管理和异常管理相结合

学生群体是一个异常活跃的群体，充满了各种变数，故对学生群体的管理必须做到常规管理与异常管理相结合。

（一）学生的常规管理

所谓学生的常规管理，是指有一定规章制度可依的、经常性的学生管理活动，也称为静态管理。对学生的常规管理包括学校招生工作的管理和学生入学后的管理。

学校招生工作的管理在不同层次、不同类别、不同地区的学校有不同的做法。一般来讲，小学、初中和高中一年级新生是经过招生工作这一关而被吸收进校的。小学和初中属义务教育阶段，学生以“就近入学”为原则，学校招生管理工作要了解本地范围内的生源情况，按本地区的有关规定，把实现应有的普及率作为首要工作任务和内容。非义务教育阶段的招生管理工作，包括招生宣传、报名、考试等一系列活动，并按学校规定的程序录取学生。此外，还要准备处理有关学生的转学、复学、插班等事宜。

学生入学后的管理主要有三个方面的工作：学籍管理、生活管理和社团管理。学生的学籍管理包括编班、考勤（检查、登记、统计学生的出勤、迟到、早退、缺课、旷课等情况，办理请假事宜）、考核（规定考核办法、组织考核活动、记载和分析考核结果）、拟定和执行奖惩制度、核定学生升学情况等。学生生活常规管理包括食堂常规管理、宿舍常规管理、集会常规管理等。社团的常规管理根据不同的社团规章规定，其内容繁多，不一一列举。

常规管理以规章制度为依据，但不能死抠规章制度。在实际的管理活动中，常规起导向作用和一般的限定作用，具体情况，还要具体分析、具体解决。常规也不是一成不变的，要根据学校的发展及时做出调整，以适应学校的新情况、新问题。

（二）学生的异常管理

所谓学生的异常管理，是对学校内所发生的，与学生有关联的偶发、突发事件的管理。这种管理没有现成的规章制度可依，需要管理者对可能的事故有所了解，有所准备，面对事变沉着冷静，发挥主观能动性予以积极解决，校内的异常现象、事件一般有以下几种。

1. 师生冲突

师生冲突是指师生之间的行为的对立或对抗。据不同的表现形式归纳为三种情况。（1）教师和学生在课堂里的正面冲突，表现为学生和教师发生面对面的对抗行为或暴力行为。（2）教师和学生在课堂以外的冲突。这种冲突一般并不表现为师生双方的正面冲突，而是表现为学生借助其他手段对教师进行报复，它往往是师生课堂冲突的延伸和发展。（3）教师和学生家长的冲突。这种冲突常常是由教师对学生的违纪行为的不当处理所引起的。

师生冲突产生的原因是多种多样的：或者因为学生上课没有守纪律，故意挑衅；或者因为教师与学生的价值观对立，对事物的评价标准不一致；或者因为教师素质、能力不高，对学生的违纪行为处理过火，引起学生及其家长的不平和反感；等等。

对于师生冲突的管理，重在防患于未然，而关键还是在于教师这一极。因为，教师在冲突中往往起着主动的、决定性的作用，即使是学生故意挑衅，也可能是因为教师的某些言行令其不满。这就要求教师在处理有关师生冲突的问题时注意做到：尊重学生的人格，树立师生平等的意识；树立教育法治观念，知法守法，依法治教；树立成才必先成人的思想，防止因要求学生成才之心过于迫切，而导致粗暴的简单的行为产生；要掌握有关的教育学、心理学的理论知识，不断提高自身的教学能力、教育技巧，形成高超的教育艺术和教育机智。

2. 学生人身伤亡事故

学生人身伤亡事故有两种情况。一种是由于纯客观的条件造成的，没有教育者主观意志和行为发生直接或间接影响的学生人身伤亡事故。例如，某市一中学因篮球架未安放稳定，导致学生在玩篮球时被倒塌的篮球架砸死。再如，1996年9月6日晨，云南省某小学举行升旗仪式，学生在过天桥的途中发生拥挤，造成死亡24人、重伤17人、轻伤57人的特大学生伤亡事故。这种情况虽然没有学校教育者的主观意愿和行为的影响，但学校仍然有不可推卸的责任。另一种是由于学校教育者不当的言行导致的直接或间接影响，造成的学生人身伤亡事故。例如，某学生随家长工作调动转学，学校有关人员为达到一定目的故意刁难学生，致使学生服毒自杀。再如，老师因某学生考试成绩很差，决定将成绩单寄回该生家中以作为惩罚，由于该生“家教甚严”，学生害怕回家挨打，而走上了轻生的道路。这种情况下，有关的教育者和学校都应承担责任。

对这类事件的管理，同样是重在预防。预防时要把握以下几条策略。(1) 要明确学校应当对未成年学生施行保护的义务。学校有义务对未成年学生施行保护，未成年学生（中小学生多为未成年学生）有权利要求学校对其施行保护。(2) 要提高学校保护青少年学生的能力，即要从思想观念、法律意识、行为能力几方面入手，不断提高学校管理者和教师的素质。(3) 要加强对学校可能导致学生伤亡的客观存在和主观存在的检查、控制和监督。(4) 要对学校造成学生伤亡的行为，依法追究学校及有关人员的法律责任。

3. 学生犯罪问题

在世界范围内青少年学生的犯罪现象都呈上升的趋势。以日本为例，1950年青少年犯罪被捕的人数占总人口的13%，1964年为16%，1980年则上升到

19%，而且犯罪手段越来越成人化，后果越来越严重。造成青少年犯罪的原因，除了社会政治、经济、文化因素外，还有个体的生理心理因素，更重要的是家庭与学校教育方面的原因。

学校的学生管理工作针对这一问题要注意做好以下工作：开展法律常识普及教育；开展心理辅导和青春期教育；制止“流失生”，帮助“双差生”；对学生家长进行有关家庭教育的知识讲座；创设学校健康、愉快、活泼、向上的校园文化环境。

4. 学生吸烟、吸毒问题

青少年学生吸毒问题现在也成了一个世界性的问题，必须引起学校管理者的高度重视，特别强调预防在先。这需要学校与家庭相互沟通，联合行动。家长要注意自己的行为对孩子的影响，为孩子提供一个互爱、守纪、温暖和向上的家庭环境，培养孩子对吃、喝、玩、乐的正确态度；培养孩子的独立性，教师要在呵护学生的好奇心的同时，注意培养学生的是非观；注重理想教育和美育；教育学生踏实、好学、向上，不要爱慕虚荣；及早发现并纠正学生的不良品行，开展禁毒知识教育，帮助学生认识毒品的危害性；及早纠正学生的心理问题，如焦虑、抑郁等；明令禁止，并想方设法不让学生与吸毒者为伍。

中小学生的管理主要是常规管理，但异常管理也不容忽视，两手工作都要抓，两个准备都应有，两种管理相辅相成，紧密结合，为学生的健康成长提供有力的保障。

复　习　题

1. 如何认识当代中小学生的身心发展特点？
2. 现代学生观的内涵应如何表述和认识？
3. 学生管理的方法有哪些？
4. 案例分析：伯乐还是园丁？

教师培训班的课堂上，老师讲到了如何看待学生的问题。来自省内多所重点中小学的老师就这一问题发表了各自的看法。

一向心直口快的张老师抢先说：“儿童是祖国的花朵，我们是辛勤的园丁。”这为讨论制造了一点轻松的氛围。

“没错，教师的天职是教书育人，学生就像花园里的花朵一样需要我们的灌溉与呵护。”王老师在课堂上不禁流露出她的母性。

张老师纠正道：“园丁就是园丁，不要用‘灌溉’这个词，容易与‘满堂灌’联系在一起哦。”

王老师笑道：“对，我们中小学教育要面向全体学生，精心呵护每一棵幼苗，促进他们的全面发展。”

一旁沉默的夏老师这时终于发言了，“我认为，中小学更应该注重学生的个性发展，注重培养学生的创造性。老师应该注重发掘学生的个性与潜能，进行有针对性的教育。”

“确实，千里马常有，而伯乐不常有。老师的作用更应该体现在发掘学生的潜能，不让他们被埋没了。”

王老师继续坚持自己的观点：“所谓基础教育就应该注重基础性，高等教育才更应该注重那种选拔性。”

坐在教室后排的伍老师听了他们的发言，低声对旁边的林老师说：“讨论这些有什么实际意义呢？升学率达不到要求，说什么都是白搭!”

思考题：

（1）不同教师的发言体现了不同的学生观，教师应该树立怎样的学生观？

（2）树立正确的学生观对学校管理有什么意义？

第四编　学校工作管理（上）

第十二章　德育管理

德育是对学生进行思想政治和品德的教育。它包括思想教育、政治教育和道德品质教育。加强对学生德育工作的领导，是贯彻教育方针，全面提高教育质量的重要环节。

本章着重探讨德育管理的意义、任务、原则、组织、途径等，揭示德育管理的规律，以提高德育管理的科学性和有效性。

第一节　德育管理概述

德育和德育管理是两个不同的概念。德育管理是使德育诸要素结合并运行起来以实现德育目标的计划、组织和控制的活动。德育管理是为实现德育目标服务的。由于二者的概念不同，所属的范畴不同，因此不能把德育与德育管理混为一谈，更不能用德育代替德育管理。

一、加强德育管理的意义

（一）全面贯彻教育方针，实现培养目标的需要

我国教育方针的核心，就是要把学生培养成为德、智、体全面发展的有理想、有道德、有文化、有纪律、热爱祖国和社会主义事业，具有为国家富强和人民富裕而艰苦奋斗的献身精神，不断追求新知，具有实事求是、独立思考、勇于创新的科学精神的一代新人。这是我国教育的根本目的，也是学校管理的根本任务。学校的德育管理则是实现培养目标，全面贯彻教育方针的重要手段。

目前，我国中小学教育中存在的突出问题之一是德、智、体、美、劳等方面的关系不协调，人们都承认德育的重要性，但在实际工作中，却总是把智育工作放在首位，教学是学校工作的中心，这也与我国目前的升学制度有关。因为，在高考的招生中，总是以分数的高低作为录取标准，分数是一个硬指标，而德育却是一个软指标。为改变这种状况，必须加强德育管理。通过科学管理，合理组织人力、物力，实施全面发展的教育，既重视发挥德育对其他各育的定向、导向、支柱和激励作用，又协调德育与智育及其他各育的关系，使“五育”得到和谐发展，全面提高教育质量，使教育方针落到实处。

（二）素质教育的必然要求

学校是实施素质教育的重要阵地，特别是中小学校在提高全民素质的过程中，起着基础性作用。今天的中小学生，是未来社会的主人，他们都应该有理想、有道德、有文化、有纪律，热爱祖国和社会主义事业，具有为国家富强和人民富裕而艰苦奋斗的献身精神，都应该不断追求新知，具有实事求是、独立思考、勇于创造的科学精神。他们能否成为时代需要的高素质人才，这就要靠学校的教育，尤其是要靠学校的德育工作。

现代化建设要求年轻一代勤奋刻苦学习，努力掌握现代科学文化知识，具有建设社会主义的远大理想，具有良好的道德品质。但是，这些年来，我国学校教育在德育方面存在失误，主要表现为德育工作不到位，对学生往往注重智育要求，而缺少德育要求。因此，各级各类学校不仅要建立完备的文化知识的传播体系，而且要把德育放在首位，全面推进素质教育，造就数以亿计的高素质劳动者、数以千万计的专门人才和一大批拔尖创新人才。

德育决定了教育的性质和方向，把德育放在首位是教育的普遍规律，不仅我国这样做，其他国家也这样做。加强德育管理，把德育放在首位，一是要把培养社会主义的建设者和接班人作为学校教育的根本任务；二是应当使每一个教师既成为一个合格的专业课教师，又成为一个高水平的德育工作者，既教书又育人；三是要求每一个学科的教师从本学科的特点和实际出发，对学生进行政治思想和道德品质等方面的教育，就是说要把德育渗透到各门学科之中；四是要使德育工作贯彻到教育工作的各个环节中，贯彻到教育的全过程中，教学工作、课外活动、校外活动、党团活动等都要重视加强德育工作。

（三）进行社会主义荣辱观教育的必由之路

荣辱观是世界观、人生观、价值观的反映，体现在德、智、体、美、劳各个方面，是一个人看待自己行为和评价他人行为的基本准则，也是一个公民应该具备的基本素质。古人云：不知荣辱无以为人。一个人只有知荣辱，懂羞耻，才能在行为上做到有选择、有取舍。但人的荣辱羞耻观念不是与生俱来的，是通过教育特别是学校教育的过程逐步形成的。青少年时期是世界观、人生观、价值观形成的关键时期，在这个阶段给予他们正确的荣辱观教育，帮助他们形成正确的是非、善恶、美丑观念，对于他们人生道路的选择具有极其重要的作用。

在我国现阶段，要引导广大干部群众特别是青少年树立社会主义荣辱观，坚持以热爱祖国为荣、以危害祖国为耻；以服务人民为荣、以背离人民为耻；以崇尚科学为荣、以愚昧无知为耻；以辛勤劳动为荣、以好逸恶劳为耻；以团结互助为荣、以损人利己为耻；以诚实守信为荣、以见利忘义为耻；以遵纪守法为荣、以违法乱纪为耻；以艰苦奋斗为荣、以骄奢淫逸为耻。

社会主义荣辱观，高度凝练了爱国主义、集体主义、社会主义思想的基本要求，是中华民族传统美德和时代精神的有机结合，是社会主义世界观、人生观、价值观的生动体现，为构建社会主义和谐社会、推进社会主义思想道德建设指明了方向，具有重大的现实意义和深远的历史意义。

社会主义荣辱观在本质上与中小学德育工作的目标、内容和要求是统一的。倡导以热爱祖国为荣、以危害祖国为耻，就是要求进一步加强学校的爱国主义、社会主义和民族精神教育，引导广大中小学生增强爱祖国、爱家乡的情感；倡导以服务人民为荣、以背离人民为耻，就是要求进一步加强人民群众创造历史的教育，引导广大中小学生热爱劳动人民，从小树立为人民服务的思想；倡导以崇尚科学为荣、以愚昧无知为耻，就是要求在我们的教育工作中进一步加强对学生科学精神和创新意识的培育，引导广大中小学生努力学习，勤思好问，乐于探究，养成良好的学习态度和习惯；倡导以辛勤劳动为荣、以好逸恶劳为耻，就是要求我们进一步加强教育与生产劳动教育、社会实践的紧密结合，引导广大中小学生积极参加劳动实践，尊重他人的劳动成果，自己的事情自己要做好；倡导以团结互助为荣、以损人利己为耻，就是要求我们在学校的教育中进一步加强集体主义教育，引导广大中小学生关心集体、关心他人、学会合作，帮助有困难的同学共同进步；倡导以诚实守信为荣、以见利忘义为耻，就是要求广大青少年学生从小开展诚信教育，引导广大中小学生学法、知法、守法，自觉遵守学校纪律和公共秩序；倡导以艰苦奋斗为荣、以骄奢淫逸为耻，就是要求我们更好地继承和发扬优秀的民族精神和光荣的革命传统，引导广大中小学生不畏艰辛，不怕困难，勤俭节约，乐观向上，健康成长。

引导广大中小学生树立社会主义荣辱观，是学校坚持德育为首，全面推进素质教育的时代要求。每一个教育工作者都要自觉地担当起这一光荣的任务，不仅要成为社会主义荣辱观的自觉实践者，更要成为广大中小学生树立社会主义荣辱观的引导者，努力培育社会主义事业的合格建设者和可靠接班人。

（四）培育和践行社会主义核心价值观的基础

社会主义核心价值观是社会主义核心价值体系的内核，体现社会主义核心价值体系的根本性质和基本特征，反映社会主义核心价值体系的丰富内涵和实践要求，是社会主义核心价值体系的高度凝练和集中表达。

社会主义核心价值观倡导富强、民主、文明、和谐，倡导自由、平等、公正、法治，倡导爱国、敬业、诚信、友善。

“富强、民主、文明、和谐”，是我国社会主义现代化建设目标，也是从价值目标层面对社会主义核心价值观基本理念的凝练，在社会主义核心价值观中居于最高层次，对其他层次的价值理念具有统领作用；“自由、平等、公正、法治”，是对美好社会的生动表述，也是从社会层面对社会主义核心价值观基本理念的凝练；“爱国、敬业、诚信、友善”，是公民基本道德规范，是从个人行为层面对社会主义核心价值观基本理念的凝练。它覆盖社会道德生活的各个领域，是公民必须恪守的基本道德准则，也是评价公民道德行为选择的基本价值标准。

培育和践行社会主义核心价值观要从小抓起，从学校抓起。坚持育人为本、德育为先，围绕立德树人的根本任务，把社会主义核心价值观纳入国民教育总体规划，贯穿于基础教育、高等教育、职业技术教育、成人教育各领域，落实到教育教学和管理服务各环节，覆盖到所有学校和受教育者，形成课堂教学、社会实践、校园文化多位一体的育人平台，不断完善中华优秀传统文化教育，形成爱学习、爱劳动、爱祖国活动的有效形式和长效机制，努力培养德智体美全面发展的社会主义建设者和接班人。适应青少年身心特点和成长规律，深化未成年人思想道德建设和大学生思想政治教育，构建大中小学有效衔接的德育课程体系和教材体系，创新中小学德育课和高校思想政治理论课教育教学，推动社会主义核心价值观进教材、进课堂、进学生头脑。完善学校、家庭、社会三结合的教育网络，引导广大家庭和社会各方面主动配合学校教育，以良好的家庭氛围和社会风气巩固学校教育成果，形成家庭、社会与学校携手育人的强大合力。

培育和践行社会主义核心价值观，贵在坚持知行合一、坚持行胜于言，在落细、落小、落实上下功夫。要注意把社会主义核心价值观日常化、具体化、形象化、生活化，使每个人都能感知它、领悟它，内化为精神追求，外化为实际行动，做到明大德、守公德、严私德。要面向全社会做好这项工作，特别要抓好领导干部、公众人物、青少年、先进模范等重点人群。

（五）青少年身心健康成长的保障

从人的成长规律来看，中小学阶段正是青少年长身体、长知识、世界观逐步形成的时期，这是人的一生中的关键时期。在这个时期，他们一方面具有思想活跃、精力充沛、朝气蓬勃、求知欲强、接受新鲜事物快、可塑性强的特点，因而容易接受教育；另一方面他们思想不成熟，分析判断能力较差，对一些腐朽思想缺乏识别和抵制能力，易受侵蚀而走上歧途。因此，这一时期的德育对人的一生有决定意义，德育必须从小抓起。

时代的发展和环境的变化，对青少年身心发展也有很大的影响。20 世纪 50—60 年代初的青少年同今天的青少年，在知识面、认知水平、道德修养、价值观念、思维方式等方面，有许多不同之处。20 世纪 50—60 年代的青少年，从小受到良好的道德教育，形成了较好的行为习惯，有较强的辨别是非的能力，有理想，对前途充满信心。但由于那时的我国是封闭型的，他们缺乏开拓精神和创新意识。进入 20 世纪 80 年代以后，我国实行了改革开放的政策，全国工作的重点转移到以经济建设为中心的轨道上，人民的生活水平有了极大的提高，文化教育事业有了长足的进步。这一切都使广大青少年看到了光明的前途和未来，激发了他们努力学习、积极向上、渴望成才的思想。然而，随着市场经济体制的逐步建立，人们的价值观念也在发生变化，竞争意识不断增强的同时，讲究眼前经济利益，追求物质享受等都对青少年产生一定的影响，对德育管理工作提出了新的要求。如果学校管理者无视这些变化，仍然简单地套用过去常用的德育管理办法，是不会取得好效果的。所以，改进德育工作，树立德育管理与时代相适应的观念是非常重要的。

二、德育管理的任务

根据学校德育工作的特点，德育管理的任务主要是如何科学地、有效地组织和指挥德育工作的贯彻实施，以提高这项工作的质量和效能。具体来说，德育管理担负以下任务。

（一）树立正确的德育管理指导思想

树立正确的德育管理指导思想是搞好德育管理的前提。在德育管理中要求教职工提高对德育管理工作的认识，端正指导思想。要根据社会主义市场经济的实际情况，赋予德育具有时代气息的新内容和新方法，并从人力、物力、财力等方面保证德育工作的开展，学校要形成对德育工作齐抓共管的良好风气，促进德育工作的顺利进行。

中小学阶段是青少年长身体、长知识的时期，是形成良好品德和行为习惯的最有利的时期。小时候形成的良好品德能使人终身受益。抓紧这一时期的德育可以说是功德无量。德育渗透于智育、体育、美育和劳动技术教育之中，贯穿在学校教育的全过程和学生日常生活的各个方面，它与智育、体育、美育等有相辅相成的关系，在促进素质提高、保证人才培养的正确方向方面起着决定性作用。

学校的各项工作都具有教育性，每个教职工都是德育工作者，都要在不同的岗位上担负起教育学生的责任。学生的德育无处不在，无时不有，无人不管。它所涉及的方面，远比教学工作广泛，指导思想不统一，要求必然不一，力量相互抵消。因此，要端正全体教职工的指导思想，提高全体教职工对德育管理意义的认识，做到教书育人、管理育人、服务育人，并帮助教职工掌握进行德育的规律和方法，使各方面的教育有机地统一起来，形成对德育工作齐抓共管的良好风气，促进德育工作顺利进行。

（二）建立健全德育工作管理机构

学生的德育工作，党支部要管，校长、教导主任要管，学生组织和家长以及社会各界也要管。要能有效地进行德育工作，必须要有健全的管理机构，使德育工作从组织上得到保证。必须采取有效措施，加强德育工作队伍的建设，改变目前中小学德育工作人员数量少、质量偏低、青黄不接、思想不稳的状况，充分调动广大中小学德育工作者的积极性，鼓励他们发扬献身精神和创造精神。

德育工作是一门科学，有其规律可循，只有提高德育工作者的素质和管理水平，充分调动每个德育工作者的积极性和创造性，增强责任感，才能保证德育工作的顺利进行。

（三）建立健全德育管理的规章制度

规章制度是德育管理有效运行的保证，建立健全德育管理规章制度，使德育工作有章可循，有法可依，有利于培养师生自觉运用规章制度来规范自己的行为，养成良好的习惯，促进德育工作的规范化和制度化。

在学生行为准则方面，《中小学生守则》是对学生进行教育管理的总则。学校可围绕《中小学生守则》，联系学校实际情况制定一些规章制度。如《学生一日生活常规》、《课堂常规》、《文明礼貌规约》、《爱护公物公约》、《操行评定制度》、《奖惩制度》等。在对学生制定规章制度的同时，也要使教师职责明确，做到有章可循，有规可依，使德育工作制度化、常规化。可制定《班主任工作职责》、《值日制度》、《家访工作规定》、《为人师表规约》、《班务工作交接制度》等。

（四）协调德育和其他工作的关系

正确处理和协调德育与其他各项工作的关系是德育管理工作的一个重要问题，它直接关系到德育工作整体功能的发挥。学校德育管理工作是由各个方面、各种因素组成的互相联系、互相促进、互相制约的有机整体，各个部分、各个方面互相协调、互相配合，就能产生“整体大于部分之和”的功能。反之，则产生整体小于部分之和的负面功能。这就要求中小学德育管理的各个部门，都必须在统一的目标指导下，互相协调、互相配合，形成德育的合力，发挥德育管理的整体功能。

（五）对德育进行科学的评估与考核

科学地进行德育的评估与考核，是改进和加强德育质量管理的重要环节，也是当前中小学教育改革中一项重要的任务。我国中小学德育管理工作，经过多年的实践，积累了十分丰富的经验，但对学生品德的目标管理与评估考核比较忽视。现行中小学德育大纲对学生德育评价做了明确规定，它强调对中小学生品德进行评定是中小学德育工作的重要组成部分，品德评定的基本方法是写操行评语和评定操行等级，并对评定的内容和标准、评定的原则与方法等都做了详尽的规定。这对于进行德育评估与考核具有重要的指导意义。德育管理者的任务就是要制定切实可行的措施，严肃认真地执行，通过对学生品德的评定，促进学生品德的健康发展，提高德育工作的水平。

三、德育管理的原则

德育管理的原则是德育管理规律的反映，是学校德育工作必须遵循的准则，其内容如下。

（一）科学性原则

德育管理是一门科学，它是有规律可循的。在德育管理过程中，必须遵循德育自身规律，应用科学的方法，进行科学管理。要认识青少年身心发展规律，掌握他们的心理特点和道德品质形成过程的“知、情、意、行”规律，克服德育工作凭主观想象的随意性倾向。“晓之以理，动之以情，持之以恒，导之以行”，是我国德育理论工作者根据我国模范班主任长期的教育工作实践总结出来的教育经验，反映了学校德育的客观规律。在德育管理过程中，应该按照这一规律来进行德育管理。

晓之以理就是使学生“知”，传授有关道德方面的知识，提高学生的道德认识，使学生知道什么是该做的，什么是不该做的，这就需要讲清道理，晓以利害，使学生口服心服。

动之以情就是使学生的情感发生变化。由知到行，要有欲望、有需要，因此要利用学生已有的感受来打动学生的心，使其产生仰慕好的思想品德，厌恶不良的行为习惯的感情。动之以情的关键是教师要对学生有浓厚的感情，如果学生不信任教师、不亲近教师，就不可能“动情”。

导之以行就是引导学生把思想品德方面的知识转化为行为，它是德育工作所要达到的最终目的。这里的关键是导，要善于开导、引导，使学生愿意行、乐于行。

持之以恒就是培养学生有排除困难的坚强意志，经过自己的顽强努力，坚持正确的道德行为。青少年的可塑性强，一切尚未定型，容易出现反复。教育者的责任，就在于使学生有了正确的行为之后，加深认识，巩固这种行为，这就叫“持之以恒”，要做到这一点是不容易的，教育者要付出艰苦不懈的努力。

（二）结合教学进行的原则

德育管理的途径很多，如思想品德课、政治课和各科教学，课外活动和校外活动，共青团、少先队和学生会的活动，班主任工作，社会活动等。但在所有这些工作中，教学工作是学校德育工作主要的途径。这是因为：其一，教学是学校的中心工作。学生在校的大部分时间是在课堂上度过的，是在教师指导下学习和生活的。如果离开教学来谈德育工作，是很难收到实效的。其二，各科教学本身都有丰富的教育因素，不论是社会科学还是自然科学都是如此。至于思想品德课和政治课，更负有系统地向学生进行德育的任务。各科教学的目的，不仅要向学生传授文化科学知识，培养其能力，还要提高学生的认识水平。其三，结合教学进行德育是学生易于接受的一种教育形式，更具有潜移默化的作用。特别是有威信的教师，这种作用更加明显。

（三）全员性原则

全员性原则是指学校包括学生在内的全体成员以及家长、社会都参与德育管理工作。德育本身就是一项复杂的工程，涉及面广，学生的品德是在各个方面的教育影响下形成的。从校内影响学生的因素来说，有学校管理者、教师、班主任，有班集体、共青团、少先队、学生会；从校外的影响学生的因素来说，有家庭和社会。学校、家庭和社会对学生的德育，方向应该一致，目标应当相同，要求应该统一，做到密切配合，协调进行。否则，就会互相矛盾，彼此抵消。学校、家庭和社会三者之间，学校是专门的教育机关，学校教育应起主导作用，学校应负起协调的责任，形成全方位的学校德育管理的网络，发挥全体人员的积极性。

四、德育管理的组织机构

中小学的德育管理体制有以下几种模式。一是党支部领导德育工作，校长只管业务，校长在党支部领导下开展工作。这种体制，把政治和业务人为地割裂开来，往往不考虑教学规律，造成德育与智育的矛盾。二是多头领导，党组织也管，行政也管，都发号施令。这种体制，往往造成认识不统一，步调不一致，工作不协调。三是“两不管”。有的学校在实行校长负责制以后，名义上是校长全面负责，实际上校长并未领导德育工作，原因是：历来强调党组织领导思想政治工作，校长思想上没有转过弯来；党支部则怕“越权”，事事推给校长，也放松了这项工作。以上三种情况，是德育工作体制不完善造成的，应当进行改革。

中小学的德育工作，要不要设立专门机构管理？有的学校认为，要加强德育工作，必须设立专门机构。教导处既管教学，又管德育，任务太重，往往侧重智育而放松德育，于是主张将教导处一分为二，设立教务处和政教处（德育处），这样应有专门的机构和人员来负责学校的德育工作。有的学校认为，没有必要把教导处分为教务处和政教处，教导处既管教学，又管德育，管教者要管导，管导者要管教，二者相互促进，不应只从增设机构、增加人员上考虑。

教育部1998年颁布的《中小学德育工作规程》明确规定：“中小学校的德育工作应实行校长负责的领导管理体制”。中小学校长要全面贯彻教育方针，主持制订切实可行的德育工作计划，组织全体教师、职工，通过课内外、校内外各种教育途径，实施《小学德育纲要》、《中学德育大纲》。“普通中学要明确专门机构主管德育工作。城市小学、农村乡镇中心小学应有一名教导主任分管德育工作。”根据《中小学德育工作规程》的规定，目前的普遍做法是：学校设有德育工作领导小组，由校长任组长。学校德育领导小组的常设机构是政教处（德育处），由它统管德育工作。政教处（德育处）的工作人员由学校共青团、少先队负责人及班主任等组成，负责学校的德育工作。

德育管理工作机构的设置，有几个原则应该明确。一是德育工作由校长统管，由校长决策，由校长协调，可避免在时间安排上出现“打架”现象。二是教导合一，管教者要管导，管导者要管教，二者相互促进。过去之所以出现打架现象，往往是由双方各执一端造成的。三是德育工作人人有责，不能认为德育工作有专门的机构管理，其他人员就可以不管了。要从调动广大教职工做好德育工作的积极性去考虑，要提出强有力的措施，制定切实可行的制度。

第二节　德育途径的管理

德育途径是实施德育的渠道。德育工作管理，总是要通过一定的途径来实现的。学校中有各种各样的活动，都具有教育性，但不等于都是德育途径。只有当学校管理者对各种活动有意识地加以利用，以实现一定的德育任务，并顾及品德形成的规律来组织的时候，才是合乎要求的德育的途径。

学生的思想品德是在多方面教育因素的影响下形成的，因而德育的途径也是多种多样的，必须针对不同途径的特点进行有效的管理。

一、政治课和各科教学中的德育管理

（一）政治课

政治课是小学的思想品德课和中学的思想政治课的总称，是向学生进行德育的主要课程，在各种途径中居于特殊重要的地位。它以课堂教学为主要形式，用马克思主义的基本观点和社会科学基础知识武装学生，逐步提高学生的思想政治觉悟和认识能力，培养他们的道德品质。

小学的思想品德课，在教学内容方面应根据学生的年龄和学习阶段的思想、政治、心理发展的特点来进行。主要配合语文课、历史课、艺术课和课外活动的内容，以生动的形象，由近及远地进行社会常识和社会公德教育，指导学生从小培养良好的思想品德和正确的行为习惯。在教育的形式和方法上，切忌“成人化”，要力求生动活泼和形象化，具有吸引力和感染力。

中学的思想政治课是较系统地向学生进行思想政治教育的一门课程。在中学阶段，要进行道德、民主与法制、纪律教育，进行社会主义和共产主义建设常识的教育，使学生逐步养成爱国主义、社会主义和人道主义的道德品质和高尚的审美情趣，了解和遵守社会主义民主、社会主义法制和民主集中制的原则，树立遵守法律和纪律的观念，树立对社会的责任感和义务感。在初中和高中的最后一年，要安排必要的时间对学生讲授职业生活知识、职业道德、劳动纪律、劳动安全的教育，并使学生有机会直接参加各类职业生活的访问和实习。

学校管理者要高度重视思想政治课的管理，充分发挥其作用。在教学上要提倡启发式教学，善于引导学生通过自己的学习和思考来提高认识，寻求问题的答案。要强调从学生实际出发，运用各种合理的方法与手段调动学生的学习积极性和主动性，使学生勤于用脑，善于思考，自觉努力地获取知识，培养学生分析问题和解决问题的能力。讲课应适应学生的年龄和心理特点，紧密联系学生思想和社会实际，避免空洞说教，简单灌输。

在政治课教学中，要注重师资队伍的建设，提高教师的质量，加强政治教研组的建设。政治课教师是学校对学生进行德育的一支重要力量，应当选择受过专业训练，具有较高的政治觉悟、有系统的马克思主义理论知识和较强的分析问题、解决问题能力的教师担任。有的学校把什么课都教不了的教师安排教政治课，有的学校由领导兼教政治课，专任教师很少。这样就会降低政治课的威信，使政治课不可能发挥思想政治教育的作用。

要注重政治课教师的培养和提高。学校管理者要关心政治课教师的素质提高，帮助他们系统掌握马克思主义基本理论，对缺乏系统理论知识的教师，管理者应帮他们制订计划，搞好在职学习和进修提高。条件许可时还应选送政治课教师参加教育部门举办的培训班或到党校学习。根据规定，凡是党员、校长可以阅读的文件和可以听的报告，原则上也让政治课教师享受这种待遇，并向政治课教师中的非党员传达。要积极培养、及时吸收符合条件的政治课教师入党。

（二）各科教学

各科教学是向学生进行德育的最经常、最基本的途径，它对培养学生的思想道德品质和政治素质具有重要的作用。因此，各科教师在教学中均要做到教书育人，寓德育于各科教学之中，要坚持科学性和思想性统一的原则，通过各科教学不仅向学生传授知识，培养能力，发展智力，而且要按照各科教学大纲的德育要求，自觉地、有意识地在课堂教学活动中渗透思想教育，并在教学活动中，注意培养学生良好的思想品德和行为习惯。

文科教学应结合学科特点，有计划地对学生进行爱国主义教育，以集体主义为核心的品德教育，以正确处理人际关系为核心的文明礼貌教育。理科教学要注意培养学生实事求是、勇于探索的科学精神，帮助学生学习和树立辩证唯物主义和历史唯物主义的一些基本观点。

教师要做到寓德育于各科教学之中，就必须在课堂教学中讲出高质量的课，这就要求教师必须有渊博的知识作基础，又懂得教育学和心理学的知识。这样才能在教学中左右逢源，提高教学艺术和德育效果。

学生正确的学习动机、学习态度、学习习惯和良好的学风与意志品格等，正是在各种教学活动中和其他活动中培养出来的。为此，学校管理者要在中小学教师中大力开展“人人教书育人，个个为人师表”的活动，牢固树立全面关心学生的思想，既热情关怀又严格要求，把中小学德育落到实处。

二、班主任工作管理

班级是学校进行教育、教学的基本单位，班主任是班集体的组织者、教育者和指导者，是学校管理者进行教育、教学工作的得力助手。学生德育工作的组织和管理，必须紧密依靠班主任。班主任的工作对保证本班的教育质量、对学生世界观的形成，起着极为重要的作用。事实说明：班主任工作做得好，“乱班”可以变成好班；班主任工作不得力，先进班可能转化为落后班。因此，学校管理者必须十分重视班主任工作的管理。

（一）严格选配班主任

选配班主任时，应该重视以下几个基本条件。

1. 思想品德好

班主任与学生的接触机会最多，学生也最听班主任的话。班主任的言行时刻影响着学生。因此，配备班主任时，首先应考虑思想品德是否符合条件。班主任必须具有高度的思想觉悟、优秀的道德品质、平易近人的工作作风和广博的文化知识，热爱教育工作，热爱学生，责任感强。

2. 业务水平较高，组织能力较强

一个好的班主任，首先应该是一个好的教师，教学工作认真负责，细致耐心，教学效果好，赢得学生的信任。如果业务能力差，在教学上没有威信，是无法做好班主任工作的，也不应安排这样的教师去做班主任。一个好的班主任，不仅要有较高的业务水平，而且要有较强的组织能力。因为班主任工作是一门科学，也是一门艺术。一个班有几十个活泼好动的学生，他们性格不同，爱好各异，家庭环境有很大差别，怎么把他们组织起来，形成一个团结友爱、奋发向上的班集体，其中大有学问，这就需要班主任有较强的组织能力。

3. 身体健康，精力旺盛

班主任工作繁重，既要教好课，又要做学生的思想工作，还要走访家长，甚至经常要同社会教育机构进行联系，没有健康的身体是很难胜任的。体弱多病，不能坚持正常工作的教师，不宜当班主任。

（二）提高班主任的业务水平和管理能力

在配备班主任时，不能只交任务，不教方法。尤其是对新任班主任，要有具体指导，使他们在工作中少走弯路。

1. 帮助班主任制订工作计划

对新班主任，在制订计划之前应要求他们深入调查了解本班学生各方面的情况，摸清本班的特点和存在的问题，从本班的实际出发，提出一学期或一学年要做哪些工作，要达到什么目标。对于老班主任，则要在原有的基础上提出新的要求，制定新的目标。

2. 指导班主任在培养班集体方面下功夫

班主任是一个班的组织者和领导者，是一个班的学生的引路人。班主任要着重培养学生的自治能力，使全班有个好的班风。很多优秀班主任的经验表明：班主任必须从接受任务的第一天起，就围绕如何建立一个优秀的班集体而开展活动。运用集体的力量使学生受到教育，受到锻炼，这是班主任工作的重点。但要注意，班集体开展活动，一定要符合学生的年龄特征，使学生乐于参加，切忌成人化。

3. 组织班主任学习教育学、心理学

要使班主任懂得青少年的心理特点，掌握思想教育工作的规律。班主任的业务能力和管理水平，要通过实践来提高，也要通过学习和研究来提高。有的班主任满腔热情，想把工作做好，由于不懂教育科学，往往事与愿违。因此，要强调了解学生，研究学生，这是对学生进行思想教育的基本功。不仅班主任要这样做，学校管理者也要这样做。要把思想教育工作建立在科学的基础之上，就必须在班主任中倡导这种作风。

（三）关心班主任的工作和生活

中小学的班主任责任重大，任务艰巨，工作非常辛苦。学校管理者一定要经常关心班主任的思想、工作和生活，主动为他们解决一些困难，特别是注意尽量减少他们的一些事务性工作，使他们能集中精力做好班级思想教育工作。同时，学校管理者还要注意尊重班主任的职权，支持他们的工作，维护他们的威信，充分发挥班主任的积极性和创造性。

三、共青团、少先队、学生会工作的管理

共青团、少先队、学生会是学校对青少年学生进行德育的得力助手。通过这些组织开展活动，是德育的一个重要系统。这个系统的最大特点是学生参加自己组织的活动，自己教育自己，自己管理自己，能更好地受到民主集中制和自觉纪律的教育，从而增强自治、自理能力，培养独立生活能力。学校管理者要十分重视团、队、会的工作，充分发挥他们的组织作用，通过他们开展健康有益、生动活泼的活动，把广大青少年吸引到自己的周围，配合学校落实德育大纲的各项要求。抓好团、队、会的工作，要注意以下几点。

（一）明确性质任务，处理好相互关系，正确发挥团、队、会的组织作用

中国共产主义青年团是中国先进青年的群众组织，在党的领导下教育团员在学校各方面发挥模范带头作用，把广大青年团结在自己的周围，开展必要的学习活动、文娱体育活动、课外科技活动、公益劳动以及其他社会活动。

中国少年先锋队是少年儿童的群众组织，是学习共产主义的学校。儿童年满7周岁，提出申请即可入队。少先队组织的主要任务是以共产主义思想教育少年儿童，组织开展适合少年儿童特点的教育活动，引导他们“好好学习，天天向上”。

学生会是全体学生自己的组织，主要任务是：协助学校开展有益于学生学习和身心健康发展的活动；协助学校组织学生值日（或值周），推动学生自觉遵守学生守则、学生日常行为规范和学校各种规章制度；协助共青团、少先队办好墙

报、黑板报，做好宣传工作；组织学生开展文娱、体育活动；协助学校打扫校园，搞好清洁卫生评比工作。

明确这些组织的性质和任务，是为了更好地按照各自的特点来开展活动。这里就有一个如何处理好相互关系，正确发挥团、队、会的作用问题。一是团、队、会与学校行政的关系。团、队、会要围绕学校的中心工作开展活动，不能各行其是，互相干扰。学校行政对团、队、会工作的指导，不能统得过死，限制过多，更不能包办代替，要允许和积极鼓励他们各自开展适合青少年特点的独立活动，满足他们的兴趣、爱好和正当要求。这样才能调动学生的积极性，发挥他们的主动性，团、队、会的活动才能开展得朝气蓬勃、生动活泼，学生在活动中才能增长才干，发展智力和组织活动能力。限制过多，统得过死，使学生活动搞得死气沉沉，不利于教育学生。因此，处理好这个关系，关键在于学校管理者要善于引导和指导。二是班主任与团支部、少先队中队、班委会的关系。班主任指导团支部的工作，但不能干预团支部的工作，团支部应该接受班主任的指导，在工作上主动征求班主任的意见，即使班主任不是党团员，也应该这样做。少先队是在学校共青团领导下开展活动的。小学班主任多兼任少先队中队辅导员，辅导少先队的工作。学生会（小学设班会而不设学生会）在学校党组织、行政和上级学联的领导下，在共青团的帮助下开展活动，主要由学校党组织具体领导。班会是全班学生的学生会，班里设班委会，委员由学生民主选举产生。班会由班主任具体领导。在这些关系中，无疑班主任是起主导作用的，但是，要发挥班级各种组织的作用，班主任只能当好“参谋”，不能包办代替。参谋当好了，学生的自治、自理能力才能得到充分发挥，班级的活动才能活跃地开展。

（二）对团、队、会的作用要有一个正确的估计

各校团、队、会的作用，有的发挥得好，有的发挥得不好。发挥得不好的学校，除了领导不够重视、干部不得力外，还有以下原因：一是没有弄清楚团、队、会的性质、任务，以及它们之间的关系，各行其是，互相干扰；二是没有按照团、队、会的特点来开展工作，有的统得过死，有的放任自流。

这里有个对学生潜力是否正确估计的问题。如果对团、队、会的活动统得过死，干预过多，学生的积极性、主动性就不能调动起来，即使开展一些活动，也是死气沉沉的，学生不可能受到应有的教育。当然，放任自流，缺乏指导，活动更开展不起来。

团、队、会的活动如果开展得好，对学生的德育作用是很大的。因为这些活动是学生自己教育自己、自己管理自己的教育形式，比之由学校或教师出面组织的活动，别有一番情趣。这些活动，对于培养学生的民主作风、团结友爱的班风，对于发展学生的智力，都有积极的意义。

（三）做好学生干部的培养提高工作，增强学生干部的工作能力

学校的团、队、会要成为朝气蓬勃、积极向上的组织，关键在于有一批热心为同学服务的学生干部。学校管理者要关心他们的成长，对他们的工作要给予具体的指导。要教育他们善于处理好学习与工作的矛盾，使他们懂得在学校学习期间，担任一定的社会工作，就是学习如何为人民服务的本领，对自己的成长大有好处。要教育他们认真履行职责，处处以身作则，做遵守纪律的模范。要定期评选优秀学生干部，并给予表彰。

对学生干部的管理要着眼于培养和提高，如何培养和提高学生干部？一是要实行“轮换制”，不搞“常任制”。“轮换制”的好处是可以让更多的学生有锻炼的机会，在实践中培养组织能力和社会活动能力，还可以避免学生干部滋长优越感，有利于学生干部的成长。二是要实行民主选举学生干部。学生干部人选不能由班主任个人指定，要让学生民主酝酿，直接选举。也可以让学生自荐、竞选，发表竞选演说。总之，要重视直接选举学生干部的教育作用。这样做可以使学生从小受到民主教育，了解社会主义民主的意义，同时也可以培养学生的判断是非的能力，培养学生的群众观点。当然，民主选举学生干部不是放任自流，要加强领导，寓教育于选举过程之中。三是要培养学生干部的自治、自理能力。教师不能包办代替，要放手指导，鼓励学生干部大胆工作，让他们自己制订计划，自己组织活动，在实践中增长才干。事实上，由学生自己组织的活动要生动得多，在这些活动中，他们的聪明才智得到了充分发挥。四是要减轻学生干部的负担。学生干部以一人一职为宜，避免学生干部负担过重，同时使更多的同学得到锻炼，对于学习有困难或身体不好的学生干部要及时予以调整。

四、学生家长工作的管理

家庭教育是学校教育的一大支柱，它对学生性格的形成、品德的培养、智力的发展、身体的发育都有着重要的影响。学校管理者要十分重视家庭教育这个问题，做好对学生家长的管理工作。

（一）家长工作管理的内容

对于家长工作的管理，应该包括以下几方面的工作。

（1）经常了解家庭教育情况，分析研究家庭教育中的经验和问题。对于家庭教育中的主要问题，及时提供家长委员会和班主任会议研究解决。

（2）通过会议或讲座，向家长宣传党和国家的教育方针和政策，介绍家庭教育的好经验、好方法，帮助家长提高认识，教育好子女。

（3）向家长报告学校教育计划，对家长提出相应的要求和建议，主动接受家长的监督，尊重家长的意见，积极改进工作，使家庭教育与学校教育目标一致，密切配合。

（4）对某些学生的特殊问题，及时与家长协商解决。如对于因家庭矛盾而严重影响学生学习、因家庭放纵不管而学生品德退步、因家长滥施体罚而损害学生身心健康、因学生屡犯严重错误而面临处分等问题，都要及时与家长通气，共同做好学生的工作。

（二）学校与家庭联系的主要方式

1. 家庭访问

家庭访问简称家访。校长和教导处（政教处或学生工作处）主任以及班主任，每学期应有计划、有重点地进行家访。主要的目的是调查研究，搜集和反馈信息。

2. 请家长来校

为了方便家长和学校管理人员的联系，可以建立“家长访校日”的制度，每周半天或每月两天，专门接待家长来访。

3. 家长会议

学校可根据需要召开全校性质的家长会议或部分家长座谈会，共同研讨学生教育问题。全校性家长会每学期或每学年至少要召开一次，部分家长座谈会可视情况而定，各年级或各班召开的家长会议，学校管理人员应争取参加，以便掌握情况，改进管理工作。

4. 家庭教育讲座和家长学校

学校可定期或不定期地举办家庭教育讲座，讲座可由学校聘请专业教师主讲，也可由家长介绍经验。家长学校是一种系统提高家庭教育水平的好形式，一般是每月授课一次，由学校聘请专业教师系统讲授教育学、心理学和家庭教育的一般理论。为了便于管理和提高质量，家长学校可先从一年级的家长开始办班，然后逐年扩大。

5. “开放日”活动

为了使家长直接了解子女在校学习生活的情况，学校可举行“开放日”活动。在这一天，学校各项活动都向家长开放，家长可以随班听课，查阅学生作业，参观学生活动。“开放日”活动也可和家长会议结合举行。

第三节 校风管理

校风是学校的风气，表现为有形或无形的情景条件。校风包括领导作风、教风和学风，对学生产生潜移默化的影响，起着积极或消极的作用，是一种无形的力量。良好的校风能帮助学生养成良好的习惯和作风，对学生的思想品德、学习和生活有促进作用；不良的校风则对学生起腐蚀作用。培养优良的校风，是学校德育的重要内容，也是学校精神文明建设的一项重要任务。学校管理人员要用极大的努力，培养好的校风。

一、校风的意义及作用

学校风气的好坏，对青少年学生的成长有着极其重大的影响。风气好，教育任务便能顺利完成，青少年的聪明才智和兴趣爱好能得到充分施展。风气不好，歪风邪气上升，好学生也可能变坏。所谓“近朱者赤，近墨者黑”，说的就是这个意思。家长送孩子上学，首先打听学校风气好不好，最怕把自己的孩子送到风气不好的学校去。一所学校形成了良好的校风，教学秩序有条不紊，生活作风严肃活泼，校园环境安静优美，形成尊师爱生的好风尚和强烈求知的读书氛围，学生一进学校就受到优良校风的熏陶，自然产生奋发向上的力量。即使原来表现较差的学生，在新的环境的影响下，也会产生心理上的变化，受到同化。反之，学校校风不好，歪风邪气上升，学校不像学校的样子，必然给学生造成心理上的压力和反感，产生消极情绪，即使好学生也可能受到感染而变坏。所以，树立优良的校风，是学校加强思想政治工作，建设精神文明的重要任务，也是学校德育管理的重要内容。

充分发挥优良校风的同化作用和促进作用，是学校管理人员应该经常考虑的问题。这两个作用发挥得好，就可以减少学校管理中的阻力，就有助于提高学校管理的效率。在某种程度上来说，学校的常规管理就“自动化”了。有经验的校长，很重视对新生进行学校优良传统的教育，很珍惜学校的荣誉，道理就在这里。

二、优良校风的培养

培养优良的校风不是一朝一夕的事，不可能一蹴而就或一劳永逸，必须经过长期努力，做大量艰苦细致的工作，注意日常的培养教育。一些好学校，形成了优良的校风和光荣传统，都是长期努力的结果。具体来说，培养优良的校风要从以下几个方面着手。

（一）从严治校，形成良好的教风和学风

从严治校就是以高标准、严要求治理学校。良好的校风是高标准的要求。从哪些方面高标准严要求呢？主要是在教风和学风上下功夫。

1. 培养良好的教风

有了好的教风，才能培养良好的学风。在教风上严格训练，严格要求，主要有三个方面。

（1）要有高尚的师德。要求教师热爱教育事业，热爱学生，关心学生，以自己的模范行动来影响学生。要把全部心血都倾注在学生身上，对学生管教管导。这种教风，是教好学生的巨大力量，是培养优良学风的重要因素。

（2）治学严谨。要求教师有严谨的教学作风和治学方法，从备课、写教案、讲课、板书到布置作业、批改作业等环节，都严肃认真，不敷衍塞责，对所教学科的知识能牢固掌握，并严格要求学生。教师教学严谨，对学生的学习态度、学习习惯、学习方法的培养能产生极大的影响，许多优秀学生的成长都是从治学严谨的优秀教师身上吸取了宝贵的营养。

（3）要有比较渊博的知识。教师除了教好自己所教学科的知识外，还要懂得教育学、心理学方面的知识。同时还要不断地学习，不断地提高，广泛涉猎各方面的知识，跟上时代发展的步伐，尤其在信息时代更是如此。没有这几条，教师就很难做到为人师表。

因此，在教师中要树立言传身教、以身作则的风气。凡是要求学生做到的行为规范，教师首先要做到；凡是要求学生掌握自己所教的知识，教师不仅要能牢固掌握，而且要能触类旁通，运用自如。此外，教师还要树立爱护学生、对学生严格要求，管教管导、教书育人的教育思想。这些教风，都会对学生产生巨大的影响。

2. 培养良好的学风

学风是指学生中的风气，包括学生的学习习惯、生活习惯、行为习惯的养成等。良好的学风是指学生在学习、生活、卫生、行为等方面养成了良好的习惯和风气。其标志是这些方面都认真贯彻执行学生守则和学生日常行为规范，并取得良好的效果。好的学风是长年累月辛勤培育的结果，要从培养好的学习习惯做起。例如，要提高学生的语文水平，就要培养学生具有认真阅读的习惯，勤于动笔（如写日记）的习惯，把字写正确、写端正的习惯，使用工具书的习惯，预习和复习的习惯；要提高学生的数学水平，就要培养学生具有勤于思考的习惯、演算严谨的习惯、仔细验算的习惯、先复习后做作业的习惯、“今日作业今日毕”的习惯、保持作业整洁的习惯、善于自学的习惯等。

（二）以身作则，改进领导作风

校风是领导作风、教风和学风相结合的产物，而领导作风具有决定性意义。要形成良好的校风，必须从改进领导作风做起。一些有影响的学校，主要是由于有一个好校长，好校长首先是由于他有好的领导作风，能够团结其他领导成员，带动全体教师，影响全体学生。学校管理者要有什么样的作风？

1. 实事求是的作风

处理问题从实际出发，是则是，非则非，不夸大，不缩小，不言过其实，哗众取宠，不弄虚作假，掩盖真情。如实反映情况，这是一个管理者必须具备的思想品质。

2. 团结同志、联系群众的作风

校长和其他管理者，都要有宽阔的胸怀，能团结一致，形成坚强的领导核心，发挥集体的力量。管理者要有平易近人的作风，深入群众，联系广大教职工，支持他们的工作，了解他们的疾苦，这样才能听到不同意见，最大限度地调动广大教师的积极性。

3. 办事公道的作风

坚持原则，不感情用事，不徇私情，不记旧怨，吃苦在前，享受在后，这是管理者必备的品质。

4. 以身作则，身体力行的作风

要严于律己，做教师的表率，要求教师做到的事情，自己带头做到，要求教师遵守的规章制度，自己模范执行。管理者只有具备这些作风，才能在全校树立好的校风。

（三）加强校园文化建设，创建文明的校园环境

校园文化建设是学校育人工作的重要一环，它对于引导师生坚定正确的政治方向，丰富课余文化生活，帮助学生建立良好的审美观与和谐的人际关系，增进身心健康成长，促进德、智、体、美、劳均衡发展和全面成才具有重大的意义。

20 世纪 80 年代以来，受组织文化研究的影响，我国也掀起了校园文化研究的热潮。如今，校园文化建设的理论探讨方兴未艾。然而对于什么是校园文化，人们的观点不一，可谓见仁见智。这一方面反映出校园文化建设的丰富性、多样性和不确定性，另一方面也说明人们对校园文化建设的认识经历了不断深化的过程。近年来，人们试图从不同角度对校园文化的内涵做出科学的界定，提出了不同的观点。

（1）“物质财富和精神财富说”。它认为校园文化是在学校教育环境下，在培养人才和不断完善自身的实践中形成的具有本校特征的物质财富和精神财富的总和。

（2）“课外活动说”。它认为校园文化是指以学生为主体开展的课外活动，作用是娱乐，调剂学生的文化生活。

（3）“第二课堂说”。它认为校园文化是学生接受道德与艺术教育的第二课堂，是第一课堂的延伸，“校园文化从狭义上讲是开展健康的文化艺术活动和对学生进行文化艺术教育”。

（4）“精神环境和文化氛围说”。它认为校园文化是指学校在教学、管理及整个教育过程中逐渐形成的特定文化氛围和文化传统以及通过学校载体来反映和传播的文化现象。

（5）“规范说”。它认为校园文化是指学校在教育实践中逐渐形成并为学校成员认同的以价值观为核心的群体意识和群体行为规范。

校园文化就是以校园为地理环境圈，以社会文化为背景，以学校管理者和全体师生员工组成的校园人为主体，以群体价值观念为核心的一种亚文化，它既反映文化的一般性，又有自己的特殊性。

加强校园文化建设，应从以下几个方面着手。

（1）精心布置，创设和谐的校园环境。

校园环境建设是学校精神文明建设的窗口，同时，也是学校日常德育的载体。优美的环境氛围、高雅的校园文化，给人以奋进向上的力量。它不仅有助于学生的学习和健康，而且在潜移默化中能提高学生对美的感知能力，对学生的发展起着相当重要的作用。

为此，学校的建筑，要做到合理布局，高雅怡人，如将红花绿叶点缀亭廊之中，充分凸现“绿化”、“美化”、“园林化”的特色，使校园一年四季绿色常驻，花开不断。师生在这样美好和谐的环境中学习、工作和生活，自然是身心愉悦，备感舒适。

在构建和谐校园物质环境的同时，还要突出校园的人文内涵，如可在围墙上布置醒目的体现学校精神追求的标语，在校园的绿地花圃中设置中外名人警句的标牌，在教室走廊张挂科学家、历代名人的画像，开辟专门场所展示学校师生以及走上各条战线的毕业生的成就等。所有这些都使师生在耳濡目染之中既得到了美的熏陶，又得到了心灵的净化。

（2）立足课堂，构建和谐互动的学习氛围。

在校园文化建设中，课堂文化无疑具有独特的地位。因此，一方面从建立新型的师生关系入手，逐步形成民主、平等、和谐、合作的课堂文化特色。在课堂上，教师不再是死板教条的知识传授者，而是学生学习全过程的引导者。教师要通过美的语言、美的情感，营造和谐合作的学习氛围，从而激发学生自由发展、全面发展、和谐发展的内在需要。另一方面，学校要加大课堂教学改革的力度，不断改进课堂教学的形式和手段，使学生的学与教师的教更为协调，有效地促进学生智力与非智力因素的协同发展，激发学生的学习兴趣。

（3）注重引导，促进师生和谐的共同发展。

师生是校园文化建设主体，良好的校园文化不仅能调节、激励师生的思想行为，培养和激发师生的群体意识和集体精神，而且能促进师生的自我约束、自我管理和自我完善，保持学校的长期稳定。为此，要特别注重对师生的思想引导，加强双向教育与管理。

学校以教师发展为本，以尊重人、激励人、关爱人、发展人为前提，为每个教师的智慧和才能的发挥创造机会和条件，营造平等、友爱、融洽、和谐的合作关系，创造民主的、积极向上的学术气氛，让教师在三尺讲台上各显神通，甘于奉献。学校还要以“学会做人”为核心，抓好学生的常规教育，用“养成教育”塑造学生，用“创新教育”培养学生，用“理想教育”鞭策学生，用“挫折教育”锻炼学生，用“赏识教育”激励学生，用“爱心教育”温暖学生，用“协作教育”团结学生，用“礼仪教育”亲和学生，用“感恩教育”感染学生，用“责任教育”督促学生，为学生的健康成长营造一种良好的育人环境。

（4）培植载体，创设师生和谐的腾飞舞台。

学生的成才、教师的发展是学校前进的基石，为了促进师生的共同发展，学校要积极创设条件，组织丰富多彩的课外活动，给学生发展个性、展示特长提供广阔的舞台。从课外兴趣小组，到读书征文活动，从演讲比赛，到书画联展，为学生提供一展身手的广阔空间，这既展示了中小学生应有的风采，又为校园文化增添了亮丽的色彩。可以说，学生主体广泛参与，使学生自身在和谐发展的道路上走得更为舒畅，让学生在安全、文明、健康、和谐的氛围下接受充分的教育，使教育的春风沐浴每一颗成长的心灵。

总之，良好的校园文化可以对师生进行美的熏陶，师生也能为校园文化做出美的奉献，这两种和谐也正是学校教育进入良性发展的重要例证。

复 习 题

1. 学校德育管理应遵循哪些原则？

2. 德育的途径有哪些？如何发挥班主任在德育管理中的作用？
3. 校风有什么作用，怎样培养优良的校风？
4. 案例分析：校长在师生冲突面前如何应对？

每天中午，李校长习惯地到操场走走，到教室转转，到教师办公室坐坐，以了解各方面的情况。有一天，当他走出办公楼，就见有许多人围在操场上，发出一阵阵喊叫声。其中初二（1）班的学生居多。

李校长想：莫非又是该班的王小勇惹事了？小勇还在学步时，父母就离婚了，小勇由奶奶抚养。由于缺乏正常的家庭教育和照管，小勇身上形成了那种倔强、任性、散漫等习气，学习成绩一直是班上最差的。班主任马老师是一位刚从事教育工作的青年教师，有较强的责任感，很想把工作搞好，可是缺乏经验，处理问题难免简单急躁。在教育小勇的过程中，发生了好几次顶牛事件，师生关系比较紧张。李校长在人群的外围定神看去，的确是小勇。只见小勇涨红着脸，死劲地在挣脱被马老师拖住的臂膀，嘴里在说："我不去，我不去嘛！"而马老师则板着脸，紧紧拉着小勇，以命令式的口气说："到办公室去！"两人拉拉扯扯，僵持不下，又各不相让。

值日的雷老师在一旁相劝，无意中看到了李校长。他挤出人群，走到校长身边，说起了事情的经过。"中午放学时，王小勇在校门口打了初一的一个女同学。马老师得知非常气愤，刚才，他们在操场上碰到了。马老师下命令：'王小勇，你今天做了什么坏事，给我老老实实交代清楚，放学后再写深刻的检查。'王小勇回答：'我又不是坏分子，没有什么好交代的。'小勇的态度一下子激怒了马老师，马老师用手推了小勇。可能推得重了一点，王小勇倒在地上，就骂开了。后来围观的人越来越多，我劝不住他们，正着急呢！"一些学生看到了李校长，他们喊了起来："校长来了！"有的还怂恿小勇："向校长报告去，老师打人就是不对嘛！"

李校长请马老师和王小勇一起到校长室了解情况，主要情节就是雷老师谈的那些。只是小勇强调马老师有意推他，是打人的举动。而马老师说小勇是借故倒在地上，挑起事端。接着，李校长说了下面的一段话："看来，王小勇是有错误的，一是打了初一的女同学，要去向她道歉；二是骂老师，这不文明，要在班上检讨。"王小勇正想开口，李校长摆一摆手接着说："马老师推你一下，是不对，但心是好的，你不能过于计较，要从自己的缺点方面多想想。"李校长是想维护教师的威信，特别是马老师和学生共同在场的情况下，他认为只能这么说。

马老师插了一句："校长，王小勇的问题多着呢！"又命令式地对王小勇说："要把前前后后的错误联系起来，深刻地写出书面检查，你听到没有？回去要好好地想想。"

这时，王小勇实在憋不住了。他犟头倔脑地说："我没什么好想的，要想的话，凡是有错误的人都要想想，都要检讨。"李校长示意他不要再说，他看了看手表说："快上课了，这件事等放学以后再谈吧！"

当天下午，李校长同马老师交换了意见，又找王小勇谈了一次。到了第二天，初二（1）班的学生们流传出一种说法："校长包庇老师。"结果，王小勇虽然向初一的女同学道歉了，但就是一直不肯承认骂老师是错误行为。事后半个月，双方还一直僵持着。

思考题：

（1）对待问题学生的问题行为，教师应当怎样处理？

（2）校长怎样在学生面前维护老师的威信？在师生双方都有缺点或错误的情况下，校长应该怎样表态？李校长在处理这件事的过程中，有没有不妥之处？

第十三章　智育管理

在过去出版的学校管理学教材中，一直没有智育管理的内容，在谈智育管理时，都是用教学管理来代替。所有教材无一例外都是讲德育管理、教学管理、体育管理、美育管理和劳动技术教育管理，唯独没有智育管理。为什么会出现这种情况呢?

一是受苏联凯洛夫《教育学》的影响，我国的教育学教材分为四大部分：教育基本理论、教学论、德育论、学校管理与领导。学校管理学是在教育学的基础上发展起来的，也就沿用了这个体系，一直没有专门的智育管理。二是以教学代替智育，这在理论上是错误的。智育和教学是两个不同的概念。智育是授予学生系统的科学文化知识、技能和发展他们智力的教育。教学是教师的教与学生的学共同组成的一种教育活动，它是学校实现教育目的的基本途径。智育主要是通过教学进行，教学仅仅是它的一种途径，智育还有其他更加广泛的途径，而教学又不仅仅是智育的途径，也是德育、美育、体育、劳动技术教育的途径。把教学等同于智育就会阻碍全面发挥教学的作用。

基于上述原因，本书把智育管理作为专章加以论述。

第一节　智育管理概述

一、智育管理的意义

智育是素质教育的重要内容，智育通过科学知识的传授和科技人才的培养，对社会的发展起着十分重要的作用。

20 世纪特别是第二次世界大战以来，随着科学向社会有机体的全面渗透，社会生产和社会生活对智育的需求进一步提高，从而使智育的作用面扩大。可以说，没有足够的知识修养是不能适应现代生活的。

现代化建设包括物质文明、精神文明、政治文明和生态文明建设四个方面。在四个文明建设中，科学是关键，教育是基础，只有充分发挥智育以及整个教育的作用，才能普遍提高社会成员的文化科学水平和思想觉悟，为社会主义建设培养出合格的人才。

二、智育与教学的关系

在人们的思想观念及实际工作中，常常把“智育”和“教学”这两个概念混淆起来，这在理论上是错误的。所以，明确“智育”的概念，区分“智育”和“教学”是很有必要的。

首先，智育和教学是两个不同的概念。如前所述，二者呈部分交叉关系。把教学等同于智育就会阻碍全面发挥教学的作用。

其次，从智育同其他各育的关系来看，智育是整个教育的一个组成部分，它同德育、体育、美育、劳动技术教育一起，构成一个完整的教育集合，各育之间是并列关系；而教学是上述各育的具体实施方式或途径，和智育不是同等并列的关系，我们不能在“教学”和“智育”之间画上等号。

最后，从智育和教学所完成的任务及内容来看，二者也是有区别的。智育有自身的特殊任务和内容，其他各育也如此。而教学则不仅要传递智育的内容，实现智育的任务，还要传递其他各育的内容，实现其他各育的任务。因此，智育和教学既非同一概念，也不是对等的关系。智育和教学在过程、原则、方法方面也都有各自的特殊性。

三、智育管理的任务

学校智育的任务是系统地向学生传授科学文化基础知识，掌握相应的基本技能和技巧，拓宽文化视野，发展思维能力、想象能力和创造能力，养成良好的自学的能力、兴趣和习惯。智育管理为有效实现智育的任务服务。

（一）授予学生系统的科学文化知识

智育管理的第一个任务是向学生传授系统的科学文化知识。

知识是事物属性和联系的反映，表现为对事物的感觉、知觉、表象、概念、法则等心理形式，也通过物化贮存于书本或其他人造物中。科学是建立在实践基础上，经过实践检验，具有严密逻辑论证的、反映客观事物本质和规律的知识体系。任何一种科学都是知识，但不是任何知识都能称得上是科学。智育管理的任务是以系统的科学知识武装学生。教给学生的知识，必须是经过实践证明了的、确凿可靠的知识，而不应是虚假的知识。再就是这些知识，应当是合乎逻辑系统的，不是许多概念、范畴、命题的孤立的堆集，而是有着一定逻辑联系，经过严密的、充分论证的知识体系。中小学是普通教育，是基础教育阶段，因此学生的知识结构应当考虑到“普通”和“基础”这两个方面。

知识又分为直接经验和间接经验两大类。直接经验是主体在接触、改变外部世界活动中亲自获得的知识，间接经验是主体借助书籍、文献或他人口传方式而获得的知识。智育应以教给学生间接经验为主，同时也不可忽视组织学生的实践活动，帮助学生获得直接经验，因为间接经验总以直接经验为基础。但是从个体认识发展来说，大部分知识，都是间接经验，因而智育的任务，主要是通过各种途径，尤其是教学途径，教给学生间接经验，这是学生达到智育目标的最主要途径。

（二）形成学生的基本技能

形成学生的各种技能是智育管理的又一重要任务。

技能是通过练习而形成的，是控制动作执行的合乎法则要求的行动方式。技能分为操作技能和智力技能两种。由一系列外部动作构成、通过人脑外部机体运动所完成的合乎法则要求的随意行动方式叫作操作技能，如唱歌、跳舞、徒手操的技能和演奏乐器、书写、绘画、球类运动等技能。借助内部言语表示的事物映象，以极简约的形式进行智力活动的方式叫作智力技能，如默读、构思、心算等。任何操作技能都离不开大脑的控制与调节，因而也离不开智力活动的技能。技能经过反复的、系统的练习，成为自动化的动作，于是变成了熟练技巧。

技能的形成和知识的掌握是密切相关的，技能是以一定的知识为基础，而技能的掌握又为进一步获得知识提供了有利的条件。知识的掌握和技能的形成是在智育过程中统一进行的。

（三）发展学生的智力

智力是人们认识、适应和改变外界环境的心理能力。在学生掌握知识、形成技能的同时，有计划地指导学生发展智力，这是智育的一项特别重要的任务。

发展智力虽然同掌握知识、形成技能是有密切关系的，但相互之间又是有区别的。知识是反映客观实在的结果，智力是反映客观世界的能力。掌握知识的过程是一种认识过程，是占有人类认识成果的过程；发展智力是通过掌握知识，提高认识能力的过程。要让学生感受、理解知识产生和发展的过程，培养学生的科学精神和创新思维习惯，重视培养学生搜集处理信息的能力、获取新知识的能力、分析和解决问题的能力、语言文字表达能力以及团结协作和社会活动的能力。

第二节　教学工作管理

学校是培养人才的专门教育机构，教学是智育的重要途径，也是学校培养人才的主要途径。教学工作的成败对素质教育有着十分重要的意义。因此，不断加强和改善对教学工作的管理，就成了学校管理者的一项经常性的基本任务。

一、教学工作管理的任务

教学工作管理的任务，就是全面贯彻党的教育方针，根据中小学所担负的教育任务和培养目标，以及国家所颁发的课程计划和课程标准，对教学工作进行科学的组织、指导，以达到提高教学质量和教学效率的目的。

提高教学质量，就是要使学生在德、智、体、美等诸方面生动活泼地、主动地得到发展，并使全体学生都能达到国家所颁发的课程计划和课程标准所规定的质量要求。

提高教学效率，就是要在国家颁发的课程计划和课程标准所规定的教学时间内，以符合教育学和学校卫生学要求的教师和学生的教学负担量，完成课程计划和课程标准所规定的教学任务。要切实减轻中小学生过重的课业负担。要严格按照课程计划，均衡安排课程和作息时间，不得增加周活动总量，更不得增加学科教学的学时，不得占用节假日、双休日和寒暑假组织上课，尽快改变学生课业负担过重的状况。

提高教学质量和提高教学效率，是教学工作管理中的两个不可分割的既相互联系又相互区别的任务，我们在教学工作管理中，必须把二者有机地结合起来。如果我们只抓教学质量的提高，而不同时抓提高教学效率，学校教学任务就很难在教学计划和教学大纲规定的教学时间内完成；如果我们只抓教学效率的提高，而不同时抓提高教学质量，学校教学任务就很难按照课程计划和课程标准规定的质量标准完成。只有把二者有机地结合起来同时抓好，才能保证学校教学任务既在课程计划和课程标准规定的教学时间内，又能按照它规定的质量标准全面而又顺利地完成。

二、教学工作管理的基本要求

教学工作管理是一项十分复杂和细致的工作，科学性、思想性和艺术性都很强。为了很好地完成学校的教学管理任务和教学任务，学校管理者必须遵照教育方针，按照教学过程的客观规律，有目的、有计划、有组织地开展工作。其基本要求如下。

（一）树立正确的教学指导思想

教学工作管理总是受一定的教学指导思想支配的。学校管理者，不仅要以正确的教学指导思想指导教学管理，还要帮助教师树立正确的教学指导思想。一个教师的教学如何，除了业务水平外，归根结底是他的教学指导思想在起作用。教师教学的个体性、独立性很强，教学指导思想上有很大的自主性。教师在相当大的程度上都是按自己的想法和意愿来进行教学的，他们的教学指导思想对教学工作的方向和质量必然会产生最直接的影响。我国中小学校的教学指导思想是：全面贯彻党的教育方针，以提高国民素质为根本宗旨，以培养学生的创新精神和实践能力为重点，造就有理想、有道德、有文化、有纪律的德智体美等全面发展的社会主义事业建设者和接班人。

在教学改革中，为了帮助教师从传统的教育思想的束缚中解放出来，学校管理者应当亲自深入教学第一线，了解和掌握教师的教学思想和动态，组织他们学习和领会中央关于加强素质教育的有关决定，进一步端正教学指导思想，把自己从事的教学工作真正纳入到贯彻党的教育方针，提高民族素质的轨道上。

（二）正确处理好教学工作中的各种关系

管理教学工作，要正确处理好以下五方面关系。

1. 教书与育人的关系

教学永远具有教育性，这是客观规律。教书必然对育人产生一定的影响，这是不以人们的意志为转移的，只是这种影响有正误之别和强弱之分而已。学校管理者要根据这一本质关系，引导教师自觉地重视教书育人，把教学的科学性与思想性有机地统一起来，这对全面实现教学目标和促进学生更好地完成学习任务都是十分必要的。

2. 教学与发展的关系

教学具有发展性，任何教学都必然对学生的个性发展产生一定的影响。学校管理者要引导教师自觉地重视和保护学生的个性发展，注意发现拔尖学生，使教学走在学生发展的前面，更好地促进学生的健康发展。在传授知识的同时，保证学生的智力、能力、情感、意志、性格等各方面都得到发展。

3. “教师主导”和“学生主体”的关系

在教学过程中，必然有教师的教和学生的学这两个方面。二者互相依存、互相影响，缺一不可。否则，就不成其为教学。这就要求在教学管理中，既要调动教师教的积极性，充分发挥他们在教学中的主导作用，又要调动学生学的积极性，充分发挥他们在学习中的主体作用，并使二者有机地结合起来。教师要善于引导和发挥学生的主体作用，而不应压抑和扼杀学生的主体性，只有这样才能真正使学生生动活泼地发展，成为具有独立性和创造性的一代新人。

4. 各门学科之间的关系

教学计划中所开列的各门课程，是为了保证学生德智体美劳全面发展，各门课程之间具有一定的内在联系和相互促进的作用。教学管理工作必须重视各门学科的地位和作用，按规定的教学计划开课，不得随意增减课程和课时。要统筹兼顾各门学科的课外作业时间，根据各门学科的特点，分别规定作业的分量和课外占用的时间，防止偏多或偏少或平均分配以及学生负担过重的现象。

5. 课内与课外的关系

课内课外是密切联系、相互影响的，都对学生的成长发展起着很大的作用。学校管理者既要抓好课堂教学这一教学的基本形式，也要抓好各种课外的教育工作，包括课外活动、团队活动、班主任工作、家庭教育、社会教育等。这对培养学生的实践能力，发展学生的个性、兴趣和爱好，开阔学生的眼界和知识面，培养良好的品德和自立自主能力，都是十分必要的。

（三）建立健全各项教学工作制度

建立健全各项教学工作制度，是学校管理工作的一项重要措施。它能使学校具有稳定的、正常的教学秩序，是提高教学质量和教学效率的重要保证。

教学工作制度一般包括：备课制度、上课制度、作业批改制度、学生学习成绩的考核制度等。它是长期教学管理实践经验的制度化，既是上一阶段教学管理经验的总结和工作的成果，又是下一阶段进一步提高教学管理质量的基础。学校管理者在制定教学工作制度时，一定要做到使制度的指导思想明确，条款言简意明，并能调动师生教与学的积极性。制度一旦制定，就要保持相对稳定，不要随意变动，但可随着教学管理实践经验的丰富，而不断充实和完善。

三、教学工作的计划管理

教学工作的计划管理，是学校教学工作赖以有序进行，顺利完成教学任务，实现培养目标的重要保证，是学校管理的首要的主导性职能。它一般包括两层意思：一是用计划去管理教学工作，二是把各方面的教学工作计划都管起来。教学工作计划管理的任务，就是按照党的教育方针和国家颁发的课程计划和课程标准的要求，结合学校实际，制定一个学年或一个学期的教学工作目标，确定实现这一目标的具体措施，并组织实施，以保证各科教学任务的完成。

（一）**制订教学工作计划的注意事项**

教学工作计划是全校工作计划的主要组成部分，它应该在校长直接领导和参与下，由教导主任制订。在制订计划时，要注意以下几个问题。

1. 坚持以教学为主，稳定教学秩序

这包括教师要稳定，学生要稳定，教材要稳定，规章制度要稳定。

2. 抓教育思想问题

教学是在一定的思想指导下进行的，教学工作计划不仅要反映教学的过程，而且要反映教学过程中的教育思想。要以素质教育思想作为教学工作计划的指导思想，纠正不正确的教育思想。

3. 抓教学改革，鼓励创新

科学技术日新月异，知识量成倍增长，要使教学跟上时代发展的步伐，提高教学质量，必须进行教学改革。教学工作计划要反映改革的精神，要提倡在教学上搞科学实验。

4. 抓教学中的倾向性问题

在制订教学工作计划时，要注意在克服一种错误倾向时，防止走向另一个极端，产生另一种倾向。

学校的具体实际情况是制订学校工作计划的基础。这包括以下一些基本内容：学校教师队伍的构成情况、学生的基本情况、教学设备的情况，学校所在地区的政治、经济、文化及其对学校可能产生的影响等。所有这些情况，学校领导者都要了如指掌，心中有数。

（二）**教学工作计划的结构体系**

学校的教学工作计划，是一个以国家颁发的课程计划和课程标准为规范，层次分明，从属关系明确，结构严谨的结构体系。

1. 全校教学工作计划

全校教学工作计划是整个学校工作计划的主要组成部分，它应在校长的直接领导和参与下，由教导主任具体制订。其主要内容包括以下几方面。

（1）教学情况分析。对上学年或上学期教学工作进行简明的分析，指出所取得的成绩和经验，存在的问题和缺点，有利条件和困难，以及本学年或本学期出现的新情况和新问题。

（2）本学年或本学期的教学工作目标和要求。它应在分析上学年或上学期出现的新情况、新问题的基础上，进行科学预测，提出本学年或本学期的教学工作的目标和要求。它包括学生在德智体诸方面的具体培养目标，特别是在发展能力方面的要求，以及学生各科成绩的及格率、优秀率、提高率、合格率、升学率与就业的适应率等指标。

（3）本学年或本学期的教学工作内容和措施。在内容方面，应清楚地规定本学年或本学期教学工作的项目、各项工作的具体要求和工作进程。措施一定要具体、有力，包括加强领导的措施、提高和培养教师教学能力的措施、改革教学的措施、提高学生自学能力的措施、开展教学实验和科学研究的措施等。一般来说，计划不宜过于庞杂，切忌面面俱到，以致重点不突出，流于一般化。

2. 教学研究组（教研组）工作计划

教学研究组（教研组）工作计划应以学校教学工作计划为依据，结合教研组的实际情况制订。主要包括以下几方面内容。

（1）对本组前一学期教学工作所取得的成绩和问题的简要分析。

（2）本组在本学期改进教学的基本设想和教学研究活动的主要课题及其要求。

（3）按周安排好各次教学活动的内容和时间，如集体备课、专题讨论、观摩教学、总结交流经验等。

（4）本组课外活动的内容与时间安排。

3. 学科教学进度计划

学科教学进度计划是全校教学工作计划的最终落脚点。由任课教师制订，经教研组长确认后执行。其内容除有对前一学期学生学习情况和本学期教材内容的分析外，要明确提出本学期的教学目的、要求、实施措施和改进教学的方法，并且要具体安排本学期的教学进度表。具体写明章节课题，所需时间，起止日期，以及各章节需要安排的教学实践活动，如实验、实习、参观等。

上述三种教学工作计划，反映了教学工作管理上的三个层次，应当逐层落实，以便保证学校教学任务的全面完成。

四、教学工作的组织管理

学校教学工作虽是由各个教师分别进行的，但它是一个完整的系统。只有全体教师互相配合、互相促进，才能组成一个教学的整体，保证教学质量的提高。这就要求建立有效的教学指挥系统，加强教学研究组的建设，合理分配教师力量和安排教学活动时间，以加强教学的组织管理。

（一）建立有效的教学指挥系统

教学是一个系统，对教学工作管理要从整体出发，建立健全教学的指挥系统。一个健全的指挥系统的要求是：一方面，领导者的指令能迅速、准确下达，指挥渠道畅通；另一方面，领导者的指令能及时获得指挥效果的反馈，使指挥过程不断得到调整。

教学第一线的工作人员是教师，他们了解教学过程，熟悉教学规律，学校要依靠教师办学。要建立校长领导下的，包括教导主任、各科教研组组长和各科优秀教师代表在内的教学咨询机构，充分发挥教学组织和优秀教师在提高教学质量过程中的作用。通过他们，听取群众意见，研究教学措施，改进教学管理方法，提高教学质量。与此同时，还要建立包括教导处、班主任、班长、学习委员和各科代表参加的学习管理系统，明确他们管理学习的职责，发挥他们的作用。有了以上两个系统，学校的教学任务就能做到层层有人负责，各个环节有人把关，上行下达，渠道畅通，教学指挥就能更完善和更有成效。

（二）加强教导处的建设

教导处是在校长领导下的学校管理教育教学和教务行政工作的职能机构，是教学管理指挥系统的中枢，在整个学校的教学管理中，起着十分重要的作用。首先，教导处负责组织和安排整个学校的教育教学活动，起着调度的作用；其次，教导处具体负责组织学校工作计划中有关教学工作部分的实施，并在实施过程中进行督促、检查和随时向学校领导反映实施过程中的情况并提出建议，起着参谋和助手的作用；最后，教导处要从组织上、时间上和教学仪器设备上为教学工作创造各种必要的条件，起到为教学服务的作用。因此，学校领导人应当充分发挥教导处的职能作用。

加强教导处的建设，首先要选好教导主任。教导主任是校长管理教学的助手，是学校教导工作的具体组织者和管理者。发挥教导处的职能作用，就要充分发挥教导主任的作用。校长应根据干部“四化”的要求，选择德才兼备的教师担任教导主任。应使教导主任明确自己的职责范围，让他们放手工作，使他们有职、有权、有责，把主要精力用于教学工作管理上。

其次要做到人员精干。教导处在学校教学工作管理中，处于枢纽地位，学校关于教学管理工作的各种指令，要通过它下达，各年级、各学科的教学情况要通过它去搜集、整理，并及时反馈给校长。学校的教学活动，要通过它去具体组织实施，大量的教学行政事务工作，要通过它去完成。因此，教导处的人员要精干，能胜任所承担的工作。同时，要注意人员结构的合理配备，做到职责分明，建立一套周密的常规工作制度，以便更好地发挥整体功能。

（三）加强教研组的建设和管理

教研组是学科教师的教学研究组织，是学校管理组织系统中的一层业务组织。它的主要任务是组织教师进行教学研究工作，总结交流教学经验，提高教师思想、业务水平和教学工作能力，改进教学工作，提高教学质量。

教研组的设置应以有利于教学和开展教学研究为原则，一般以学科为单位设置，同一学科教师在三人以上者，即可设教研组。不足三人者，则可联合相近学科成立教研组。规模较大的学校，同一学科教师人数较多，可在教研组内，按年级设备课组。规模很小，教师人数少的农村学校，可以在当地教育行政机关或中心小学的帮助下，联合邻近学校组织校际教研组。

教研组长可由教导处决定，也可以由教师选举产生。要充分发挥教研组长的作用。第一，应当明确教研组长的职责范围和要求，使他们工作时有所依据；第二，要加强培养，提高他们的思想、文化、业务水平和工作能力；第三，要支持和鼓励教研组长开展工作，发挥其主动性、积极性；第四，对教研组长的工作要有严格的要求，使他们在教学上对本组教师起模范带头作用。

搞好教研组的建设，必须加强思想工作，培养教研组的优良风气，包括培养教师热爱教育事业、热爱学生的思想感情，实事求是、认真扎实的治学精神，严肃负责、勤勤恳恳的工作态度，团结互助、密切协作、互相尊重、互相支持的集体主义精神，勇于探索、大胆改革的创新意识等。这种优良的思想作风是搞好教研组工作、提高教学水平的巨大动力。学校管理者要善于组织好各教研组之间的协作，协调好各学科教师之间的关系，使各教研组、各学科的教学形成有机的整体，更好地发挥整体功能，全面地提高教学质量。

（四）合理分配教师的力量

根据教学需要和教师的专长、特点，合理分配教师的教学工作，也是教学组织管理的一项重要作用。它关系到每一个教师积极性和专长的发挥，也关系到教师队伍的建设。同样水平和数量的教师，安排配备得当，水平就能充分发挥出来；配备不得当，教学工作就会大受影响。学校管理者应选择最佳的配备方案，安排教师的工作。

1. 知人善任，扬长避短

学校管理者对每位教师的业务水平、教学特点等应有较深入的了解。一般说来，每个教师都各有所长，也各有所短，作为教学管理者，要用其所长，避其所短，把他们安排在能够充分发挥长处的教学岗位上，以便发挥优势，人尽其才。

2. 新老搭配，以老带新

我国目前中小学教师的水平较低，不胜任的教师比例不小，提高教师的业务水平是当务之急。必须从这个实际出发，分配好教师的工作，既要保证各个年级各门学科的教学质量，又要考虑教师的培养和提高。因此，要注意新老教师的搭配，尽可能做到主要学科各个年级都有一位老教师起传、帮、带的作用。实践证明以老带新是一种行之有效的方法。

3. 不同情况，不同要求

每个学校的教师队伍，一般都是由老、中、青三部分组成。对不同的教师应提出不同的要求。有经验的老教师，应要求他们把主要精力放到总结经验、研究教育理论和培养新教师方面；中年教师既有教学经验，又有较旺盛的精力，提高教学质量主要依靠他们；年轻教师虽朝气蓬勃，但缺乏教学经验，工作分量不宜过重，应当把他们的部分精力引导到熟悉业务和进修提高方面，促使他们加快成长。

4. 立足当前，着眼长远

安排教师工作要立足于教学工作的全局，合理地安排好各年级、各学科、各教学班的教师工作。要尽量保证每个年级都有把关的骨干教师，又要从长远考虑，尽量加强低年级的教师配备，切实打好基础。

五、教学过程的管理

教学是一个过程，它依赖教育和教学的客观规律，依据规定的培养目标和制订的教育计划，通过科学而周密的组织来实现的。

教师的教学工作有一定的程序，是一个过程。这个过程一般包括以下环节：备课、上课、布置和批改作业、课外辅导、检查和考核学生的成绩。对这些环节应提出规格要求，才能保证教学质量。

（一）备课管理

备课是上好课的前提。它是教师根据教学大纲的要求和本门学科的特点，结合学生的具体情况，选择最合适的表达方法和顺序，以保证学生有效地学习。对教师来说，备好课是加强教学的预见性和计划性，充分发挥教师主导作用的重要保证。

学校管理人员不但要向教师提出明确的备课要求，进行必要的指导和帮助，而且要给教师以时间的保证，要提供和创造必要的条件，要进行必要的检查和督促，增强教师备课的责任感，调动备课的积极性，切实把备课的管理工作搞好。不仅要加强对教师个人备课的管理，还必须抓好教研组和年级备课组集体备课的管理。抓教师个人备课的管理，一般是采取向全体教师提出备课的一般要求与个别指导相结合的方法；抓教研组和年级备课组的集体备课的管理，主要是通过参加他们的集体备课会议的方式进行。

对教师备课的要求，主要有以下几点。

1. 深入钻研教学大纲和教材

教师要力求弄清本门学科在教学计划中的地位、作用和所要完成的教学任务，以及它在各年级、各学期、各单元（课题）中分别所要完成的教学任务；熟悉教学的全部内容，了解整个教材的知识结构和逻辑体系，分清教材中重点章节和各章节中的重点和难点；在认真钻研教材的基础上，还要广泛阅读有关参考资料，以便更好地掌握教材，并从中选出一些材料用来充实教材内容。

2. 全面了解和分析研究学生情况，做到有的放矢

教师要了解学生的学习动机、知识基础、智力水平、学习能力、学习方法和学习习惯等。在全面了解学生的基础上还要考虑如何使自己的备课能面向全体学生，既要考虑多数学生的要求，又要满足部分学生“吃不饱”和“吃不消”的问题，尽量做到因材施教。备课时只有全面照顾，区别对待，才能使学生各有所得，充分调动学生学习的主动性，才能有步骤地引导学生达到课程标准和教科书的要求。

3. 精心设计教学程序和方法

教师要力求做到使教学的程序层次分明，结构严谨，选用的方法符合教材的特点和学生的年龄特征，有利于学生掌握知识、发展智力和培养能力。在考虑教学方法时，所设计的谈话、提问和讲解等方式，都力求富于启发性，启迪学生去探索和思考问题，使教师和学生的主导作用和主体作用都得到充分发挥。学校管理者对于教师所设计的教学方法，只要符合教材的性质和学生的年龄特点，能调动学生学习的积极性就行，不要强行推广某一种模式的教学方法。要让教师灵活地运用各种教学方法，并鼓励他们不断创造新教学方法，允许不同意见的争论和不同方法的实验。

备课是一种复杂而又艰巨的脑力劳动，教师需要花费比较多的时间。学校管理者应保证教师有足够的备课时间，并为他们的备课创造必要的条件。

（二）课堂教学管理

课堂教学是教学的基本组织形式，是教学过程的中心环节，其他教学环节都是直接或间接地围绕课堂教学来进行的。因此，搞好课堂教学管理，对于搞好整个教学工作的管理，提高教学质量，具有特别重要的意义。

一个学生从入学到中学毕业，其大部分时间是在课堂教学中度过的。教师主要是通过课堂教学这种形式，向学生进行科学知识的系统传授，而学生也主要是通过课堂教学这种形式，来获得知识、发展能力、提高素质的。因此，学校管理者只要紧紧抓住课堂教学这个中心环节，搞好课堂教学的管理，充分发挥教师在教学中的主导作用和学生在学习过程中的主体作用，就能保证学校教学任务的顺利完成。可见，搞好课堂教学的管理，是搞好整个教学工作管理的核心。

教学是一门科学，也是一门艺术。由于教师各有所长，每一门学科又有其不

同的特点，因此很难用一把尺子去衡量。但是，从课堂教学的基本特点和一般规律来研究，学校管理者可以对课堂教学提出一些基本的要求，以加强对课堂教学的管理。

一般来说，一堂好课应具备下列几点基本要求。

1. 教学目的明确

教学目的明确是课堂教学成败的关键。目的明确包含两层意思。一是指目的要求应提得正确，合乎教材和学生的实际。包括掌握知识、技能、发展学生能力和培养思想品德几个方面的目的，做到三者的有机统一。二是指课堂上的一切活动都应紧紧围绕教学目的进行。因此，教师应通过各种恰当的方法让学生了解所要达到的这些目的，做到师生密切配合。确定目的是一节课的灵魂，课的目的决定了课的主要结构成分。

2. 教学内容正确

教学内容正确是保证教学内容的科学性、思想性。在进行教学时应注意教材的重点和难点，使学生明确知识之间的内在联系，并能正确掌握。讲课时不能做“大概”、“可能”之类的推测，绝不能用一些伪科学的内容做例子。

3. 教学方法恰当

教师善于启发、调动学生学习的积极性。各种方法能有机地结合，运用自如，使学生既有紧张的学习活动，又有生动活泼的学习气氛。要坚持启发式教学，使学生在教师的启发诱导下，独立地获取知识。

4. 组织严密

教师要精心设计每一堂课，充分发挥 45 分钟的作用，使课堂教学获得最佳效果。要做好课前一切准备，按时上课；要组织好每一个教学环节和步骤，使课堂的活动安排得很紧凑；要准时下课，按时完成课时计划。

总之，作为学校的管理者，要懂得一堂好课的要求，并以此为标准来评价教师的教学效果。同时，一堂好课的要求也应作为教师的一个基本功，学校管理者要积极认真地培养和训练教师的这种基本功。

（三）作业布置与批改的管理

学生作业的布置与批改，是教学工作的有机组成部分，它对于学生理解教材、巩固知识、训练思维、增进智力、培养技能技巧，都有重大的作用。还可以帮助教师检查教学效果，了解学生学习的质量。学校管理者应当把教师对作业的布置与批改，当作教学管理中的一项重要工作来抓。

1. 严格控制作业量

教育部曾专门为减轻中学生过重负担而召开会议，要求各地采取有效措施，尽快改变学生课业负担过重的状况。规定小学一、二年级不留书面家庭作业，其他年级书面家庭作业控制在一小时以内，严禁用增加作业量的方式惩罚学生。学校管理者应要求教师严格遵照教育部紧急通知的精神，按规定的要求去做。

2. 精选作业习题

要精选具有代表性的题目，要注意广泛性和具体性结合，具有针对性和连续性，让学生通过练习获得最大可能的知识效果和一定能力的提高。作业习题要难度适当，教师要预先试做。

3. 及时认真批改作业

为了及时掌握学生学习的情况，教师对学生的课外作业应进行经常性的检查和批改。批改的方式有多种多样：全面批改、重点批改、轮流批改、当面批改、师生共同讨论批改、指导学生相互批改等。各种方式都应从实效出发去考虑。批改和检查的结果，除了通过评语和个别谈话对学生加以指导外，对一些有代表性的问题要对全班学生进行分析讲解。

（四）课外辅导管理

课外辅导是课堂教学的必要补充，根据班级授课制的特点，教师的课堂教学要从学生的大多数出发，这样组织的教学，往往会出现后进生跟不上进度，而优秀生又“吃不饱”的现象。因此，在搞好班级课堂教学的同时，要注意因材施教，加强对学生的个别辅导。学校管理者应当重视并加强对课外辅导的管理。

课外辅导主要是对学生进行个别指导，其主要任务是答疑解惑，启发思维，指导方法。重点对象是基础差和智力发展特别好的学生。学校管理者在课外辅导管理中，应注意抓好以下工作。

第一，指导教师制订切实可行的辅导计划，定人、定时、定内容。

第二，指导教师改进课外辅导方法，做到课外辅导形式多样。教师要从学生的实际出发，按照不同学生的不同特点，采用灵活多样的方式方法。对学习差的学生的辅导，除教师自己辅导外，还可吸收学习好的学生协助。

第三，指导教师注意保护学生学习的积极性，对基础差的学生要耐心细致，不厌其烦，鼓励进步。

第四，严禁用课外辅导代替课堂教学。辅导只宜个别进行，不可采用集体讲课的办法。有的教师利用课外辅导时间，给全班学生讲课，实际上是加班加点，增加学生的负担。

（五）学生成绩检查与评定的管理

学生成绩的检查与评定是学校管理中的重要工作之一，也是检查教学效果、进一步改进教学工作的重要措施，它能起督促学生努力学习的作用。对学生学业成绩检查主要运用考试、考查两种方式进行。考试就是根据教学大纲的规定，以教材为依据，对学生应该掌握的知识、技能和运用知识的能力进行全面系统的检查；考查就是对学生平时或非主要学科学习效果的检查。

学校管理者在学生成绩检查与评定的管理中，应注意下列几点。

第一，学生学业成绩检查的范围应当严格按照教学大纲和教材的规定进行，考试不出偏题、怪题，不搞突然袭击。

第二，有利于培养学生分析和解决问题的能力。试题要有利于发展学生的智力，鼓励学生的创新，反对死记硬背和只重知识、轻视能力的做法，更不允许引导学生猜题，弄虚作假。

第三，减轻学生负担，控制考试次数。小学除语文、数学外，其他课程不得组织考试。小学生学业成绩评定可实行等级制，取消百分制。不得对考试成绩排名次或张榜公布，不得以升学率作为评价教师工作的标准。

第三节　学生学习过程的管理

学生知识的掌握、智力的开发、能力的增长有一个规律性的发展过程。学生的学习是学生在教师的引导下，用人类积累起来的知识财富丰富自己的头脑，从而获得认识和改造世界能力的过程。在这个过程中，要求教师有目的、有计划地引导学生掌握文化科学基础知识和基本技能，发展认知能力，逐步形成辩证唯物主义世界观基础和良好的道德品质。

一、学生学习过程各环节的管理

学生掌握知识，有一个科学的学习过程。这个过程应包括制订学习计划、预习、上课、复习、作业和小结等环节。管理学生的学习，就要对学生学习的各个环节提出质量要求，并进行合理的组织。

（一）对学生学习计划的管理

学习计划是学生进行学习的行动纲领，可以促使学生进一步明确学习目的，增强责任感，积极努力地完成学习任务。学习计划应由学生个人制订，它一般包括以下内容。第一，对上学期学习情况的分析，扼要地说明上学期学习的主要成绩和存在的问题。第二，提出本学期努力的方向和目标。目标要明确，要切合实际，不能太高，也不能太低，既要估计到发展的可能性，也要留有余地。第三，提出具体努力措施，如朝什么方向改进，基本要做到哪些，要克服什么缺点，怎样端正学习态度，改进学习方法，提高学习能力等。学校管理者和教师要指导学生学会制订学习计划，组织学生检查计划的执行情况和修改计划，促使计划的落实。

（二）对学生预习的管理

“凡事预则立，不预则废”，学生的学习也是如此。预习是对新课的学习准备，是培养学生自学能力和提高听课效果的重要措施。预习的质量常常与听课的效果成正比，预习为听课做准备，增强听课的目的性，可以提高听课的效果。通过长期坚持预习，学生可以养成认真读书的习惯，形成自学能力。学校管理者应把指导和组织学生预习，列为学生学习管理的一项重要工作，这就要求教师应把它抓好。

预习的基本要求是：通读新课课文，分析新内容，标出不懂部分；对不懂部分进行初步思考，提出要解决的问题；对新课后面的思考题或习题，粗做一遍，把不会做的题做上记号；根据课文内容阅读有关资料，以便为听课做好充分的准备。

学校管理者不仅要要求教师指导和组织学生预习，而且应当要求教师对学生预习的情况有真切的了解，并在教学中充分运用学生预习的成果，抓住重点、难点和关键的地方，进行有的放矢的讲解，把课堂教学组织得更加生动活泼，卓有成效。

（三）对学生上课的管理

上课是学生学习过程的中心环节，其他各个学习环节都是直接或间接地围绕上课这个中心环节来进行的。学生上课的状况如何，直接影响着学生的学习质量。因此，学校管理者应当十分重视对学生上课的管理。

对学生上课的基本要求是：遵守课堂常规，集中注意力，专心听讲；围绕教师讲课重点积极思考，既要敢于发问，又要认真思考教师所提出的每一个问题；概括教师讲课要点，做好笔记；记下不懂的问题，以便课后继续钻研或请教师辅导。

为了使学生能够在课堂上主动地进行学习，学校管理者还应当注意要求教师在上课时把学习的主动权交给学生，不搞填鸭式教学，应当积极启发学生的思维，调动学生学习的主动性。

（四）对学生复习的管理

复习是学生整个学习过程的重要环节。复习能再现课堂所学的知识，及时复习能使学生进一步消化教材，减少遗忘，达到巩固知识的目的；复习能使所学的知识系统化，从而加深理解，有利于掌握新的知识；系统化了的知识也有利于运用，复习是把知识转化为技能的过渡环节。学校管理者应当重视对学生复习的管理，并对学生的复习提出要求和给予必要的指导。

对学生复习的基本要求是：认真回忆课堂上所学的内容，追忆教师讲课的过程；复习要有重点，主要复习新课中的重点和难点；复习要动脑筋，要记住基本公式、定理和概念，要掌握知识之间的联系，达到融会贯通；复习要有计划，注意把经常复习和阶段复习结合起来。

（五）对学生作业的管理

作业是学生学习过程中练习运用知识的主要手段。通过作业练习，学生能巩固所学的知识，并形成技能技巧。作业也是培养学生分析问题和解决问题能力的重要途径。学校管理者应当重视对学生作业的管理。

对学生作业管理的要求是：先复习后作业；作业要认真，先审题后解答，所答要对所问，做完作业要检查；作业格式要规范，严格遵守全校统一标准，不符合要求的要重做；作业要独立完成，反对互相抄袭；作业要按时交，在按时独立完成的基础上，要求正确、整齐、迅速；凡是教师批改时指出的错误，要求学生及时弄懂，认真改正；允许一题多解，提倡独立思考，鼓励创造性。

（六）对学生学习小结的管理

学习小结是培养学生自学能力，自我检查学习效果的一种学习方式，也是治学的一种方法。小结一般是在学完一个单元或一个阶段后进行；课程结束时，也要进行系统的总结。学校管理者和教师应当重视对学生学习小结的指导和管理，并提出明确的要求。

对学生学习小结的要求是：要在阶段复习的基础上进行小结。学习小结要把每一课题的知识系统化，抽出本质规律，然后用简明的文字概括出来，或用图解法示意，小结本段学习方法方面的经验和教训。

二、学生课外阅读的管理

学生掌握书本知识，固然有赖于教师的讲授，但还必须靠他们自己去阅读、领会，特别是学生只有通过独立阅读才能掌握读书方法，提高自学能力，养成良好的读书习惯。

开展课外阅读的目的是开阔学生的知识视野，扩展思维领域，培养读书兴趣，丰富精神营养，提高智力水平。学生在初中阶段要达到能够阅读通俗的政治、科技和文艺书籍的水平，在高中阶段要达到能够比较熟练地阅读一般的政治、科技和文艺读物的水平。

对学生的课外阅读管理，应提出以下要求。

第一，必须在课程标准和教科书所要求的知识基础上选择书籍，坚持从课内延伸到课外，做到课内外有机结合。

第二，不允许传看封建迷信和伪科学的书籍，更不允许传阅黄色书刊，防止精神污染。

第三，请有关教师指导学生的课外阅读。对于阅读的广度、深度，教师应根据学生的阅读能力和各学科的学习负担情况加以指导。

第四，课外阅读必须是在完成规定学业，学有余力的情况下开展。不得荒废正课，单纯凭兴趣阅读或追求书刊故事情节，脱离正常的学习轨道。

第五，应该把课外阅读纳入学习计划，做到有目的、有计划、有步骤。课外阅读量，可以根据年级特点规定上限或下限，既保证不影响规定课程的学习，又能拓宽学生的知识面。

第六，指导学生做好读书笔记，培养学生在自己的书上做记号、写批注、做摘录、写提要，培养写读书笔记的习惯和能力。在个人阅读基础上，可以适当组织学生开展讨论、笔谈、办学习园地或交流心得体会，以巩固和增强读书收获。

三、学生良好学习习惯的培养

良好的学习习惯可以提高学习效率，调动学生学习的积极性，有利于培养学生的自学能力，还能启迪他们的聪明才智，发挥他们的创造精神。学校管理者应当切实重视和抓好对学生学习习惯的培养。

良好的学习习惯的形成，是需要假以时日认真培养的。学校管理者应当紧密结合对学生学习过程各个环节的管理，对学生的整个学习过程提出明确的具体要求，并为他们制定出合理的切实可行的规范，反复教育和训练，使之逐步形成习惯。

学生需要培养和形成的良好的学习习惯是多方面的，诸如课前预习、寻疑问难、认真听讲、勤于思考、独立作业、自我检查、参加课外学习活动、广泛阅读，还有加强学习的计划性、科学用脑、合理安排时间、善于总结经验等。

培养和形成良好的学习习惯，必须充分发动和依靠教师。只有把全体教师充分发动起来，言传身教，形成集体的教育力量，学生良好的学习习惯才能形成。如果教师对学生的要求不一致，你紧我松，互相抵消，培养学生良好的学习习惯就会落空。

第四节　课外活动的管理

课外活动是指学校在课程计划、课程标准和教科书范围以外，根据学生本人兴趣和自愿参加的原则，在课余时间对学生实施的多种多样有目的、有计划、有组织的教育活动。课外活动是学校整个工作的一个重要组织部分，是实现教育目的的重要途径。

20 世纪 80 年代后期，国内有人提出了“第二课堂”、“第二渠道”等概念，并积极促进这方面的改革实验，有的教材也采用了第二课堂的提法，但这里仍然使用课外活动这一概念。一是课堂教学、课外活动，人人皆知，没有必要把它换成“第二课堂”、“第二渠道”，给读者增加不必要的负担；二是基于把课堂教学与课外活动两者做科学的区分，避免概念的混淆；三是为了把以往传统的行之有效的课外活动经验与今天的新鲜经验联系起来，避免割断历史。

一、课外活动管理的意义和特点

学校教育工作不仅要管课内，也要管课外。青少年正处在成长发育阶段，他们朝气蓬勃，精力充沛，喜欢从事各种各样的活动。因此，在学校除去上课、做作业外，还必须积极地、有目的地组织他们的课余生活，把他们的旺盛精力纳入正轨，这对促进他们德智体诸方面健康成长有着重要的意义。

当代科学技术飞跃发展，许多新成就通过各种渠道广泛地影响着青少年一代，激发他们的好奇心与求知欲。只靠课堂教学不能满足学生的这些愿望与需要，必须在课外开展丰富多彩、生动活泼的活动，以扩大和巩固课堂教学的效果，使学生的主动性和积极性得到充分发挥。苏霍姆林斯基认为，课外活动是“学生智力生活的策源地”，通过课外活动使“青少年迈上科学思维的道路”。他认定课外活动是学生“个性发展的一个重要条件”，“午后不进行紧张学习的脑力劳动，这是一个具有决定性作用的条件。在这个条件下，不仅可以增强体质，而且可以丰富精神生活，为全面发展创造条件”。他同时还指出：“只有当孩子每天按自己的愿望随意使用 5—7 个小时的空余时间，才有可能培养出聪明的、全面发展的人来。离开这一点去谈论全面发展，谈论培养素质、爱好和天赋才能，只不过是一些空话而已。”①

课外活动与其他教育形式一样，都是为了实现教育目的，促进学生的身心发展，将他们培养成为全面发展的社会主义的建设者和接班人。但是，它有一些自身的特点。这些特点主要为以下五个方面。

1. 灵活性

课堂教学是根据教学计划、教学大纲和课程表进行的，有相对稳定的内容和形式。课外活动则不同，它不拘一格，灵活生动。活动的项目众多，丰富多彩；形式活泼，讲求实效；参加人数可多可少，时间可长可短，方式可以集中也可以分散；活动有动有静，动静结合。它一般不采用像课堂教学那样的考试记分方法，而多是采取汇报表演、娱乐竞赛、成果展览、举办讨论会和报告会等形式进行。

2. 开放性

与课堂教学相比，课外活动不受教学计划和学校围墙的限制，凡符合教育要求、有利于学生的身心发展的活动，都可以创造条件组织开展。活动的内容和形式也更接近现实，富有新鲜的信息。因此，课外活动为学生打开了广阔的生活领域，比课堂教学更具有开放性。

3. 综合性

课堂教学是按学科进行的，而课外活动则是以活动为中心进行的，能为学生提供且同时运用多学科的知识、多方面的智力才能的机会。

4. 兴趣性

学生参加课外活动不像课堂教学那样，一般要遵循教学计划的统一规定，而是根据自己的兴趣、爱好自愿选择。活动的内容和形式也是学生喜闻乐见的，富有吸引力，能引起他们的浓厚兴趣，激发他们的探究心理，满足他们的精神需要。

5. 自主性

与课堂教学相比，学生在课外活动中具有更大的自主性。富有成效的课外活动，大多是学生在教师和有关方面的指导和帮助下独立组织、自主开展的。可以说，课外活动是学生自己的活动，他们是活动的真正主人。

二、课外活动的内容和形式

（一）课外活动的内容

课外活动的内容，大体上有以下三种。

---

①［苏］苏霍姆林斯基著，赵玮等译：《帕夫雷什中学》，教育科学出版社 1983 年版，第 13、179 页。

1. 科学技术活动

目的是扩大学生科学技术的眼界，尽可能使他们了解课本上所没有的而又能接受的当前科学技术方面的最新信息或最新成果，从而激发他们的求知欲，诱发其兴趣爱好。在活动中启迪学生的创新思维，培养自学能力和运用所学知识于实践的能力，培养他们爱科学、学科学、用科学的精神。

2. 文学艺术活动

目的是丰富学生的文学艺术知识，培养学生对文艺的爱好，发展他们这方面的兴趣与特长。在活动中，一方面寓教育于文艺活动、娱乐活动之中，培养学生的高尚情操，提高学生的欣赏和表演能力；另一方面注意发现文艺“新苗”，以便及早培养，为国家输送文艺新生力量。

3. 学科活动

以课堂讲授的知识为基础，扩大和加深学科的有关知识，培养学生运用知识的能力。如语文方面的读书小组、写作小组，物理方面的无线电小组，地理方面的气象小组等，既与课堂教学有密切的联系，又扩大了课堂教学的范围。

（二）课外活动的形式

课外活动的形式是多种多样的，大致有以下三种。

1. 大型活动

这类活动多为群众性的集会、报告会、各种讲座、集体参观访问、各种比赛等，由学校或班级组织。

2. 小组活动

这类活动小型分散，能照顾学生的兴趣爱好，活动起来很方便。小组成员，按活动的性质、内容而定，可以三五人到一二十人。小组推选小组长。这类活动主要由班级组织，少数跨年级的由学校组织。

3. 个人活动

这是学生在教师的指导下独立开展的活动，目的在于充分发挥每个学生的积极性和创造性，培养他们的独立工作能力。例如，有计划地阅读报刊、写读书心得、采集动植物标本、制作模型、进行某种观察和实验等。

三、课外活动的组织与管理

（一）加强领导，统筹安排

学生参加课外活动，虽然强调自主、自愿，但如不加强领导，必然放任自流。学校要把课外活动作为学校教育工作的一项重要内容来抓。应有一位校长统一领导，一位教导主任分管，各教研组有教师负责指导与本学科有关的课外活动，班主任要担负起本班课外活动的组织者和指导者的责任。总之，要做到层层有人负责。

学校对课外活动应全面规划，要有长计划、短安排。大型活动应纳入校历，使全校周知。要有一张课外活动总表，使各种活动井然有序地开展，不致互相冲突。

（二）保证活动时间

课外活动能否开展起来，关键在于是否有时间保证。缺乏时间保证的主要原因有两条。第一，学生课业负担过重。作业多，考试多，学生应付作业考试已是疲于奔命，没有心思和时间参加课外活动。第二，对课外活动的重要性认识不足。有的学校管理者认为课外活动是为课堂教学服务的，是“课堂教学的延伸和补充”，甚至认为课外活动多了会妨碍学习，影响升学率，因而把课外活动放在可有可无的地位。对以上两个问题的解决，应切实按照素质教育的要求，严格按照课程计划，均衡安排课程和作息时间，不得增加周活动总量，更不得增加学科教学的学时。严格控制作业分量和考试次数，使学生有充足的时间参加课外活动。

（三）建立辅导队伍

课外活动虽然具有自主性、灵活性等特点，强调学生是课外活动的主人，但不等于说不需要教师的指导。如果没有一支热心课外活动、有一定专长的人组成的辅导队伍，课外活动就可能一哄而起，一哄而散，不可能提高活动水平。因此，学校管理者必须重视建立一支课外活动的辅导队伍。这支队伍主要应由本校教职工中有某些专长的人组成。不管他在学校里担任什么工作，只要作风正派，在课外活动方面有一技之长，又有一定的组织能力，就可聘请他担任指导教师。凡被聘为指导教师的教职工，应计算工作量，成绩显著者应给予表彰。学生家长中有合适人选，也可聘请，以取得家长的支持。

（四）充分发挥团、队和学生会的作用

共青团、少先队和学生会是开展课外活动的重要力量。这些学生组织的活动内容，在很大程度上和课外活动结合得很紧。团、队、会的工作如不渗透到课外活动中去，就放弃了自己工作的主要阵地。

怎样发挥这些组织的作用呢？首先，应发挥它们的宣传鼓动作用，动员团员、队员和会员积极参加课外活动，表扬课外活动中的积极分子，宣传先进事迹；其次，应发挥他们的组织作用。学生的课外活动主要靠他们自己来开展，发挥独创精神。团、队、会的干部要起骨干作用，起模范带头作用，以带动全校的课外活动。

复习题

1. 试述智育管理与教学管理的关系。
2. 智育管理的任务是什么？
3. 怎样加强教学工作的组织管理？
4. 教学过程有哪些环节，每个环节的管理要求是什么？
5. 学生学习过程管理的要求是什么？
6. 课外活动与第二课堂的联系与区别是什么？
7. 案例分析：朱校长对抓教研组工作的想法和做法。

教研组是学校中各科教师发挥集体智慧、提高教学水平的教学研究组织，加强教研组建设是学校中形成教师集体的基础工作。可是，一个教研组中，每个成员的业务水平、思想修养、生活经历及脾气性格都不尽相同，自然对一些工作的看法与做法有分歧，相互之间不免产生这样那样的矛盾。因此，校长要加强对教研组的领导。

怎样管理教研组呢？朱校长经常在思索这个问题。他曾听副校长谈过这样的体会：教研组工作主要是应放手让教导主任去管，校长最好不要直接出面过问，以免被动。他也听教导主任说过，领导教研组工作主要是业务问题，对该组业务不熟悉就没法管。朱校长根据自己的经验形成了这样的看法，他在工作札记中写道："领导教研组——引导、协调、支持"。这六个字是原则还是方法，朱校长没有仔细地推敲过，但在实际工作中他是这样做的。

事例之一：外语教研组组长是位热情肯干、好胜心强的教师。他在期中考试前的一次教研会上提出，为了检查教学质量，由三个备课组长交换出试题，实行三个年级外语统考，考后按分数段统计，并综合算出各班平均成绩，以便互相比较、互相学习、互相促进。结果，三位备课组长所教班的成绩都特别高。在试卷分析会上，好几位老师提出了异议，认为这次考试成绩有问题。有的还说，从学生复习笔记中可以看出，这几个班已通过复习课把试题和答案泄露给学生了。一时教研组内舆论哗然，认为这是弄虚作假。当时，几位备课组长试图申辩，可又说服不了对方。双方针锋相对争论近两小时，弄得教研组长无法收拾，只得草草结束，不欢而散。从此，组内矛盾公开化，教研活动受到影响。

朱校长获悉这一情况后，做了个别了解，他发现在"试卷分析"的背后有思想问题，就事论事地抓考试命题一类的业务是难以见效的，只能从思想引导入手。于是，他先分别找几位备课组长谈心，从端正思想入手，提出“考试的目的是什么?”、“统计分数的目的是什么?”、“复习与考试的关系是什么?”以及“教研组应树立什么样的风气?”等问题，引导他们一步步去思考。随后，组织全组教师联系实际共同讨论。在会上，朱校长在大家发言的基础上，又进一步帮助大家从思想教育上提高认识，从而消除了误解和隔阂。至此，外语教研组的一场风波成为教师们进一步提高的起点，教研组长也从中提高了领导思想和处理问题的水平。

事例之二：近几年来，学生有重理轻文的思想，对语文学习兴趣不大。语文组的教师做了不少工作，成效甚微。他们经常叫苦，说辛辛苦苦备课，学生不配合，结果还是白费劲。想搞点课外活动，以提高学生的学习兴趣，但开展活动时又遇到种种具体困难。朱校长看在眼里，记在心里。他想，现在语文组最需要领导的支持。于是，他就提议在全校范围内开展学习语文宣传周活动，集中宣传学习语文的重要性。在那段时间里，他还动员数理化老师一起参加宣传活动，在课内外教育学生，使他们懂得“不学好语文，数理化也学不好”的道理。在朱校长看来，学生偏爱数理化，我们利用其偏爱的一面去克服其偏废的一面，是学生所容易接受的。接着，他从时间上、物质条件上具体保证语文组开展语文学科方面的课外兴趣活动，产生了较好效果。

在回顾自己的工作过程中，朱校长认为，校长要了解和熟悉一些学科的专业知识，但不一定也不可能都一一亲自参加实践。在他看来，校长抓教研组工作主要是做人的工作，即思想引导、协调关系，支持教师去克服困难，开展活动。这样做，就体现了校长对教研组工作的组织领导作用。

思考题：

（1）你同意朱校长的想法和做法吗？你平时是怎样领导教研组工作的，有何经验？

（2）如果你遇到上述外语组、语文组的问题，将如何去处理呢？

第十四章　体育卫生管理

学校体育卫生管理是依据国家和教育部门颁发的学校体育卫生管理条例和规定，对学校体育卫生工作进行计划、组织、指导、检查、评定的活动，旨在保证全面贯彻教育方针，提高学校体育卫生工作质量，增强师生体质，有效地完成学校体育卫生工作的任务。

学生的身体素质和健康水平，对于国家和民族的未来，具有重要的意义。所以，加强学校的体育卫生工作的管理，不仅对于学生目前能否顺利地完成学习任务具有十分重要的意义，而且对于学生将来能否承担建设和保卫祖国的艰巨任务具有深远的意义。

学校体育卫生工作管理的目的，在于保证全面贯彻党的教育方针，提高学校体育卫生工作的质量，增强学生体质，促进学生身心健康发展，有效地完成学校体育卫生的目标和任务。

第一节　体育卫生管理概述

一、体育卫生管理的意义

体育卫生工作是学校教育工作的重要组成部分。管理好学校的体育卫生工作，是全面贯彻教育方针的一个重要方面。它的职能不仅在于增强学生体质，养成文明卫生习惯，而且还有助于学生提高学习效率，形成良好的思想品德，养成审美情操。

学校体育卫生管理是依据国家和教育部门颁发的学校体育卫生管理条例和规定，对学校体育卫生工作进行计划、组织、指导、检查、评定的活动，旨在保证全面贯彻教育方针，提高学校体育卫生工作质量，增强师生体质，有效地完成学校体育卫生工作的任务。

当前学校体育卫生工作的发展很不平衡，学生的体质和健康存在不少问题。例如，20 世纪 50 年代，日本人的平均身高比中国人低 2.6 厘米，50 年后，中国

18 岁中学生的平均身高却比日本同龄中学生低 1.96 厘米，这些数字的对比不能不引起人们的深思。学校体育卫生工作发展不平衡的主要原因有以下几点：第一，不少地方和学校对体育卫生工作很不重视，没有认识到这是全面贯彻素质教育，培养社会主义现代化建设人才的需要；第二，管理机构和专业教师配备与工作的要求很不适应；第三，学校体育卫生经费困难，尤其是中小学的经费中没有体育和卫生的项目，体育场地、器材和卫生设备严重缺乏。因此，在一些学习负担过重而又不重视体育卫生工作的地方和学校，学生的体质和健康状况存在不少问题。无数事实告诉我们：由于学校管理者对体育卫生工作的认识不同，重视程度不一样，成效就大不相同。所以，搞好中小学的体育卫生工作管理，就成为学校管理者的一项不可忽视的任务。

二、体育卫生管理的任务

学校体育卫生管理的主要任务是：面向全体师生，科学地组织和调动体育卫生人员的积极性、主动性；创造必要的物质条件，发挥学校人力、物力和财力的作用，有组织、有计划地开展学校体育卫生工作，不断提高体育卫生工作质量，实现学校体育卫生的目的。在管理工作中，要坚持面向全体学生，以增强体质为主，以普及为主，以经常锻炼为主和预防保健为主的原则。

具体任务包括以下几方面。

（1）制订并落实学校体育卫生工作制度和学年（期）体育卫生工作计划。

（2）建立一支包括体育教师、校医和学生体育卫生干部在内的体育卫生骨干队伍，对学校体育卫生工作人员定期培训、考核和评定。

（3）开展体育卫生教学、体育锻炼、体育竞赛的组织和检查指导，形成学校体育卫生工作常规。

（4）定期开展对学生体质和运动技能的测定与评定工作，掌握学生体质发展情况。

（5）对学校体育卫生经费、设施、器材等进行管理。

（6）组织开展卫生科学研究。

三、体育卫生工作管理的基本要求

（一）摆正学校体育卫生工作位置

学校的体育卫生工作是整个学校教育工作的重要组成部分。它与学校其他方面的工作密切联系，有机结合，相互渗透，缺一不可。要牢固树立“三育并重”

的观点。具体要求是：体育卫生工作在学校的整体规划上有位置，实施中有措施，检查时有标准，总结时有评估，财力物力有保证，人力有安排。

（二）完善学校体育卫生管理机构

学校体育卫生工作管理机构由以下人员组成：一是学校行政领导；二是体育科组长、卫生指导教师；三是体育教师；四是班科任教师。

（三）正确处理普及与提高的关系

所谓普及，就是面向全体学生，全面提高学生的身体素质，保证体育课、生理保健课的教学质量，开展形式多样的群众性体育卫生活动。所谓提高，就是在普及的基础上，对有某种运动特长的学生加强辅导，积极开展课外体育和卫生活动。组织学校的田径队、篮球队、足球队等有计划地加强训练，提高运动队技术水平。

（四）体育锻炼与卫生保健相结合

体育是通过身体锻炼，提高机体的工作能力；卫生保健是通过疾病防治，以维护机体的正常生理功能，保持机体的工作能力。因此，学校在积极开展体育运动的同时，必须加强卫生保健工作，使学生的身体正常发育，健康成长。作为学校的管理者，应该和体育工作人员、卫生工作人员，共同研究和不断改进学生的体育锻炼与卫生保健工作。

第二节 学校体育卫生组织的管理

学校的体育卫生工作，具有广泛的群众性，它涉及学校的各个部门的全体人员。学校领导要遵照《学校体育工作条例》，加强领导，建立健全组织和管理制度，形成有效的管理系统，这是搞好学校体育卫生工作的组织保证。

学校体育卫生管理工作是一个完整的管理系统。这个管理系统，应包括教导主任、总务主任、体育教研组长、校医在内，并要有一名校长主持体育卫生工作。规模较大的学校，可由上述人员和班主任代表组成体育卫生工作领导小组，由主管校长任组长。凡学校体育卫生方面的工作和问题，均由这个机构研究解决。根据国家的规定，中学及有条件的小学设卫生室，卫生室隶属教导处。教导处应有一名主任分管体育、卫生工作。体育、卫生工作涉及的经费和设备，总务处也应有一名主任分管这项工作。

体育教研组和卫生室，是学校体育、卫生工作的专职机构，这两个机构的专职人员——体育教师和校医，是搞好学校体育、卫生工作的骨干力量。学校管理者要加强体育教研组和卫生室的建设，首先必须明确这两个组、室的职责范围。

一、加强体育教研组的建设

《学校体育工作条例》规定："学校要在各级教育行政部门核定的教师总编制内，按照教学计划中体育课授课时数所占的比例和开展体育活动的需要配齐体育教师。"除普通小学外，学校应当根据学校女生数量配备一定比例的女体育教师。体育教师队伍要保持相对的稳定性，不要轻易调换或调动。

体育教师是学校体育工作的专职人员，他们的职责是：

（1）上好体育课，努力提高教学质量；

（2）组织早操、课间操、课外体育活动，积极推行《国家体育锻炼标准》，搞好运动队的训练和体育竞赛活动；

（3）对学生要热情、耐心、严格要求，全面关心学生的成长，在思想作风、道德品质和体育锻炼方面，应成为学生的表率；

（4）要协同卫生室定期检查学生的身体，积累资料，分析学生的体质和身体基本活动能力，协助总务部门做好体育器材的选购、维修和保管工作。

体育教研组是体育教师的教学研究组织，是学校体育工作的职能部门，也是学校体育工作的参谋部。其主要职责是：

（1）协调有关部门制定学校体育工作计划和一些必要的规章制度，定期向学校领导汇报工作；

（2）组织业务学习和进修，开展教学研究活动；

（3）组织教师学习体育教学大纲，搞好集体备课和观摩教学，定期检查教师的教学工作；

（4）组织好早操、课间操和课外体育活动，积极推行《国家体育锻炼标准》，搞好运动训练和校内外的竞赛活动；

（5）协同卫生室定期检查学生的身体，积累健康资料；

（6）协助总务部门做好体育器材的选购、维修和保管工作。

二、加强卫生室的建设

学校卫生工作的主要任务是贯彻"预防为主"的方针，提高学生的健康水平，培养学生良好的卫生习惯，改善学校环境，加强防病措施，使学生的身体正常地成长发育。

《学校卫生工作条例》规定："城市普通中小学、农村中心小学和普通中学设卫生室，按学生人数六百比一的比例配备专职卫生技术人员。”“学生人数不足六百人的学校，可以配备专职或者兼职保健教师，开展学校卫生工作。”

学校卫生保健人员要相对稳定，以便开展工作。其主要职责是：

（1）贯彻预防为主的方针，重点做好学生的防病工作；

（2）监督教学卫生、体育卫生、生产劳动卫生、生活卫生，并督导学校环境卫生和个人卫生；

（3）组织学生体检，实行健康监督；

（4）积极开展卫生的宣传教育，培养学生良好的卫生习惯。

学校卫生人员、保健教师应重点做好学生的卫生防病工作，定期向校长及校务委员会汇报工作，制订学校卫生工作计划，组织安排学生体检，建立健康卡片，组织指导卫生员的工作。

三、加强班主任的协助管理职能

班主任在体育卫生工作中是大有可为的。班主任对本班学生的全面素质的提高负有重要责任，必须把体育卫生工作纳入班级工作计划，协助体育教师和校医开展体育卫生工作。其具体要求是：根据学校体育卫生工作计划，统筹安排，在本班加以落实；经常利用班会、周会向学生进行体育卫生方面的教育；教育学生遵守《中小学生守则》有关体育卫生要求的规定，负责早操、课间操、眼保健操及课外活动的出勤、表现和成绩评定；会同体育教师按《国家体育锻炼标准》评出学生的成绩，教育学生搞好本班和个人的清洁卫生，养成良好的卫生习惯；利用家访或家长会向家长宣传体育卫生知识，要求他们配合和支持学校搞好体育卫生工作；督促、帮助学生养成良好的体育卫生习惯。

四、充分发挥学生组织的自治能力

学校设有文体部和爱国卫生运动委员会，班级设体育委员、卫生委员。学校要充分发挥学生组织的自治能力，协助班主任搞好本班学生的“两操”、“两活动”和每天一小时的课外体育锻炼的组织，集合整队、带队领操等；为本班上好体育课和课外体育活动，组织学生领取、送回体育器材或整理用具，督促值日生做好当天的清扫和保洁工作；当好班主任的助手。

在校内还要建立红十字会组织，开展红十字青少年活动。红十字青少年在校内主要是协助教师积极进行卫生保健工作，监督个人和环境卫生，治疗小伤小病及在学校开展互助互济活动。以上组织机构和职责，要因校制宜，不搞一刀切，更不要搞形式主义，坚持因事而设，责任到人；要根据学生年龄大小、自治能力强弱，合理调整体育卫生干部的职责，可增可减，要坚持实事求是，一切从实际出发。在落实组织责任的过程中，校长特别是主管体育卫生工作的校长是关键，一定要努力使自己成为学校体育卫生工作的行家里手，要勤于动手、动脑，增强事业心和责任感，不断改进工作方法，逐步实现体育卫生工作管理的科学化。

第三节 体育卫生工作管理的常规

学校体育卫生工作的常规管理的主要内容是：建立健全学校体育卫生工作制度，把体育卫生工作纳入学校工作计划之中，抓好学校体育卫生工作的实施。

一、建立健全体育卫生工作制度

建立和健全规章制度，是对学校体育卫生工作进行常规管理的主要内容。学校要建立如下体育卫生工作制度。

（一）生活作息制度

生活作息制度是学校为合理安排学生学习、劳动、社会政治活动、课外科技和文体活动，以及进校、离校、进餐、休息、睡眠等全部生活时间而规定的制度。合理的生活作息制度不仅是维护集体生活秩序，使学校各项工作顺利进行的保证，而且能增进学生的健康，提高学习效率，培养学生珍惜时间、遵守纪律等学习习惯和品质。

安排生活作息制度要以卫生学为依据，按照素质教育的要求，并注意学生的年龄特征。生活作息制度的具体制定，应依据课程计划、课程标准，考虑学校所在地的季节、气候和居民习惯等特点。此外，这一制度还要对学生的校外活动和家庭生活安排起着指导作用。

要按照国家规定控制学生在校的活动总量和保证学生的睡眠时间，学生每日学习时间（包括自习）与课外活动，小学不超过 6 小时，中学不超过 7 小时。学生每日睡眠时间应保证小学生 10 小时，中学生 9 小时。学校要根据不同季节，合理规定学生到校、离校时间。对住读生，学校还应安排足够处理个人生活的时间及睡眠前的准备时间，学生除每周两节体育课外，要保证“两操”、“两锻炼”，切实做到每天有一小时的课外体育活动时间。

（二）实施《国家体育锻炼标准》的达标活动和体育竞赛制度

《国家体育锻炼标准》是国家为了鼓励和推动人民群众特别是青少年、儿童积极参加体育锻炼，以增强体质，提高运动技术水平，更好地为社会主义现代化建设和保卫祖国而制定的一项体育制度。《国家体育锻炼标准施行办法》要求《国家体育锻炼标准》在学校中全面施行。“学校应当把体育锻炼标准的施行工作同体育课、课外活动紧密结合，并纳入学校工作计划。”学校要根据自身实际，订出计划，落实措施，积极推行。

推行此项标准不能孤立进行，也不能搞突击，而应与体育课、课外锻炼和运动竞赛结合起来，使之互相促进，更好地完成体育任务。在坚持经常锻炼的前提下，每学期进行一次“达标”测验。测验的项目，要事先公布，使学生有目标地进行锻炼。测验成绩要如实记载，和体育课成绩一并记入学籍管理簿和成绩通知单。还可表扬“达标”的班级和个人，以促进群众性的体育锻炼活动健康地开展。

要健全学校的体育竞赛制度。《学校体育工作条例》规定：“学校体育竞赛贯彻小型多样，单项分散，基层为主，勤俭节约的原则。学校每年至少举行一次以田径项目为主的全校性的运动会。”竞赛分校内、校外两类，校内又分校级、班际和班内三级。体育竞赛的形式有全校性的运动会，选拔赛、对抗赛、邀请赛以及单项比赛等。在竞赛中，应讲求团结友爱、文明礼貌，严防弄虚作假和无组织无纪律的行为。

（三）清洁卫生制度

保持学校环境和个人整洁与美观，是培养学生良好的生活习惯，陶冶美的情操的重要手段，也是学校与个人精神文明的重要体现。

搞好学校环境卫生，关键是做好思想工作，充分依靠全体师生齐动手，并在制度上做出一些规定。要合理明确地划分清洁区，清洁区一般要做到就近划分，责任到班。每天一小扫，每周一大扫制度；各种节日前组织更大规模的彻底清扫，学校要规定明确具体的卫生检查制度，定出卫生标准和要求，定期检查与抽查相结合，要量化打分，排出名次，公布于众；要坚持正面教育为主的原则，并可设流动红旗或其他办法，对长期处于卫生领先的班级和小组，应给予物质奖励和精神奖励。

对于个人卫生，也要提出明确要求，进行定期与不定期的检查，发现问题，随时教育纠正。小学要实行“晨检”和“午检”制度，以促进“卫生为荣，不卫生为耻”的新风尚的形成，使学生从小养成良好的个人卫生习惯。

（四）体格检查制度

为了及时掌握学生的身体发育情况和健康状况，学校要建立健康检查制度，对学生实行定期的身体检查。在新生入学时和学生毕业前，进行比较全面的检查，平时至少每学年检查一次，并填写个人健康卡片，作为资料保存。《学校卫生工作条例》规定："各级卫生行政部门应当组织医疗单位和专业防治机构对学生进行健康检查。传染病防治和常见病矫治，接受转诊治疗。"

（五）体育场地、器材的购置、检查、维修制度

学校体育工作需要一定的物质条件。学校管理人员应当努力搞好体育场地，充实器材设备。要建立体育器材保管室，并配有专人负责器材的保管、维修和场地管理。同时要建立制度，充分发挥现有器材设备的作用。要教育学生爱护场地、器材设备，延长其使用寿命。

（六）传染病预防制度

学校是学生集体生活的场所，传染病尤其是流行性传染病，对师生的安全威胁大，必须严加防范。学校要做好预防接种、服预防药等工作，要认真执行国家颁发的疫情报告制度、传染病患者的隔离制度、患者复学的复诊制度，以预防传染病的发生，制止传染病扩散。

二、学校体育工作的常规管理

学校体育工作的常规管理主要抓好体育课教学和课外体育活动。

（一）体育课教学管理

体育课是中小学学生的必修课程，是体育教学的基本组织形式，学校管理者要认真贯彻执行教育部颁发的课程计划和课程标准，结合学校的实际情况，制订各年级学年和学期的体育教学工作计划，加强指导和检查，努力提高体育课的教学质量。

学校管理者要组织全体体育教师，认真学习和贯彻课程标准，明确体育课教学的任务、教材体系和教学的基本要求。体育教学的三项基本任务如下：一是锻炼身体，增强体质；二是学习体育的基础知识、基本技能和基本技术；三是向学生进行思想品德教育。在教学中，体育教师要将三者有机地结合起来，并抓住增强体质这一中心任务。

体育课应以实践课为主，重视实际锻炼。要保证中小学生每天一小时校园体育活动。教学中要严格训练，严格要求，严格纪律，既要发挥教师的主导作用，又要充分调动学生的积极性。

学校管理者要有计划地听课，并组织教师互相听课，要重视教学方法的改革，合理安排教学进度，讲求课堂教学程序的科学编排，注意学生的年龄特点和班级实际情况，以收到实效为宗旨。要防止“放羊式”教学。凡要求学生做到的，教师要带头做到。

体育课教学要根据男女学生不同的特点进行。有条件的学校，应做到男女分班上课，女生的体育课由女教师担任。不具备男女分班条件的，也应分组教学，对男女生提出不同的要求，尤其要重视女生的生理特点，予以照顾。

要建立严格的考勤和考核制度。学生全学期缺课超过体育课总课时数 1/3者，不予评定成绩。成绩达不到良好者，不能评为“三好学生”。学生因病残免试体育，需经医生证明，体育教研组审核同意，教导处批准。

（二）课外体育活动管理常规

课外体育活动是体育课的继续和补充，是扩大和巩固体育课的效果，让学生经受体育锻炼的重要组织形式。通过课外体育活动的管理，要求以丰富多彩的内容吸引学生，培养他们对体育的兴趣和爱好，调动他们参加体育锻炼的积极性，从而养成锻炼身体的习惯，达到增进健康，增强体质的目的。

课外体育活动包括以下内容。

1. 早操和课间操

早操和课间操对学生身体的全面锻炼大有好处。

早操是在清晨或课前进行的，其内容一般以广播操为主，也可安排慢跑或提高身体素质的简单练习。通过早操，全面锻炼学生的身体，使学生由抑制状态逐步进入积极活动状态，精神振奋地开始一天的学习生活。

课间操一般是在每天上午第二和第三节课之间进行的，时间为 10—15 分钟。课间操有助于消除学生紧张学习后所产生的疲劳，使学生大脑得到积极的休息，可提高学习效率。同时学生身体各部分得到充分舒展，防止形成不良体态，有利于学生的健康发育。课间操内容以广播操为主，还可做脊柱防治操、素质操、慢跑和活动量较小的游戏等。

早操和课间操集合要做到快（一分钟）、齐（全到）、静（安静），队形要整齐，动作要正确。这些要求能体现学生的精神风貌，也是培养优良校风的重要内容，不可小觑。早操和课间操由体育教师负责组织，班主任协助，分管体育卫生工作的校长、教导主任，要给予指导和督促检查。

2. 课外体育活动

课外体育活动是指每天下午课余的体育活动，内容为开展包括《国家体育锻炼标准》在内的多种多样的活动。要根据学生的实际情况和爱好特长，组成若干锻炼小组，做到小型多样，生动活泼，讲求实效，持之以恒。要统一划分场地和分配器材，因地制宜。体育教师要分工，做到每次课外体育锻炼有人负责，有人指导。

3. 课外体育竞赛

青少年活泼好动，好胜心强。组织课外体育竞赛活动，符合他们的年龄特征。体育竞赛活动能推动学校开展群众性的体育活动，提高学生的运动技术水平，能为国家发现和培养优秀运动员的苗子，还能培养学生的荣誉感和集体主义精神。

学校管理者对课外体育竞赛活动的管理，要坚持“小型、多样、课余”的原则，有计划地进行。在整个学期中，要做到均衡安排，避免时松时紧。要根据季节特点，安排多种多样的单项竞赛活动。竞赛可在校级、年级、班级之间多种层次进行。竞赛内容既要与《国家体育锻炼标准》的项目紧密结合，又要从本校的实际出发，发挥优势，形成传统，还必须考虑年级特点。

4. 运动会

运动会是学校体育运动竞赛的一种重要形式，主要指每年春秋两季的田径运动会。举行学校运动会，可以全面检阅学校田径运动开展情况，检查教学和训练成果，推动学校群众性体育活动的开展，促进运动技术水平的提高。同时，还可培养学生奋发向上，遵守纪律，集体主义和荣誉感等品质，并具有振奋师生精神，活跃学校生活等作用。

学校要把运动会列入学期工作计划，做好组织发动工作，号召各班学生积极参加锻炼。在会前要做好场地及器材的准备工作，检查和修整场地，检查体育器材，消除一切隐患。在运动会期间，要做到每个项目均有教师负责，班主任负责组织本班学生，务必保证有良好的秩序，不出安全事故。要通过广播或板报，及时公布成绩，表扬好人好事。除根据竞赛成绩奖励优秀班级和个人外，还可设精神文明奖，对体育道德作风好、纪律好的班级，给予表扬或奖励。运动会应由校长主持，体育教研组负责组织和裁判工作，全体教职工参加工作，团、队、学生会及各班班会配合。

5. 运动队

学校应在普及体育运动的基础上，建立以传统项目为主的运动队。运动队是培养体育骨干的，必须制订训练计划，坚持业余训练。每次训练以 60—90 分钟为宜。挑选运动队员，要注意以下两个主要条件：一是某项体育技能有较好的基础，能在体育活动中起骨干作用；二是各科学习成绩及格。对运动员要严格要求，严格训练，但不要求全责备。学校领导、体育教师、班主任和科任教师对参加运动队的学生，要在思想、学习和生活各方面给予支持和关心，使他们在德智体美诸方面都得到发展。

三、学校卫生工作的常规管理

学校卫生工作的常规管理，主要抓以下几个方面的工作。

（一）对学生进行卫生知识的教育

卫生知识教育的目的在于使学生掌握生理卫生的基础知识，提高讲卫生的自觉性，进而养成良好的卫生习惯，树立以讲卫生为荣，不讲卫生为耻的风尚。教育学生养成“五要”（要定时作息，要睡前刷牙，要勤换衣服勤洗澡，要勤剪指甲，要勤理发）和“六不”（不喝生水，不吃不洁食物，不吸烟，不用公共毛巾茶杯，不乱扔果皮纸屑，不随地吐痰）的个人卫生习惯。要把学生的个人卫生和健康状况作为评选“三好学生”的条件之一。

（二）对学校工作的卫生监督

学校必须加强卫生工作的管理，充分发挥学校卫生工作在学生的学习和生活各方面中的作用，创设卫生文明环境，培养良好的生活习惯。具体来说，学校卫生监督包括教学工作卫生、体育工作卫生、劳动工作卫生和日常生活卫生方面。

1. 对教学工作的卫生监督

教学是学校最主要的工作，也是实现教育目的的基本途径。学校和教师在建立教学制度、安排上课和其他教学活动时，都要符合卫生学的要求，以提高教学效率，防止学生过度疲劳，增进学生健康。教学卫生对学生的健康成长具有特别重要的意义，学校对课堂、课外教学，都应该有妥善的安排，符合学校卫生学、生理学、心理学、教育学的原理和学校实际情况。

2. 对体育工作的卫生监督

体育的卫生监督，重点是课外体育活动。要根据学生的性别、年龄特点、健康状况和体育活动能力，分别组成锻炼小组。锻炼前要做好准备活动，锻炼后要做好整理活动。饭前、饭后不做剧烈的体育运动。对患有慢性病的学生，要暂停锻炼。女生月经期间，不宜做剧烈的运动。

3. 对劳动工作的卫生监督

中小学生正处在长身体时期，缺少劳动经验。因此，学校管理人员在组织他们参加劳动时，不能与成人一样对待。首先，要把劳动中的卫生与安全监督放在重要地位；其次，劳动的强度和时间要控制，不能过量，更不能搞承包和竞赛；最后，安排劳动要注意年龄、性别和体质等特点，有病的学生或女生月经时期，应免除劳动或安排轻微劳动。生产劳动中要重视劳动保护，不能让学生参加有害、有毒、易燃、易爆、危险性较大工种的劳动。

4. 对日常生活的卫生监督

食堂和学生宿舍是生活卫生监督的重点。食堂要认真执行饮食卫生的有关规定。要防止食物中毒和食物污染。学校应逐步添置烧水、热饭和洗澡设备，供应师生饮用水。对炊事人员要定期进行健康检查和组织学习卫生知识。患传染病者不得担任炊事工作。学生宿舍要做到整齐清洁，学生轮流打扫卫生。

（三）**预防为主，防病治病**

预防和治疗疾病，是学校卫生工作的中心任务。学校师生人数多，医务人员少，医疗设备较差，必须贯彻预防为主的方针，做到早发现、早治疗。学生生活在集体环境中，抗病能力又比较差，传染病容易流行扩散，因此要加强防治。一旦发现有传染病流行时，要采取紧急措施，例如给师生服用预防性药物，减少或停止集会，切断传染病的传播途径，避免发生全校性的流行性疾病。

复 习 题

1. 学校体育卫生工作管理的任务是什么？
2. 怎样加强体育教研组的建设？
3. 学校体育卫生工作管理的规章制度有哪些？如何贯彻执行？
4. 学校体育工作的管理常规有哪些？
5. 案例分析：沈校长为什么会抓清洁卫生工作？

往日静悄悄的校园里，今天人声鼎沸。一群群学生，有的搬木头，有的抬砖头，有的锄草，有的推车，不时还发出一阵阵吆喝声、嬉笑声；在办公室、实验室里，一些老师也在忙个不停，擦桌椅、抹门窗……穿着一身劳动衣裤的沈校长，是现场活动的指挥员，在这样的环境中，师生们显出活力和朝气。

这次活动的倡导者是新上任的沈校长。他刚来到这所中学时，见到操场上到处是碎石子和杂草，教室里和走廊上有不少纸屑、果皮。这样凌乱的环境，是学校该有的样子吗？这样的学校能培养出德智体美全面发展的建设者和接班人吗？经过一个阶段的调查了解，沈校长更发现学生中有不少人学习不认真，纪律也比较差，教师们虽有搞好教学工作的愿望，但行动上是各管各，扭不成一股绳。怎么办？要在这所学校把全面工作抓起来，该从何抓起呢？思忖了一段时间，也同教职工交换过意见，最后沈校长产生了一个念头：从清洁卫生工作抓起。

于是，在一次行政会议上，沈校长提出了这个想法，他原以为不会有人反对，因而没有做更多的说明，只是简单地作为一项工作提了出来。哪知领导班子中有人当场说："我们学校的主要问题是教学上不去，要抓工作，首先是研究教学，而不是搞清洁卫生。"虽然会上决定第二天搞一次全校大扫除，由副校长向各班布置任务，但不少人认为，这是例行公事，表面扫除一些垃圾就完事了。就这样，一些教师还有议论："新校长只会抓清洁卫生，不会抓教学"，"学校要以教学为主，怎么又搞突击式的运动了"？

这次一般性大扫除后，沈校长巡视了校园环境，发现比过去好一点，然而情况没有根本改观。他分析了师生们的一些意见和思想情绪，深感自己把事情简单化了。他草拟了一份"坚持高标准、严要求，抓好校园环境整顿的计划"，作为综合治理学校全局问题的第一步，在与支部的成员商量之后，召开行政扩大会议。

为什么要这样抓呢？沈校长在会上说："整洁的校貌是反映一所学校精神状态的标志之一，良好的环境可以振奋人心，提高师生的工作和学习的效率。"同时还讲了抓好清洁卫生工作，可以培养学生的文明行为，形成团结友爱的集体的作用，并可以促进其他工作。怎样去抓呢？沈校长具体地提出：一是动员，全校动员和班组动员，提高认识，形成正确舆论；二是分工，学校组织中的各个部门都要发挥作用，明确各自职责，做好各自应做的工作；三是标准，全校上下要求一致，制定各方面细则；四是检查，要评比，有奖有罚，不合格的限期改正，完成分工的任务。同时提出，在此过程中，要发动师生提合理化建议，要把具体活动同思想教育结合起来，干部要以身作则。

通过会议的讨论，思想逐步统一了。最后，沈校长决定下周为"清洁卫生周"。

一周过去了，该校的校园环境变了样，师生们从内心感到高兴。

总结会上，沈校长表扬了一批先进班组和个人，同时提出了两个问题：如何巩固和提高清洁卫生工作已有的成绩？抓了清洁卫生工作，还要抓什么工作呢？他要求各班组讨论，献计献策。

此后不久，学校所在地区开展"五讲四美"评比活动，该校被评为先进单位。"集体荣誉是推动学校工作的催化剂，要抓住有利时机，把各项工作促上去。"沈校长和学校领导班子成员一起，又在布置下一步的工作了。

思考题：

(1) 学校工作以教学为主，沈校长把抓清洁卫生工作作为推动全局工作的突破口，对吗？为什么？

(2) 如何从学校实际出发，选择工作的突破口，推动全局？

第十五章　美育管理

美育既是我国全面发展教育的重要组成部分，也是学校精神文明建设的重要内容，它在贯彻教育方针、培养全面发展的合格人才中起着重要的作用。

第一节　美育管理概述

美育，亦称审美教育、美感教育。它一方面指培养人在接受和理解、评价与创造生活和艺术中的美好、崇高事物方面的能力，使这种能力日臻完善而采取的一整套措施；另一方面也指个体在对自然、社会和艺术等的鉴赏过程中，通过体验、选择、判断，达到对美的肯定、摄取，对丑的否定、摒弃，使心灵得到净化、情操得到陶冶、精神得到升华的教育方式。

一、美育管理的意义与任务

（一）美育管理的意义

加强学校美育管理工作的意义在于：它能保证党和国家教育方针的全面贯彻执行，使学生在德、智、体、美等方面得到全面和谐的发展，也能对学校精神文明建设起到促进作用。同时，加强美育工作管理，努力创建环境美、积极提倡语言美、大力表彰行为美，以美育为突破口，全面贯彻教育方针，培养新时代的高素质人才。随着社会不断向前发展，“没有围墙的学校”对学生的影响力越来越大，学生越来越多地接触到校外各种大众传播媒介的影响。学生天性活泼，兴趣广泛，好奇心强，求知欲旺盛，他们渴望从自己所接触到的人和事中感受美、体验美、欣赏美和表现美，抒发自己的情感。但他们社会阅历浅，辨别是非能力不强，免疫力低，需要学校领导、教师加强引导，端正他们的审美态度，提高他们的辨别美丑能力，通过审美教育，形成初步的鉴赏和评价美的标准，永远保持一种健康向上的心态。

（二）美育管理的任务

美育管理是对学校美育工作的计划、组织和控制等活动。对美育工作的管理，可以进一步明确美育工作的地位与作用，保证学校美育工作朝着健康的方向发展。现阶段我国美育管理工作的基本任务如下。

第一，以正确的美育思想武装教育工作者，在学校美育课程的设置、师资队伍的建设等方面发挥学校管理职能的作用。

第二，通过各种途径开展美育活动，寓美育于教学、活动之中，以美育德，以美启智，培养学生良好的道德情操和行为习惯，寓知识性、艺术性、科学性于一体，提高学校的教学效果。

第三，形成良好的美育环境，以景育人、以情育人、以美健体，最终达到育人的目的。

二、美育管理的基本要求

学校要搞好美育管理，必须遵循如下基本要求。

（一）保证学校美育的正确方向

美育要达到它应达到的目的，首要的要求是要把握美育的正确方向。具体而言，要注意以下几方面。

1. 帮助学生树立正确的审美观念

（1）进行审美理想教育。崇高的理想必须以对自然和社会发展规律的深刻认识为基础。而对自然规律和社会发展规律的认识，是人类世世代代追求的目标。人类所创造的丰富的文化科学知识是前人认识的成果，离开了人类文化知识的学习，就谈不上崇高理想的建立。因此，在进行审美理想教育时，首要工作是激发学生对文化科学知识刻苦学习的兴趣。同时还要进行一系列生动的爱国主义教育、前途远景教育、共产主义理想教育，树立为人民的幸福、为祖国的繁荣富强而奋发向上的坚定信念。

（2）进行优良传统教育。一方面要积极组织，切实抓好革命传统教育，依照青少年喜闻乐见的生动活泼的形式，寓教于活动之中。另一方面要同审美理想教育结合起来，严防资产阶级意识形态和封建思想侵蚀、玷污青少年的心灵。蹦蹦跳跳、说说唱唱，都要讲究文明、健康。哪怕是学生唱一支歌，弹一个调，都要进行指导。这样，学生一旦进入社会，就可能真正实践他们在审美理想教育中建立起来的信念。

（3）进行劳动创造美的教育。在劳动中加深学生审美教育的体验。中小学可以通过开展勤工俭学活动、组织劳动技术课、开展工艺性的手工劳动，给学生以机会，让学生亲身去体验“手脑并用”的真谛。

2. 提高学生良好的审美能力

对于中小学来讲，培养审美能力主要应做到以下几点。

（1）培养审美感受能力。审美感受能力是指审美感觉器官（主要是指人的视觉和听觉器官）对审美对象（即美的事物）的感知能力。它包括两个方面：一是对审美对象的外在形式（如声音、颜色、形态等）的感知能力，二是对审美对象的情感表现和具有其深刻内涵的情绪体验的感知能力。做好中小学生审美感知能力的训练，一要给学生创设感知条件，要让他们去听去看去接触审美客体，在培养学生的耳聪目明上下功夫；二要对审美对象进行选择，既要注意学生的年龄特点，又要近善远恶。

（2）培养审美鉴赏力。审美鉴赏力即审美鉴别能力和欣赏能力。人的鉴别美的能力包括两个方面：一是对美和丑的分辨能力，二是对美的性质、类型和程序的识别能力。审美欣赏能力指对美的事物的形式、内容进行整体把握和审美评价的能力。审美鉴赏就是让学生面对着社会生活、文学艺术、自然景物中的那些为心、耳、目可感的“意”、“音”、“形”确有所感，确有所悟。因此，对中小学生鉴赏能力的培养，绝不能一带而过，浅尝辄止，需要长期的锻炼和积累。天长日久，耳濡目染，逐步提高学生的审美鉴赏能力。

（3）培养审美创造能力。审美创造能力指审美主体在感受美、鉴别美和欣赏美的基础上，进一步通过自己的实践活动，“按照美的规律”去创造美的事物的能力。如何培养学生的审美创造能力？首先要培养学生的想象力，逐渐增强其创造冲动与创作欲望。方法上应注意两点：一是教会学生从无想到有，二是引导他们从有想到真。其次要培养学生的创造能力。教师应特别注意推广那些寻美作文，配诗于画，改诗为画，谱曲于诗，创造性朗读，通过表演再现作品精髓。同时，要加强手工劳动和实验操作等行之有效的艺术和技能活动，让学生经常受到锻炼，进行创造。

上述三个方面是相互联系、相互作用而又相互区别的有机整体。审美感受能力是前提，是培养审美能力的基础，审美鉴赏力是审美能力的深入和发展，创造能力是审美能力的巩固和提高。如果看不到这三者的有机联系，就会使审美教育失去科学性，审美教育的方向也就会失去根本。

3. 进行生活方式的审美引导

（1）美的生活来源于人的献身精神和科学精神。人有物质生活美的需求和精神生活美的追求。但无论是美的物质生活还是美的精神生活，都是人的劳动创造出来的。因此在审美教育中，要教育学生发扬“先天下之忧而忧，后天下之乐而乐”的献身精神和精益求精、实事求是的科学精神。

（2）注意内在的心灵美与外在的仪态美的有机统一。因为外表美总是肤浅的，而心灵美则是深邃隽永的；外表美短暂易失，而心灵美则青春长驻。外表美与心灵美对社会实践具有不同的作用，美学价值亦各异。因此，在教育学生时，应做到表里如一，努力把自己充沛的精力投入到文明、健康、科学的生活中去。

（3）注意生活方式美的时代性和民族性。我国改革开放以来，人民生活水平有了极大的改善和提高。人们在衣、食、住、行的艺术欣赏方面提出了许多新的更高的要求。我国古代著名思想家墨子讲过：“食必常饱，然后求美；衣必常暖，然后求丽；居必常安，然后求乐。”现在，我们已经看到了这种求美、求丽、求乐的发展形势。因而，学校应教育学生在大胆吸收和借鉴国外一切人类社会文明成果的同时，必须坚持发扬中华民族的传统美德。树立中华民族的审美观，不能搞以洋为美，以奇为美，以怪为美，以丑为美；不要崇洋，不要媚外，不要忘了国格、人格。引导学生在识别美、欣赏美和创造美的时候，应有正确的准绳和高尚的境界。

（二）建立健全美育管理的制度

美育管理的制度，指的是建立并保证美育组织机构正常运转的规范体系，它规定着美育组织机构的职责权限和机构内人员的岗位责任。一般来说，美育管理制度是实现美育任务的保障机制。因此，依据学校美育的主要任务，学校美育管理制度主要包括下列几个方面。

1. 制定美育管理整体规划

（1）要正确处理美育与德育、智育、体育、劳动技术教育之间的关系。在统筹兼顾、全面安排的基础上制定学校美育整体规划，确立指导思想，促进美育工作全面落实，逐步使美育工作系统化、规范化、科学化。

（2）要把整体规划分解为远景规划、学年计划和单项计划。基本规定为：①加强对艺术教育工作的管理，制定艺术教育的各项制度，采取有效措施，开齐、开足、开好艺术课程；②明确规定学校各项管理工作中对美育的具体要求，制定各学科教学的美育标准，逐步建立教学中美育的常规，改善与美化学校环境；③从本校学生的实际出发，制定学校美育大纲，使“五育”地位规范化；④按照不同年级不同的审美教育内容形式，分阶段提出美育的目标和措施，使美育管理工作具体化；⑤开展美育与德、智、体、劳教育关系的科学研究，促进美育管理科学化。

（3）建立美育管理网络，形成全员参与美育管理的合力。

2. 明确各部门在美育管理上的职责

各相关部门（教务处、总务处、政教处等）要在校长的领导下，认真贯彻落实学校美育管理的整体规划，在协作的基础上明确各自的分工。

(1) 教务处应做到：①在确立各学科教学计划时，都应赋予审美教育的任务，并据以进行考核和评价，强调教学过程中美育意识的渗透；②着力抓好教师审美素质的提高，优化师德风范和工作形象；③指导和要求教职工遵循美育规律，按照美的要求进行教学；④搞好美育管理的组织评比、奖励和总结。

(2) 总务处应做到：①要在校园建设实际活动中，引导师生参加美化校园工作，增强创造校园美的意识，培养其创造美、珍惜美的观念与能力；②做好美育设施的购置和管理，创造良好的美育管理“硬”环境；③引导学生树立劳动美的观点，并使学生在学习知识、技术、技巧和劳动的过程中，受到审美教育。

(3) 政教处应做到：①要在贯彻学生日常行为规范的活动中，进行养成教育，并严格地训练，使学生真正理解行为美的内涵，自觉地规范自己的行为；②组织学生参加审美系列教育和适合学生身心发展特点的、富有情趣的审美实践活动；③积极做好学生的思想工作，因地制宜地引导学生参加必要的审美教育社会实践活动，积极创造美育管理的“软”环境；④加强学校、家庭、社会的有机联系，确保审美教育与管理的重要渠道畅通。

（三）加强美育的科学性和针对性

美育的根本任务，在于塑造学生美的灵魂，因而对中小学生进行审美教育，不仅要注意内容是否积极、健康，而且要考虑审美教育的内容、方式和手段是否符合学生的年龄特征，是否为他们喜闻乐见。只有被青少年喜闻乐见的作品，才能对他们起到潜移默化的审美教育作用。

有的学校制定了美育大纲或条例；有的学校在美术课教学中创造了“想想、画画、做做、玩玩”的教法，形成了本校美术教学的新形式、新做法；有的学校制定了各年级段的美育实施的目标。以下试举一例。

1. 低年级（一至三年级）

(1) 在学前教育的基础上，着重音乐、绘画、舞蹈、书法等艺术美的熏陶，培养学生爱美的情趣。

(2) 从形体美的角度，指导学生逐步养成坐、立、走的正确姿势和读书、写字的正确姿势。

(3) 在日常生活中养成爱整洁、讲文明的习惯，懂得交往中的一般礼仪，会使用礼貌用语。

(4) 引导学生从周围事态、色彩、音响、气味等形式特征中感受自然美。

2. 中高年级（四至六年级）

(1) 在学生具有爱美情趣的基础上，培养他们对音乐、绘画、书法等艺术美的初步欣赏能力，学会唱歌等艺术技能中的一种或几种。

(2) 加强体育锻炼，养成良好的卫生习惯和体育锻炼习惯，注意仪表美。

(3) 能自觉地向英雄模范人物学习，在学校、家庭、社会上做到心灵美、语言美、行为美。

(4) 初步懂得创造性劳动与美的关系，有较为敏锐的观察力和感受力。

（四）注意一般和个别相结合

对中小学生进行美育要想取得满意的效果，就必须处理好一般与个别的关系，使一般和个别紧密结合起来。

1. 把握中小学生审美教育的共性

中小学生在儿童期、少年期和青年期阶段的成长过程中，生理、心理、知识增长等多方面都有着共性，即一般共同规律性。在这个阶段，很容易受到不良环境的影响，因而被称为人生道路上的危险期。对于这些共性，在进行审美教育时，学校、家庭、社会必须予以重视，并采取有利于他们顺利地度过青春期的恰当的审美教育方法。

2. 重视中小学生审美教育的个性

中小学生在不同的年龄阶段虽然有许多共性即基本规律性，但由于种种原因，特别是遗传、环境、教育等因素的影响，每个学生又有其自身身心发展特点即个性。世界上没有两片完全相同的树叶，也找不出两个绝对相同的学生。因此，在进行审美教育时，在尊重基本规律的同时，还必须从中小学生的个性特点出发，针对其具体特点，特别是优、缺点和特长，采取切实可行的方法，扬长避短，使他们在审美教育中得到熏陶。这就要求在尊重共性和基本规律的基础上，做到从实际出发，因材施教。所谓从实际出发，就是从中小学生的身心发展的实际出发，掌握每个孩子的特点和各方面的实际情况。所谓因材施教，即根据中小学生的个别差异进行审美教育。每个学生都因其知识基础、家庭环境、个人经历等不同，身心发展存在着个别差异性。因而，他们具有不同的审美兴趣和能力，如有的爱好书法，有的擅长音乐，有的具备绘画天赋等。这就要求学校美育既要遵循中小学生审美教育的一般规律，又要考虑到学生的个性特点，加以积极引导，促进学生个性健康发展。

（五）协调各方关系，保证美育的一致性

整个社会的教育系统，从实施机构看，可分为学校教育、家庭教育和社会教育，三者构成了一个“三维坐标”。中小学生接受科学文化知识，培养社会生活能力，养成道德品质，都是在这个“三维坐标”里完成的。他们之所以能够健康地成长，主要是这三种教育形式综合作用的结果。同样，在中小学生审美教育中，这三种教育形式各有其独特的、不可替代的作用，也有各自的局限性。因此，加强学校、家庭和社会美育的彼此联系和沟通，以达成协调一致，是对中小学生进行审美教育的重要前提。

学校审美教育是整个审美教育的基础。中小学生在校期间，是形成和发展他们的审美理想、审美能力的关键期。所谓关键期，即中小学生审美理想、审美观念、审美兴趣逐步形成的重要时期。同时，由于学校审美教育有较好的物资设备和环境，有教师的指导，有课程和时间的保证，使学校审美教育比起家庭审美教育、社会审美教育有着较为有利的条件，从而保证了学校审美教育的计划性、系统性和科学性。所谓计划性，主要体现在两个方面：一方面是美育作为全面发展教育的一个重要组成部分被纳入教学计划，不仅有自己特设的课程和教学活动，而且要通过德、智、体、劳的相互渗透，按计划逐步实施；另一方面还体现在内容的选择和活动的安排上，家庭、社会审美教育随意性较大且内容也不及学校审美教育全面具体。所谓系统性，指学校审美教育是严格按照学生认识能力发展的顺序和各门学科的逻辑顺序进行的，对美育的要求和内容是分层次有计划地安排的，遵守循序渐进的原则组织实施，做到连贯、完整、系统。所谓科学性，指学校审美教育必须严格地符合科学结论，教育学生树立进步的、健康的审美理想，掌握客观的审美标准，分清美丑，准确地发现美、感受美、创造美。

但是，对学生进行审美教育，单靠学校是不够的，必须与家庭、社会共同配合，才能收到理想效果。家庭审美教育是审美教育的摇篮，是一个人最初接受美的观点、美的趣味，形成最初的审美能力的地方。家庭中的一切事物、情调、气氛，时刻影响着儿童、青少年的思想品德、情绪和对待学习的目的和态度。

随着人的年龄增长和学龄期的开始，审美教育的主要课堂从家庭转移到了学校，但是这并不意味着家庭美育的结束，只不过又开拓了审美教育的一个新领域。在进行学校美育的同时，家庭美育仍然发挥着自己独特的功能。事实证明，中小学生的学校审美教育与家庭审美教育两者是互为补充、相辅相成的。若两者偏废其一，就会破坏美育的整体性。就人生的整个发展历程来看，婴幼儿期的审美教育的主要场所是家庭，青少年时期审美教育的主要场所是学校，成年以后审美教育的主要场所是社会。虽然家庭美育在人生各个阶段所起的作用不尽相同，

但是只有它贯穿于人生的始终。

社会审美教育比之学校审美教育和家庭审美教育，范围更广泛，内容更为丰富，影响更为深刻。社会审美教育作用的发挥主要是通过一些文化、宣传机构进行的，如影剧院、公园、展览馆、博物馆以及出版社、报社、杂志社等。此外，还有更多但往往不被人们所重视的，而实际上对中小学生起着一定程度的审美教育的人际生活环境，如政治宣传栏、商业广告、商场橱窗、雄伟建筑物，甚至人与人的交往态度以及社会风尚等，也经常介入学生的审美活动。所以，在社会生活中，美育是一种客观存在，它渗透到人类生活的各个领域、各个角落，贯穿于每个人的工作、学习和日常生活之中，不以人的意志为转移。

在学校、家庭、社会审美教育的协调统一中，学校起着主导作用。因此，学校要积极主动地进行组织、指导和协调工作，使三方面相互促进，形成优势互补，进而形成审美教育目标一致的合力。

首先，学校审美教育与家庭审美教育的互补和配合。学生在家庭中的审美教育，主要依靠家长进行。但是应该看到，教师在学生和家长的心目中，是有较高威望的，他们对教师的意见和要求，也是比较尊重的。同时，从培养目标来说，把学生培养成为德、智、体、美全面发展的社会主义事业的接班人，是学校和家长的共同要求和愿望。这些有利条件成为学校审美教育，争取家庭审美教育协作配合的可能因素。但是也应看到，学校的审美教育是有着具体内容和要求的，每一个阶段都有着课程标准的要求，而家庭审美教育一般难以有明确的、固定的要求，随意性较大，家长往往根据自己做人的行为和品质素质来影响、教育自己的子女。家长的审美素质较高的家庭，比较容易与学校美育取得一致。因此，为了促进中小学生审美教育的健康和谐发展，学校必须通过指导家长提高审美素质，使家庭审美教育与学校审美教育保持一致性。可以通过家庭、学校互访，定期召开家长会议，开办家长学校等基本途径来进行。

其次，学校审美教育与社会审美教育的互补和配合。社会审美教育比家庭审美教育、学校审美教育在内容、形式上都更为复杂。因为社会是一个大千世界，无奇不有。因此，就社会审美教育的内容、作用、性质看，对中小学生的成长来说，有些会产生积极的作用，有些则会产生消极作用。因此，努力做好学校审美教育与社会审美教育的互补和配合是完全必要的。一方面，学校应发挥在社区文化建设中的主阵地作用，组织一些健康有益的社会活动，如重大节日庆贺活动、义务劳动、游览名胜古迹，去工厂农村接触工农群众等，让学生了解社会，接受社会审美教育。组织学生参加社区服务活动，如在节假日到车站、码头等公共场所帮助打扫卫生，维护秩序等，以行动来弘扬助人为乐精神。另一方面，积极开展“共建”活动，聘请校外辅导员。采取“走出去，请进来”的方式，采取报告会、座谈会、课外审美教育联谊的形式积极主动地同社会各界加强联系，立足本地实际，因地制宜、因时制宜地开展学校审美教育与社会审美教育的协调、互补工作。

第二节 美育管理的基本途径

美育管理的基本途径主要包括艺术课程的管理、各科教学的美育管理、美育讲座的管理以及课外美育活动的管理等方面。

一、艺术课程的管理

学校艺术课程主要包括音乐、绘画、书法、舞蹈四个方面。这些分属不同类型的艺术课程具有各自的审美特性，因此在管理中表现出相应的特殊要求。

（一）音乐

音乐是以有组织的音响运动构成听觉形象，直接表达感情，反映社会生活的一门艺术。因此，它要求我们首先要创设艺术情境。创设一个富有音乐氛围的教学情境，使学生在愉快积极的心理状态下从事学习活动。其次要突出情感体验，唤起师生情感共鸣。音乐美育教学的主要途径在于情感的体验、启迪和交流。它一方面要求学生自己深入体验音乐作品所表现的情感内涵，另一方面强调发挥教师的情感传递作用。这就要求：（1）要精选教材，充分挖掘教材本身的情感意蕴；（2）要求教师深刻体验和准确理解教学内容，在启发和指导学生的同时，唤起师生情感共鸣。

（二）绘画

绘画是运用线条、明暗等造型手段，在二维空间塑造视觉形象，具体直观地反映生活，表达作者审美感受和审美理想的艺术形式。因此，它要求我们首先做到突出直观性，注意引导、启发学生透过视觉形象的表面，深刻理解和感悟艺术的审美内蕴，探索画家审美个性和审美观念，进而促使学生形成自己的审美观点和艺术思想。同时，充分利用直观性教具，突出直观教学方法和手段的审美功能。其次要培养学生的空间想象能力，让学生在反复观赏中，结合空间感受力和视觉想象力，亲临其境地领略其中的审美创造性。

（三）书法

书法是以点画线条的组合运动与空间构造，不摹写具体物象而致力于传达人的精神意蕴和生命情思的艺术。它要求我们首先感悟书法艺术语言的审美特质。即以一定的美学理论为指导，结合学生的书法实践和作品观摩，让学生在切身感受中领悟运笔的不同方式及其变化，产生不同的体积感、质感、力度感与韵律感，领悟字体和手法何以讲究神采、意蕴、气脉贯通等，避免学生依样画葫芦的摹写，或片面追求手上功夫而不得审美要领。其次要培育艺术修养和文化的悟性。一方面要求学生了解书法与中国的建筑、音乐、舞蹈、绘画等艺术形态在形式结构上的密切联系，发挥它们之间的相互借鉴、吸收和启迪作用；另一方面应让学生对中国文化有所了解，形成书法艺术的文化悟性。

（四）舞蹈

舞蹈是以人的形体动作为主要表现手段，通过有组织、有节奏的动作组合来反映生活、表达情感和生命体验的艺术。它要求我们首先应当特别注重形体训练与情感体验的结合，以形体动作的审美特性为中介，将形体训练与审美心理有机结合起来；其次应当把握动作技巧的审美要求；再次应当拓展形体造型的想象力。

二、各科教学的美育管理

学校课堂教学是审美教育的主要形式，因此有必要加强对各科教学的美育功能的认识。

（一）人文学科教育中所包含的审美因素和价值

中小学人文学科教育中所包含的审美因素和价值主要反映在两个方面：一是美育渗透在教材中，主要以语言文字为审美媒介，通过语言所描述的人的生活和艺术，讴歌真、善、美，鞭笞假、恶、丑；二是美育渗透在教学过程中，教师通过教学手段和方式将教学内容加工、组合后展现在学生的面前，教师机智的授课语言和身段表情都可以使学生进入美的境界。

人文学科的美育具体落实在各科教学之中，在传授相关知识的同时，体现着以形象和情感体验为基础的审美价值。拿语言课美育功能来讲，如中小学的语文课中，除了一部分政论文、说明文以外，大多是散文、小说、诗歌、寓言、童话、戏剧文学等中外名篇佳作，都极具审美价值。文学是语言的艺术。文学作品是以文学语言为材料，通过塑造艺术形象来感染读者、教育读者的。文学作品和其他艺术作品一样，依靠形象的感染，靠对于形象的欣赏来品味语言美，体验作者对其笔下人物的情感和这些人物自身的情感，并提高学生运用语言创造美的能力。一般而言，中小学的语文课的审美功能表现在下列三个方面。

（1）语言教学艺术的朦胧美。汉语的音调有独特的美感。《诗经》、楚辞、唐诗、宋词均可吟唱，语文教学通过语言的美促进了听觉生理机制的发展。

（2）教学中情感教育的朦胧美。古人“剪不断，理还乱”的感慨，“抽刀断水水更流”的感叹，其实都是对情感的不可捉摸性和复杂性的最好概括。这种情感是不可能用科学的概念来标定的。

（3）教学中思维运演的朦胧美。美是可意会而不可言传的东西，我们并不总是能够用语言表达我们所想的东西。而思维运演的朦胧美表现在教学之中，则体现为直觉性、创造性，思维总伴随着神秘、灵妙的直觉，对直觉的寻求和培育成了创造性思维的必要条件。语文教学的直觉不同于自然科学的直觉，它有更强烈的感性色彩、艺术魅力。

（二）自然科学教育中所包含的审美因素和价值

中小学自然科学教育中所包含的审美因素和价值主要体现在以真求美、以美引真。这大致表现在两个方面。

1. 教学的科学性与艺术性的统一和实验过程中的美的渗透

以化学的美育功能为例，化学课的美育首先应着力引导学生发现化学元素与物质结构的多样统一的和谐之美。如世界上所有的物质都表现在门捷列夫编写的元素周期表之中了，它使原先复杂凌乱的元素井然有序、和谐统一，这可以说是化学科学的形式美。又如化学中的同位素、同分异构现象、同素异形现象等都充满着奇异的色彩，可以引起学生强烈的探索欲望和愉悦感。金刚石和石墨虽然均由碳元素组成，但物理性质差异极大，硬度、导电性等迥然不同，这犹如美术中鲜明的色彩对比，给人强烈的印象。有位化学教师运用“发现法”试教“碳的同素异形体”一课时，为了启发学生进行探索性思维，向学生展示了一颗晶莹璀灿的金刚石，并讲述了金刚石是世界最美丽的宝石，把学生带到了金刚石异常坚硬和美丽的境界中去。教师接着向学生问：“金刚石为什么那样坚硬与美丽？它是由什么特殊材料构成的呢?”这样的问题，引起学生极大的兴趣，并产生了探索答案的强烈的愿望。于是教师通过这样几个典型的实验：金刚石＋O_2 燃烧生成 CO_2，石墨＋O_2 燃烧生成 CO_2，木炭＋O_2 燃烧生成 CO_2。通过实验，学生惊奇地发现原来金刚石与石墨都是由碳元素构成的，它们都是碳的同素异形体。所有这些无不给学生以“惊奇”和科学的魅力，从而导致学生对知识和真理的渴望与追求，并使学生产生一种美的理想，赋予学生一种力量。

2. 通过实验感受物质变化的无穷奥妙

合成与分解、氧化与还原、酸性与碱性等这些基本的化学变化包含着无穷的现实内容，当它们以化学方程式的形式表达时，自然界的变化就成了“我们的掌上之物”。这是科学的威力、智慧的威力，由此学生就形成一个关于自然的严谨有序的体系观念，这是一种高层次的科学美感享受。总之，应当引导和激发学生用审美态度看待元素、原子结构、分子式、电子式、化学方程式之类的概念，因为它们常常包含着简洁、对称、均衡、和谐等美感形式。因此，这些学科的重点虽不在美育，但教师应当在本学科的教学中尽量发掘美的因素，或配合相关学科的教师，共同做好学生的审美教育。

总的来说，要把美育渗透到学校各科教学之中，应该认真做到充分挖掘各科教材内在的美育因素，使学生在学习知识，掌握技能中受到美的教育。注重提高课堂教学手段和环节的艺术美，调动学生各种感官从不同角度感受美、鉴赏美。通过良好的课堂教学气氛，师生情感上的双向交流，体现出课堂教学中教学艺术美的巨大力量。

三、美育讲座的管理

（一）美育讲座的意义

目前，我国中小学除音乐、体育、美术等课程，没有开设专门的美育课。定期举办美育讲座，对提高学生审美意识和审美能力很有价值。

1. 培养学生的审美兴趣

审美兴趣的培养主要是通过环境影响和个人爱好这两个方面相互渗透影响而成的。对于中小学生来说，通过在校学习生活的熏陶和审美教育等一系列活动，都能产生对美的追求和爱好。当然，他们之中存在着很大的差异，有的学生受家庭环境的影响，对美育活动有浓厚的兴趣，有的则兴趣平平，也有的学生甚至不喜欢。教师应了解他们的具体情况，然后针对实际，采取种种方法，培养学生的审美兴趣，应把美育讲座当成启发学生美感、调动学生积极性和创造性的动员课，教师可以充分利用讲座的形式，把中华民族光辉灿烂的文化艺术和中外美术家创造性艺术劳动的事迹介绍给中小学生，培养他们学习的兴趣和主动精神。

2. 使学生学习美学理论知识

人人都有爱美的天性。没有学过美学理论的人，从他人的影响和自己的实践中，也能在一定程度上感受美、追求美。但由于缺乏美学理论的指导，他们对美的感受是肤浅的、迟钝的，他们对美的追求也往往是不自觉的，带有某种盲目性的。这样，他们的审美修养、审美能力方面的提高就比较缓慢，而且在审美时很容易发生错觉，甚至会接受错误美学思想的影响，不辨美丑，以丑为美。学习一些美学基础知识，可以使人们对美的感受和追求不再停留在低水平、浅层次、小范围上，可以变肤浅为深刻，由盲目者成为自觉者。因而人们就会在审美活动中自觉地培养审美能力，陶冶情操，振奋精神，自我教育，自我完善。

人们爱美、追求美、创造美，就必须要进一步探讨什么是美，何者为美，何者不美，美之所以为美的原因何在，应该如何鉴赏美和创造美等，帮助中小学生获得美学基础知识，使他们树立正确的审美观，加强审美修养，提高审美鉴赏能力和创造能力。因此，举办美育讲座，不仅在中小学审美教育中具有十分重要的意义，而且是实施审美教育的一条有效途径。

（二）美育讲座管理的要求

1. 深入了解学生，有的放矢

教师应首先了解听讲对象的特点、积极因素以及不利因素，以便根据学生的条件和可能，提出与学生内心需求相适应的问题，从而做到难易适度、方法恰当，变消极因素为积极因素，把学生的积极性充分调动起来。例如，初中生无论是在生理上还是在心理上，都有别于儿童或成人。他们刚刚脱离直觉表面的思维方式，理性思维发展较快，既存幼稚又趋成熟。随着阅历与知识的增长，他们不再拘泥于主观表达，而开始注意研究客观自然，追求主客观一致，力求探索、表现客观对象的规律和相互关系。但由于分析不得要领，“眼高手低”成为许多学生审美教育中突出的矛盾。这会使他们缺乏自信心并产生畏难心理，因此，在举办美育讲座中，要求做到了解学生、相信学生、尊重学生，有的放矢。

2. 善于点拨，激发学生学习兴趣

要想使学生对审美教育有兴趣，教师应首先设法引起学生对所学内容的兴趣，增强他们的好奇心和自信心。举办美育讲座，要抓住生活、学习中的热点、难点问题，要善于提出具有启发性的问题，激发学生产生疑问，使学生产生探求并解决矛盾的要求。例如，“外国美术作品简介”这一专题讲座，如果是按部就班把作品一幅一幅地向学生作介绍，既耽误时间又枯燥乏味，很难调动学生的积极性。因此，就要求教师应先挑选好要讲的作品，布置在教室里或用多媒体来展示，然后让学生在作品前展开讨论。根据中小学生好奇心强、求知欲旺盛的特点，用具有启发性的问题，由浅入深、由表及里，引导学生讨论思考，并安排时间让学生充分发表自己对画的感受和想法。对于一些不全面或不切实际的说法，不要急于简单地指责和否定，而要在同学们之间继续交流，相互启发之后，再由教师顺势引导学生得出正确结论。

3. 主题要鲜明，措施要落实

每次审美教育讲座主题要鲜明。应围绕教育和引导中小学生认识美的本质和特征，美有哪些形态、范畴等问题来展开。搞清这些问题，可以帮助受教育者明确审美标准，划清美丑界线，树立科学的审美观。必须要指出的是，在进行审美教育讲座时，普及美育知识的重点就是艺术的美学问题。这是因为人对现实的审美关系更多、更集中、更鲜明、更强烈地体现在艺术之中。美育讲座的目的不仅要让学生学会欣赏，更要让学生学会表现美和创造美，应紧密联系学生日常生活，这样的美育讲座才能收到实效。例如联系学生衣着打扮、言谈举止来传递美学知识，欣赏美、表现美、创造美就可以和学生们生活世界相关联，并对学生产生实实在在的影响。每次讲座的主题，既要有重点，又要照顾到中小学生的不同思想认识水平和不同年龄特点。在措施落实方面，学校行政、团委、学生会、少先队等组织要密切配合、协调各方面的力量搞好美育讲座的组织发动、辅导、交流、评比等工作。在每次讲座后，可以发动学生写心得和评论文章，有计划、有步骤地培养中小学生认识美、鉴赏美、创造美的能力。

四、课外美育活动的管理

课堂教学是对学生进行教育的主渠道，但不是唯一的渠道。课外活动可以使课堂教学过程的审美教育得以继续和延伸，进而巩固和发展课堂的教学成果。课外活动的内容非常丰富，形式也多种多样，它所具有的审美教育意义也是多方面的。

1. 有助于学生良好性格的形成

中小学生在选择参加何种课外活动小组时就确定了自己的兴趣，甚至确定了自己某方面的理想与追求。在参加课外组织的各种活动时，其兴趣得到了强化，其理想和追求受到了锤炼。

2. 有助于学生体验生活，理解生活

参加各种活动的学生在其中充当一定的角色，必然能够体会到集体的力量和作用，他们必然要用一定的方式来处理和调节个人与集体的关系，因而对组织性和纪律性会有一定的理解。

3. 有助于学生审美经验的积累

在课外活动中，学生参加了各种内容各种形式的审美活动，对美的创造、美的表现、美的欣赏和美的评价，有了一定的亲身体验，产生了一定的自我评价。而且，他们的活动往往还受到他人和社会的评价。成功与失败、顺利与曲折、荣誉与挫折的多次实践，使他们获得了课堂教学中得不到的极为宝贵的审美经验和教训，从而逐步对美的创造、美的表现、美的欣赏、美的评价等问题有了一定的认识和理解，这就为正确审美观的形成打下了良好的基础。

4. 有助于丰富学生的审美情感

任何一项课外活动，不论文学性的或艺术性的，还是工艺性的或体育性的，都在一定的意义和程度上带有美的创造和美的表现性质。美的创造、美的表现离不开想象。而想象不论是再造性想象或创造性想象，都同作为想象之主体的人的情感有密切的联系。多方面的想象心理过程，也就激发了丰富和细腻的审美心理感受，发展了审美情感。

总之，课外活动进行的审美教育，为发展学生对艺术和现实的审美关系开拓了广阔的前景，丰富了他们的精神世界。因此，学校不能把课外活动看作是“自由活动”，要克服无教学计划，听之任之的现象，要充分利用好这块重要的美育阵地，做到课堂教学与课外活动相互配合。课内与课外都有计划、按步骤、协调统一起来，使之成为一个有机整体，形成学校审美教育的整体效应。此外，还应看到社会、大自然也是对学生进行美育的大课堂。各种媒体、山水、风土人情等同样是我们对学生进行美育的良好素材和途径。它们不仅给了学生审美、创造美的感知形象，而且可以用来丰富自己的知识，陶冶自己的情操，提高自己表现美、创造美的能力。只要我们引导正确，指导合理，课外的各种活动都能成为学校美育管理工作的重要途径。

复习题

1. 什么是美育？美育与德育、智育、体育、劳动技术教育是什么关系？
2. 什么是美育管理？如何认识学校美育管理的意义？
3. 学校实施美育管理的基本要求是什么？
4. 学校美育管理的基本途径有哪些？
5. 案例分析：尴尬的秦老师。

秦老师是美术课教师，在同事和学生眼中是一位具有高雅气质的女教师。刘校长请她给全校师生做一场主题为“生活中的美”的讲座。秦老师提前来到办公室准备，刚到门口就听见里面老师们正在聊天。

“现在春暖花开，天气不冷不热，正是学生学习的好时候。不知道刘校长怎么想的，非要把这大好时光让学生听什么美育讲座！”

“就是，这马上就要月考了呢！”另一个声音附和道。

“刘校长这样做肯定有他的理由的。”这是王老师的声音，“这种讲座可以培养学生的审美兴趣，提高他们的审美修养和审美能力。”

“那是，很多没有意义的事总是打着一些冠冕堂皇的旗帜呢。”

“嘿嘿，最重要的是，刘校长和秦老师目前都是单身哦……”虽然这句话的音调降低了不少，但还是传到了秦老师耳朵里，让她觉得格外刺耳。

“不要乱说，这次讲座的主题是很鲜明的，很贴近学生的实际，你这小子可别想歪了！”依然是王老师的声音。

不知谁咳嗽了一声，办公室一下子安静下来了，留下秦老师在门外尴尬不已……

思考题：

（1）你认为学校开展美育讲座有必要吗？

（2）开展美育讲座要注意哪些问题？

第十六章　劳动技术教育管理

向学生进行劳动技术教育，是学校教育不可缺少的重要组成部分。《中小学生守则》第三条规定："勤劳笃行乐奉献。自己事自己做，主动分担家务，参与劳动实践，热心志愿服务。"因此，如何加强学校的劳动技术教育，是学校管理者必须高度重视的问题。

第一节　劳动技术教育管理概述

一、劳动技术教育与"四育"的关系

马克思基于对教育、生产劳动以及社会发展之间辩证关系的分析指出：生产劳动同智育和体育相结合，这不仅是提高社会生产的一种方法，而且是造就全面发展的人的唯一方法。他还指出：这种教育要使儿童和少年了解生产各个过程的基本原理，同时使他们获得运用各种生产的最简单的工具的技能。马克思的论述，是针对当时童工在工厂劳动的状况，为童工争取受教育的权利而说的。有人片面强调劳动技术教育的德育价值，主张将其划归德育范畴；有人认为劳动技术教育的价值充其量是验证、巩固其他普通课程的知识，主张将其划归智育范畴。实际上，它们之间不存在彼此包容的关系，也不能够互相替代，劳动技术教育能够促进德、智、体、美诸方面的发展。

（一）劳动技术教育能促进学生思想品德的发展

德育是一个智、情、意、行的辩证运动过程，空洞的说教是不能培养和造就"四有"新人的，而劳动技术教育正是辅助德育的不可多得的一条重要途径。例如，针对学生浪费的不良习惯，以"一张白纸的来历"为主题，组织学生到造纸厂参加劳动，了解纸的生产流程和工艺，让学生感受劳动之艰辛，加强他们艰苦朴素、勤俭节约的良好品德的培养。这一劳动技术教育绝不是传统德育所能替代的。实际上，劳动技术教育是德育的补充和延伸。

（二）劳动技术教育能促进学生智力的发展

劳动技术教育是人与自然打交道的过程，是具有实际对象的活动。这种活动不仅具有运动的技能和技巧本身的特点，而且要以一定的方式反映出感觉、空间观念和思维活动。学生在劳动中，自始至终都在紧张地思维和操作，这种由生动的直观形象和由亲手操作引起的思维，要比在抽象的问题和习题上兜圈子更生动形象，也更能锻炼他们的思维，开启他们的智力，反过来促进基础知识的学习、巩固和提高。

（三）劳动技术教育能促进学生体质和审美的发展

适当的体力劳动能促进人体的新陈代谢，增进人体各器官的机能，强身健体，从而增强人的体质。马克思曾说过，劳动不仅创造了美的自然界、美的生活和美的艺术，而且创造出懂得艺术和能够欣赏美的大众。强健的体魄来自劳动和锻炼，美好的家园是人们用辛勤的双手建设的。劳动既是人们创造物质财富的过程，同时又是一个欣赏美、鉴别美、创造美的过程。

因此，劳动技术教育应在学校教育中占据应有的位置。作为一门正式学科，学校管理者应把它上升到提高全民族素质的高度来认识其地位和作用，把它纳入整个教育计划之中，加强组织与管理。

二、劳动技术教育管理的任务

劳动技术教育管理的基本任务是：坚持全面发展的教育方针，遵循教学计划的劳动技术教育课大纲的要求，正确处理劳动技术教育与德育、智育、体育、美育之间的关系；有效处理劳动知识和技能教学与学生参加力所能及的劳动实践以及向其进行劳动观点、珍惜劳动成果、养成劳动习惯、热爱劳动人民等教育的关系；加强劳动技术教育的计划、组织与质量管理以及教材、基地和规章制度的建设，保证劳动技术教育目标和管理目标的实现。

三、劳动技术教育管理的特点

（一）劳动技术教育管理面广事多，工作量大

劳动技术教育管理工作是琐碎、纷繁、具体的工作。从学校范围来看，教务处、总务处、各学科教研组、各年级组，甚至学生科技小组、兴趣小组等都与劳动技术教育有着频繁的联系。例如，在学生劳动实习期间，教务处要做好教学时间的计划，总务处要准备好基本的生活和生产用具，教研组或年级组要做好任课教师的协调，学生兴趣小组要搞好与劳动技术教育的衔接，等等。从工作内容来看，学校管理者既要组织好劳动技术教育的常规教学，又要与实习基地，如工厂、农村、劳动技术教育中心等取得联系。还有教材的选择与编写、生产生活用具的购置等，都需要学校管理者去安排解决。这些具体问题，使人有重复感，今年解决了，明年又会发生。因此，学校管理者必须加强学习，总结经验，不断提高管理水平，改进工作方法，使纷繁的事务条理化，主动地开展工作。

（二）劳动技术教育管理具有阶段性

劳动技术教育管理的阶段性从属于劳动技术教育的阶段性。劳动技术教育分为课堂教学和课外实践两个环节。就课堂教学而言，也有认知和实践的问题，而不同环节的教育教学活动，具有不同的特点。学校管理者应当根据这些特点有针对性地安排自己的工作。如在课堂教学阶段，学校管理者主要就是抓好劳动技术课的常规教学管理，尤其是教师教学的基本环节的常规管理；在课外实践阶段，学校管理者主要就是做好劳动技术教育的组织管理和质量管理，如联系实习基地、准备基本的生产和生活用具、指挥劳动过程、评估考核学生劳动成绩等。在农村学校，劳动技术教育管理的阶段性还体现为一定的季节性，这是由农业季节特点所决定的。农村劳动技术教育管理内容的确定、场地的选择和时间的安排都要随农时季节的变化来进行调整和变换。

（三）劳动技术教育管理具有专业性

劳动技术教育较强的专业性使得劳动技术教育管理也具有专业性的特点。目前，劳动技术教育仍然是中小学教育的薄弱科目，专职或兼职劳动技术课教师的劳动知识和技能都有待于进一步提高，学校管理者对劳动知识和技能的掌握也很缺乏。因此，学校管理者为了加强劳动技术教育管理，就必须掌握一定的劳动知识和技能。例如在检查劳动技术课教学情况时，如果学校管理者对教师讲授的知识和技能不甚了解，就不能够客观而科学地评价教师的教学效果，更谈不上指导了。因此，学校管理者除了不断学习、提高自己的专业知识外，还要深入劳动技术教学第一线，通过兼课、分析课等方式，学习和掌握一定的劳动知识和技能，提高劳动技术教育的管理水平和质量。

第二节　劳动技术教育管理的内容与要求

劳动技术教育的形式多种多样，包括劳动技术课、义务劳动、自我服务劳动、勤工俭学活动等。对劳动技术教育的管理主要是对这四方面内容的管理。

一、劳动技术课的管理

（一）切实摆正劳动技术课的位置

基础教育改革的根本目的是为了全面提高劳动者的素质，为了实现这一目的，必须克服轻视劳动技术教育的观念，把上好劳动技术课提高到全面贯彻教育方针的高度来认识。学校管理者要把劳动技术教育放在重要位置，坚持以劳辅德、以劳增智、以劳强体、以劳益美，促进学生全面发展。

劳动技术课是一门综合性和实践性很强的学科，对于培养全面发展的一代新人具有重要作用。

1. 拓宽学生的知识领域

劳动技术课是具有广泛的科学文化知识的一门学科。如电工制图、电脑、缝纫裁剪、毛线编织、果树栽培、花卉盆景、工艺美术及科技制作等课程就含有学生所学过的物理、化学、生物、几何和美术知识。学习这些知识虽然并非难事，但这些知识都是其他各科教学所涉及不到的。因而，劳动技术课能够进一步扩大学生的知识视野，完善知识结构。由于接触实际，贴近生活，这些知识对于学生了解实际，认识生活，也是大有裨益的。

2. 发展学生的智力

劳动技术的特点之一就是理论和实践的统一。劳动技术既是知识的应用，又是在应用中巩固和发展知识，因而能进一步释放学生的潜能，发展其智力。这在一定程度上可以看作是文化知识教学的延伸。例如，果树栽培中的“果树嫁接”，为了让学生掌握嫁接技术，就必须让学生懂得嫁接的目的、原理和方法。通过实践，学生就能加深对所学知识的理解。劳动技术课总是带有综合性的知识：果树栽培课自始至终贯穿了生物和化学以及土壤肥料等知识，缝纫裁剪必然渗透几何学、美学等方面的知识。各科知识的综合运用和相互渗透，给学生开辟了一个新的天地，学生要在错综复杂的关系中去分析、解决问题，从而促进了他们的智力发展。

3. 培养学生的能力

劳动技术课具有很强的操作性，可以培养学生的动手能力。无论是电工或制图、缝纫裁剪或毛线编织，还是果树栽培或花卉盆景、科技制作或工艺美术，都要既动脑又动手，学生在实践中可以增长动手能力。不仅如此，学生在制作各具特色的盆景、编织小饰物的过程中，也培养和发展了自己的想象力和创造精神。

因此，学校管理者要把劳动技术课摆到作为必修课应有的位置上。根据不同年级学生的特点，有计划、有组织、有系统地上好劳动技术课，逐步实现劳动技术教育的规范化和系列化。做到按照课程设置的计划和劳动技术课教学大纲的要求开足课时，加强对劳动技术课教师的教学环节的常规性教学活动检查，认真组织学生参加力所能及的生产劳动和社会实践，建立健全严格的劳动技术课考评制度。

（二）加强劳动技术课的教材建设

劳动技术课教材建设是改善和加强基础教育劳动技术课教学的基础工作。学校管理者要组织和领导好劳动技术课教材的选用和编写工作。

目前全国没有统一的中小学劳动技术课的课程标准，一般是由各省市自行制定课程标准并编写地方教材。学校如果单纯选用现成的地方教材，容易导致理论与实际的脱节，可操作性不强，内容缺乏趣味性；如果跳跃式地截取同类学科教材中的某些篇章组成拼盘式教材，又使得教材缺乏系统性。因此，为了解决教材基础性、通用性、实践性和适用性的问题，学校可以在地方课程标准统一要求的基础上，采用地方教材和学校自编教材相结合的方法，即由各地区结合本地区的实际情况，组织编写地方教材，供学校选用。同时，学校也自编补充教材，做到因地制宜。

学校管理者在组织编写劳动技术课教材时，要坚持以下几条原则，以此来衡量学校劳动技术课教材的水平和质量。

1. 教材编写必须具备鲜明的地方特色

劳动技术学科包含着一个庞大的科目群。这些科目之间又各有差异，各有着自身的特点。各地区或学校应根据自身条件选择某些科目，并编写出具有地方特色的教材。

2. 尊重劳动技术课教材的个性特点

劳动技术课教材除应具备教育性、科学性、系统性等一般特点外，还必须具有实践性、非专业性和技术性等独特的个性。如劳动技术课教学中，实践是劳动技术课最根本的特点，因而教材应侧重于“少一些理论，多一些实践”，不必把教材搞成知识讲座。又如，劳动技术课虽然对学生以后的就业和深造都打下了一定的基础，对就业选择起到一定的导向作用，但并不直接为其就业做准备。因此，教材不宜停留在操作原理甚至某些技术细枝末节的大量探究上，更不宜将学生的掌握程度挂在职业教育的技术标准上。而应该抓住要领，留有余地，周期换项，广泛接触。教材要根据劳动技术课的特点，掌握好技术的深度、广度和难度，内容要紧凑、连贯、简明。

3. 既要有教纲，又要有考纲

作为自编教材，大都带有不同程度的试验色彩，并不一定有严密论证的大纲，但必须有一个总体构想、总体框架，这就是“教纲”。譬如教学的目的与要求、自编教材总的指导思想和依据、教学阶段中的具体要求、课时与内容的安排等。与其他学科不同的是，劳动技术课同时应有一份“考纲”。这是因为其他学科多以试卷或以试卷为主的形式进行考核，而劳动技术课则是以操作或以操作为主的形式进行考核，而且这种考核绝不能是单纯的技能考核，而应当是对学生多方面的考核，如学习态度、按章操作、爱护劳动工具、平时完成作业的情况，尤其是对学生所表现出来的某种志趣、潜能与创造力方面的综合考核。因此，对学生知识要领的掌握、技能技巧的考查方面，必须有具体的考核项目、考核办法、技术标准以及熟练程度等方面的规定。

劳动技术课教材的建设是一项工程大、科学性强的创造性劳动，参加这项工程建设的人必须具有丰富的实践经验，具有一定的教材编写理论和专业知识，并敢于不断探索。从劳动技术课所具有的特点看，即便是职业教育工作者，也不一定对劳动技术教育课的全局了然于胸。因此，学校管理者应有意识地培养一批有志于并能胜任这项工作的劳动技术课教师，这是抓好劳动技术课教材建设的关键。

（三）加强劳动技术课的师资队伍建设和教学管理

配备有较高素质的劳动技术课专、兼职教师队伍，是提高劳动技术课教学质量的关键。学校管理者必须改变“临时拉夫”的做法，按照“专兼结合、内聘外请、重在培训”的原则，采取分级培训、能人为师的办法，逐步建立相对稳定的教师队伍。同时建立劳动技术教师考评和奖惩制度，适当对劳动技术课教师在职称、工作量计算、业务进修和评优表彰等方面实行政策倾斜，以调动他们的积极性。

劳动技术课的特点主要在于它的实践性、基础性和通用性。劳动技术课不同于以传授知识为主的一般文化课，虽然它也有以传授生产技术知识的任务，但那是为技能训练服务的。它也不同于以培养学生劳动观点、劳动态度和劳动习惯的一般劳动课，而是通过劳动过程把书本知识和实际劳动结合起来，使学生掌握基本的生产知识和使用简单劳动工具的技巧。它更不同于从事某种职业所进行的专门技术培训，而是给学生打下从事生产劳动的一般基础。即使在实际教学中，把某一职业技术项目作为教学内容，也不能以这个职业的需要为目标，而应该使之成为培养学生通用技术的载体。因此，劳动技术课必须以操作为中心，采用“手脑并用、操作为主”的教学方法，绝不能把它变成劳动知识课。学校管理者要针对劳动技术课的这些特点，加强和改进学校劳动技术课的教学管理。

（四）加强劳动技术教育的基地建设

加强劳动技术教育基地建设是上好劳动技术课的前提条件之一，没有劳动技术教育基地，劳动技术课的教学只能是纸上谈兵。因此，学校管理者要通过学校内部挖潜和争取社会支持相结合的方法，建设相对稳定的劳动技术教育基地。学校可充分利用勤工俭学的校办工厂或农场，也可与附近有关的厂矿和企业单位挂钩，安排学生的实习项目和时间。为了落实劳动技术教学，学校可采取多种方式建设劳动技术基地。

1. 独立开课

有些学校，特别是大中城市的重点学校，办学条件较好，有条件、有能力单独开设劳动技术课。例如，初中的木工、工艺制作、电工等，高中的无线电技术、家用电器的维修等，这些科目所需的专用室、设备、工具、材料，学校多少都有现成的，所需师资和教材也不难解决。有校办工厂的学校，应尽量与劳动技术课结合起来。农村中小学分散在乡下，师资力量虽然较弱，但不少学校有一定数量的农田或林场、饲养场、栽培房。因此，农作物育种、种植、病虫害防治、土壤和肥料、动物饲养、食用菌的栽培等科目的开设，也具有一定的条件。

2. 互换开课

例如，甲校有开设工艺制作的条件，乙校有开设无线电技术的条件，两校合作，互换学生到对方上课、实习。这种互换开课的方式，可以充分利用学校已有的条件，发挥各自的优势，使双方都能增加开课的项目。

3. 依托职业中学

城市普通中学，可依托邻近的职业中学代办。职业中学在专业课教师和实习指导教师、专业课教材、实习场地和各种教学设备等方面具有明显的优势。职业技术教育和劳动技术教育的培养目标虽有所不同，但性质相近，教学原则和教学环境相同。双方可以通过协商，成立劳动技术课领导小组，确定开课项目，并根据地方课程标准的要求，制订教学计划，落实各年级、各班级的任课教师、教室、课表及考勤、考核等管理制度，以保证教学的顺利进行。

（五）加强劳动技术课程教学的研究

相对其他课程来说，劳动技术课教学是一门新课，还有大量的理论和实践问题尚待解决。劳动技术课的教学目的、意义是什么，哪些劳动的技术项目培养哪些素质，学生究竟需要哪些劳动技能，劳动技术课教学的有效方法是什么，劳动技术课如何渗透思想教育，劳动技术课如何与其他学科有机结合等，都有待于进一步加强研究。学校管理者应切实加强教育研究，无论是在科研计划、课题立项还是在人员配备、经费投入等方面，都要为劳动技术教育课程留有一席之地。要以科研为龙头，带动劳动技术课教学水平和质量的提高。

二、义务劳动的管理

义务劳动是一种直接服务于公益事业的不计报酬的公益劳动，列宁把它看作是共产主义的萌芽。学校组织的义务劳动，包括社会公益劳动和学校内部的公益劳动。学校通过无报酬的劳动，使学生了解他们从社会中得到的福利的劳动价值。对集体、国家和社会的义务感和责任感，正是在无报酬的劳动中培养和形成的。事实证明，一个人在学生时代为社会的无偿劳动中贡献的力量越多，他的内心就会珍惜那些似乎与他毫不相干的公共财产，会为自己的无私劳动感到自豪，从而产生做一个社会主义公民的光荣感和自豪感。

（一）义务劳动管理的原则

根据义务劳动公益性和无偿性的特点，学校管理者对义务劳动的管理要坚持以下几条原则。

1. 渗透和熏陶的原则

组织学生参加义务劳动，是培养道德品质的重要途径。因此，学校管理者要积极创设良好的劳动环境，使学生在其中受到熏陶，起到潜移默化的作用。

2. 知行统一的原则

在义务劳动过程中，学校管理者既要对学生进行劳动观点的教育，使学生端正劳动态度，又要组织和指导学生进行劳动实践，使学生成为知行统一、言行一致的人。

3. 因材施教的原则

学校管理者要根据社会所能提供的条件和学校的实际情况，充分考虑到学生的年龄特征和个性差异，合理选择劳动场地和安排劳动时间，有效开展义务劳动技术教育，防止随意扩大劳动内容、范围以及延长劳动时间。

（二）义务劳动管理的基本过程

1. 制订计划

为了促进劳动技术教育目的的顺利实现，保证义务劳动管理的有效性，学校管理者要制订学生参加义务劳动的计划，并纳入学校整体教育教学计划的劳动技术教育计划，以达到管理的有序化和规范化。义务劳动的计划要根据新的形势和需要不断地充实和更新，但切勿使义务劳动变成一种应付形势的“运动式”的做法。

2. 组织实施

组织实施是义务劳动管理的中心环节。首先，学校劳动技术教育领导小组负责管理学生义务劳动，学校各组织、各部门要相互配合，协调行动，其中共青团团委要起领导作用。其次，学校要与社会建立广泛的联系，形成学校和社会相结合的劳动技术教育网络。城镇学校可以与当地企事业单位、驻军、社会团体等开展“共建”活动，也可以积极主动地配合校外教育管理机构如“社区教育委员会”、“关心下一代工作委员会”等的工作，共同组织和领导好学生的义务劳动；农村学校可以开展具有农村特色的义务劳动，如积肥、锄草、抢收抢种等。

3. 评估总结

评估总结是保证义务劳动有实效的手段。通过评估总结才能总结经验，发现问题，激励先进，强化学生良好的思想品德的形成。考核评估要坚持定量与定性相结合、静态与动态相结合、经常与集中相结合、个人与集体相结合、校内与校外相结合的原则，重点在于评估学生劳动表现。学校要建立健全评估考核制度，考核成绩要记入学生劳动技术教育档案。

三、自我服务劳动的管理

自我服务劳动（包括必要的家务劳动）是最简单的日常劳动。劳动技术教育一般都从自我服务劳动开始。自我服务劳动是培养学生遵守纪律，对他人产生义务感的重要手段。自我服务劳动还能养成尊敬父母、兄弟姐妹和同学的习惯。然而，在片面追求升学率的压力下，不少中小学生，尤其是独生子女，重视智育，忽视德育，轻视劳动技术教育和自我服务，不珍惜劳动成果，生活自理能力差。

生活自理能力是现代人所应具备的重要品质之一。从美国社会学家英格尔斯（A. Inkeles）对六个发展中国家六千人调查后提出的“现代人”特征，到《学会生存——教育世界的今天和明天》提出“完人”的培养目标，从澳大利亚学者埃利雅得设想的具有三张教育通行证的未来人，到邓小平倡导的“四有新人”，无不对现代人的品质进行了构想。因此，从人的现代化这个意义上讲，提倡和指导学生学会自我服务劳动和必要的家务劳动是开展素质教育的重要途径。

学校管理者应当遵循循序渐进、量力而行、因地制宜以及学校、家庭和社会协调一致的原则，确定中小学生自我服务劳动的内容。中小学生可安排铺床、叠被、洗衣、缝纫、布置房间、擦拭家具、使用炉灶、做简单饭菜、洗涮餐具、购物、打扫居室教室、简单生活和学习用具的修理等自我服务劳动的主要内容。

学生自我服务劳动管理的一个重要措施，就是建立学校和家庭的互相联系制度。学校在学生自我服务劳动管理中起主导作用，它可以通过以下途径对家庭教育进行指导。

1. 学校、家庭互访

学校可以访问家长，了解学生在家中自我服务劳动的表现，向家长提出配合教育的要求；还可以通过“学校开放日”活动或建立“家长接待日”制度，让家长了解学生在校劳动技术教育的情况。

2. 学校同家庭建立书面联系方式

如“家长联系手册”或“家长联系卡”。由班主任和任课教师把劳动技术教育方面的表现，如实记录在手册上，学生带回家，交给家长批阅，家长在手册上写上学生在家中自我服务劳动的表现及意见或建议给班主任。

3. 通过家长委员会进行沟通

家长委员会是学校常设机构，由学生家长民主推选组成。学校可以通过家长委员会征求家长对劳动技术教育的意见和要求，共同研究劳动技术教育的措施，争取家长的支持。

四、勤工俭学活动的管理

勤工俭学是指学校组织学生利用学习以外的时间，参加有报酬的劳动，用劳动的报酬作为学生学习与生活费用以及改善办学条件的活动。它是学校劳动技术教育项目、内容得以落实的重要渠道之一，也是学校教育与生产劳动相结合的一种形式。

学校勤工俭学的根本任务在于，通过计划管理、组织管理、生产与销售管理、质量管理与财务管理，提高勤工俭学活动的经济效益、社会效益、育人效益和生态效益。为此，学校管理者应当坚持勤工俭学管理的基本原则，做好勤工俭学的计划、组织和实施。

（一）勤工俭学管理的基本原则

1. 以教学为中心，以育人为目的

勤工俭学管理必须坚持把为教学服务和教育人、培养人放在首位，坚持育人的根本目的，牢记为教学服务的主要任务。正确处理育人与经济收入的关系，一方面使勤工俭学成为达到教育目标的重要途径之一，另一方面教育目标的有效达成又必须有财力和物力作基础。通过合理安排教学活动与勤工俭学活动，培养学生的良好品德，实现育人的目的。

2. 自力更生，因地制宜

国家和地方很难拿出经费来扶持学校勤工俭学活动，而学校的生产劳动条件又比较差。因此，需要靠学校师生员工自力更生、艰苦奋斗，逐步积累资金，改善勤工俭学条件。开展勤工俭学活动，还要因地制宜，宜工则工，宜农则农，靠山吃山，靠水吃水，不要强求一律，也不要盲目照搬他人的模式。

3. 安全第一，健康第一

勤工俭学要照顾学生的年龄、性别和体能差异，特别注意学生参加劳动时的安全与健康管理。组织劳动时，要对劳动的性质和劳动环境有十分清楚的了解与认识。凡是有危险、有毒、有污染、超过学生身体承受能力的劳动项目不能安排，也不要组织生产劳动竞赛。要向学生讲明保证安全的注意事项，劳动中要加强指导，要求学生严格遵守劳动纪律，随时提醒学生注意安全，及时发现和排除安全隐患。

（二）勤工俭学管理的基本要求

1. 制订好勤工俭学管理的计划

学校管理者制订勤工俭学计划要符合实际，规定的指标要留有余地；要把责、权、利三者有机结合起来，采取得力措施，保证计划的可行性。同时，勤工俭学计划要注重与教学计划相配合，保证正常的教学秩序。计划在实施过程中要帮助执行部门排忧解难。尽可能提供人力、物力和财力支持，及时发现计划的漏洞和不周全之处，及时解决和调整。

2. 组织实施好勤工俭学活动

国务院批准公布的《关于进一步发展中小学勤工俭学若干问题的意见》指出："勤工俭学活动必须有组织地进行。校办企业的生产经营，一般可实行所有权和经营权'两权分离'的管理体制。校长的主要精力应放在全面抓好学校的教育工作上，另派得力人员负责勤工俭学工作。校办企业要配备专人对生产经营活动全面负责。"凡有校办工厂、农场、商店开展了一定规模勤工俭学活动的学校，应建立勤工俭学领导小组，由教导处、总务处、劳动技术教育组或劳动技术课教研组以及厂（场）、店等方面的主要负责人组成。校办工厂（农场）可实行勤工俭学领导小组领导下的厂（场）长负责制，厂（场）长是法人代表。学校要挑选负责、懂行、有管理能力的人担任厂（场）长和商店经理。

3. 做好财务管理工作

学校管理者要重视和加强勤工俭学的财务管理。第一，要建立健全财务管理制度。勤工俭学的财务要单独建账，独立核算。学校资产要做到专人负责，进出手续齐全，资产要登记造册，物账相符。第二，要加强成本核算，尽量减少不必要的开支，努力降低成本。第三，勤工俭学收益的分配，应在保证生产条件和扩大再生产以及改善办学条件的前提下，再按有关规定用一部分收入改善教职工和学生的福利待遇。各项基金的留成比例、校办工厂（农场）职工的工资等，应严格执行国家的有关规定。第四，要强化财务监督和财务审计，严格执行国家的财经政策，遵守财经纪律，学校每年要进行一次勤工俭学的财务检查，做到财务公开，群众监督，民主理财。

第三节　劳动技术教育管理制度

目前，劳动技术教育是学校各项教育活动中比较薄弱的部分，制度建设和制度管理十分必要。劳动技术教育管理制度是保证劳动技术教育正常进行，逐步实现管理制度化、规范化，提高劳动技术教育的重要手段。劳动技术教育管理方面的主要制度有劳动组织制度、劳动保护制度和劳动考核制度。

一、劳动组织制度

组织管理是实现劳动技术教育目标，使劳动组织制度经常化、制度化的有力措施。为此，学校要建立健全劳动技术教育管理的机构制度、工作制度和人员制度。一般来说，学校应在校长的统一领导下，建立由教导处、总务处、教研组、班主任、校办工厂（农场）负责人、劳动技术教育课教师组成的管理机构，使劳动技术教育有一个上下畅通的领导指挥系统。这一管理机构，负责制定全校劳动技术教育计划和各项规章制度，负责统一安排全校各类劳动技术教育，负责劳动技术教育的检查、考评和总结，负责组织劳动技术课的教学研究活动，负责劳动技术教育教材的选用、编写以及劳动技术教育师资的培养和提高，负责劳动技术教育场地与基地的准备和建设等工作。

在工作制度方面，学校劳动技术教育要做到“六有”和“四纳入”，即有劳动技术教育工作计划、有劳动技术课教师、有劳动基地、有教材、有作业、有考核，纳入学校整体教育计划、纳入教师岗位制、纳入培训目标体系、纳入学生升级升学考核。在人员制度方面，学校要建立健全劳动技术教育中各类人员的岗位责任制，通过制定具体而明确的工作指标，使人员的使用和人力的组合发挥最佳效果。

二、劳动保护制度

比较各行各业生产过程中的劳动保护，学校的生产劳动中劳动保护的意义更为重要。因为青少年学生，特别是中小学生正处在长身体的时期，生产劳动同学生的发育成长有直接的关系。学生缺乏劳动生产经验和生产前期的思想准备，体力准备也不足，加之青少年对生产劳动充满了激情和勇气，这种特点反映在劳动中往往缺乏稳重谨慎的精神。因此，学校一方面要求加强对学生的思想工作，针对学生的心理状态，给以强有力的引导，另一方面要制定严格的劳动保护制度。

劳动保护制度主要包括事先做好劳动前的操作示范、纪律教育和安全教育，认真做好劳动安全组织工作，加强学生劳动保护，做到根据学生年龄、体力等特点来安排适量的生产劳动，不得让学生参加复杂而繁重的体力劳动，不得组织劳动竞赛，不得让学生接触有毒、有害、高温等特种作业场所，防止触电、机械伤害、落物伤害等各类伤害事故；认真做好校办厂（场）的安全管理工作，严防发生工作事故，做到建立健全并严格遵守各项规章制度，及时检查和维修机械设备和电器，保证其安全运行，配齐必需的劳动保护用品，严格遵守操作程序和工艺技术要求。

三、劳动考核制度

劳动考核制度的建立有利于学校的劳动技术教育有始有终、健康持续地发展。劳动考核制度既包括对学生接受劳动技术教育情况的考核，也包括对学校劳动技术教育教学工作的考核，以及对学校劳动技术教育管理工作的考核。劳动考核制度主要包括：学校建立健全劳动技术教育领导小组，学校管理者重视劳动技术教育工作，深入劳动课教学和劳动实践活动，指导工作；加强劳动技术课教育教学研究，劳动技术课突出教育性特点，并同各科教学相互渗透；有计划地进行劳动技术课教学，并建立劳动技术课考评制度；加强劳动技术课教师队伍建设，劳动技术教育作为劳动技术课教师评优表彰的内容和条件；有劳动技术教育的实践基地，经费有保证；勤工俭学既坚持育人第一的正确方向，又注重经济效益；建立学校、家庭、社会三结合的劳动技术教育网络，促进学生良好行为习惯的养成。

复 习 题

1. 如何认识劳动技术教育在学校管理中的地位和作用？
2. 劳动技术管理教育管理有哪些特点？
3. 简述劳动技术课管理的基本内容。
4. 当前开设劳动技术教育课遇到哪些主要困难？你认为这些困难应如何解决？

5. 案例分析：袁校长为校办工厂的方向发愁。

老袁是一位很有经验的校长。三年前调到一所重点中学主持全面工作，在调动教职工积极性、稳定教学秩序、提高教学质量方面取得了明显的成绩，为全校师生员工所钦佩和爱戴。然而，现在他却为校办工厂的方向问题发愁。

原来，学校多年前办起一所化工厂，由于投入少，设备消耗低，年净利积累连续在三十万元上下，被人称为“摇钱树”。几年来，在财务制度规定的自主范围内，为文科教师组织学生社会调查提供了所需的费用，给学校大型活动和团队集体活动支付了大部分补贴。特别是在教职工的生活福利方面，发挥了更大的作用。比如，自建浴室、改善伙食、成立洗衣组和缝纫组，以及书报津贴费、工作奖励金等，都由校办工厂利润收入中开支。

袁校长到学校上任之后不久，就了解到这些情况。当时，他一方面感到办这样的厂有好处，另一方面又觉得不能同教育教学工作联系是个问题。但是，要做的事情太多了，只好听之任之。现在，各方面工作已经走上正轨，应该把校办工厂的工作提到议事日程来研究了。于是，他找支部书记老庄沟通思想，交换意见。两人在交谈中很快取得了一致的看法，认为学校办的工厂不能只考虑经济效益，更重要的是应为教学服务，要有助于育人。他们决定了工作步骤，分头去抓几件事：

第一，摸透教职工的思想，其方法是召开座谈会和进行个别谈话；

第二，研究改革的可能性，主要是开行政会议和党政联席会议；

第三，拟定改革方案，为此要组织一个临时性的班子；

第四，逐步实施方案。

通过两个星期的工作，大多数教职工对校办工厂的性质和地位有了进一步认识，同意办成学生参加劳动的基地和某些学科理论联系实际的基地。有些教职工还提出了具体建议，比如，团委书记认为，从现在起，就安排高中学生每周到校办工厂劳动半天；教导处的同志说，什么时候决定，我们就什么时候把课表调整好，保证不影响教学；理化老师认为，根据学校条件，可结合理化教学建立电子、电镀两个车间，在学生参加劳动过程中上一些理论课。他们又主张在车间配备专职指导学生的工作人员，以加强学生参加劳动的组织工作。

但是，以副校长为首的拟定改革方案小组在讨论起草方案时候，整理了教职工提出的实际存在的几个问题，几经研究，无法解决。于是，写了一个书面材料给校长。这些问题主要是以下四个：(1)“摇钱树”摇不出或少摇出钱，以往的几项开支财源不足，怎么办？（2）改为服务于教学的生产方向，设备改装要资金，产品销路无保障，很可能会赔本，上级又无这方面的拨款，长期下去怎么维持？（3）一个班的学生要同时进行某项内容的劳动，校办工厂难以根据这种教学要求进行安排，怎么办？（4）专职劳动指导员难以物色，经了解，几个适合这一工作的对象都无意承担任务，怎么办？

在行政会议上，对解决这几个“怎么办”没有提出具体的方案。不仅如此，还有人提出：校办工厂的方向到底是什么？讲究经济效益，为学校开辟财源，是不是也应该成为校办工厂的主要任务之一？于是，袁校长抓住这个问题，希望与会人员就此展开讨论。在发言中，教导主任认为贯彻教育与生产劳动相结合的原理，是校办工厂的唯一正确的方向。但是，也有些人认为，贯彻教育原理的精神，要从实际出发。其中，总务主任明确地说：“现在，教育经费少教师待遇低，通过校办工厂集资，也是一种重要途径。校办工厂既要为国家增加物质财富，又要为学校增加财政收益，进而为师生服务，为提高教学质量服务。因此，不能认为校办工厂的方向错了。至少目前应该承认，这样做是对的。”针对两位主任的发言，袁校长说：“学校办的工厂与社会上的工厂应不应该有区别呢？如果有的话，区别在哪里？”“我们既要学一点理论，也要向其他学校取经，同时请大家再听听教职工的意见，过一段时间还是要讨论的。”就这样，结束了会议。

思考题：

（1）该校提出的几个“怎么办”，有可能解决吗？

（2）校办工厂的方向到底是什么？目前，怎样从实际出发，改革校办工厂的工作？

第十七章　社会实践活动管理

社会实践活动是教育教学的重要形式，是课堂教学的有力补充，也是加速学生社会化进程、培养高质量人才的重要途径。社会实践活动已经成为素质教育的重要组成部分，在社会效益、经济效益以及人才效益等方面发挥了重要的作用。

第一节　社会实践活动管理概述

社会实践活动是指学生参加的各种具有教育价值的，面向社会、接触群众、联系实际的校内外活动。社会实践活动的主要任务可以概括为：了解社会实际，提高思想觉悟；通过社会实践掌握生活技能；参加实践锻炼增强适应能力和创造力；在实践活动中创造物质与精神财富。社会实践活动旨在加强学校、社会、家庭之间的联系，组织学生参加社会生产劳动和社会服务、社会调查、参观访问以及军事训练等活动，引导学生接触社会、了解社会。

一、开展社会实践活动的意义

开展社会实践活动是深化教育改革，实现教育与社会对接，为社会主义现代化服务、与生产劳动相结合，培养现代社会所需人才的有效措施和必由之路。随着社会实践活动的不断深入，学生对现实的感觉、对现实社会的认识深度和广度都得到了拓展。中小学开展社会实践活动具有以下现实意义。

（一）了解社会，拓宽视野

中小学虽说是一个“小社会”，但较真实的社会而言要简单得多。中小学生大部分的时间是在校园中度过的，他们的人生阅历很少，对社会的了解很有限。要使学生成为全面发展的人，必须培养他们的各种能力，最基本的是让他们学会生存。学生作为社会中的个体，要在社会中生存和发展，必须对社会有足够的了解，能够适应社会的各种变化。在中小学生中开展社会实践活动，为他们提供更多的接触社会、认识社会和了解社会的机会，帮助学生增长见识、拓宽视野，有利于今后适应社会，更好地促进学生健康全面发展。

（二）培养学生的社会责任感

社会实践活动可以让学生走出校园，走进社区、走进社会、走进自然。在人与人的社会活动中，学生可以体验到人与群体的互动关系，深刻地体验人和社会群体在个人生存和发展方面的重要性，感受助人的满足，增强学生的社会责任感。这种社会实践活动能增强学生的公民意识，使学生自觉服务于社会，对他人、对社会富有爱心，懂得与自然和谐相处，使他们成为一个具有社会责任感的公民。在自然的社会实践活动中，学生可以亲近自然，学会关爱自然，懂得与自然和谐相处的道理，增强环保意识等。

（三）提高学生的社会实践能力

社会实践的主要目的就是培养学生的实践精神和能力。只有让学生投身到社会实践的大课堂，才能把学到的理论知识同生动的社会实践相结合。社会实践活动能够直接增强学生的基本社会生活技能，对小学生尤其如此。例如，劳动的能力和技术、生活的各种技能等，这些仅靠从书本上获得是远远不够的。另外，学生通过亲身参与各种社会实践活动，观察、认识并体会社会的各方面事物，这个过程需要他们积极地去观察、研究、思考、学习、交流、协作甚至创造等，学生的主动性和积极性能够较好地调动起来，相关的实践能力就自然能得到提高。

（四）提高课堂教学质量

课堂教学是学校开展教育的主要途径，大部分是向学生传授人类社会累积的知识和技能，这些间接知识和技能并不能被学生理解和吸收。“纸上得来终觉浅，绝知此事要躬行”，实践对知识和技能的领会和掌握有着重要的意义。只有通过比较深刻的实践体验，才能更好地、更持久地掌握和理解知识，最终内化为学生自己的知识和能力。社会实践活动则给学生提供了通过亲身经历和感受而获得直接的感性认知的机会，是课堂教学形式的有效补充，有助于学生掌握和巩固书本知识，促进课堂教学质量的提高和巩固。

（五）发挥重要的德育功能

社会实践活动具有开放性的特点，为学生思想品德的发展提供很好的外部环境，符合个体品行发展规律的要求，能够全方位地实现德育目标的要求，促进学生思想品德结构的形成。一般来说，社会实践活动能够满足学生多方面的精神需求和身心发展的需要，激发学生参加活动的积极性、主动性，自觉地在社会实践活动中锻炼和成长。

二、社会实践活动管理的基本原则

对学生的社会实践活动进行管理主要遵循以下原则。

（一）目的性原则

学校教育是有目的地培养人的社会活动。社会实践活动作为一种重要的教育形式，同样也是针对一定的教育目的而开展的。学生可以通过社会实践活动来接触社会、了解社会、关注社会，培养社会责任感、增强实践能力、学会交往和适应环境等，发展学生个性。社会实践活动的安排要尊重学生的身心发展特点和规律，为不同年龄阶段的学生选择不同的活动目的，循序渐进。

（二）主体性原则

在人的心灵深处都有一种根深蒂固的需要，这就是希望自己是一个发现者、研究者、探究者。社会实践活动主要是让学生通过实践来了解社会、体验社会，必然要求学生作为主体参加社会实践活动。在活动过程中，应该解放学生的双手和大脑，充分调动其积极性和主动性，让他们大胆尝试，激发他们主动探索、主动研究的兴趣，为学生自主发展提供广阔的空间、充足的时间和必备的条件。教师在活动中主要发挥引导作用，教给学生参加实践活动的基本技能，帮助学生利用课堂知识正确分析实际中发现的问题，提高学生在实践中探索、鉴别、研究和发展的能力。

（三）安全性原则

学校开展任何活动的首要前提是学生的安全能够得到保证。由于社会实践活动具有开放性的特点，学生在活动过程中的行为不易规范和控制，风险较大，安全问题就显得特别重要。学校在组织学生参加社会实践活动之前，一定要采取切实可行的安全措施，将安全责任具体落实到人。要增强学生安全防范意识，提高自我保护的能力。实践基地和单位在保证设施安全的基础上，一定要向学生详细介绍相关的操作程序、安全制度，培养学生安全生产和操作的意识和能力。

三、社会实践活动管理的任务

社会实践活动管理，即对学生参加社会实践活动进行计划、组织和控制的过程。通过对社会实践活动的管理，保证学校社会实践活动的顺利进行。社会实践活动管理的基本任务如下。

（一）在学校内营造开展社会实践活动的良好氛围

在当前社会普遍追求升学率和重点率的背景下，文化理论学习课程占据了绝大部分的教学时间，学生的社会实践活动则往往被忽视。在这种情况下，学校管理者应该立足于学生的全面发展，针对本地区和本校的实际情况，采取针对性的措施，帮助师生树立正确的社会实践活动观念，为学生进行社会实践活动提供良好的环境。

（二）建立社会实践活动的相关机制

完善的规章制度是有效开展学生社会实践活动的重要保障，是管理社会实践活动的主要任务之一。一要建立有效的社会实践活动领导机制，强化学校领导人的责任意识，增强其管理社会实践活动的主动性和积极性；二要建立积极的社会实践活动协作机制，成立协作社会实践活动的相关组织，争取教师、学生、家长以及社会各界的理解和支持，积极参与、配合学校组织社会实践活动；三要建立严格规范的社会实践活动评估考核机制，促进社会实践活动的规范化、制度化和科学化。考核的同时，还要积极加以指导，提出可行的意见和建议，不断完善社会实践活动，避免实践活动的形式化。

四、社会实践活动管理的要求

（一）保证社会实践活动的计划性与针对性

“凡事预则立，不预则废。”中小学开展社会实践活动，也要有很好的计划和安排。中小学生年龄跨度比较大，不同年级学生的身心发展水平有着明显的差异。学校在安排学生进行社会实践活动时，应该充分考虑到学生的发展层次，针对不同年级学生的特点制订不同的计划，使学生的社会实践活动能够循序渐进地进行。

（二）加强社会实践活动的制度管理

1. 建立社会实践活动的领导机构

中小学生进行社会实践活动，不仅仅是教师的责任，家长、学校领导、教育行政部门甚至其他相关的社会机构都应该承担相应的责任。每所学校应该成立一个“社会实践活动领导小组”，小组成员应该包括主管该校的教育行政部门相关人员、校长、教师代表、家长和学生代表以及社会相关人员。领导小组一般由校长担任组长，负责指导、组织学生进行社会实践活动；教育行政部门的相关人员负责对小组的工作进行监督，教师负责安排学生的具体实践活动，家长、学生代表、社会相关人员可以对学校的社会实践活动提出意见和建议，在实际操作中提供相应的支持和帮助。

2. 把社会实践活动纳入教学计划之中

社会实践活动是课堂教学形式的一项重要延续和补充，中小学应该将社会实践活动作为学校教育计划中不可或缺的内容之一，针对学生身心发展规律，进行科学安排，使书本知识和实践活动二者合理调节、互相补充，充分发挥二者应有的功能，提高并巩固教学质量。同时，社会实践活动的组织者还要有明确的教育目的，制订切实可行的组织计划，及时了解和掌握学生的实际情况，进行适当的安排，避免为了完成实践任务而让学生的社会实践活动流于形式化。

3. 建立社会实践活动的安全制度

安全是学校开展任何活动的首要前提，中小学生参加社会实践活动更应该注意安全。社会实践活动的组织者应该充分考虑到学生的发展特点，在活动内容的选择上，尽量选择危险性小的项目。学校应制定社会实践活动的安全规范细则，在组织实践活动的过程中，严格执行相关规范，将安全责任落实到人。

4. 建立有效的监督、评估制度

为了使社会实践活动发挥其应有的作用，对参与者进行适当的监督和科学的评估非常重要。教育行政主管部门和社会实践活动领导小组应该共同制定严格、规范的监督和评估制度，使监督和评估规范化、科学化。例如，在开展社会实践活动的过程中，应该做好相关的活动记录，活动结束后应该及时进行总结实践活动的成果，提出问题，探讨改进措施。管理者要对活动积极监督，在不能现场监督的情况下可以检查活动记录，对相关人员进行适当的调查，及时了解实践活动开展的情况，并作为评价的有效依据。对教师和学生在实践活动中的表现和成果都应该加以评价和鼓励，调动积极性。社会实践活动的形式可以多种多样，因此考核的内容不能“一刀切”，考核的标准也应该不尽相同，评估的成绩档次也要求尽量拉开。

（三）协调学校与社会的关系，拓展社会实践活动的渠道

社会实践活动的成效，与学校师生的努力息息相关，但社会的支持对这种开放式的活动也起着非常关键的作用。社会实践活动的管理者要重视外部社会力量的支持，主动、广泛地了解并搜集相关的信息，结合学生的特点、需求以及社会的需要，有目的地制订社会实践活动计划。管理者还应积极主动地建立社会信息网，与当地的相关部门建立经常性的联系，协调学校与社会的关系，为学生开展社会实践活动营造和谐的外部环境。有条件的学校还可以结合自身需要，与相关部门友好协商，建立相应的社会实践活动基地，为学生的社会实践活动提供稳定的操作平台，不断拓宽学生社会实践活动的渠道。各级政府和相关部门也应该积极配合学校，主动担负起社会对学生的教育责任，尽可能地提供政策支持和相应的物质支持。学校与地方应建立互利的关系，尽量保持实践基地的稳定性。

第二节　社会实践活动形式的管理

社会实践活动的基本形式有体验式社会实践活动、社区服务式社会实践活动、基地式社会实践活动以及临时性的社会实践活动等。

一、体验式社会实践活动的管理

体验式社会实践活动，主要指学校有计划进行的、以学校和家庭为主要场所的实践活动，活动目的主要在于体验生活。这一类型的社会实践活动主要是针对小学低年级学生进行的。学生在这个时期，生理以及心理的发展尚处于不成熟阶段，体力和动作协调能力都比较有限，不宜较长时间参加一些户外活动，所以为他们安排的社会实践活动应以体验为主。

体验式社会实践活动可以让学生观摩成人的一些动作，然后酌情由学生模仿实践，例如让学生在家里学会烹制简单的食物、打扫卫生、整理衣物等。这个阶段的学生自我保护意识比较薄弱，自我保护的能力较差，因此在整个过程中要特别强调学生的安全，让学生熟悉活动流程，增加一定的感性认识。

二、社区服务式社会实践活动的管理

社区服务式社会实践活动是让学生走进社区，以社区为实践活动的主要场所，在社区中体验社会。学校可以遵循就近的原则，与学校所在社区建立紧密联系，让学生以社区为平台，参加相关的教育活动，在社区内开展志愿者活动，定期参加一些公益性活动，为社区服务。例如，与社区的孤寡老人建立一对一的帮助关系，让学生在帮助他们的过程中，养成主动帮助他人、关爱他人的习惯，提高服务他人、服务社会的技能。

对社区服务式社会实践活动的管理应该注意以下几个方面的问题。

（一）发挥社区对学生的教育作用

社会对学生本身就具有一定的教育功能和责任，学校所在或附近的社区是学校最近的“社会”，对学生的教育有着得天独厚的地理优势，能够为学生开展社会实践活动提供一个便利的环境。学校与社区合作，前提是要让社区能够对学校的教育活动有一定程度上的理解与支持，并形成共识，在自愿选择的条件下展开合作。

（二）明确学校与社区的责、权、利

学生在社区里进行社会实践活动，对于社区来讲，一方面，能够给社区提供一定的服务，增强社区的文化氛围和学习氛围，使社区更加和谐；另一方面，学生的到来在客观上给社区工作秩序会造成一定程度上的影响。对学校而言，社区为他们提供了一个便利的实践活动场所，方便了学校开展的教育活动。双方要建立一种长期、稳定的合作关系，开展实践活动过程中的一些实施规范、注意事项，双方的责、权、利等必须明确地形成书面协议，为长期合作奠定基础。例如，学校组织学生进社区开展社会实践活动的形式、频率、内容，学生应该遵守的规章制度，社区应该为学校提供的便利措施，双方的责任人等都应该有明文规定。

三、基地式社会实践活动的管理

基地式社会实践活动，是指学校在单位、农场等场所建立学生社会实践活动基地，形成长期的合作关系，定期组织学生到实践基地进行相关的实践活动。例如学校与所在地区的部队合作，建立学生军事训练基地，部队官兵每年定期对学生进行军训。

基地式社会实践活动的开展方式与社区服务式社会实践活动相类似，但较后者内容更为专业，针对性更强。学生在军事训练基地主要是接受军事教育和军事训练；在农场的实践基地则主要接受农业方面的知识，进行种植、养殖等技能的培养。

对基地式社会实践活动的管理，除了社区服务式社会实践活动管理中要注意的事项外，还要考虑到实践基地的特殊性。学校组织学生来到基地开展社会实践活动，对于基地能够起到一定的宣传作用；但在开展活动期间，基地本身的生产或训练必然要受到不同程度的影响，尤其像进行军事训练，部队必须抽出专门的官兵来具体负责学生的训练。因此，学校或教育行政部门应该对这种学生的社会实践活动基地给予一定的补偿，这种补偿可以是物质上的，也可以是精神上的。例如，学校在节假日可以组织学生对有关实践活动基地进行慰问演出等。

四、临时性社会实践活动的管理

除了上述三种形式外，学校还可以针对当前社会某些热点现象，结合本校学生教育的实际，临时组织学生进行一些其他形式的社会实践活动，如组织学生参观、访问航天科技纪念馆，聆听某位英雄事迹报告会，对某一社会问题开展调

查等。

这种临时组织的社会实践活动，具有不可预测性的特点，不易列入学校的教学计划，但在管理过程中同样要注意规范问题。首先，这种社会实践活动的内容应该对学生具有针对性，学生当前有接受这种教育的需要，能发挥特定的教育作用。其次，学校要与相关单位就具体问题进行协商，确保学生的社会实践活动能够安全、顺利地进行。最后，学校应该对这种实践活动进行及时备案和记录，便于期末总结。

复 习 题

1. 什么是社会实践活动？它对学生有哪些教育作用？
2. 学校实施社会实践活动管理一般要遵循哪些原则和要求？
3. 学校社会实践活动管理的基本形式有哪些？
4. 案例分析：体验式社会实践活动是图省事吗？

学校安排各年级组分别组织学生进行社会实践活动，五年级的孙老师准备安排学生去帮助社区的孤寡老人王奶奶，这是他们班这一年来的惯例了。一年级的罗老师则准备让同学们回家体验一下做家务。

六年级的蔡老师对孙老师说道："还是带低年级好啊，说是体验体验，不管学生回家去有没有体验，老师都不用操心，学生做不做家务都高兴，家长有个小帮手也乐意，真的是皆大欢喜啊！我们还要带着学生出去跑，真累！"孙老师没有说什么，但罗老师觉得这话很刺耳，正色说道："一年级学生有一年级学生的特殊性，让他们回家体验做家务是教导处统一安排的，可不是我为了图省事。"蔡老师没有说什么，但是罗老师从大家的眼神中看出，谁都觉得体验式社会实践活动就是图省事。

思考题：

（1）体验式社会实践活动就是图省事吗？为什么？

（2）开展社会实践活动应遵循哪些原则和要求？

第五编　学校工作管理（下）

第十八章　教务管理

在过去的教材中，一般都把教务管理放在教学管理部分，作为教学管理的一节。事实上，教务管理比教学管理的概念更为宽泛，教务管理和总务管理一样是学校管理的不可或缺的重要组成部分。

第一节　教务管理概述

一、教务管理的含义

教务管理是具体实施教学计划过程中的一种管理，亦称教学行政管理。学校是培养人才的专门教育机构，而教学则是学校培养人才的主要途径。教学工作的成败，又主要取决于对教学工作的管理。教务管理是通过学校的职能部门，对学校的教育、教学活动行使组织、调度、监督、检查等管理职能，按计划的轨道实现教育教学的目标。教务管理是学校管理的重要方面，是办好学校，保持正常教学秩序，提高教学质量的重要条件。因此，不断加强和改善对教务工作的管理，就成了学校管理人员的一项经常性的基本任务。教务管理主要是由教务处在校长的领导下，按学校整体要求，有计划、有目的、有组织地进行具体的管理职能活动。

二、教务管理的作用

教务管理的作用主要表现在以下几个方面。

（一）参谋作用

教务处主要通过教务管理对学校的教育教学活动的进度、质量等情况进行统计分析，主动向主管校长汇报，找出存在的问题，分析其原因，提出解决问题的方法或建议，为校长做出决策提供参考。

（二）调度作用

教务处根据学校对教育教学工作整体计划决策的要求，行使教育教学工作监督、检查、调节、控制的管理职能，使学校教育教学工作能沿着预定的轨道顺利地向目标前进。

（三）**服务作用**

所谓服务作用，就是按照教学计划和教学规律，把教学活动的各种因素尽可能最优化地组织起来，使它们在教学活动中充分发挥作用，取得预期的教育教学效果。

三、教务管理的基本要求

（1）根据学校工作的特点，积极主动地为教学提供最佳服务，保证教学工作的顺利进行。

（2）组织教务工作，应符合教育科学的要求，对提高教学质量、促进学生的全面发展，起积极的配合作用。

（3）根据教学工作规律，抓好常规性的工作和有关专门工作，实现教务管理工作的科学化、制度化。

四、教务管理的任务

（1）全面落实和完成教学计划、教学大纲和教科书规定的目的任务，从而保证学生德、智、体、美、劳诸方面得到全面发展。

（2）保证教学工作的顺利进行。教务管理必须遵循计划、执行、检查、处理循环往复的运行轨道，抓好每一个环节，看问题准确，反馈信息及时，措施可行有力，控制严密，协调得当。

（3）做好教学、行政、学籍等各项原始资料的积累、统计分析、归纳、保管等基础工作，为教务管理的决策科学化提供依据。

（4）做好教学设备的管理工作，不断完善教学物资设备的采购、保管和维修，提高设备的使用效率。

（5）研究教务管理规律，探讨教学改革的新情况、新问题，有计划地组织教学实验，改进教务工作，提高教务管理水平。

（6）做好教务管理人员的思想政治工作，组织好业务知识的学习与进修，努力提高他们的政治和业务素质，完善教务机构和工作制度，推动教务管理的自身改革。

第二节　教务管理的组织系统

学校的主要工作是教学，这就需要建立一个在校长领导下的包括教导处、教研组、教科室在内的教务管理指挥系统，做到层层有人负责，环环有人把关，上行下达，指挥灵敏，以便取得最优的教学指挥效果。

一、教导处

教导处是在校长领导下的学校管理教育、教学工作的主要行政机构，是学校教学管理指挥系统的中枢，在整个学校的教学管理中，起着十分重要的作用。首先，教导处负责组织和安排整个学校的教学活动，起着调度的作用；其次，教导处负责组织学校工作计划中有关教导部分的实施，并在实施过程中进行督促、检查和随时向学校领导反映实施过程中的情况并提出建议，起着参谋和助手的作用；最后，教导处要从组织上、时间上和教学仪器设备上为教学工作创造各种必要的条件，起到为教学服务的作用。因此，学校领导人员应当充分发挥教导处的职能作用。

教导主任是校长管理教学的主要助手，是学校教导工作的具体组织者和管理者。发挥教导处的职能作用，首先要充分发挥教导主任的作用。因此，校长应当认真挑选教导主任，充分信任和依靠教导主任；教导主任也应主动协助校长工作，经常向校长请示汇报。这样，双方步调一致，配合默契，是管好教育、教学的关键。

教导主任的主要职责是：

(1) 组织和管理教学工作；

(2) 组织和管理学生的思想品德教育工作；

(3) 组织和管理学生的体育卫生工作；

(4) 组织和管理美育和劳动技术教育工作；

(5) 组织和领导教务行政工作。

以上职责的前四项是德、智、体、美、劳几方面的工作，第五项是为了保证前四项工作得以更好地落实而组织的工作。这五项工作是学校的重要工作，校长也要管。校长也管，教导主任也管，他们之间的区别在哪里呢？校长应该抓好影响全局性的工作，抓好方向性的工作，抓好关键性的工作；教导主任则应随时掌握上述工作的情况，掌握教学动态和师生的思想动态，及时向校长反映和提出建议，执行校长的指示。换句话说，校长侧重于指挥和运筹，教导主任侧重于组织和管理；校长是上述工作的领导者，教导主任则是上述工作的组织者和管理者。他们的工作，既有联系，又有区别，有些校长做了教导主任的事，或者教导主任做了校长的事，原因就在于对自己的职责不够明确。

二、教研组

教研组是通过教学研究工作提高教师思想、业务水平的教学研究组织。要建立良好的教师集体，形成良好的教风，必须抓好教研组的建设。

教研组是在校长、教导主任领导下开展工作的。因此，校长、教导主任要明确教研组的性质和任务，加强对教研组的领导与管理，充分发挥教研组的作用。

教研组是什么性质的组织呢？20 世纪 50 年代初，我国各地中学的各科教学研究组名称不一，有的叫教学小组，有的叫学科小组。

1952 年教育部颁发的《中学暂行规程（草案）》明确规定："中学各学科设立教学研究组，以研究改进教学工作；小学由全体教师依照学科性质、根据本校具体情况分别组织研究组，各组设组长 1 人，主持本组教导研究会议，研究改进教导内容与方法，并交流和总结经验。"这是我国首次以文件的形式对教研组做出了规定。

1957 年教育部发布的《中学教学研究组工作条例（草案）》规定："根据这一组织的性质和任务，统一改为教学研究组。"并指出："教学研究组是教学研究组织，不是行政组织的一级。它的任务是组织教师进行教学研究工作，以提高教学质量，不是处理行政事务。教研组长负责组织领导本组教学研究工作，而不是介乎校长、教导主任和教师中间的一级行政干部。因之，除条例中所规定的教研组工作内容之外，不应当给教研组和教研组长以属于学校行政方面的工作。"

抓好教研组的建设，应该从以下几个方面着手。

（一）按照不同学科建立和健全教研组

同一学科教师在三人以上，可以成立教研组。不足三人者，可将性质相近学科的教师组织起来，成立多科性的教研组。一般规模的中学，语文、数学、外语、政治、物理、化学等学科，教师都在三人以上，可单独设立教研组；历史、地理、体育、音乐和美术等学科，教师较少，可联合成立教研组。生物教师如不足三人，可与化学组合并称生化组。规模较大的学校，语文、数学、外语教师较多，可在教研组下面按年级设立备课组。教研组成立后，要制定相应的规章制度，如业务学习制度、集体备课制度、相互听课制度、考勤制度等。

（二）认真选拔教研组长

教研组长是校长和教导主任领导各科教学的助手，应选择教学业务水平较高、组织能力较强、思想进步，在教师中有一定威信的教师担任。

教研组长的主要职责是：

（1）组织教师学习国家的教育方针、政策和上级有关指示精神；

（2）根据学校教学工作计划，制订教研组工作计划和组织教师制订学期教学进度计划；

（3）组织教师钻研教学大纲、教材和研究教法，进行集体备课；

（4）组织教学观摩活动，总结交流教学经验；

（5）开展教改实验和教学研究活动；

（6）了解和检查教师的教和学生的学的情况，提出改进意见；

（7）组织教师的业务学习并制订教师进修计划，提高教师的业务水平和教学能力。

（三）检查和指导教研组的工作

校长、教导主任要根据自己的专长、分工深入教研组，对教研组的工作进行具体的指导和帮助。例如帮助教研组长制订教研工作计划，检查教研组执行计划的情况，定期参加各种教研活动，对教研组工作提出意见和要求，帮助教研组长解决工作中的困难等。尤其是要指导教研组开展教学研究，提高教师的教学水平。一般来说，教研组可采取下列方式开展教研活动，提高教师的教学水平。

1. 组织专题讨论会

教材中哪些是重点、难点？重点如何突出？难点如何突破？往往是教师最感困惑和需要解决的问题，也是教师最感兴趣的问题。针对这些问题，组织专题的讨论会，有意识地让教学经验比较丰富、业务水平比较高的教师事先做好准备，开展讨论，能使大家受益。这不仅对业务较差的教师有很大帮助，还能促进有经验的教师总结提高。

2. 组织教学观摩

专题讨论的结果是否正确，还要用实践来检验；专题讨论中的争论，也要通过实践来解决。有目的地组织观摩课，发动全组教师共同研究观摩课的教材和教法，是提高教师水平的一个重要方式。

3. 组织教师相互听课

教师讲课，各有各的长处，各有各的风格。组织教师相互听课，目的在于互相了解，取长补短，共同提高。要在教研组内培养欢迎他人听课，不怕他人听课，敢于公开自己的教学态度、教学水平的风气。相互听课是提高教师教学水平的有效途径，应有具体要求，并使它形成制度。

一般来说，应规定教师每周至少听一节课，要做好听课笔记，听课后要同讲课人谈听课体会和意见，讲课人要热情欢迎听课人提意见。

4. 定期座谈教学经验

要使教师养成总结教学经验的习惯，重视平时积累资料，有经验的教师，每讲一课或一节、一章之后，在教案上写“教后感”，根据教学目的要求和教学原则，自行分析教学中的优缺点。教研组在此基础上举行经验交流会，内容具体、丰富，能收到互相启迪之效。

三、教育科学研究室

教导处是在校长领导下的教学工作的执行机构，教研组是在校长、教导主任领导下的教学研究机构，同时又是教学工作的基层执行机构。教育科学研究室（简称教科室）是在校长领导下的教研机构，它的主要任务是搜集教育情报资料，了解国内外普通教育改革的动态，总结先进的教学经验，从理论上进行探讨，开展教育改革的课题研究，探索教育教学规律。它要及时向校长提出改进教学的意见和建议，提供理论信息。它既是教研机构，也是校长领导教学的咨询机构。

教科室和教研组都要研究教学，但它们有很多不同之处。首先，研究的范围不同。教研组主要研究本学科的教学问题，教科室不仅研究教学问题，还研究教育问题，其范围要广泛得多。其次，研究重点不同。教研组侧重于研究教学中的实际问题，教科室则侧重于从实际问题中研究理论问题。再次，研究的目的不同。教研组开展教学研究，主要在于更好地完成本学科的教学任务，教科室则着重考虑如何领导教学和改革教学。

教科室和教导处是平等的单位，教科室主任相当于教导主任。为了充分发挥教科室的作用，设有教科室的重点中学和规模较大的中学，应配备三至五名专职研究人员，还要有若干兼职研究人员。专职和兼职研究人员，应有比较丰富的教学实践经验，有一定的科研能力。因此，应以中老年教师为主。但身体要健康，能正常坚持工作，切不可把教科室当成养老室和休养室。

第三节　教务管理的内容

教务管理是保证正常教学秩序，提高教学质量的重要条件。教务管理的主要内容有招生、编班、报到注册，编制校历、课程表、作息时间表，学籍、教务档案和图书资料的管理，以及实验仪器和电教设备的管理等。这些工作已形成常规，不可忽视。

一、招生、编班和报到注册

（一）招生

招生是学校整个工作中的一件大事，政策性很强，涉及面广，招生工作的好坏，不但直接影响学生的素质，而且有可能影响社会的安定团结，是一项十分重要的工作。招生虽不单是一项教务行政工作，但教务部门承担着大部分的工作量。在教务管理方面，应做好以下几项工作。

1. 做好调查研究工作

小学是义务教育，每年招生前必须深入学校所辖地区，对未入学的学龄儿童进行摸底登记。除无学习能力者外，都要劝其入学；中学也要在招生前对所辖地区的小学毕业生和初中毕业生进行一定的了解，做到心中有数，为招生做好准备。

2. 严格执行招生政策

学校招收新生要严格执行教育行政机关下达的招生计划，禁止招收高价生和关系生，对于借读生和城市外来人员的子女入学要按政策办事，严禁乱收费。

3. 做好新生的入学教育工作

新生注册后，要对新生进行入学教育，使他们了解学校的历史、校风、校规和校纪，以尽快地适应新的环境。

（二）编班

编班就是把年龄、知识水平基本相同的学生，按照定额合理地分配到各平行班。现行教学班是教学的基本组织形式。做好编班工作，对于建立良好的班集体、培养优良的班风，具有十分重要的意义。编班的原则和方法，大体可以概括如下。

（1）男女混合编班。各平行班男女学生的比例应大致相等，这样班级之间在劳动、文娱、体育竞赛中不会出现大的悬殊，可以增强班级之间的友谊和团结。

（2）人数大致相当。小学一般每班 40—45 人，中学每班 45—48 人。

（3）成绩好差搭配。每个班级好、中、差学生均匀分配，不要编快慢班。

（4）每班配备骨干。不仅要配备班干部，还要把在体、音、美方面有特长的学生合理分配。

（5）同一地区集中。如农村同一村庄、城市同一街道的学生，尽量编在一个班，以便开展校外活动和班主任家访。

农村边远地区小学还要注意发展复式班，有的一班两级，有的一班三级。这样就要求将最高年级与最低年级搭配，以便于教学，并发挥年龄大的学生照顾年龄小的学生、高年级学生辅导低年级学生的助手作用。

班级一经编定，就应该保持相对稳定。任课教师、班主任以及上课的教室，都不要轻易变动，使学生有一个稳定的学习环境，这样才能养成良好的学习习惯，形成融洽的师生关系和班集体。

（三）报到注册

每个学期开始，学生都要到学校报到注册，学生通过到校报到注册，就取得了该校的学籍，成为该校的一名正式学生。所以，报到注册是一件很严肃的工作，教导处应认真对待。要做到态度和蔼、接待热情，事先与学校的有关部门配合，布置好学校环境，建立良好的秩序，使学生一入学，就对学校产生良好的印象，为学生建立热爱学校的感情奠定基础。

二、编制校历、课程表和作息时间表

（一）校历

校历是学校学期工作计划进度表的简称，是学校管理中重要活动实施的时间顺序安排，是学校计划管理的调度图。制定一个科学实用的校历，可以稳定学校各项工作秩序，保证学校各部门管理职能活动的正常运转。

校历要依据上级教育行政部门总的工作安排、学校工作计划中各职能部门工作计划的重要内容和重要活动、各年级和各科教学计划的重要工作和重要活动、学校和社会的常规性的重要活动来进行编制。

编制校历的要求如下。

（1）体现学校工作的整体性。校历是运筹学校各项重要工作活动的总调度，因此校历在内容和时间上必须反映学校以教学为主、全面安排、统一协调各项工作的重点。

（2）要有严格的时间性。校历最好在开学前编制完成，并及时发给全校的教职工和学生，使全校人员有精神准备，以便统一步调，提高工作质量。

（3）要有责任心。校历一经确定，一般不要轻易变动，要以高度的责任感对待校历上所安排的各项工作。

校历的编排一般采用表格式，主要内容有周次和时间，全校性的大型活动等。

（二）课程表

课程表是学校日常教学工作和其他各项工作的指挥调度表，它能把全体教师、学生和工作人员的工作组织起来，确定一天、一星期，甚至一学期课堂教学安排。课程表不仅成为教学过程的组织标志，而且是提高教学质量的有效手段。所以课程表的合理性、科学性十分重要。

编制课程表应遵循以下原则。

（1）严格执行教育部颁布的课程计划。要按照课程计划所规定的课程门数和开设课程的时间顺序进行安排，不能随意丢掉副科。

（2）有利于提高学生的学习效率。要根据教育学、心理学和卫生学的要求来编制课程表。例如每周二、三、四，每天一、二、三节，学习效率高，应将语文、外语、数学、物理、化学等教学时数较多的学科排入；如果全天排课，数、理、化一般安排在上午，史、地、体、音、美一般安排在下午；自习课最好排在理科后面；体育课和劳动课不要排在同一天。此外，各学科宜交错安排，以免学生课业负担过重；低年级除作文外，一般不要两节连排。以上这些排课的要求，主要是从提高学生的学习效率考虑的。

（3）有利于教师的教学。编排课程表，要注意让每个教师在各班的教学时间保持适当的距离，以便学生有时间复习和消化，教师有时间备课和批改作业，也便于教师统一所教班级的进度；青年教师的课要尽量集中，不宜过于分散，年老体弱的教师的课要适当分散；同一进度教师的课，一般应把老教师的课排在前头，让新教师先听后讲；对于怀孕和离校较远的教师，应在原则范围内予以照顾。

（4）有利于教学设备的充分利用。要考虑教学仪器、教具、场地和其他设备的分配和使用情况，使教师有时间准备实验，上课时不发生场地和仪器的冲突。

（5）有利于开展教研活动。要考虑给各科教研组空出一些共同的时间，以便教师集体备课和开展教学研究。

（6）有利于开展课外活动。要把学生的课外活动、团队活动、文体活动、科技活动、班会活动时间一并排进课程表，使师生心中有数，知道什么时间干什么事，参加什么活动，并搞好这些活动。

学校的课程表有三种类型：全校总课表、教师任课表、教学班课表。

课程表一经正式排定，就不宜随意变动，避免打乱教学秩序。

（三）作息时间表

作息时间表规定了全校的上课、下课、用餐、休息的时间，是全校的总调度表，应按季节的不同，及时调整。一般可编排三套作息时间表，即春秋令时间表，根据昼夜平分的特点来编排；夏令时间表，根据昼长夜短的特点来编排；冬令时间表，根据昼短夜长的特点来编排。

三、学籍、教务档案和图书资料的管理

（一）学籍管理

学生的学籍管理是教务管理的重要内容，要指定专人负责。全校学生的学籍名册，分班分年级印好后，要装订成册，归档保管；要建立学生的学籍卡片（学籍表），记载学生每个学期、学年的学籍内容，按班级高低编号，装订成册，妥善保管；学生自入学至毕业的学习成绩，要准确地登记在统一的学籍卡上，奖惩情况等都有专门记载；学生转学、休学、复学、退学、肄业、毕业等证件的存根要分期、分年保管；学生证、校徽号码登记簿，要装订成册；历届学生的去向情况要及时登记。

借阅学籍资料，要有严格的制度。凡借阅者必须办理手续，注明归还日期。

（二）教务档案管理

为了掌握学校历史发展进程中的基本情况及有关数据，以便制订工作计划和向学生进行传统教育，必须加强对教务档案的管理。教务档案管理主要有以下内容。

1. 教师业务档案管理

教师业务档案包括：教师的基本情况，每学期所任课程、班级和节数，教学工作计划和总结，报章杂志上发表的文章，观摩教学的教案，教师听课记录，期中、期末考试试题和试卷分析，评教评学记录，考勤情况统计，自制教具资料和图表，进修计划，教研成果等。教师业务档案不同于人事档案，本人可以查阅。

2. 学校教学档案管理

学校教学档案包括：各种教学计划、总结、经验、报表，期中、期末考试试题，学生期中、期末考试成绩统计，新生入学成绩统计和情况分析，毕业生去向清册，全校的教学质量分析，升学考试各种数据统计，学生的班级日志、教导日志等。

（三）图书资料管理

图书资料是学校不可缺少的教学资源，也是学校十分宝贵的物质财富，是促进学生全面发展的精神食粮，对于开阔视野，丰富知识，提高思想觉悟，增长才干都起着重要作用。图书资料管理也要建立常规，中学应设专职人员负责，小学则由教师或行政人员兼管。

图书室（馆）的主要任务是购书、保管和流通三个方面，同时要建立健全图

书借阅和赔偿制度。选购图书，经费要专款专用，要征求教师的意见，事先了解图书的内容，防止不管适用与否，盲目购进的做法。书刊一经验收登记后，应加盖学校藏书印章。图书的保管，主要是做好图书登记、编目、分类、上架等工作，并注意防蛀防潮。图书的流通，要从方便师生出发，建立合理的借阅制度，做好新书的介绍工作，为保护图书，要建立赔偿制度，并严格执行。

四、实验仪器和电教设备的管理

（一）实验仪器的管理

教学仪器是教师教学的重要工具，是实现教学手段现代化、提高教学质量的重要条件。实验教学是培养学生动手能力的有效手段。因此，学校管理者要把加强实验仪器管理作为一项重要工作来抓。要根据教育行政部门的规定，配足实验员和仪器保管员。实验员应有一定的专业知识，有从事实验的兴趣，工作负责，业务熟练，懂得课程标准和教科书对实验的要求，熟练地掌握操作技术，能独立地做好应做的各种分组实验和演示实验；仪器管理员必须安心工作听从指挥。

实验员和仪器保管员应做好如下工作。

（1）保管好实验仪器和药品，并按照教育部颁发的《中小学教学仪器管理办法》分类编号，分柜陈设。做到件件有标签，件件有账目，件件能使用；还要账物相符，柜册相符，条理清楚，类别分明，便于取用和复原，并在每周末进行一次小整理，每学期末进行一次大整理，保持常年性的规范陈设，注意安全。

（2）根据教学进度和教师的通知，制订每周的分组实验和演示实验计划，合理分配和认真准备实验场地、仪器和药品，做到实验时要什么有什么。

（3）协助教师做好预备实验、上好实验课，指导学生进行操作。

（4）实验结束后，认真整理各项仪器设备，清点药品，按柜复原。

（5）维修和制作仪器、教具，搞好实验室、仪器、药品、教具、标本等的整理及清洁卫生工作。

（二）多媒体设备的管理

多媒体教学是实现教学手段现代化的重要工作，随着国家对教育经费投入的不断增加，大部分中小学都购买了多媒体教学设备。多媒体教学的显著特点是它的形象性、超时空可再现性、综合性和广泛的适应性。比如宏观世界的太阳系、星云变化、地球形成、海底世界等，微观世界的原子结构、核裂变、分子组成、细菌繁殖、细胞分裂等，瞬息变化的放电、闪光、爆炸等，漫长过程的动物发育、植物成长等，从远古到现代，从外域到本土，都可以在课堂上通过声、光、电向学生展现出来。这比单纯靠教师口头讲授效果要好得多，学生也更易于理解和掌握知识。

开展多媒体教学，要实事求是，一切从实际出发，能够运用其他手段教好的教材，就不要强调多媒体教学。否则会影响教学效果。

选择多媒体教学管理人员，也是学校管理者要十分重视的工作。多媒体教学管理人员要有事业心，要有比较好的文化素养和多媒体教学的一般知识；善于书、画、工艺；肯动脑筋，有独立的工作能力，能协助教师搞好多媒体教学。多媒体教学管理人员的主要工作职责是：

（1）协助教师设计并制作课件；

（2）根据教师安排，准备好机具、器材和教室；

（3）保管好多媒体教学的各种机具和器材，并经常检查维修；

（4）建立制度，做好机具、器材的发放和回收工作。既要统一保管机具和器材，又要方便教师，发挥其在教学中的最大作用。

复习题

1. 什么是教务管理？试述教务管理与教学管理的联系与区别。
2. 教务管理的内容有哪些？
3. 教研组是什么性质的组织，教研组长的职责是什么？
4. 案例分析：教研组是不是一级行政组织？

李老师是红星中学的语文教师。十多年来，他在语文教学中认真备课，积极钻研，其教学颇受学生的欢迎，多次被评为学校、区、市的优秀教师。在最近的教研组长改选中，他以较高的票数当选为语文教研组的组长。

当上教研组长后，李老师采取了一系列的措施，想把教研组的教学研究工作提高到一个新的台阶。首先，组织教研组全体教师相互听课，要求全教研组的老师把每个老师的课都听一次，并在听课后进行集体评课，指出其优缺点；其次，搞好集体备课，每周进行一次集体备课，对新教材中的重、难点进行集体讨论，找出“突出重点，解决难点”的措施；最后，要求教师结合教学实际，撰写教研小论文，向有关的语文教学杂志投稿，提高学校及教师的知名度。

经过一个学期的工作，教研组的工作有了很大的起色，教师的教学水平都有一定的提高，有几位教师在不同级别的语文教学杂志上发表了教研论文。但在这个时候，李老师却向学校提出辞去教研组长的请求。其原因是，由于最近市里血源紧张，市红十字会向全市各单位发出无偿献血的倡议，并分配了名额，学校也就按各教研组的人数，把名额分配到了各个教研组。语文教研组分了一个名额，这可难住了李老师，因为语文教研组虽然人数不少，可身体条件符合的老师却没有。张老师年过50，不符合献血条件；陈老师虽年轻，却有高血压病；王老师有孕在身……自己虽然符合条件，可在半月前的一次街头献血活动中已经献过一次，只是没有向同事提起此事。因此，在此次献血活动中，该教研组没有一人献血，受到了学校的批评。另外，还有向灾区募捐、卫生检查等一些事情，搞得李老师焦头烂额。

李老师认为，这些事情都属于行政事务，不是教研组长的分内事情。而现在学校却把许多行政事务的工作都布置给教研组，使其没时间和精力来研究教学工作，其结果是教研工作没抓好，行政工作也没做好，教研组内同事之间的关系也搞僵了，因此坚决辞去教研组长的职务。

辞职报告交上去后，负责教学的王校长找李老师谈话。一方面王校长对李老师一学期以来的工作给予高度评价，表示学校不同意李老师辞职；另一方面，王校长又对李老师说：现在的教研组就像工厂里的班组一样，具有一定的行政职责。但李老师不同意王校长的说法，结果是教学研究工作不能全身心地投入，而行政工作也难做好，因此坚决要求辞去教研组长的职务。两人谈话无果而终。

思考题：

(1) 你同意王校长的意见，还是李老师的观点？为什么？

(2) 你认为新时期的教研组是什么组织？该如何管理？

第十九章　教育科研管理

过去一提起教育科学研究，人们往往认为是很神秘的。特别是中小学，认为是高不可攀的。自20世纪80年代以来有了很大的变化。不少中小学成立了教育科学研究室，并且发挥了很好的作用。

我国中小学的教育科学研究还处在初创阶段，对教育科学研究的一些基本理论知识，还不十分熟悉。为了帮助学校管理者重视这项工作，推动我国中小学的教育科学研究，有必要列专章论述。

第一节　教育科研概述

一、什么是教育科学

教育科学是研究教育规律的各门教育学科的总称。教育科学门类很多，现在一般分四类。第一类是理论方面的，如教育学、教育哲学、教育经济学、教育社会学等；第二类是历史方面的，如中国教育史、外国教育史等；第三类是应用方面的，如教学法、教育统计学、教育测量学、教育行政学、学校管理学等；第四类是技术方面的，如教育工艺学、教育技术学等。随着科学技术的发展，学科的分类也越来越细，如教育学又分为学前教育学、普通教育学、高等教育学。作为教育科学来说，不管它有多少分支，它要研究的问题无非几个方面：研究教师怎么教，学生怎么学，学校怎么办，教育事业怎么发展。虽然这样概括也许不全面，但教育科学要研究的问题，大体上都包括进去了。

中小学校长和教师研究教育科学，首先要学习教育科学。教育科学这么多门类，怎么学？当然不是学习教育科学中的每门学科，那是不可能做到的。教育理论工作者也做不到，他们也只能有所侧重。中小学校长和教师可选学其中与中小学教育教学和管理工作关系密切的学科，如教育学、教育心理学、教学法、学校管理学等。如有余力，还可学一点中国教育史。学习这些学科，是为了掌握教育科学的基本理论知识，为研究教育科学打下基础。

二、为什么要研究教育科学

多少年来，我国中小学只有教学研究，谈不上教育科学研究。中小学内相同或相近的学科，成立教学研究组，其任务是研究教学工作，不研究其他教育方面的问题。成立教育科学研究室，是20世纪80年代的事。当然，教学研究，也是一种教育科学研究，但范围要小得多，它只限于教学工作，例如讨论本学科的教学计划、教案、作业、教学方法等，很少探讨教学规律，因而不能适应提高教学质量的需要。

新中国建立后，我国的普通教育有了很大的发展，质量也有提高。教师队伍中涌现了一大批特级教师和优秀班主任。一般来说，特级教师在教学上有许多独特的地方，教学效果突出。如果问：他们的教学效果为什么比一般教师好？他们为什么有独特的教学风格？学校领导只能列举几条经验性的东西，不能从理论上说明问题。一般来说，全国的、省级以上的优秀班主任，在班级工作上、在教育学生的方法上有独特的一套。如果又问：为什么他们带的班有那么好的班风？为什么一些乱班到了他们手里，就很快转变为好班？学校领导大概也只能提出几条经验，不能从理论上说明问题。如果再问：特级教师、优秀班主任的成长有什么规律？学校领导恐怕更难回答，甚至连特级教师、优秀班主任本人也说不出个所以然。但是从理论上回答这些问题，却是非常重要的。只有这样，才有指导实践的价值。怎样才能从理论上说明？那就是认真研究教育科学，联系活生生的人和事，探讨教学规律和教育规律。

中小学教育是基础教育。中小学的教育质量如何，直接关系到全民族的素质。众所周知，我国中小学无论是教育思想、教学内容和教学方法，都存在不少问题。有一些老大难问题，如片面追求升学率问题，学生课业负担过重问题，学生流失问题，长期得不到解决。有一些新情况、新问题，如学校内部的教育、教学工作，如何根据新形势的要求进行改革，也找不到答案。这些问题要得到解决，也只有认真研究教育科学。

综上所述，中小学开展教育科学研究，是总结和推广先进经验的需要，是解决中小学教育存在的问题使中小学按教育规律办学的需要，是教育改革的需要，是提高教育教学质量的需要。

三、中小学教育科学研究室的性质和任务

中小学的教育科学研究室（以下简称教科室），顾名思义，是研究机构，不是行政一级组织。它不同于教导处。教导处是行政组织，必须执行国家颁发的教学计划；它也不同于各科教学研究组。教研组虽然也是研究机构，但它只限于研

究本学科的教学工作，而且要执行本学科的教学计划。教科室不受教学计划的限制，可自行制订研究计划，自主地选择课题，研究范围比教研组广泛得多。

教科室同教导处、政教处、总务处是平行机构，教科室主任同教导主任、政教主任、总务主任都是学校的中层干部。不同的是，教科室主任应有比较高的教育理论水平，有比较丰富的实践经验，懂得教育规律。

教科室的成员，必须经常深入课堂听课。但听课的目的不同于教导处和教研组。教导处和教研组派人听课，主要是了解教学情况，如教学进度、课堂纪律、教学效果、学生学习情绪和课业负担等，以便及时采取措施，解决问题；教科室成员听课，主要是围绕课题研究的要求来进行，或者发现先进经验，帮助教师总结经验，从理论上进行分析。

教科室的主要任务，就是研究本校存在的教育、教学和管理工作中存在的理论问题和实践问题，以提高本校的教育教学质量。当然，研究的问题不限于本校。但应立足于本校，从本校的实际出发。本校存在的某些问题，往往带有共性，因而研究成果往往有普遍指导意义。

教科室虽然不承担行政任务，但它应定期拿出科研成果，并承担评选、鉴定和推广本校科研成果的任务。

教科室的成员应少而精。应以有丰富实践经验，又有一定理论水平的老教师（包括离退休教师）为主，中青年兼有。他们的研究任务，应计算工作量。学校应保证他们的收入不低于同级教师。否则，教科室的队伍很难稳定，因而也就很难发挥作用。

教科室的工作，应为学校的教育教学工作和管理工作的决策提供依据，起重要的咨询作用。校长要重视教科室的工作，要把它作为教育教学工作的参谋部、智囊团。

第二节 教育科研的原则

中小学研究教育科学，必须掌握几条重要原则，才能端正研究方向，做出比较好的研究成果。这些原则主要有如下几条。

一、理论联系实际

这条原则似乎是老生常谈，却是一条非常重要的原则。有的教育科研成果之所以有价值，就是因为它贯彻了理论联系实际的原则；反之，有的教育科研成果之所以没有多大价值，就是因为它违反了理论联系实际的原则，从理论到理论，严重脱离实际。所以我们把它作为第一条原则提出来。

贯彻理论联系实际的原则，就要调查研究，了解现状，找出现状中存在的基本问题，从实际出发，提出解决问题的办法。例如，如何转变后进生是个普遍存在的问题，也是个值得研究的科研课题。但后进生有各种不同的类型，有学习上后进的，有思想品德上后进的，也有学习和思想品德上都后进的；思想品德后进又有各种不同表现。而且，学生为什么“后进”？“后进”的原因是什么？答案千差万别。我们不能从《教育学》书上找几条原理，想当然地论述如何转变后进生，而是要面对活生生的学生，研究他们，从理论上来分析他们，从而提出转变的办法。

二、为提高教育质量服务

研究教育科学，目的是什么？不同的研究单位，有不同的研究对象。研究对象不同，目的也不同。因此，教育科学研究的目的，不能一概而论。国家一级的教育研究机构，高等学校的教育研究机构，其研究对象和目的，也不同于中小学的教育研究机构。甚至同样是中小学，研究目的也不会完全一样。城市中小学与农村中小学不一样，重点中小学与非重点中小学也不一样。学校情况不同，存在的问题不同，因而研究的对象和目的也有所不同。但是中小学有共同的研究对象和目的，那就是：研究教育教学工作和管理工作，目的是为提高教育质量服务。

明确研究目的是十分重要的，否则就会浪费时间和精力，而且无助于解决学校存在的问题。

三、要着重研究现实问题

教育研究中有理论问题，有现实问题，还有既是理论问题，也是现实问题。中小学应该着重研究什么？应该着重研究现实问题。这是中小学的性质和任务决定的。

有的问题是纯理论问题。例如教育本质是什么？教育理论界讨论了几年，发表了大量文章。有的说教育是上层建筑，有的说是生产力，有的说教育既是上层建筑，也是生产力，三方引经据典，争论不休，至今没有一个公认的结论。这样的研究和争论，是专业理论工作者的事，中小学校长和教师大可不必参加，因为它对解决中小学的实际问题没有什么帮助。

有的问题既是理论问题，也是现实问题。例如，教育方针问题，教育管理体制问题，九年义务教育的一些问题，中学的双重任务问题，高中会考问题等。这些问题，人们的认识并不一致，但它们同中小学有密切关系。这种研究对提高学校的教育理论水平很有帮助。

但是，中小学要着重研究的，还是学校经常遇到的最现实的问题。这些问题不解决，就妨碍教育质量的提高。例如，小学和幼儿园的衔接问题，中学和小学的衔接问题，学生流失问题，如何纠正片面追求升学率问题，后进生转化问题，学校内部管理体制改革问题，如何完善校长负责制问题，如何减轻学生过重课业负担问题，如何提高课堂教学质量问题，如何预防学生视力减退问题等。这些问题，各校都普遍存在，只是程度不同而已。中小学的教育科学研究就要抓住本校最主要的问题进行反复研究，直至取得成果。

四、要贯彻“双百方针”

“百花齐放、百家争鸣”，是我国发展和繁荣科学、艺术和社会主义文化的根本方针。

研究现实问题，难免涉及现行的方针政策，这个关系怎么处理？解决的办法就是采取慎重的态度，明确划分政治、思想和学术问题的界限，区别对待。对于国家现行政策中某些问题有不同的思想认识，在政治大方向一致的前提下，在符合国家有关规定的场合下，允许开展民主讨论，提出意见和建议。对于属于学术理论的问题，允许在学术会议上、在学术刊物上展开充分的研究、讨论，贯彻执行“双百方针”。

贯彻“双百方针”，上级有责任，学校领导有责任，研究者本身也有责任。在学术问题上应该提倡大胆探索，各抒己见。学校领导应该鼓励学术民主、自由讨论。学术讨论中切忌用政治来画线。

更重要的是研究者本身要贯彻“双百方针”，要有理论勇气，敢于发表自己的见解，同时要允许他人发表不同意见。

五、要开展教育实验

开展教育实验，是为了取得数据，用客观事实更好地说明问题。没有教育实验，就不可能提出新的教育理论。古今中外卓有成就的教育家、教育理论家，大都亲自参加教育实践，亲自搞教育实验，苏联的马卡连柯、苏霍姆林斯基之所以成为著名的教育家、教育理论家，如果没有教育实验，是不可想象的。陶行知先后创办晓庄师范、育才学校、社会大学，培养了不少人才。他亲自参加教育实践，亲自拟订实验方案，因而能提出独具一格的教育理论。

教育实验的范围很广泛。学制、课程、教材、教法、管理体制和方法，都可以开展实验。没有教育实验，没有充分可靠的数据，就只能凭长官意志办事。上面说学制要缩短，就来个缩短学制；上面说课程要砍掉一半，就来个压缩课程。或者凭主观意志办事，不尊重客观规律。长官意志和主观意志，都是同教育科学不相容的。

教育实验有宏观的、中观的和微观的。宏观实验是大型实验，实验项目带有全局性。

大型教育实验要完成全部实验任务，还要进行多轮实验。这样的大型实验，当然有重大意义，但时间长，耗费人力、物力、财力多，中小学是无力承担的。因此，中小学要进行的教育实验，主要是微观的、小型的，即我们前面所说的在教育教学工作和管理工作中经常遇到的最现实的问题，还可以有少量中观的，如教学改革、综合改革实验。要有针对性，要在一两年或三五年能见到成效。

六、要敢于创新，体现中国特色

研究教育科学，同研究其他科学一样，要敢于创新，体现中国特色，否则就没有生命力。所谓敢于创新，就是不要人云亦云，照抄照搬他人的东西。科学研究是在前人研究成果的基础上继续提高，不是原地不动，更不是重复他人的成果。他人的研究成果，只能起借鉴作用。

理论并不神秘，它来自实践。中小学校长和教师有丰富的实践经验，只要打破理论上的神秘观，在学习先进理论的基础上，敢于创新，就可以出研究成果，就可以体现中国特色，甚至可以提出新的教育理论。我们应该有这样的自信心，没有必要妄自菲薄。我国有不少中小学校长佩服苏霍姆林斯基。他就是一个农村中学的校长，他能做到的事，我们也应该能够做到。

第三节　教育科研的方法和步骤

一、教育科研的方法

教育科学研究的方法很多。从中小学来说，最基本的、常见的方法有以下几种。

(一) 观察法

中小学教育科学研究室的人员，要对学校的教育教学工作和管理工作有计划、有目的地进行细心观察，认真做好观察记录，分析观察所得。有研究价值的课题，往往就是这样出现的。在这方面，苏霍姆林斯基的做法值得我们借鉴。例如，他发现五至七年级学生的成绩比一至四年级学生大大下降，于是亲自兼四、六年级的课，寻找原因。他通过兼课和观察，得出这样的结论：学生缺乏读、写、算、观察、表达五种最主要的技能。他把观察结果告诉教师，引导教师也来观察。结果发现，低年级的阅读课，学生读得太少，被各种教育谈话取代了。他和教师一道研究，取得了一致的看法：要大大加强读的技能的训练。又如，他在听课时发现，学生回答问题时词汇贫乏，缺乏表现力。他认为原因是学生的词汇没有同周围世界发生联系。他把学生带到果园、森林、河边、田野中去。果然，孩子们的词汇丰富多了。他把观察、做法告诉教师，引起教师的兴趣。他使教师懂得这样一个道理：每个教师，不管他教什么课，都应当是一位语文教师。① 观察法是一种简便易行、用得最广泛的方法。中小学校长和教师要养成这样的习惯：经常把观察到的有意义的事记在本子上，然后进行思考。只要观察细致、深刻，结论正确可靠，就能迅速见效。但这种观察，应保持被观察对象的自然状态，以免失真。

（二）调查法

调查有多种形式，如座谈、访问、个别谈话、书面询问（即问卷）、抽样调查等。调查对象主要是教师、学生、家长、社会有关人士。调查目的不同，调查对象和内容也不同。

在课题确定之前，要进行调查，听取有关方面的意见，判定是否有研究的价值；在确定课题之后，更要进行调查，目的是广泛搜集信息，获取有说服力的资料和数据。

信息有可靠的，有不可靠的；有比较全面的，有片面的，甚至虚假的。这就需要分析和处理。调查不仅是搜集信息，还包括处理信息，即去粗取精、去伪存真的工作。如果只搜集信息而不处理信息，那只是完成调查工作的一半，而且并非重要的一半。

（三）实验法

实验法的特点是用实验成果说明问题，用客观事实、数据说明问题。这种方法有很强的说服力。中小学的教育实验应用很广泛，既可用于德育方面，研究学生道德品质的形成；也可用于教学方面，研究教材教法和学生在学习过程中掌握

---

① ［苏］苏霍姆林斯基著，赵玮译：《和青年校长的谈话》，上海教育出版社 1983 年版，第 238 页。

知识和形成技能的情况。这多属于微观的实验。还可开展中观实验，如比较大型的教学改革实验和管理体制改革实验。

（四）比较法

比较法是研究教育科学的一个重要方法。有比较才有鉴别。比较就是为了鉴别。在教育改革中，在教育实验中，更离不开比较。但比较要客观、全面，既要有纵向比较，还要有横向比较。例如在一个班进行某种实验，实验后要和实验前做比较，实验班要和非实验班做比较，甚至中国的要和外国的做比较。从比较中见高低，从比较中找问题，从比较中看发展。

教育实验的结论不能没有比较。原来怎样，现在怎样，进而推导出将来可能怎样。比较法犹如一面镜子，使人们对两种或两种以上事物的发生、发展和结局，看得一清二楚。

（五）总结法

学校进行各种活动，如教育教学活动、学校管理活动、教育科研活动，每告一段落，都要进行总结。总结是为了提高，既要肯定成绩和经验，又要指出缺点和教训。

应该指出，总结本身也是一种教育科学研究活动。总结就是回顾过去，把在实践中的大量素材加以概括、提炼，从中找出规律性的东西，把经验条理化、理论化。这些内容写成总结，就是一个很好的科研成果。我们不要把科研成果看得很神秘。凡是有指导实践意义的计划、总结、论文，都是科研成果。

写好总结，要靠平时积累资料。中小学的校长和教师，要重视平时的观察、记录和思考，随身携带记事本，把教育、教学上一些看来是琐碎的、微不足道的，但很有意义的事情记录下来，加以思考、分析。有些改革思路往往就是这样明确的；有些改革设想，往往就是这样形成的。

总结中提出来的问题，要特别重视。我们不能让那些问题年复一年地存在下去，而应该把它们作为科研对象，一个一个地研究它，解决它。总结中提出来的问题，是很好的科研课题。

总结过去，是为了策励将来。因此，总结不仅要指出缺点和问题，还要使人们树立信心，看到希望。

二、教育科研的步骤

中小学教育科学研究的步骤（也叫程序），没有固定的模式。这与课题的类型有关。对于重大课题，程序要求严格。比如，选题要经过论证，有什么理论意义，有什么实践意义；课题负责人是否有较高的研究水平，过去曾承担过哪些研究课题，有没有前期研究成果；研究人员组成是否合理，是否符合条件；承担研究的单位设备条件如何；研究的进度、完成时间、成果形式、鉴定方式、经费预算等。

中小学的教育科学研究，多属微观的和本校自定的研究项目。但是，研究步骤还是应该明确。大致说来，有以下几个步骤。

（一）**选好课题**

中小学要研究的课题很多，这就需要选择。选择要注意轻重缓急。凡严重影响教育质量急需解决的问题，要优先考虑；有重大研究价值的问题，也要优先考虑。选择课题，还要量力而行，考虑自己的主观条件。例如，有的宏观的、中观的研究项目，如果条件不具备、研究力量薄弱，就不要勉强纳入研究计划。

选择课题，一定要考虑课题的理论意义和实践意义，特别是实践意义。纯理论性的问题，一般不要去研究。要紧紧围绕本校教育教学工作和管理活动中迫切需要解决的问题去确定课题。

有些问题，既有理论意义，又有实践意义，并已成为“热点”，教科室也可组织人员进行研究，这对提高我们的教育理论水平很有好处。

选择课题，是开展教育科研的第一步，也是很重要的一步，关系到研究成果的价值。所以教科室或课题组要认真讨论。

（二）**制订研究计划**

课题确定后，就要着手制订研究计划。研究计划包括课题名称、研究对象、研究目的、具体措施、课题组组成人员及分工、资料来源、进度安排、成果形式、经费预算等。

计划是指导行动的，要简明扼要，切实可行，便于检查。

有些重要的科研项目，还要向有关单位申报，争取资助。

（三）**搜集和处理信息**

这是执行计划的主要工作。要围绕研究对象和研究目的，广泛搜集资料。资料要尽可能齐全，这样才有选择余地。搜集信息的工作告一段落后，就要处理信息，即分门别类，翻阅资料，了解同类课题已有的科研成果，避免重复劳动。然后分析、研究已掌握的资料，形成观点，草拟写作提纲。

（四）**写出研究成果**

成果有多种形式，或专著，或研究报告、实验报告，或论文，或专题总结，视成果大小而定。这是最费力的一步，也是决定成果价值的一步。执笔者应是理论水平较高、有比较丰富的实践经验、思维有条理、文字功底较好的人。

（五）讨论或鉴定研究成果

研究成果形成文字后，科研室或课题组应进行充分讨论、修改，使之符合原定的研究目的。然后交有关领导部门判定其价值，决定是否推广。比较重大的研究项目或有上级经费资助的科研项目，则应举行成果鉴定会。鉴定会应事先聘请同行专家若干人组成评审委员会。主任委员、副主任委员应是当地同行专家公认的学术水平较高的人。成果鉴定会由评审委员会主持。先由课题组负责人报告研究经过，重点介绍研究成果，然后由专家提问，课题组成员答辩。答辩结束后，专家评议，课题组成员回避，形成鉴定意见。然后由主任委员宣读评审意见，在专家鉴定书上签字，上级有关代表做表态性发言。

重要科研成果应向上级申报。

中小学一般的研究成果，则不一定举行这样的鉴定会，可由校长或校务委员会判定其价值，决定是否推广。

复 习 题

1. 什么是教育科学？教育科学研究在中小学有什么作用？
2. 中小学研究教育科学的原则是什么？应着重研究什么问题？
3. 中小学研究教育科学有哪些方法？
4. 案例分析：一份考核方案引起的争论。

李校长走上领导岗位后，对学校管理工作进行了一系列改革。他的大部分改革方案得到大多数教师的支持。可是当大家讨论《教师工作绩效考核方案》时，出现了两种针锋相对的意见，争论激烈，相持不下。争论的焦点是应不应该把教师科研成果列为考核内容。

归纳起来，反对把科研成果作为考核内容的理由如下。第一，学校是培养人的专门机构，但中学与大学有所不同。大学有教学和科研双重任务，中学的双重任务是为高校输送合格新生和为社会培养合格的劳动者，所以中学的中心工作是教学。一些学者把以教学为中心作为中小学学校工作规律，不是没有道理的。第二，从学校现有情况看，教学质量不容乐观。历年高考在全市排名都是中间偏后，作为校长，当务之急应该抓教学，把教学作为考核的主要内容，这样就能起到良好的导向和激励作用，使全体教师一心一意奔教学目标。如果把科研与教学并列，势必分散教师精力，结果教学、科研都上不去。第三，无论是上级对学校的考核，还是学校之间的竞赛，均未规定科研内容和指标，所以学校没有必要考核教师的科研成果。对于愿意开展科研的教师，学校可以支持，对有成果的可给予必要的奖励，但不应列入考核内容。第四，从教师的工作量看，要求教师承担科研任务是不现实的。所有的教师都在超负荷工作。且不说八小时之内，八小时之外都搭进了，还觉得时间不够用，如果再加上科研任务，教师身体非拖垮不可。第五，科研与教学毕竟不是一回事，一个优秀的教师不一定能成为一个优秀的科研人员，何况现有师资水平并不高，从事教学尚且勉强，要求搞科研无异于拉跛驴当赛马。科研目标达不到，连教学积极性都会受影响。所以，科研成果不宜列为教学工作绩效的考核内容。

支持者则有他们的理由。第一，科研并不神秘，也绝非只有科研人员才能搞科研。作为教学第一线的教师，结合教学工作开展研究，总结经验，是大有可为的。特别是一大批老教师可以把自己多年摸索出来的教学秘诀总结出来，推广开去，如果让别人来研究，总未免有隔靴搔痒之感。第二，科研能促进教学改革。学校根据实际需要组织教师有针对性地研究问题，把科研同教学和管理密切结合，是学校摆脱困境，求生存、求发展、上台阶、上水平的关键之举。我们常说学校改革要不等不靠，但如果不抓科研，就会犯一些不该犯的错误，走一些弯路。第三，可以促进教师水平的提高。规定科研任务的确会给教师带来压力。但有压力才会有动力，可以促使教师看书学习，研究理论，留心教学中的种种问题，主动进行探索，研究成果又可直接用来指导实践，所以科研过程也是教师自我提高的过程。第四，许多教师的确是超负荷工作，但只要稍加分析就会发现，造成超负荷劳动的原因主要是教师水平低，不能有效地把知识传授给学生，只有采用拼时间这种笨方法。如果向课内45分钟要质量、要效益，不仅学生学得轻松愉快，教师也会有时间和精力从事研究。科研上去了，又可以促进教学水平提高。第五，大批教师不是没有科研能力，而是没有条件发挥出来。适当规定科研任务，并创造一定的条件，不少教师就会成为学校科研骨干。只要管理得当，这对学校、对教师都有利无弊。不可否认，有的教师科研能力较弱，但不能因此而取消科研成果的考核，这与不因少数教师教学能力差而取消教学成绩考核是同样的道理。

因为双方观点对立，李校长一连组织教师进行了几次讨论，都无法使意见统一。有人向李校长建议，既然有近半数人反对这一方案，就应暂缓施行，强制推行是难以取得预期效果的。有人则认为近半数人支持这一方案，说明它是有群众基础的，要改革就不能迁就落后。也有人说，现在学校实行校长负责制，校长有决策权。一份考核方案如此一再讨论，已经够民主的了。究竟是暂缓施行、立即执行，还是重新修订，由校长说了算。

思考题：

（1）上述两种争论的观点，你比较赞同哪一种？为什么？

（2）你认为应该怎样处理教师教学和科研的关系？

（3）如果你是李校长，你对这一问题怎样做出决定？

第二十章　总务管理

总务工作是学校的重要管理工作。古语说得好：兵马未动，粮草先行。就像部队没有良好的后勤保障系统就难于打胜仗一样，学校没有先进的总务工作保证也是难得办好的。随着我国教育的不断改革和发展，学校总务工作变得更加复杂和重要。学校领导和教师特别是广大总务工作者，一定要有正确认识。

第一节　总务管理的理念与重点

长期以来，在我国的办学实践中，总务工作并没有引起许多学校领导、教师甚至总务工作者的足够重视，存在着重教学轻总务、重前台轻后台、重行政轻经营等“一手硬一手软”的倾向。这种倾向直接影响了部分学校总务工作的效率与服务质量，也在不同程度上制约了学校教学及其他工作的有序高效运转。之所以存在各种不利于学校总务工作推进的思想倾向和行动偏差，根本原因在于缺乏正确的学校总务观和不了解学校总务工作的常规。因此，在总务管理中，首先必须树立先进的总务观，不断探索和总结总务管理的规律和机制。

一、总务管理的概念

总务管理是指对除教育教学活动以外的学校财产物资、经费收支、仪器设备、建设修缮、环境卫生、水电通信、安全保卫、生活饮食等一切后勤保障服务工作的管理。它是学校管理工作的重要组成部分。学校总务工作的主要任务和宗旨是为学校的教育教学服务，为师生生活服务，并且从办学的物质条件和环境创设方面，确保学校教育、教学工作的正常运作，促进学校事业的健康持续发展。学校总务工作管理的目标是实现总务工作的宗旨和落实总务工作的任务。

服务性是学校总务工作管理的根本属性。服务劳动同生产劳动一样，能够创造价值和使用价值；学校总务工作以一种特殊的间接形式体现其存在价值及其所创造的价值。所谓“特殊”，是以“提供服务，提供保障”的形式体现其存在价值；所谓“间接”，是指把自身的价值通过投射在学校、师生的发展中来体现的。在学校的“三育人”（教书育人、管理育人和服务育人）活动中，管理育人、服务育人均可从学校总务工作中得到充分体现。

二、总务管理的理念

理念就是指导思想。不同的指导思想会导致不同的政策和行为。在学校总务管理过程中，首先必须树立正确先进的总务工作管理理念或指导思想。根据中小学总务管理的长期实践及时代要求，正确的学校总务工作管理理念可以概括地表述为坚持四个服务：为教育教学服务，为师生生活服务，为建设节约型校园服务，为学校事业发展服务。

（一）为教育教学服务

教育教学工作是学校的中心工作。学校的一切工作，都要为教育教学服务。总务部门更要把为教育教学提供优质高效的服务作为自己的首要任务。

总务工作怎样为教育教学服务？概括起来，就是坚持“四要”。

1. 要为教育教学工作创造良好的环境

教与学，是艰苦的脑力劳动，需要有一个良好的环境。总务处应努力把校园建设得雅致洁净，以利于教学工作的顺利进行。例如教学区、生活区、体育活动区等要尽可能分开，使之自成体系，以免干扰教学。要抓好绿化工作和清洁卫生，使师生一进校园，就有一种舒适的感觉。

2. 要尽可能保证教学工作的各种设备完好

总务部门的干部职工要深入班级、教研组，了解教育教学工作的特点和需要，想教育教学之所想，急教育教学之所急，在财政预算与开支方面，优先满足教育教学对于各种设备的需要。

3. 要围绕教学这个中心来安排总务工作

总务工作复杂烦琐，涉及面广，牵动的人多，工作难度比较大，真是千头万绪。但是，不管怎么繁忙，一定要围绕教学这个中心来进行。要根据教学工作不同时期的不同要求，做好配合和供应工作。例如，开学之前，要做好一切准备工作，保证如期开学上课，不缺一间教室，不少一张课桌椅；课本、文具纸张、粉笔等按时供应。放寒暑假以后，要集中精力搞好校舍修缮和设备维修，尽可能不影响教学。

4. 要主动配合教导处、政教处的工作

教导处、政教处和总务处是在校长领导下的平行机构。但是教导处负责组织教学工作，政教处需要组织学生集体活动，都需要总务处的大力支持。总务工作为教育教学服务，应具体体现在配合教导处和政教处的工作。例如，教导处为了调动教师使用现代化教学设备的积极性、主动性、创造性，要求教师在教学活动中必须使用多媒体教学。但是，设备的维护、学校的电教耗材都是由管理部门控制的。如果在设备损坏时不能及时维修，电教耗材的使用又让教师耗费时间精力去打报告、请领导批字、去总务处领取等，教师们还有心情上电教课吗？可见，总务工作树立为教育教学服务的理念是尤其重要的。

（二）为师生生活服务

总务部门为师生提供优质的生活服务，是为了调动师生教和学的积极性，解除他们的后顾之忧，更好地促进教育教学。如果教师、学生为生活问题所苦恼，思想负担重，教师就不能安心教，学生就不能安心学。因此，学校领导尤其是总务部门对师生员工的吃饭问题、喝水问题、住房问题、孩子问题以及医疗卫生问题，要给予足够的重视。为师生生活服务，首先要办好食堂。“民以食为天”，吃饭是件大事，不可小看。师生对学校有意见，往往集中表现在吃饭问题上。例如，饭菜不够量，不卫生，花样少，味道差，师生食堂混在一起，搭伙退伙手续麻烦，窗口太少，排队拥挤或关门太早，买不到饭菜，夏天吃剩菜馊饭，冬天吃冷菜凉饭，炊事人员服务态度不好等，都会引起师生的不满，对师生健康也不利。如果领导重视，总务人员树立了为师生生活服务的思想，把食堂办好，使师生能吃好、喝好，就能有力地促进教学工作。其次要办好其他集体福利。例如，夏天到来之前，采取防暑降温措施；冬天到来之前，采取防寒保暖措施，使师生不因气候的变化而影响教学。所以，为师生生活服务，实质上也是有力地支持了学校的教育教学工作。

（三）为建设节约型校园服务

我国人口多，底子薄，教育经费有限，所以，必须勤俭办学治校、建设节约型校园。即便将来国家富裕了，也还要勤俭办学、厉行节约。我国的许多资源的人均占有量都大大低于世界平均水平。尤其是国家实行改革开放的政策以后，我国社会各个方面都实现了快速的发展。社会上有些单位似乎把勤俭办一切事业的方针给忘了，铺张浪费、大手大脚的现象相当普遍。一些学校也染上了盲目攀比豪华的毛病。学校是教育人、促进人健康成长的场所，任何时候都要贯彻勤俭办学、厉行节约的原则，这不仅是财政上的需要，更是教育上的本质要求。我们应该让学生在学校学习期间，受到勤俭节约、艰苦奋斗和爱护公物的教育。能够创建资源节约型的学校，才能建设资源节约型国家，才能形成资源节约型社会。

怎样为建设节约型校园服务？主要是厉行节约，反对浪费。要合理使用学校的一切人力、物力、财力，要加强学校财务和财产的管理。在经费使用上，要做到精打细算，少花钱，多办事、办好事。在校产管理方面，对学校的各种设备，要及时维修，防止损坏丢失。在基本建设中，要贯彻经济、实用、美观的方针。在日常生活中，要厉行节约，如节约粮食、水电、煤炭、纸张等。

贯彻勤俭办学治校的方针，树立为建设节约型校园服务的指导思想，也要体现为教育、教学服务和师生生活服务的精神。教育、教学上急需用的图书、仪器和其他设备，现代学校生活所必需的各种设施，只要经费允许，该购置的就要购置，不要借口节约而任意削减。

（四）为学校事业发展服务

在社会主义市场经济环境中，学校的改革和发展一方面取决于政府的投入增加和政策倾斜，另一方面则需要学校自力更生、自我壮大。过去的总务工作只需要把资源管好用好，而现在和未来则需要筹措资源、发展事业。

学校的总务管理者就是学校的管家。他们必须为学校领导算好账、当好家、出好主意、当好参谋。学校事业的发展离不开总务工作者的精打细算，开源节流。为了学校事业的可持续发展，总务部门的领导和财务人员必须有聪明的头脑、冷静的思考、周密的计划和严格的检查。只有这样，学校的决策才能更加科学和富有绩效，也才能实现学校的长治久安、蓬勃发展。

为教育教学服务，为师生生活服务，为建设节约型校园服务以及为学校事业发展服务这四条，既是做好学校总务工作的指导思想，也是做好学校总务工作的基本原则。凡是总务工作搞得好的学校，归根结底是指导思想明确、原则坚持得好；反之亦然。

三、总务管理的重点

总务管理的重点要抓好四个方面：明确岗位职责，健全规章制度，突出阶段重点，搞好绩效管理。

（一）明确岗位职责

中小学总务工作不仅涉及面广，战线长，而且具体烦琐、矛盾交织。以下的顺口溜是总务工作的真实写照："上管天，下管地，中间管空气，吃喝拉撒都管齐，水电煤气全靠你，生老病死不缺一，采买收支加修理，安保环卫须切记。"一所现代中学的总务工作，已经分为多个职能机构来履行，如财务室、后勤集团、保卫处等，有一支数十人的职工队伍。即便是规模较小的全日制小学，总务工作也很复杂。特别是在国家发展寄宿制中小学和提高中小学现代化水平以后，总务工作人员规模变得更多更杂。要发挥好这支队伍的作用，必须从总务副校长到总务主任以至每个职工都有明确的岗位职责。

主管总务工作的副校长是校长领导学校总务工作的主要依靠，他应该在总务工作方面，主动地替校长分忧，让校长有更多的时间抓好教育教学这个中心工作和谋划整个学校的长远发展。总务主任是学校总务副校长的得力助手，他协助副校长具体抓好学校的各项总务工作。

总务主任的主要岗位职责是：

（1）为教学工作创造良好的环境和条件；

（2）管好师生员工的生活福利；

（3）管好校产和财务工作；

（4）领导总务处的日常事务工作。

总务主任应根据上述主要职责制订自己的工作细则，还应要求全处职工明确各自的职责，如会计岗位工作职责、出纳岗位工作职责、保管岗位工作职责、校医岗位工作职责、门卫岗位工作职责等。岗位工作职责是考核评估各类人员的基本依据。

（二）健全规章制度

总务工作涉及钱财与物品、安全与卫生，必须制定相应的规章制度，做到有章可循，照章办事，才能堵塞漏洞，防止发生贪污和浪费现象。例如，制定关于财产管理、出借、赔偿等制度，应包括以下内容。

（1）认真做好校产、校具登记保管工作，要做到账物相符，定期清点。

（2）新购置的固定资产，必须符合审批、采购、验收、报销手续，经会计和使用单位按发票登记固定资产账后，方可使用。

（3）固定资产确系因年久损坏，无法修复，要办理报废手续，由经管人填报废单，经教导处或总务处签意见后，报主管校长审批。

（4）财产在使用过程中发生损坏，凡不是因公造成的损失，要负责赔偿；因公损坏，要查明原因，按照责任大小进行处理。

（5）学校的仪器设备等教学用品，一律不得随便借给私人，特殊情况必须借用，须经主管校长批准。外单位借用，要有正式介绍信，经校长批准。校内借用，要有正式借条，并按时归还。如有损坏丢失，须照价赔偿。

（6）学校水电要有专人管理。学生宿舍必须禁止乱接电线和使用电炉等易产生火灾的电器。

（三）突出阶段重点

总务处许多工作是有周期性和阶段性的，要按照一定的阶段要求来突出重点进行，否则就会贻误教育教学工作。开学前要重点做好准备工作，主要是物资供应工作和仪器设备检修维护工作，例如，教室是否够用，课桌椅是否配齐，课本、练习本、教师用书以及其他教学用品是否齐全；仪器设备是否运转正常；学费收取，食堂开伙，住读生住房分配等，都要抓紧抓好，以保证开学第一天就能秩序井然地上课。

学期中总务处要配合教导处做好考试所需要的文具纸张的供应工作，以保证考试的顺利进行。总务工作系统内部，则要检查半个学期来工作计划的执行情况，对不切合实际的地方要进行修改，对全处人员的工作要进行考核；工作好的要表扬，工作差的要查明原因，对危房要立即采取措施，对重要物资设备要进行清点。

学期末时总务处要主动配合教导处做好学期结束工作，要保证期末考试所需要的文具纸张的供应，对公物要进行全面检查和清点。借出去的公物要收回，要搞好处内的总结工作，并对处内人员的工作情况进行评定，要体现奖优罚劣的精神。总务人员在寒暑假中仍然很忙，既要做好学期结束时的遗留工作，又要做好下学期的开学准备工作。例如，学校的安全保卫工作，妥善安排留校单身教工和学生的食宿问题。特别是维修工作，如校舍的维修、课桌椅和门窗玻璃的维修，以及教学用品的添置，仪器设备的及时购置等，都要在假期做好，才不致影响正常的教学秩序。因此，总务人员在寒暑假内不应像教师一样离校休息，而应采取分班轮休的办法。

（四）搞好绩效管理

总务工作虽然是后勤服务性工作，但是它却能够直接影响甚至阻碍教育教学工作的正常开展，影响学生的健康成长。除了要求总务工作人员有奉献精神、服务意识和负责态度以外，必须有科学的激励机制和良好的绩效管理体系。

学校总务工作的绩效管理是整个学校绩效管理的重要组成部分。它是以总务工作机构和人员的岗位职责、规章制度、年度总务工作目标为基本依据，以定期或不定期考核评估为主要手段，以工作绩效（数量、速度、质量、能耗、用户满意度）为核心指标，以物质激励与精神激励为奖惩机制的管理体系。在以往的学校管理中，师生员工对总务工作的意见，往往是缺乏行之有效的绩效管理体系所致。

第二节　总务管理的内容与方法

中小学总务工作管理的内容十分庞杂，大体上包括财务管理、校产管理、生活管理和人员管理四大方面，各项不同的管理内容也有相应的不同管理方法和要求。现分述如下。

一、财务管理

学校的财务管理主要是做好四大方面的工作：一是编制预算决算，二是搞好反映和监督，三是健全财务制度，四是做好领导参谋。

（一）编制预算决算

为了有计划地、合理地使用资金，校长要领导总务处和财会人员编制好学校经费的预算和决算。

1. 预算

预算包括学校经费的收入和支出两大部分。学校经费的收入，主要来自上级教育行政部门的拨款，有的学校还有校办工厂和师生勤工俭学的收入。预算的支出部分，主要有工资、教工福利费、学生助学金和奖学金、设备购置费、业务费、办公费、水电费等。编制预算时，要统筹兼顾，保证重点。所谓重点，就是教育教学工作的需要。当然还要兼顾其他工作的需要。要精打细算，防止积压和浪费；要留有余地，以便解决意想不到的新问题。

预算的编制工作由总务主任负责，会计具体拟订。初稿编成后，交校长审阅，由校长提交行政会议或校务委员会审议，然后呈报上级教育行政机关审批。如需临时增加经费，则另作专题预算上报。预算编定之后要认真执行，不得随意变动。校长、总务主任要经常了解经费开支情况，做到合理使用。如发现经费有余或不足，要及时调剂。

2. 决算

决算即学校预算执行的年终总结，也是最后检查学校财务工作是否真正做到为教学服务和为师生生活服务。决算的目的在于总结学校会计年度预算总收支的平衡情况，在于了解各项经费的收支比例关系以及它们之间在总支出中的比重，要通过数字核算找出开支规律，以便更好地制定下一年度的预算。

编制决算，以每月每季的会计账簿的记载和有关会计报表资料为基础，由会计人员负责。编成后经总务主任、校长审阅，交行政会议或校务委员会审议，然后由校长签署上报。学校的预算、决算，是分析研究学校财务工作规律的重要资料，会计人员应整理存档，妥善保管。

（二）搞好反映和监督

反映和监督是财务工作的基本职能。所谓反映，就是根据学校工作需要真实准确地记录学校经济活动发生的过程和往来账目，总体而言就是记账、报账、算账和总账；所谓监督，就是根据国家财经纪律和学校财务制度的要求，检查、核对有关票据凭证，确保学校财务工作的合法性和合理性，杜绝经济活动中的违法乱纪行为，确保国家教育经费、国有资产的安全。反映和监督是学校财务人员的日常工作。学校经费存在程度不同的缺乏，因此，财会人员应该通过专业性的财务管理工作，在记账、报账、算账、总账等各个环节严格执行制度、堵塞漏洞，节约资源，提高效益。具体而言，要做到以下几点。

1. 记账要及时

学校无论大小，都有许多往来经济活动，学校会计和出纳必须按照收支项目仔细及时地记录，把有关的账务事项登记在有关的账目上，避免时间一长因遗忘而造成账目不清楚或者财产流失。

2. 报账要严格

报账是学校财务人员日常工作中的重要事项，也是最容易得罪人的活动。在报账过程中，财会人员必须按照国家财经纪律和学校财务制度的要求履行审查原始凭证和报销账目。无论是校长还是其他人员，都必须一视同仁。

3. 算账要准确

财会人员常常与数字打交道。算账是财会人员的基本工作，账是否计算准确，不仅是财会人员素质高低的重要表现，也是学校财产保全的重要条件。为此，财会人员应该经常训练财会本领，提高素质。

4. 总账要完整

总账是以算账为基础，对学校一定时期的往来账目和收支情况进行综合分析和汇总的活动。通过明细账目，可以具体了解往来账目和经济活动，但是难以从整体上反映学校财务状况，监督收支进程。通过总账，可以对学校财务状况一目了然，有利于学校领导者调控财务活动，也有利于群众了解学校的财务收支状况。

（三）**健全财务制度**

为堵塞漏洞，杜绝贪污现象，防止经济犯罪，必须建立健全财务管理制度。

（1）会计和出纳要有明确的分工，会计管账不管钱，出纳管钱不管账。

（2）会计和出纳对经费的缴纳、支付、报销，都应按规定严格审查、复核。

（3）用款人办理领款报销手续要有正式凭据。

（4）要及时清查来往款项，严格防止制度不严、手续不清、用款混乱等现象。

（5）学校的财经收支情况应定期向全体教工报告，做到经济公开、经济民主。

（6）凡与师生生活有关的重大财务变动情况，如职工福利、学生奖学金的调整等，要及时向师生公布，主动接受群众的监督。

学校领导和财务人员要以身作则，严格遵守财经制度和财经纪律。

（四）做好领导参谋

做好领导参谋是指学校财会人员要善于利用自己的专业知识和眼光，通过仔细的核算分析，对学校领导的重要经济决策进行评价，为学校领导提高决策的科学性、降低投资成本和资源消耗，提高经济效益当好参谋。

作为现代学校的校长，当然要懂得经济规律和成本分析。但是，由于校长要负责学校的所有工作的协调指挥，没有足够的精力和时间来仔细地思考和分析每个经济决策和项目计划。这些工作就必须依靠财会人员细心周密的分析，通过项目的科学论证和过程的精打细算，可以节省学校的资源，把有限的经费用得恰到好处。

二、校产管理

校产，指学校的财产，包括校园环境、校舍物资、仪器设备、生产工具、运动场地等。现就几个主要方面略加论述。

（一）环境管理

校园环境的绿化、净化和美化，并不是做表面工作，而是优良校风和精神文明建设的重要标志之一。应该让青少年在优美的环境中学习和成长。创设优美的教育环境，是教育行政部门和学校管理者的责任，这样的教育环境，本身就具有莫大的教育和感染作用。绿化、净化和美化环境，不一定要花很多钱，关键在于领导重视，有得力的管理措施。校长和总务主任一定要重视校园的建设和管理，包括把路修好，防止污染，减少噪声，并要教育师生爱护学校的花草树木，养成爱清洁、讲卫生的习惯，使之成为优良校风的一部分。有些精明能干的校长治理后进学校，就把整顿校容、校貌作为突破口，使师生振奋精神，有一个良好的精神面貌，进而把这种精神扩展到教育教学工作上去，取得明显效果，这也说明校园环境的作用是何等重要！

（二）校舍管理

校舍，即学校各种用房。校舍的管理，包括校舍的新建、扩建、修缮和合理使用等。新建校舍，要特别注意合理布局。教学区、生活区、体育活动区、附属单位区，要设计科学，互不干扰。校舍的修建，要符合教学和卫生学的要求，有利于师生的工作、学习和生活。教学楼的楼梯必须宽大结实，以免学生拥挤或发生事故。将学校各种用房粗略分类，大致有教学用房、办公用房、辅助用房、生活用房等。

（1）教学用房。主要指教室，是校舍的主体部分。教室有普通教室和特殊教室两种。普通教室即学生平时上课的教室，特殊教室指音乐教室、多媒体教室和各种实验室。普通教室和特殊教室应保持一定的距离，以免互相干扰。教室是学生的主要学习场所，光线要好，以保护学生视力；通风要好，以保持室内空气新鲜；每个教室要有两个门，以免出入拥挤。

（2）办公用房。它包括办公室、教研室、会议室、大礼堂等。办公室不宜邻近教研室，以免影响教师备课。大礼堂不要靠近教室、教研室和办公室，以免干扰上课和办公。

（3）辅助用房。指图书室（馆）、阅览室、仪器室等。图书室（馆）与阅览室应在一起，宜设在全校适中的地点，仪器室与实验室应在一起，房屋要坚固结实。图书室（馆）、阅览室、仪器室，均应配备消防设施。

（4）生活用房。指学生宿舍、食堂、澡堂及公共厕所等。宿舍、厨房和食堂宜远离教学区，教师宿舍和学生宿舍也应适当分开。公共厕所离其他用房应稍远一点。

各种用房要注意合理使用，提高使用率；要妥善养护，及时维修。危房应停止使用。

（三）设备管理

教育设备即指教室的设备、实验室的设备、图书室（馆）的设备和体育卫生方面的设备。

1. 教室的设备

教室内的设备主要有课桌椅、黑板、电灯、多媒体教学设备、讲台等。课桌椅的大小高低，高年级与低年级应有区别，要适合学生的身高，否则会影响学生身体的正常发育。黑板有木制、玻璃制、水泥制、塑料制等多种，应从学校的经济条件考虑购置。不论采用什么样的黑板，最重要的是不反光。反光不仅让学生看不清板书内容，而且伤害学生视力。还应购置辅助性的轻便小黑板，供教师使用，以节约课堂书写的时间。教室内的照明度，直接影响学生视力，以安装日光灯为宜，并注意安装的位置。教室的设备要登记造册，开学时由总务处清点后交给班主任，学期结束时由班主任按册移交给总务处。

2. 实验室的设备

实验室是学生学习自然科学的重要物质条件。中学应创造条件，分别设置物理、化学、生物等实验室，小学设自然实验室。实验室邻近处设仪器室和实验药品室。实验室要有教师的实验演示桌和学生用的实验桌，要安装电源、自来水管和水池。购回的仪器设备和实验药品要验收、登记造册，分专柜保管。

实验室的设备由实验员负责保管，规模小的学校未设实验员，由任课教师负责。

3. 图书室（馆）的设备

图书室（馆）包括藏书室（书库）和阅览室。室内应配有书柜、书架、报架、桌椅等。要建立选购、登记、借阅、保管和赔偿制度。图书买回后，必须登记、分类、编码、造册。图书分量很重，如藏书室设在楼上，应经常检查房屋是否坚固。图书管理员要对图书做好防虫、防潮、防火工作。

4. 体育馆、运动场和医务室的设备

学校要有比较充足的体育设备，才能保证上好体育课和开展群众性体育活动。体育设备必须符合国家体育教学大纲的规定。体育器材要特别注意安全，如单杠、双杠、吊环等要牢固，沙坑要保持松软，跑道无碎石、瓦砾和玻璃片等。

体育设备要有专人保管。购回的设备要及时登记、造册，损耗的体育器材要登记注销。体育场地和体育设施，要经常检查、维修，防止发生体育事故。

医务室的医药购置、使用和保管，由校医负责。

三、生活管理

为师生生活服务，是学校总务工作的重要原则之一。生活管理，主要有办好食堂、管好宿舍、安全保卫工作等方面。

（一）办好食堂

食堂能否办好，关系到师生的健康和情绪。前面我们谈到，师生对学校的意见，往往集中表现在吃饭问题上。怎样才叫办好了食堂？饭菜和服务工作应达到以下四点要求：经济、营养、卫生、方便。所谓经济，就是要搞好成本核算，做到价格便宜，使师生花钱少，吃得好，吃得饱。所谓营养，就是炊事员不仅有一定的烹饪技术，还要懂一些营养学知识，主副食搭配好，有营养价值，有利于学生“长身体”。所谓卫生，就是食堂的设备和用具要消毒，饭菜要卫生，炊事人员要进行定期健康检查；炊事人员卖饭菜时，不得用手直接接触食品。要消灭苍蝇、老鼠和蟑螂。所谓方便，就是为师生用餐创造方便条件，如尽可能减少排队拥挤现象，师生食堂分开，男女生售饭窗口分开，为带饭的师生热饭，为外出师生留饭，对年老、有病和单身教工搭伙给予照顾等。

要做到上述要求，学校领导必须经常深入食堂了解情况，对伙食管理员和炊事员进行认真考核，关心炊事人员的疾苦。搭伙师生多的学校要组织帮厨，还可选派师生参加伙食管理。要经常听取群众意见，每月公布账目。不仅要办好伙食，还要保证师生有水喝，使师生夏天能喝到凉开水，冬天设保温桶，能喝到热开水。

（二）管好宿舍

有住读生的学校，应加强住读生的生活管理。要尽可能改善学生的住宿条件，房屋要注意通风，防止潮湿；要消灭蚊蝇、跳蚤和臭虫；要建立宿舍管理制度，例如，室长值日制度、卫生值日制度、锁门制度、外宿请假制度等。要给男女生宿舍配备生活辅导员，负责学生宿舍的管理工作，要让文明风尚永驻学生宿舍。

（三）安全保卫

这是一项保护学校财产、保障师生生命安全和身体健康的重要工作，有时学校疏忽大意，或失火，或被盗，或触电，或食物中毒，以致造成重大损失，应该引起学校领导的高度重视。首先要教育师生树立防火、防盗、防电、防毒的观念，克服麻痹思想，其次是要建立有关制度，采取安全保卫措施，如制定门卫制度、节假日值班制度、安全检查制度。此外，对水源、消防、实验药品、电路、体育场地和器材等各种设备要定期进行安全检查，以杜绝事故发生。

四、人员管理

管好学校的总务工作，必须有一支素质良好的总务工作队伍。

（一）挑选好总务主任

总务主任是校长管好总务工作的主要助手。他必须热爱教育工作，有和教师一样的文化水平，懂得教育规律，懂得学校工作特点，事业心强，勤勤恳恳，任劳任怨，甘当无名英雄，是老黄牛、好管家。长期以来，有一种陈旧的观念，认为总务主任不需要一定文化水平，只要有工作责任心即可，以致在为教学服务方面经常出现矛盾。这种观念应当改变。

应当从教师中选拔总务主任。现在多数教师不愿当总务主任，一则事情太杂，认为“吃力不讨好”，再则怕搞总务工作，丢了专业。但是各校不乏这样的教师，即教学效果一般而颇具总务才能的人。挑选这样的教师担任总务主任，并注意提高总务主任在学校的地位，看来是可取的。

（二）建设好职工队伍

要使这支队伍的每个成员都树立为教育教学服务，为师生生活服务，为建设节约型校园服务以及为学校事业发展服务的指导思想，养成爱校如家、爱师如友、爱生如子和廉洁奉公的高尚情怀，努力学习技术，做到一专多能。现在不少总务人员不安心工作，认为“为师生生活服务”是“低人一等”，这就需要进行耐心细致的思想教育工作。要使他们懂得，为人民服务不是抽象的。在学校，总务人员为人民服务，就是为师生生活服务；为师生生活服务，就是为教育教学服务。校长、主任的工作，也是为学生服务。教师呕心沥血地备课、讲课、批改作业，同样是为学生服务，包括为学生的家长服务。我们的社会，人与人之间就是相互服务，我为人人，人人为我，只是分工不同而已。当然，总务人员是很辛苦的，学校领导除了按工作职责督促检查他们的工作、建立严格的岗位责任制以外，应该关心他们的疾苦，调动他们的工作积极性，还要教育全校师生尊重总务处的职工，尊重总务人员的劳动，支持和体谅总务处的工作。总务人员对学生来说，也是教育者，有责任教育学生，爱护学生。学校领导者、教师、职工的目标是一致的，都是为了教育新生一代，培养社会主义现代化建设人才。

第三节　总务管理的改革与评价

现代学校处在一个急剧变化的社会和时代。学校管理必须适应时代发展和社会发展的要求。作为学校管理工作的重要组成部分的总务工作，更需要审时度势，适应社会环境变化的要求和学校事业发展的需求。这就需要立足校情、顺应时代、深化改革。

在20世纪80年代以后，我国中小学总务管理在以各种不同的模式进行推进。城市和乡村的中小学都从各种的不同实际出发，探讨了总务管理的改革问题。从租赁承包到整体外包，从终身录用到合同聘任，从勤工俭学到实业开发等。中小学总务工作管理已经告别了单一模式，进入了多种多样、百舸争流的阶段。本节重点谈两个问题：一是学校后勤社会化改革；二是学校总务职业化改革。

一、学校后勤社会化改革及其评价

中小学校后勤社会化改革是在高等学校后勤社会化改革的启发下诞生的。在改革大趋势的推动下，一些城市学校探索了后勤社会化改革的路子。

正如有学者指出的：学校后勤社会化改革就是改革现行中小学的后勤管理体制和运行机制，建立由“政府主导、教育部门主管、社会承担、学校选择”的适应社会主义市场经济体制的，满足中小学办学需要的市场化的后勤服务体系。在这里，“政府主导”是指国家对后勤社会化出台明确的政策规定，并依法进行管理；“教育部门主管”是指地方教育行政部门出台“实施条例”，对后勤社会化依规指导、管理与监督；“社会承担”是指以社会物质生产的发展为先决条件，社会为学校提供门类齐全、数量充足、质量上乘的后勤服务机构和卖方市场；“学校选择”是指学校后勤工作由卖方市场转为买方市场，兼具事业性、产业性特征，学校作为消费者有权选择适合自己需要的“商品”。

由此可见，学校后勤社会化改革具有多方面的内涵。

(1) 在管理体制上，改革由中学直接管理、全包统管的模式，让后勤与学校行政管理分离，中学变“管”后勤为“选”后勤。

(2) 在资产制度上，明晰后勤资产产权关系和资产保值责任，盘清中学后勤的国有资产，明确中学资产所有权和经学校授权的后勤经济实体的资产使用权。除少数关系到学校事业发展的公益性服务外，多数服务实体可以广泛吸收社会资本的参与。

(3) 在劳动用工制度上，建立社会化的劳动用工体制和社会保障体制，实行干部聘任制和全员劳动合同制。

(4) 在服务管理模式上，实行服务商品化，经营管理企业化，服务评价市场化，促进规模经营，力求降低成本，提高整体服务质量。

总体来说，学校后勤社会化改革主要有两类模式。一是内化模式。这种模式是把由学校包办的后勤项目、内容，从学校剥离出来，交给社会办，或是采用社会化运作的方式，如诸多学校采用的项目承包方式，承包实体从学校行政管理体系中规范剥离承包项目，学校对承包实体全面实行经营服务合同化管理。在改革实践中，多数学校都把保安、水电、食堂、绿化、卫生等专业性较强的项目作为后勤社会化改革的首选，逐步形成“小机关、多实体、大服务”的管理模式；在此基础上，学校后勤再由“小社会”向“大社会”转变。二是外化模式。这种模式是把社会上可利用的资源、机制、手段、模式等引入学校后勤工作中，由学校自主选择与社会上有实力的产业集团组建教育后勤服务公司，或以加盟、并入、托管、联办、连锁、股份制等多种形式，由教育行政部门牵头组建跨校、跨区的学校后勤集团，实现后勤服务商品化，生产专业化，管理企业化，体制多样化，机制市场化，规模集团化。

虽然学校后勤社会化改革在全国不同地方取得了不同程度的进展，甚至有的还认为已经有成功的典范。但是，对此也有不同的观点。有学者认为，从实践来看，中小学后勤社会化改革没有达到预期的主要目的，表现在：(1) 减少支出的目的没有达到；(2) 减少人员编制的目的失去实际意义；(3) 不利于管理信息的畅通；(4) 不利于提高学校后勤人员的工作积极性；(5) 不利于学校安排富余人员和骨干教师家属的工作；(6) 为腐败的产生提供了可能；(7) 没有为中小学的后勤建设引进社会资金。

我们认为，中小学后勤社会化改革是值得继续探索的重大理论和实践课题。

在学校后勤社会化改革实践中，必须坚持从本地、本校的实际出发，先易后难，分步探索，在引进市场机制、重组后勤机构、吸引社会投资时，应以“优势互补、互惠互利、资源共享、风险共担”为原则，促进多方合作。合作的方式可以多样化，并在实践中不断创新，不断完善。

与此同时，我们应该特别意识到：公益性和服务性是中小学总务工作的根本属性，不能把国家提供给学校的设施投资转变为学校牟取利润的载体。学校总务工作不应该只有社会化一条路。应该根据各个学校的具体情况选择总务管理的新模式和新机制。不论怎样，学生的利益必须得到保证，学生的健康成长永远是第一位的，绝不允许损害学生的利益和健康来换取学校的利益和企业的利润。市场机制、价值规律永远不能取代公共利益、教育法则。尤其是涉及食堂等稍有不慎就可能危害师生的健康和生命的方面，更是需要警惕社会化。对此，国家已经明令禁止学校食堂的对外承包。

二、学校总务职业化改革及其评价

在现代学校经营的过程中，必须逐步告别总务工作单纯依靠经验管理的模式，尽快走职业化发展之路。在一定意义上说，学校总务工作的职业化要远比社会化重要。

长期以来，学校总务工作似乎是体力劳动的代名词。这里成了安排富余人员的地方，是不需要知识的工作场所。各种各样难以安排的人员都收编到了总务部门。结果只能是工作不能高效率地开展，师生们意见纷纷，总务工作满意度长期不能提高。久而久之，总务部门成了人人头疼的地方，总务工作人员成了师生的对立面。这种局面显然难以适应现代学校事业发展的迫切需要。为了能够促进学校事业的健康、快速和可持续发展，学校总务工作必须走职业化的道路。

学校总务工作的职业化改革就是改变目前那种把总务工作看成是人人可为的简单劳动的认识，从优化学校总务工作队伍的结构、提升总务工作人员的素质入手，通过选拔受到过良好专业教育和职业培训的人才，从而提高学校总务工作的绩效和满意度。

为实现学校总务工作的职业化，主要应该抓好如下三点。

（1）在学校的新进人员中，要像重视选拔教师那样去选拔适应各种不同总务工作岗位的有职业特长的人员，从而从制度上解决学校总务人员职业技能低下的问题，确保总务工作人员的从业素质。

（2）抓好在职人员的职业技能培训、岗位技能练兵和竞赛，有计划、有步骤地提高现有总务工作人员的职业态度和职业能力。

（3）改变在学校内部劳动分配过程中的重视教学、忽视总务的倾向，真正达到同样的付出，获得同样的收获。

（4）关心总务部门工作人员的职业生涯发展，提供明确的职业生涯阶梯，解除总务人员职业发展的后顾之忧。

学校总务工作职业化改革符合把专业工作交给专业人士做的现代社会分工法则。这不仅有利于提高学校总务工作管理的水平，提高学校师生员工对总务工作的满意度，而且能够解决总务部门员工的职业生涯发展的出路问题，调动他们工作的积极性和创造性，稳定总务工作队伍。但是，由于中小学规模不大，总务工作的性质和类型又有很大不同。这就使得不同总务工作岗位的劳动的量与质、简单与复杂、强度与时效、服务对象与范围等差别较大，岗位工作之间替代性、可比性与竞争性不强。这些特点会影响到学校总务工作职业化的进程与绩效，因此，需要政府教育管理部门和学校领导在推进职业化改革的过程中给予重视，并通过制度与机制创新来解决职业化过后积极性不大、满意度不高和绩效较差的问题。

复习题

1. 现实中，总务人员往往同教学人员、学生发生矛盾，原因是什么？怎样解决这个矛盾？

2. 总务工作怎样体现为教学服务和为师生生活服务？怎样使总务人员安心搞好总务工作？

3. 学校总务工作管理应该怎样根据时代发展的不同要求进行改革，以更好地服务学生、教师和学校？

4. 案例分析：总务主任的“苦经”。

一天晚上，黄校长访问一位老教师后，回到宿舍准备开始夜读，这时总务主任老陈推门而入。黄校长招呼老陈坐下，老陈人未坐定就先开口：“黄校长，办学校离不开钱财。可是，现在每年的经费就这么一点，实在难以全面照顾到各种急需的开支，经常弄得焦头烂额。局里要我们精打细算，节约再节约。而学校里各教研组和老师们提出一项又一项要求，希望买这买那，如不满足，就提意见。有些人在背后说我是‘铁公鸡’，‘一毛不拔’。黄校长，我们做总务工作的人是两面‘吃轧头’，上下难做人。家怎么当，财怎么理，真是头痛！”

原来是数学教研组长李老师向总务处提出，要给组内每位教师发一套新版的各年级数学教材，说这样做将有利于教师了解数学教学的全局，有利于教师明确本年级教材在教材总体中所占的地位，有利于各年级数学教学之间的衔接。总之，理由一大堆，非要总务处购买不可。而老陈则认为，数学组要买，语文、史地、外语等各教研组也要买，就得花一大笔费用。学校经费没有这笔预算，因此他是坚决不松口。就这样，老陈和李老师在白天发生了一场争执，结果是不欢而散。

黄校长是了解学校经费使用情况的，确实目前不可能满足教学组提出的要求。但是，李老师的想法有积极的一面，是设法提高教学质量的表现。他向老陈建议："给每位任课教师发全套教材办不到，能不能给每个教研组增发一两套教材？同时，我们向各教研组耐心说明情况。老陈，你看行吗？"老陈想了一想后说，"这是有可能办到的。最近，化学组袁老师不知从哪里听来的消息，说有的学校已采取把教学经费发到教研组包干的办法，并提出我们学校也可推行这种做法。我认为，经费还是由总务处统一掌握使用为好，这样可以调节平衡，比较主动些。今后，在这种问题上，黄校长可要把把关，否则，我们总务工作就更难做了。"

黄校长听后没有马上表态，只是说了几点原则性的意见："各校情况不同，不能一刀切。在经费使用问题方面，既要有全局观点，又要照顾各个部门的需要。以后有适当机会的话，可以让教职工讨论讨论，也请你先主动考虑一下。"

接着，老陈又说："其实，总务工作不仅是钱财有困难，而且有人员方面的问题。财产保管员、食堂管理员、事务员等，都有青黄不接的问题，而超编教师一般都不愿到总务处来工作，认为低人一等，既辛苦又不讨好，来了的也不安心，学校不研究、不解决这些问题，总务工作实在难以做好。"黄校长清楚，总务工作是办好学校的一项重要的基础工作。本想研究这方面的问题，只因涉及面太广，难点较多，一时还没有好的解决办法。老陈是工作多年、富有经验的老主任，今天专门来念"苦经"，说明问题不能再拖了。于是，他先对老陈说了几句安慰性的话，又表示：忙过开学工作，专门开会讨论。

思考题：

(1) 你认为现在学校总务工作方面有哪些问题？校长应如何去处理这些问题？

(2) 在教学经费使用方面，应怎样进行改革？你认为教研组经费"包干"办法行得通吗？

第二十一章　学校、家庭、社会的沟通与协调

在现代社会，一个人的成长，是与学校教育、家庭教育和社会教育的影响分不开的。其中，学校教育的影响最大，起主导作用。但是，如果没有家庭教育的配合，没有社会的支持，学校教育的影响就会大大削弱。因此，学校管理者要认真研究学校教育、家庭教育和社会教育的特点和功能，认真研究它们之间的辩证关系，特别是要认真研究如何把这三方面的教育力量协调起来，以便更好地培养新生一代。

第一节　学校教育是三种教育力量中的主导力量

一、学校教育、家庭教育和社会教育的相互关系

学校教育、家庭教育和社会教育，都是为了教育人、培养人。它们之间不存在任何隶属关系，各有相对的独立地位和自己的独特功能。它们之间的关系，可以这样概括：互相依存，互相渗透，互相影响，互相制约。所谓互相依存，就是彼此互相依靠，互相需要。只有互相合作，才能发挥积极作用。所谓互相渗透，就是你中有我，我中有你，很难截然分开。所谓互相影响，就是三种力量都可以互相发生影响，而且这种影响不是平均起作用的，就看哪种力量的影响大。所谓互相制约，是指三者的目标不一致时，都可以互相牵制。

学校教育、家庭教育和社会教育之间的这种辩证关系提醒我们，必须把三方面的教育力量协调起来，使它们朝着一个共同的目标发挥作用。如果各自为政，甚至朝着相反的目标发展，就对新生一代的教育极其不利。

谁来担负起协调的责任？怎样进行协调？这就是我们要研究的重点。

二、学校教育的主导作用

学校教育是三种教育力量中的主导力量，它应该而且能够发挥主导作用。

（一）学校是专门的教育机构

它受国家的委托，对新生一代进行培养和教育。它的任务就是教育人和培养人。家庭和社会虽然也有教育新生一代的责任，但不具有这种特征，因为它们不是专门的教育机构。

（二）学校教育是有计划、有目的、有组织的系统教育

从普通教育来说，小学、初中、高中均有统一的培养目标，有明确的培养任务和要求。它所培养的人，要符合国家政治、经济和社会发展的需要，有严格的规格要求。为实现这种规格要求，有一套完整的措施。例如有统一的教学内容，有科学的教育方法，有集中的教育时间，有严格的考核办法。家庭教育和社会教育则不具备这些特点，它们的影响力远不如学校教育。

（三）学校有经过训练的专职人员

学校按编制配备的教师，是专职的教育工作人员。他们经过严格的师范训练，有符合教学要求的专业知识和技能，有教育科学知识，懂得教育规律。学校对他们还有岗位职责要求，不称职的教师要被淘汰。所有这些，都是家庭教育和社会教育无法相比的。家长固然有教育子女的责任，但他们还有工作、学习和家务，还有抚养孩子的任务，他们并非家庭中的专职教师。特别是他们没有受过教育专业的训练，对教育科学知识不懂或懂得很少，不了解儿童和青少年的生理、心理特征，未能掌握教育规律。

（四）学校有专供教育人、培养人的教学设施

培养人才要具备一定的设备条件。例如上课要有教室；做实验要有实验室；学习物理、化学、生物、地理等课，要有仪器、标本；学习文史方面的课，要有挂图、教具；上体育课和开展课外体育活动，要有操场和体育设施；上劳动课要有劳动基地。以上是起码的办学条件。从现代化的要求来看，还需要添置更多的设施。总之，学校要培养德、智、体、美等全面发展的人才，就要有与德、智、体、美等相配套的设施。这些，任何具有优越条件的家庭也是办不到的，就是请家庭教师，也不能代替学校教育的作用。至于社会上的各种教育团体，更是无法做到的。

以上说明，在学校教育、家庭教育和社会教育三种教育力量中，学校教育是主导力量，它起主导作用。因此，学校应担负起协调责任，主动地对家庭教育进行指导，争取家庭教育的配合；主动地与社会沟通，取得社会的支持。这是办好学校的需要，是培养德、智、体、美等全面发展的人才的一项非常重要的工作。实际上，它也是现代社会的学校不可忽视的“公共关系”工作。

三、学校教育发挥主导作用的途径和方法

学校、家庭、社会相互配合、协调一致，是指在教育目的、教育内容、教育要求以至教育手段上，都要协调一致，不要发生分歧。只有这样，才能凝聚成为一种巨大的“合力”，增强教育效果。否则，要求不统一，步调不一致，就会削弱甚至抵消教育影响。

学校应该通过哪些途径和方法来使三者协调一致呢？新中国建立以来特别是十一届三中全会以来，不少学校创造了许多行之有效的宝贵经验。归纳起来有如下几种。

（一）访问家长

访问家长也称家庭访问。这是学校教育与家庭教育取得密切联系、相互沟通的重要途径，也是最常用的方法。访问家长的目的，是了解学生的家庭情况，了解学生在家中表现，向家长介绍家庭教育的知识，与家长共同研究教育学生的措施。

家庭访问要有计划、有目的。既要面向全体学生，又要有重点访问对象。要明确每次访问的目的和要解决的问题。

家庭访问要注意效果。要与家长谈心、交朋友。特别是对后进生的家长，要尊重他们的人格，使家长愿意如实介绍孩子在家中的表现。同时要尊重学生，不要形成告状式的访问。在学生家中告学生的状，训斥学生，往往造成学生和老师的对立。

访问后要有记载。如当时不便记录，也要在事后追记，以备查考。

（二）召开家长会

召开家长会，是学校联系学生家庭最普遍的一种形式。家长会有三种：全校性的、年级的和以班为单位的。家长会的主要内容，是向家长报告学校或班级教育教学工作的基本情况，向家长提出教育子女的要求，听取家长对学校的意见和建议。学校还可利用家长会的机会，组织家长介绍教育子女的经验，展示学生的学业成绩，或举行文艺演出、体育表演。家长会一般在开学之初或期中、期末考试后举行。

农村学生住处很分散，为了方便家长，家长会可以分片举行。

家长会人数较多，不易深入研究问题。学校、班级可根据工作需要，召开家长代表座谈会，听取家长代表对学校工作的意见，讨论、研究学校或班级教育教学工作的重大改革措施。

（三）建立家长委员会

家长委员会是中小学的常设机构，由有威望的学生家长组成。它的主要任

务：一是向家长转达学校对家庭教育的意见和要求，提高家长的认识；二是向学校反映家长的意见和要求，帮助学校改进工作；三是发动家长帮助学校解决具体困难；四是向学校推荐校外辅导员；五是号召家长严格要求子女，支持学校的工作；六是在家长中起模范带头作用，对家庭教育进行咨询。

家长委员会是联结学校和学生家庭的纽带，能发挥桥梁作用和沟通作用。学校管理者要重视这种作用。

家长委员会有校级的、年级的和班级的三种。校级家长委员会由校长主持，以示对家长委员会的重视。

（四）建立“家长接待日”制度

家长来学校访问，学校当然应该热情欢迎。但如果不固定时间，学校领导因忙于其他事务，无暇接待家长，往往因此而失去了沟通机会。有时家长有重要情况要向学校反映，因找不到领导，有受到冷落之感。建立“家长接待日”，有固定的接待时间，有专人负责这项工作，上述矛盾便可解决。

（五）向家长开放课堂教学

这是学校与家长沟通的一个创举。有的学校为了让家长亲自体验学生的学习生活，亲自看教师怎么上课，亲自看自己的孩子在课堂的表现，在一定的时间内，向家长开放课堂教学。一些成年人同自己的孩子坐在一间教室里听课，这种生动场面是平时见不到的。父母们聚精会神地听讲，密切注视着每个孩子的朗读、答问、板书。一堂课下来，家长们颇有感触。有的为教师的认真备课、耐心启发、讲解的精神所感动；有的原以为自己的孩子最聪明，听课后发现有很多地方不如其他孩子；他们积极参加座谈和评课，肯定教师的优点，提出宝贵的建议。这项活动，明显地缩短了家长与学校之间的距离，增强了家长对学校的亲切感。

（六）同家长建立书面联系方式

走访家长、召开家长会、建立家长接待日制度等方式，都是要直接同家长见面。有些不需要直接见面而又必须让家长知道的事，可通过书面联系的方式，如“家长联系手册”或“家长联系卡”，由班主任和任课教师把学生的品德、学习、纪律等方面的表现，如实写在“手册”上，每周末由学生带回家，交家长批阅，家长在上面写上简要意见或建议，带回给班主任。

还有一种形式是“告家长书”，如学校有什么重要通知或重要措施、寒暑假及节日的安全教育要求，以及其他方面需要家长配合的，可以采取这种形式。书面联系方式比较机动灵活，不受时间、空间的限制，又可收到与家长联系的效果。

（七）办好《家长报》

有些学校依靠家长委员会办了《家长报》，传播和交流家庭教育的经验，介绍家庭教育的科学知识，取得了很好的效果。《家长报》是面向家长的，作者主要是家长，谈的都是切身体会，故受到家长们的欢迎。

（八）聘请校外辅导员

为使学生接触社会各界人士，受到更生动、更丰富的教育，可以聘请一批校外辅导员。校外辅导员一般从社会上有一定声望的关心青少年教育工作的工人、农村干部、解放军、离退休干部、学生家长和校友中选聘。学校领导和班主任，要同辅导员共同研究教育内容和教育方法，讲求实效。优秀的校外辅导员的工作，不仅可对学校教育工作起巩固作用，还可弥补学校教育工作之不足。对于优秀的校外辅导员，学校要给予表彰和奖励。

（九）开办“家长学校”

当今父母，大都有“望子成龙，盼女成凤”的心态。但究竟怎样教育好孩子，他们并不很了解。大多数家长没有学过教育学、心理学的基本知识，缺乏正确的教育思想和教育观念。家长学校就是这样应运而生的。

家长学校是家长学习家庭教育知识、提高自身素质的场所，也是学校把学生家长组织和团结起来的好形式。家长学校由学校举办，家长自愿报名参加，利用业余时间定期上课。

家长学校的教学内容，主要有三方面：一是宣传、讲解国家的教育方针、政策和法令；二是学习教育学、心理学的基本知识；三是介绍教育子女的经验。特别应该指出的是，向家长讲课，一定要理论联系实际，形象生动，通俗易懂，切忌单纯讲理论，搬用一大堆名词概念。例如讲教育学、心理学的基本知识，绝不可像大学讲坛上那样讲，要自编讲义，深入浅出，讲的确实是“基本知识”。家长学校的课能否受到家长的欢迎，家长学校能否越办越兴旺，关键就在这里。

家长学校的教师要就地取材，主要由学校领导、教师兼任，由家长委员会中有一定教学经验的成员担任，还可聘请学生家长中有比较丰富的家庭教育经验的人讲课。讲课人不仅要有一定的理论知识和实践经验，还要有比较好的口头表达能力。这两方面都是教育效果的决定因素。

（十）寒暑假设立辅导站

学生在寒暑假特别是暑假过得怎样，对学生的身心发展影响很大。学校对学生的假期生活不仅要提出要求，而且要做好组织工作。除适当组织返校活动外，要在学生比较集中的单位如国家机关、大专院校、科研部门和厂矿企业设立辅导站，依靠所在单位组织学生参加文学、艺术、体育、科技活动以及社会实践活动。放假前要同学生比较集中的单位商讨制订假期活动计划，所在单位要有专人负责，要有活动场地和必要的设备。要使所在单位的领导人认识到，假期内把本单位的职工子弟组织起来开展各种有益活动，不仅是关心下一代的大事，本单位责无旁贷；而且可解除本单位职工的后顾之忧，使职工安心本职工作。要使家长和学生比较集中的单位的领导人明确这样一个道理：寒暑假时间比较长，组织有益活动，有利于学生健康成长；如果放任不管，学生就很容易受到社会上各种不良影响，如赌博、看黄色书刊、看淫秽录像带，学生在一个假期内就可能变坏，甚至走上犯罪道路，这当然是家长和本单位领导不愿意看到的。

建立辅导站是各单位自己的事。学校的责任是帮助有关单位把辅导站建立起来。辅导站建立起来以后，学校派教师巡回检查和指导。

（十一）做好左邻右舍的宣传工作

为了争取学校附近有关单位、团体、居民组织对学校的支持，学校要向他们做好宣传工作，使他们了解义务教育的内容、我国的教育方针和政策，认识教育工作的重要性；使他们知道学校工作计划的基本内容，学校在教育教学上要采取的重大改革措施；使他们懂得，青少年儿童的健康成长，学校有责任，家长和社会都有责任，要齐抓共管，要有一个良好的育人环境。

第二节 学校教育要取得家庭教育的配合

家庭教育和学校教育要互相配合。但这种“互相”，并非一半对一半，应该是家庭教育主动与学校教育配合。因为学校教育是有计划、有目的的系统教育，是三种教育力量中的主导力量；而家庭教育有一定的盲目性，家长素质悬殊，即使素质高的家长，也不一定懂得教育科学，不一定都能针对青少年儿童的生理、心理特征进行教育。因此，家庭教育要围绕着学校教育的目的、要求和措施来开展，学校则有责任指导家庭教育。只有这样，家庭教育和学校教育才能真正做到要求一致，步调统一。当然，家庭教育有其自身的特点，各家有自己的家风、家规和优良传统，要求家庭教育主动配合学校教育，并不排除和妨碍发挥它自身的优势。

一、家庭教育现状分析

（一）我国家庭教育质量不高

我国家庭教育的质量，总的来说是不高的。这是因为多数家长的素质不高。

近年来有识之士大声疾呼：要提高整个民族的素质！家庭教育质量不高，有些调查数字是有一定说服力的。例如，上海某校对初一一个班40名学生家庭情况的调查材料表明：其中13户属溺爱型家庭，子女要什么，给什么，生活上关怀备至，但缺乏科学教育；有21户属于放任型家庭，除了在生活上保障子女的需求外，对子女的缺点错误不管不问，放任自流；剩下6户虽有教育，但不得法，简单粗暴，属于专横型家庭。这就是说，在40户家庭中，没有一户能够进行正确的家庭教育。①

家庭教育是学校教育的基础。这个基础的好坏，直接影响学校教育的质量。上过幼儿园和没有上过幼儿园的孩子大不一样，家庭教育良好和家庭教育不良的孩子大不一样。调查表明，凡是品学兼优的学生，绝大多数是家庭教育与学校教育配合默契的；而表现较差或变坏的学生，大多是由于家庭教育不良和与学校教育脱节造成的。

因此，提高家庭教育的质量，关键在于提高家长的素质。而提高家长的素质，是一件涉及面很广的工作，需要政府重视，整个社会重视，学校只能做力所能及的工作，如走访家长，办好《家长报》，开办“家长学校”，目的就在于提高家长素质。

（二）两种极端的教育方式影响家庭教育的质量

家长素质不高，主要表现在思想品德、文化修养、心理品质等方面。当然，有的是历史原因造成的，如十年动乱中长大的人，由于没有受到良好的学校教育，不懂得如何教育子女，也缺乏这方面的知识，有的甚至缺乏做父母的准备。家长素质不高，还具体表现在教育子女的方式上。有两种极端的教育方式，后果很严重。一是娇纵溺爱，二是简单粗暴。由于独生子女增多，溺爱子女的现象相当普遍。要啥给啥，百依百顺，对孩子的缺点纵容迁就。有些家长对孩子“追着喂、拍着睡”，甚至到学校去代替子女搞清洁卫生。溺爱的结果是使孩子“只知人爱，不知爱人”，任性、自私、骄横无礼、好逸恶劳，依赖心重，不爱惜劳动成果。有些家长则走另一极端，对孩子简单粗暴，强迫孩子按自己的意志办事，讽刺挖苦，大声吼叫，训斥甚至体罚。简单粗暴的结果是使孩子产生胆小怕事和恐惧心理。孩子上中学后，如果家长仍用这种方法对待孩子，则易产生强烈的反感和仇恨心理，甚至闹得父子反目、骨肉成仇，给家庭和社会带来不安定因素。

以上两种教育方式，不可能产生好的教育效果。家长之所以采用两种极端的教育方式，都是由于把子女当成自己的私有财产。旧社会的“光宗耀祖”、“养儿

① 转引自北京教育行政学院编著：《学校管理学》，海军出版社1988年版，第251页。

防老”是如此，今天的“望子成龙、盼女成凤”也是如此。溺爱和粗暴，不过是两种不同的表现形式而已。

还有一种表现形式，就是对孩子期望值过高。有些家长不顾孩子的个性差异和具体条件，把自己的意志强加给孩子，用自己的爱好来确定孩子的发展方向；或者过早定向，揠苗助长，加重孩子的课业负担，逼孩子考试获高分，升上重点学校。这些都严重损害孩子的身心发展。

有些家长在教育方式上的失误，是由于对家庭教育的目的缺乏认识。他们教育孩子的动机和出发点，是从小家庭的利益出发，盼望子女能出人头地，在考试、升学等方面获得成功，从而谋个好职业，有个富裕的家庭。这种动机不能说不好。但在这种观念的支配下，就容易重智轻德，放松对孩子思想品德方面的要求，甚至为子女护短，对子女迁就姑息。一旦子女在学习上没有“冒尖”，便疾言厉色，令孩子难堪。因此，应该使家长转变观念，端正认识，明确家庭教育的目的，从而为国教子，为祖国培养人才。这种人才，必须是德、智、体、美全面发展的。只有树立这样的观念，才会讲究教育方法，从而主动地与学校教育密切配合。

还应该指出的是，有些问题的出现，不能完全归之于是独生子女的缘故。独生子女与非独生子女，在本质上没有区别，有些独生子女表现出来的任性、自私、骄横无礼等，是成长环境、家庭教育不当造成的；如果对非独生子女也骄纵溺爱，同样会出现那些毛病。

（三）两种类型家庭的子女问题最多

有些学生有这样那样的问题，并不是由于家庭教育方式不良造成的，而是由于家庭结构遭到破坏造成的。生活中有两种类型的家庭，其子女问题最多。一种叫组合家庭，一种叫残缺家庭。通常，完整的家庭，和睦亲近、团结民主的家庭，有利于孩子的成长。一旦完整家庭遭到破坏，成为单亲家庭、重新组合的家庭，如果它们对某些关系处理得不好，则会影响孩子的成长，甚至会给子女带来精神上的痛苦和创伤。

所谓组合家庭，是由丧偶或者离异者重新组合起来的家庭。这种家庭，如果一方或双方均有子女在一起生活，就容易产生矛盾，甚至出现双方子女之间的对立和冲突，而且往往导致再次离异，这会给孩子带来极不好的影响。所以，丧偶者或离异者在重新组合家庭时要十分慎重，既要考虑到能弥补失偶后的痛苦，又要能得到孩子的理解和支持，以利于孩子的培养和教育。

所谓残缺家庭，是指夫妻一方离异或死亡，没有重新组合新的家庭。这类家庭缺父或缺母，残缺不全。改革开放以来，由于人们婚姻观念发生了很大变化，离婚率增长很快。我国的离婚率虽然大大低于许多国家，但离婚率增长速度惊人。据统计，每年离婚人数已超过 100 万，全国平均每分钟就有一起离婚案发生，离婚数正以每年 35%的速度递增，因而也就产生了数以万计的残缺家庭。据统计，残缺家庭子女的犯罪人数，占青少年犯罪总数的 25%—30%，犯罪率比正常家庭的子女高得多。

为什么残缺家庭的子女犯罪率高呢？一般有这样一些原因。第一，残缺家庭的子女容易产生变态心理，或怨恨父母遗弃了他们，以致铤而走险；或为了宣泄仇恨而报复社会。第二，残缺家庭的子女缺乏父爱或母爱，容易出现心理缺陷和性格变异。而孩子的健康成长，离不开父爱和母爱。第三，实验研究表明，残缺家庭对孩子的心理影响是明显的，而且会长期潜存，难以消失。男孩子表现出的心理行为不良是不合群、爱顶撞、爱打架、暴躁易怒，富于挑衅性和破坏性；女孩子则表现为感情脆弱、过敏多疑、爱冲动、爱哭闹、孤独冷漠、郁郁寡欢。第四，残缺家庭的子女，一般说来缺乏严格管教。因单亲家庭、缺乏配偶的帮助，整日忙于工作和家务，无暇顾及孩子的教育，在子女的教育和管理上，难免出现疏漏。加之孩子自制力差，辨别是非能力弱，在缺乏成年人监督和教育的情况下，容易受到不良影响。

当然，并不是说残缺家庭就不能很好地教育孩子。拖儿带女的母亲或父亲，含辛茹苦，艰苦奋斗，用正确的方法教育孩子，终于教子成才的，不仅在古代，而且在现代社会，大有人在。孩子在十分艰苦的环境下，经受磨炼，“要争一口气”立志成才的也不乏其人。但不容否认，残缺家庭的子女，给家庭教育、学校教育带来了很大的难度。对这类家庭的子女，要多关怀，多送温暖，使他们逐步摆脱精神上的负担，摒弃沾染在身上的不良习气；要引导他们积极参加集体活动，培养和发展他们多方面的兴趣和特长，使他们看到自己的优点，看到希望和前途。

二、家庭教育要与学校教育相对应

有人说：“学校教育和家庭教育必须同步进行。”这种说法欠准确，实际上否认了学校教育的主导作用。学校教育和家庭教育，有主有次，有先有后，不是同步进行的。学校教育必须指导家庭教育，家庭教育必须主动与学校教育配合，不能脱节，更不能发生矛盾。说得形象一点，家庭教育在教育目的、要求，教育的主要内容和重大措施上，必须“紧跟”学校教育，同学校教育相对应，同时又发挥它自己的独特功能。

家庭教育怎样与学校教育相对应？家长要熟悉学校教育的基本内容，如培养目标是什么，开哪些课程，对学生的品德、学习、纪律有哪些要求，校规校纪有哪些规定，包括《中小学生守则》、《小学生日常行为规范》、《中学生日常行为规范》，都要了解。除此以外，学校在教育方面的措施，特别是与家庭教育有关的措施，家长要主动配合。现分述如下。

（一）热情接待教师来访并主动拜访教师

学校要求教师特别是班主任必须访问学生家长，向家长了解学生家庭情况、家庭教育情况以及学生在家庭中的表现，以便有的放矢地对学生进行教育。家长要把情况如实向教师介绍，认真听取教师的意见，和教师共同研究教育孩子的方法。有些家长态度冷淡、傲慢，这是很不应该的，是对教师的不尊重，也会影响孩子不尊敬教师。须知教师抽出业余时间辛辛苦苦走访家长，是为了帮助家长教好孩子，双方目标是一致的。聪明的家长应该利用这个难得的机会热情接待来访教师。

由于学生居住比较分散，教师很难在短时间内走访每个家庭。作为家长，应主动到学校去拜访教师，向教师了解子女在学校的表现以及学校在教育教学方面对学生的要求。

（二）积极参加家长会议

学校为了同家长取得密切联系，每学年甚至每学期都要召开家长会议，向家长报告学校或班级的教育教学工作情况，向家长提出教育子女的要求，并征求家长对学校的意见。这是家长了解学校教育教学工作的好机会，无论工作有多忙，都要挤时间参加，积极向学校提出意见和建议，并主动配合学校的工作。有的家长借口工作忙，没有时间，不参加会议。其实，受损失的正是自己，因为不参加会议，不了解学校的要求，家庭教育就会同学校教育脱节。

（三）支持家长委员会的工作

家长委员会是家长自己的组织，是家长和学校之间的纽带。它既要把家长的意见和要求向学校反映，又要把学校的意图转达给家长。有时它要号召家长严格要求子女，支持学校的工作；有时它要呼吁家长帮助学校解决具体困难。家长委员会进行的所有工作，都是为了把学校办好，把学生教育好，和家长的利益完全一致。作为家长，要积极支持家长委员会的工作，热烈响应家长委员会的号召和呼吁。

（四）按时参加学校的接待活动

有的学校建立了“家长接待日”制度，有的学校还定期向家长开放课堂教学，这都是相互沟通的好形式。这种形式，能使家长亲自体验孩子在学校是怎么学习和生活的。作为家长，应该高高兴兴地参加学校的接待活动。须知学校为了接待家长，要做许多准备工作，有时还在接待日组织文艺演出、体育表演和展出学生的各种成果，更要花费很多时间和精力。但对家长来说，这是一种很好的享受。我们应该让这种形式促使家长和学校建立更亲密的关系。

（五）如实填写“家长联系手册”或“家长联系卡”

有些学校同家长建立了书面联系方式，如“家长联系手册”、“家长联系卡”，班主任把学生的品德、学习、纪律等方面的表现，写在“手册”上，使家长及时了解子女在学校中的表现。家长要按照学校的要求，在“手册”上面写上简要意见或建议。

（六）积极为《家长报》撰稿

有些学校，为了总结和交流家庭教育的新经验，介绍家教的科学知识，依靠家长委员会办了《家长报》。《家长报》对提高家长的素质，提高家庭教育的质量很有帮助。《家长报》的作者主要是家长。因此，家长要积极投稿，共同把《家长报》办好。

（七）积极参加“家长学校”学习

许多学校为提高家长素质、介绍家庭教育的理论知识和实践经验，开办了家长学校。每个家长，都希望把自己的子女教育好，但在实践中碰到不少问题，迫切需要解答，家长学校能满足家长的要求。办好家长学校，既要靠学校，也要靠家长。学校要为家长学校创造良好的条件，配备水平较高的教师；家长要当好学员，并为办好家长学校献计献策。

（八）按照有关要求，做合格的家长

家庭教育的成败，关键在于家长的素质。每个家长都应该努力学习，提高自己的素质。特别是要学习教育子女的科学知识、科学方法，做合格的家长。1986年4月，全国儿童少年工作协调委员会向全国学生家长发出倡议，提出合格家长的五个条件：

（1）提高自身的思想品德修养，做子女的榜样；

（2）学习抚育、培养、教育子女的科学知识；

（3）爱护子女，耐心诱导，不娇惯，不打骂；

（4）积极配合学校、社会对子女进行教育，在农村的家长要保证适龄儿童入学；

（5）培养子女德、智、体、美、劳全面发展。

我国千千万万个家长，如果都能做到这五条，家庭教育的质量就可大大提高，孩子在家庭中的健康成长就有了保障，而且对学校教育也非常有利。这种一举数得的事，我们要广为宣传，要把它作为家长学校的办学宗旨。

第三节　学校教育要与社会教育相沟通

学校与社会息息相关。学校是社会的组成部分。而社会的一切，时时刻刻在影响着学校。这种影响，有积极的一面，也有消极的一面。学校的任务是利用其积极因素，抑制其消极因素。

所谓社会教育，包括两种含义：一是校外教育机关、团体对学生的教育和影响；二是泛指社会环境对学生的影响。学校与这两方面都要沟通起来，取得协调一致。

一、学校要与校外教育机构互相配合、互相支持

校外教育机构有儿童活动中心、儿童公园、儿童图书馆、儿童剧院、少年宫、少年之家、少年业余体校、少年科技站、夏令营、冬令营等。

校外教育机构在培养目标上，总的方面和学校是一致的。它同样要贯彻国家的教育方针，促使青少年儿童身心健康发展。它的任务是组织各种各样的有益活动，对学生进行思想品德教育，培养学生多方面的兴趣和才能。

校外教育机构开展的各种活动，是有计划、有目的进行的，对青少年有积极的教育作用。学校要争取它们的帮助和支持。例如，请它们介绍组织学生课余活动的经验，提供活动材料，为学校培养各项活动的积极分子。有些校外教育机关，有比较雄厚的专业人才，如少年业余体校、少年科技站。我国当代有不少著名运动员，就是少年业余体校培养出来的。因此，学校也要支持校外教育机构的工作，向它们输送“人才苗子”，使有某种天赋的孩子能及时得到培养。

学校与校外教育机构，不仅要互相配合，互相支持，还可通过某种形式，加强联系。例如学校有些重大的教育活动或重要会议，可邀请校外教育机构的领导参加，共同研究对青少年儿童的教育问题，使校内教育和校外教育紧密结合起来。

二、学校要加强校园环境的管理，优化育人环境

所谓校园环境，包括两方面：一是校内环境；二是学校所处的周围环境，即社会环境。

（一）校园环境管理的目的与要求

校园环境管理是学校管理的重要内容，也是校长的重要职责之一。1992 年 6

月，国家教育委员会颁发了《中小学校园环境管理的暂行规定》，这是中小学管理校园的重要法规。过去有多种因素干扰校园，校长们感到束手无策。现在有了规定，校园管理有章可循，可以充分发挥它的作用，把校园管理好。

校园环境管理的目的，是创设良好的育人环境，保障学校和教职工、学生的合法权益，保证学校教育教学活动的正常进行。

国家对校园环境的基本要求，概括起来有四句话，即整洁优美，风气优良，设施完好，秩序正常。

所谓整洁优美，是指校园要搞好清洁卫生，做到整齐清洁，并使之经常化、制度化、规范化。要植树、种草、栽花，做到绿化、美化。育人离不开良好的环境，整洁优美的环境给人以舒适愉悦之感，这本身就是一种良好的育人手段。

所谓风气优良，是指有良好的校风、教风和学风。校风对青少年的成长有着极其重大的影响。校风好，学校的教育任务才能顺利完成，青少年的聪明才智和兴趣爱好才有可能充分发展；校风不好，歪风邪气上升，好学生也有可能变坏。培养好的校风，首先要培养好的学风。所谓学风，是指学生良好的学习习惯、生活习惯、卫生习惯、行为习惯的养成。好学风的主要标志是学生为祖国实现社会主义现代化而勤奋学习。好的学风，来自好的教风。学生良好的学习习惯、生活习惯、卫生习惯、行为习惯，主要靠教师来培养。所以教师要模范执行《中小学教师职业道德规范》，言行一致，以身作则，为人师表。凡是要求学生做到的行为规范，教师首先要努力做到。学校领导要在教师中树立爱护学生、管教管导、以身作则、教书育人的风气。这种教风，会对学生产生巨大影响，犹如春雨，随风潜入，润物无声。

所谓设施完好，是指学校各种设施如教学设施、生活设施、体育卫生设施等基本齐全，完好无损。学校的基本设施如不完好，不仅不美观，影响使用效果，而且对学生身体有害。例如灯光照明不好，黑板反光，就会伤害学生的视力；体育设施陈旧破损，就可能发生安全事故。

所谓秩序正常，是指教学秩序、生活秩序、劳动秩序、体育卫生秩序等，都井井有条，运转有序。凡各种活动秩序不正常的学校，不可能是教育质量高的学校。

（二）校园环境管理的内容

校园环境管理的内容，主要包括以下几方面：

（1）校园内基本建设要合理布局；

（2）校舍要坚固、适用，校园要绿化、美化；

（3）要有好的校风、教风和学风；

（4）要建立正常的教学秩序；

（5）要健全各种规章制度。

根据《中小学校园环境管理的暂行规定》，为了优化育人环境，校园内不允许下列现象存在。

（1）不允许进行宗教活动，不允许向学生宣传宗教。

（2）严禁宣扬暴力、凶杀、色情、恐怖、迷信的图书报刊、音像制品在校内传播。

（3）坚决抵制赌博、酗酒、迷信活动对学生的影响。

（4）不允许任何单位或个人在校园内从事以师生为消费对象的营利性活动。

（5）不允许车辆进入或穿行学校。

（6）严禁在校内建造、恢复祠堂、庙宇、坟墓等。

为了优化育人环境，学校还可以提出校园周围不允许下列现象存在。

（1）不允许任何单位或个人依傍学校围墙或房墙构筑建筑物。

（2）不允许校园周围的建筑影响学校教室的采光、通风。

（3）不允许任何单位或个人在学校周围从事有毒和污染（包括噪声）环境的生产经营活动，或设立精神病院、传染病医院。对已经造成危害和影响的，应按当地政府有关部门规定的期限治理或搬迁。

（4）不允许任何单位或个人在学校门前200米半径内设置台球、电子游戏机营业点。

（5）不允许任何单位或个人在学校所属地域内放牧、种植作物、打场、堆物、取土、采石。

（6）不允许在学校门前和两侧设置集贸市场、停车场，摆摊设点，堆放杂物。

学校如果违反了校园环境管理的规定，有以下几种处理办法。

（1）属学校行政管理不当的，当地教育行政部门应令其限期改正。

（2）工作中发生错误，造成一定影响的，当地教育行政部门应对校长及其他责任人员进行批评教育。

（3）因工作失职、渎职造成后果者，当地教育行政部门或上级主管部门应追究其行政责任，后果严重的提请司法部门依法追究刑事责任。

外单位违反规定，校长应采取以下措施。

（1）属工商管理范围的，提请当地工商行政管理部门依照有关法规处理。

（2）属民事范围的，提请当地司法部门依法处理。

（3）属违反治安管理处罚条例的，报请当地公安部门依法处理。

(4) 对构成犯罪的，交由政法部门追究刑事责任。

中小学只要认真贯彻这一法规，就会有一个优良的育人环境。

复习题

1. 为什么说学校教育在三种教育力量中起主导作用？学校教育怎样发挥主导作用？

2. 我国家庭教育当前存在的主要问题是什么？

3. 家庭教育应该怎样配合学校教育？

4. 社会教育的含义是什么？学校应怎样创建优良的育人环境？

5. 案例分析：王君不再犯愁。

王君是一位工程师，他在自己的专业领域里已经有了多项发明，受到了同事尊敬和领导重用。不过，他在儿子的教育问题上却并不是那样顺心如意。王君的儿子 9 岁，读小学三年级，长得活泼可爱，聪明伶俐，也很调皮，经常惹王君生气。这不，王君又开始犯愁了。事情是这样的，王君发现儿子花钱的胃口越来越大，常常是三天两头要钱，不是买零食，就是要买玩具，或是去玩电子游戏机，毫无节制。王君想，小小年纪，就这样乱花钱，长此下去，怎么得了！为了纠正儿子花钱大手大脚的毛病，王君着实动了不少脑筋，费了不少心思，采用了多种措施。比如，干脆不给儿子零用钱，儿子要什么王君替他买；再不就是儿子要钱，故意少给，有时连哄带骗地推托身上没带钱。这些方法虽然收到了一时之效，但儿子仍然经常向他要钱，而且还想出一些新的要钱"理由"，令王君不知如何是好。

学校召开家长会，王君带着这个问题来到学校，他希望家长会能帮他出出主意。家长会上，王君听了其他家长的发言后，方知他目前所遇到的是一个带有普遍性的问题。很多家长都反映，随着孩子年龄的增长，孩子要钱的次数越来越多，数目也越来越大。大家都希望学校和老师能够在这方面多做些工作，帮助孩子们树立正确的消费观，养成良好的消费习惯。

班主任陈老师听了大家的发言后，颇有感触地谈了自己对这个问题的认识，并介绍了自己作为家长，在培养孩子正确的用钱观方面的做法。陈老师说，在家长们看来，孩子花钱的胃口越来越大不是好事，总想用什么法子制止他。其实，这是一件十分正常的事。孩子随着年龄的增长，他的兴趣越来越广泛，活动范围越来越大，活动内容越来越丰富。由于自制力较差，辨别力较弱，孩子往往兴趣所至，就要尝试一下。比如，看到其他小朋友玩一种新玩具，他马上就想去买一个；看到有的小朋友放学后玩电子游戏机，他也跃跃欲试，便回家向家长要钱去玩。这种不断膨胀的消费意识，如不加以正确的指导，孩子就会养成乱花钱的不良习惯。那么，如何指导才能有效呢？首先应当正确地看待孩子的消费行为，看到孩子的许多消费是必要的，也是合理的。比如，购买图书、学习用品，支付某些娱乐、饮食费用等。这样，就不至于在孩子的零用钱问题上采取过于武断的做法。

陈老师又谈了他是如何指导自己的孩子花零用钱的。陈老师的儿子读小学四年级。从三年级开始，陈老师就和儿子订立了一个“协议”，定期供给儿子零用钱，儿子称这是爸爸给他“发工资”。陈老师在给儿子“发工资”时，注意了以下几点。第一，合理确定零用钱的数目。根据三年级学生的消费特点及项目，本着既不过高，也不过低的原则，每月 200 元钱。如无特殊情况，一般不再追加。第二，明确使用范围。200 元钱的使用范围是购买图书、文具用品，支付游戏、娱乐、饮食费用等。第三，分次、定时发放。每月 1 日和 15 日发放，避免一次发放造成突击花钱，控制孩子花钱的随意性。第四，经常过问、指导。对孩子的零用钱花在哪些方面，如何花的，经常询问并给予具体指导，使孩子学会“当家理财”。

王君听了陈老师的介绍后，感到很受启发。会后，他又专门请教了陈老师给儿子定期发放零用钱的做法，表示回去后，也要和儿子订个“零用钱协议”。实行零用钱定期发放后，王君的儿子不光懂得了花钱要分轻重缓急，量入为出，而且养成了勤俭节约的好习惯。王君再也不用为儿子乱花钱犯愁了。

思考题：“王君不再犯愁”说明了什么问题？

第六编　学校评价

第二十二章　学校评价

学校评价是教育评价的重要组成部分，但二者又有明显的区别。教育评价是现代教育管理的一种手段，它是以整个教育为对象，对各种教育活动给予价值上的判断；学校评价是现代学校管理的一种手段，是对学校的教育、教学等各项工作和学校管理水平给予价值上的判断，是以一所或几所学校为对象，对学校内部诸因素的评价。

由于教育的根本职能是培养人，而学校是专门培养人的规范化机构，所以学校评价是教育评价的核心内容。

第一节　学校评价概述

一、学校评价的意义

学校一经产生，就伴随着社会对它的评价，如“这个学校办得好”或“这个学校办得坏”。这是对学校笼统的、粗略的评价，主观成分很多，谈不上全面的、科学的、客观的评价。评价学校办得好坏，应该有个全面、准确的标准，否则只有仁者见仁，智者见智。遗憾的是现在还没有一个准确的、客观的评价学校的标准，或者说这个标准还在探讨之中。最糟糕的是有一个实际存在的、广为流传的评价学校的标准，这就是把升学率的高低作为评价学校好坏最主要的甚至唯一的标准，有些学校为了争得一个好名声，不惜采取不正当的手段，片面追求升学率。不正当的手段很多。例如，只抓智育，丢掉其他几育；只抓少数学生，丢掉多数学生；只开要考的课，停开不考的课；大面积淘汰留级生，大量招收复读生；甚至在体格检查时弄虚作假，把不合格的改为合格；在操行评语方面弄虚作假，隐瞒重要问题。这些片面追求升学率的错误做法，败坏了一代教风！当然，学校管理者往往是在多方面压力下被迫这样干的。但问题已到了十分严重的地步，把升学率的高低作为评价学校好坏的主要标准的局面必须尽快改变。怎样改变？有效措施就是制定全面、科学评价学校的标准，运用学校评价的理论和方法，进行学校评价，让人们转变观念，明确什么是好学校，什么是差学校。

开展这样的学校评价，我国的基础教育才能走上正轨，不致办成“升学教育”；开展这样的学校评价，使人们树立正确的教育观、人才观，就有可能深化教育改革，达到多出人才、出好人才的目的。更为重要的是，开展这样的学校评价，使学校领导和教师有明确的奋斗目标，使学校管理科学化、规范化，工作制度化，有利于调动教职工的工作积极性。可见对学校进行评价意义重大。

二、学校评价的目的

学校评价是有目的的活动。在评价之前明确评价目的是非常重要的，因为它对评价什么、如何评价有重大影响。

学校评价的目的是推动和改进学校的工作，提高教育教学质量。

学校评价有两种基本类型。评价类型不同，目的也不同。一种类型是以目标为标准的评价，是指在学校教育活动完成之后对其结果进行的评价，叫作终结性评价。这种评价的目的，是为了判定好坏，区分优劣，从而树立典型，表彰先进。另一种类型是对教育活动的过程进行评价，叫作形成性评价，这种评价的目的，在于揭示工作中存在的问题，反馈有关信息，从而使工作得到改进和提高。这两种评价，各有其优缺点。国外在开展教育评价活动时，多是两者兼顾，参照使用。

对普通中小学的评价，大体上可分为三个层次：第一，教育行政部门对中小学教育教学工作和管理水平的综合评价；第二，学校领导对教职工的教育教学和总务工作进行评价；第三，学校领导和教师对学生的学习质量进行评价。层次不同，评价目的当然也有所侧重。第一个层次是评领导。学校领导者担负着培养和教育青少年一代的历史重任。为了实现教育目标，他们进行了艰苦的努力，在实现目标的过程中，他们既有优点和成绩，也会存在这样那样的缺点、问题，对他们进行评价，是为了肯定成绩、找出问题的症结所在，帮助他们改进工作、提高管理水平。第二个层次是评教职工。教职工处在教育教学和总务工作的第一线，工作最辛苦。他们虽然能力有大小，但在实现教育目标的过程中，都会有不同程度的建树，当然也会有这样那样的不足。对他们进行评价，是为了帮助他们发扬成绩、克服缺点，把教育教学和服务工作搞得更好。第三个层次是评学生。学生是受教育者，是学习的主体。对他们进行评价，是为了让每个学生根据评价的标准，了解自己在德、智、体、美等方面的进步情况和不足之处，从评价中获得信息，以激励自己更加努力。

三、学校评价的作用

开展学校评价活动，有以下几种主要作用。

（一）导向作用

由于学校评价是根据目标进行的，有比较客观的标准，有比较科学的评价方法，这就必然会引起被评价者的高度重视和认真对待，必然对学校工作能起指挥和导向作用。学校评价的结果，实际上是要确立好学校、好教师、好学生的标准，这样有利于端正办学思想，保证学校沿着正确的方向健康发展。

（二）激励作用

学校评价能使管理者通过大量信息，了解学校工作存在的特点、优点和不足；既带来压力，也带来动力和活力。学校评价在学校之间、各科教学之间和各项工作之间，有激励先进和鞭策后进的作用，因而有利于调动教职工的工作积极性。

（三）推动和改进工作的作用

学校评价不仅判定了工作效果的好坏优劣，更为重要的是揭示了工作中的成绩、缺点和问题，指出了改进和提高的方向，这样有利于推动和改进工作。

学校评价的作用和评价的目的是一致的。评价目的决定了评价的作用，评价作用更为具体地阐明了评价的目的。我们既要明确评价的目的，也要看到评价所起的好作用，因而更相信学校评价的必要性。

当然，如果评价标准不正确，评价方法不当，就起不了上述作用，甚至可能起相反的作用。

四、学校评价面临的难题

学校评价的意义十分重要，学校评价的作用也很明显。但是，由于人们认识上的分歧，学校评价面临着不少问题，有的甚至是短期内很难解决的问题。这是因为教育是十分复杂的社会现象，制约学校的因素又很多。因此，对学校评价问题难免出现种种不同的看法。

（一）什么叫学校评价

对这个问题，人们的看法就不一致。有的学者认为，普通学校评价是指对我国全日制中小学的管理工作评价。① 这个界定，只限于对学校管理工作的评价。有的学者则认为，学校评价是对学校的教育、教学等各项工作和教育效果以及学

① 张玉田等编著：《学校教育评价》，中央民族学院出版社 1990 年版，第 295、299 页。

校管理工作的水平，进行客观的价值判断。① 这一界定，大大超过了前者范围。对“学校评价”这一基本概念如何理解，还有待于取得共识。

（二）学校评价是以终结性评价还是以形成性评价为主

关于这个问题，人们的看法也不一致。有人认为，应该以形成性评价为主，因为一提到学校评价，人们往往把它理解为就是评价学校本身的好坏，其实这是不完全的。有人则认为，工作过程和教育效果两者是不可分的，如果只注重过程评价，而不重视目标评价，就可能助长形式主义；同样，如果只评价效果，不评价过程，也可能出现某些虚假现象。因而认为正确的途径是把过程和效果分别综合量化后进行分析。当工作与效果是正相关时，可以直接进行综合评价；当工作与效果是负相关时，就必须进行具体分析，找出原因，采取适当方法进行量化。② 对于以哪种类型的评价为主认识不一，难免影响评价的结论。

（三）“目标评价”是否科学

教育评价理论是以教育目标为中心的。美国芝加哥大学教授布卢姆（B. S. Bloom）首次把教育目标分为认知领域、情感领域和精神活动领域，产生了很大影响，对我国也有不小的影响。但有一些外国学者认为，这种分法是人为的，因为这三者是紧密相连不可分开的。这种分类，有过分重视“可测量的活动”的倾向，认为学生活动中那些“不可测量”的方面是不太重要的。国内有些学者也对此提出质疑，认为我国许多地区已经公布并开始试行的一些“教学目标手册”，大多是简单地模仿布卢姆等人的教育目标分类理论中关于“认识领域”的目标而制定的，如果停留在这个水平，其结果可能会把教育教学仅仅引向知识、知识的运用和实验操作的范围，而忽视了对受教育者其他重要素质的培养。③ 我国有些教师也反映，教学评价的目标搞得越来越复杂，指标体系也一细再细，教师不好操作，引起教师的厌烦。国内外一些学者以及实际教育工作者对以教育目标为中心的教育评价提出的一些批评，当然不一定完全正确，但应该使我们的头脑更清醒，以便多从建立具有中国特色的教育评价理论上考虑。

（四）如何看待“量化”

“量化”这一术语，不知始于何时，现在沿用者甚多。其含义大概是指在评价过程中采用数学方法，用数字来表示评价结果。“量”指“数量”，“量化”即

---

① 北京教育行政学院编著：《学校管理学》，海洋出版社 1988 年版，第 273 页。

② 游心超等：《学校综合评价必须解决的几个问题》，《湖北教育》1987 年第 1 期。

③ 转引自滕纯：《教育评价的进展和面临的问题》，《中小学管理》1990 年“教育评价专刊”。

“数量化”。如果是这样解释的话，“量化”一词实在很不准确。因为与“量”相搭配成为词的，除数量外，还有质量、衡量、度量、估量、计量、测量……这个“量”有时是名词，有时是动词，我们不能规定它只能解释为“数量”，所以“量化”一词应该改为“数量化”。国内颇有影响的《学校教育评价》（张玉田等编著）一书，就没有使用“量化”一词，而用的是“数量化”。评价方法就有“数量化方法”和“非数量化方法”之分。研究教育科学使用名词术语，应该注意准确。现在不仅滥用“量化”一词，而且似乎认为教育评价必须数量化，认为只有用数量化的方法进行评价，才是最客观、最准确的，所以出现了所谓“量化热”。数量化方法当然应该重视，但它不是教育评价的唯一方法，因为有许多教育现象是不能数量化的，勉强使用数量化方法，其效果可能适得其反。如何看待所谓“量化”？在这个问题上，也还存在着分歧。

（五）什么样的评价方案才算“简便易行”

最近几年，各种教育评价、学校评价方案纷纷出台。许多同志反映，现在见到的评价方案，都是烦琐的，操作起来要花费大量的时间和精力，而且效果不佳。而提出评价方案的同志，都宣称自己的方案是“简便易行”的。这就出现一个问题：什么样的评价方案才算“简便易行”？或者说到底有没有“简便易行”的评价方案？

现在的确还没有出现公认的简便易行的评价方案，否则早已不胫而走，风行全国。问题出在哪里呢？看来是出在评价指标和评价方法上。指标太细，评价方法又过分强调数量化，就难免流于烦琐。

非数量化方法如等级法、写评语等，倒是体现了“简便易行”的特点，但粗略、不准确，标准不好掌握。两种方法即所谓定性与定量如何恰当地结合，应是教育评价中需要攻克的一个难点。

对学校评价在认识上的分歧，还可以列举一些例子。如教师对学生的学习成绩到底应负多大责任？中外学者的看法也不一致，这就涉及对教师的评价问题。

教育评价已被认为是世界教育研究的三大领域之一（另两大领域是教育基础理论、教育发展），我们当然应该十分重视它，认真研究它。我们列举了一些认识上的分歧，目的就在于引起大家思考和研究。只有从我国的学校实际出发，借鉴国外的教育评价理论和方法，把学校评价面临的难题一个一个地解决，具有中国特色的学校评价理论才能建立起来。

第二节 学校评价的基本原则

学校评价原则，是开展学校评价活动必须遵循的准则。学校评价活动是有计划、有目的地进行的，如果离开评价原则行事，则是盲目行动。所以确立评价原则是很重要的。学校评价原则的提法很多，例如客观性、目的性、激励性、激发性、可行性、可比性……还有许多未带“性”字的原则。为什么会有这么多不同的提法？这涉及提出原则的依据，也涉及人们对事物认识的程度。原则是人提出来的，虽然带有主观成分，但它又是客观规律在人们头脑中的反映。哪些原则真正反映了客观规律，则要在实践中加以检验。

下面提出几条学校评价的基本原则，这几条原则也不一定反映了学校评价的客观规律，需要让它们在实践中接受检验。

一、以教育方针为指导的原则

我国新时期的教育方针已经正式公布，这就是：教育必须为社会主义现代化建设服务，必须与生产劳动相结合，培养德、智、体、美等全面发展的社会主义事业的建设者和接班人。这个方针尽管还有不完善之处，但既确定为国家教育方针，各级各类学校都要贯彻。学校评价必须以教育方针作指导，根据教育方针的要求来进行。这是指导思想问题，也是社会主义办学方向问题，是学校评价的基本依据。

教育方针的三句话，必须全面、准确地理解。教育为什么要为社会主义现代化建设服务？怎样为社会主义现代化建设服务？教育为什么要与生产劳动相结合？怎样与生产劳动相结合？德、智、体、美等全面发展的建设者和接班人是什么含义？对这些问题如果没有全面、准确的理解，学校评价就谈不上有了正确的指导思想。

关于我国新时期的教育方针的酝酿过程以及如何理解，本书第六章已做了详细论述，请读者参阅。

二、科学性与可行性统一的原则

评价学校，要客观、公正，讲究科学。所谓科学，就是评价指标和评价方法要尽可能做到精确和数量化，把主观估计的因素降到最低水平。但是评价指标和评价方法又要可行。所谓可行，就是简便易行，能为多数人所掌握。

科学性与可行性是有矛盾的。要求科学，评价指标体系和评价方法就比较复杂、烦琐，难于掌握和实施，加之学校中有许多因素是不易确定客观标准和不能数量化的，因此，必须考虑可行性。

如前所述，科学性与可行性如何统一起来，是当前学校评价遇到的难题之一。但把两者统一起来作为一个学校评价原则是正确的。科学而不可行，可行而不科学，都是不可取的。目前在学校评价中贯彻这条原则虽有相当的难度，但我们相信，经过理论工作者和实际工作者的不断努力，总会找到完善的解决办法。一旦找到了两者统一的办法，我们的学校评价理论和方法就大大前进了一步。

三、评价与指导相结合的原则

学校评价的结果，应使被评者受到启发和教育，自觉地发扬优点，克服缺点，修正错误。如果达不到这个目的，学校评价就不是成功的。这里的关键是要有指导。只有评价没有指导，是消极的评价，达不到评价的目的。指导要在认真分析评价结果的基础上，结合评价对象的主观条件，从实际出发，提出积极建议，促使评价对象发挥优势，克服缺点，争取更大的进步。

学校评价的范围很广泛，因而指导的内容也很丰富。对什么问题进行评价，就应该对什么问题进行指导。这就是说，指导要有针对性。否则，评价活动就失去了它的价值。

四、定性评价与定量评价相结合的原则

所谓定性评价，是指对教育过程和结果的性质进行判定，侧重于事物的质的方面。例如，评价一个教师的教学工作，从质的方面说，是看他讲课的科学性和艺术性，看教学效果即学生理解和消化的程度。但这只反映了事物的“质”，还要看数量。一个教师教学水平高，教学效果好，如果工作量很轻，而给予很高评分，就难以服众。所谓定量评价，是对教育过程和结果从数量方面进行判定，侧重于事物的“量”的方面。学校评价，只看质量不行，只看数量也不行，必须把二者统一起来进行分析。但应该指出，学校评价中的定性分析，是定量分析的前提和归宿。定量分析虽然重要，但不能脱离定性分析，因为定性分析是确定优劣的主要依据。

众所周知，学校工作有的可以数量化，有的不易数量化。例如对德育工作的评价，如果仅用一些简单的统计数据，如某生骂过几次人，打过几次架，迟到几

次，旷课几次，不能据此评定他的德育水平。智育也是如此，“创造性思维”就很难用分数来表述。

贯彻定性评价与定量评价相结合的原则，有利于解决这个矛盾。有的可提出比较精确的标准，例如用具体数字、百分比来表示；有的则用“模糊标准”，例如用等级法、评语来表示。

第三节　学校评价标准和评价范围

一、学校评价标准

开展学校评价活动，首先要制定正确的评价标准。标准正确与否，对于评价工作有极大影响。评价标准正确，才能起到导向、激励、推动和改进工作的作用；评价标准错误、片面、不客观，就会起到相反的作用，挫伤被评价者的积极性。过去开展学校评价活动，有过一些错误做法，例如有所谓“升学标准”，即以毕业生升入高一级学校所占比例大小来评价学校；有所谓“分数标准”，即以学生文化考试成绩的高低来评价学校；有所谓“应时标准”，即以突出任务的需要提出的评价标准，如以卫生检查结果为依据，以参加公益活动的成绩为依据等；有所谓“照顾标准”，因为是老模范、老先进、老重点，或者是上级领导蹲点的学校而受到照顾；有所谓“印象标准”，即凭领导人或有关人员对学校某种印象进行评价，如有看校容校貌的，有看学生纪律状况的，有看校长是否出名或特级教师、名牌教师多少的。① 凡此种种，都是源于没有制定正确的评价标准。

正确的评价标准，来自评价依据。制定学校评价标准的依据是什么？首先，也是最主要的依据是我国新时期的教育方针。教育方针规定了教育为什么服务，各级各类学校培养人才的总的规格要求以及通过什么途径来培养人才。确立评价目的，提出评价原则，离不开教育方针；制定评价标准，同样离不开教育方针。评价学校管理也好、评价教师也好，都要以教育方针为总的依据。其次，是先进的教育理论和学校管理理论。制定评价标准的人（当然不是一个人），应该有这方面的素养。例如制定教学评价标准，如果不懂得教学规律，不懂得教学方法等方面的理论，就不可能制定出科学的教学评价标准；制定学校管理评价标准，如果对学校管理学一无所知，就不可能对校长的工作进行客观的评价。第三，学校评价标准还要体现几个重要方面的要求。一是绩效要求。绩效，就是成绩、效

① 参阅张玉田等编著：《学校教育评价》，中央民族学院出版社 1990 年版，第 306 页。

果。校长的治校成绩，教师的教学效果，学生的学习效果，应在学校评价中占有显著地位。二是职责要求。所谓职责，是职务规定的责任。校长职责、教师职责，都规定了校长、教师应尽哪些责任。学校各类人员是否履行了职责，是学校评价非常重要的内容，对学生虽然没有明文规定的“职责”，但学生的天职是学习，在品德、智力、体质等方面全面发展，就是他们的“职责”。《中小学生守则》、《小学生日常行为规范》、《中学生日常行为规范》就是学生“职责”的具体要求。三是素质要求。从长远看，只有提高素质，才能取得好的绩效；良好的素质是履行职责必须具备的条件。只有提高素质，才能出色地履行职责。我们的教育工作，说到底，就是为了提高全民族的素质。教育工作者要提高他人的素质，首先要提高自己的素质，所以学校评价标准中不能没有素质要求。

学校工作项目繁多，涉及面很广，不可能用一个标准、一种模式来衡量所有学校。同时，学校评价内容广泛，要有各种具体的评价标准。既要有评价学校整体工作的标准，又要有评价各项具体工作的标准，还要有评价各门学科的标准。加之地区之间、学校之间存在差别，很难确定一个统一的评价标准。但没有统一要求，就失去了评价的意义。因此，评价标准既要有统一性，又要因地制宜，因校制宜。

制定切实可行的评价标准，既是学校评价中的关键问题，也是学校评价中的难点。我们只有通过实践和互相切磋，攻克这一难点。

二、学校评价范围

学校评价范围，大体上包括以下几方面。

（一）学校各项工作的评价

1. 德育工作评价

德育工作是学校的灵魂，是学校实现教育目标的保证。德育工作一向被认为是“软指标”，学校评价就要把它作为“硬指标”。这也是学校评价的难点之一。德育评价包括对政治课教学、班主任工作、日常思想政治工作、青年团、少先队和学生会工作、《中小学生守则》、《小学生日常行为规范》和《中学生日常行为规范》的执行情况以及学校与家长、学校与社会的沟通情况等内容。

2. 教学工作评价

教学工作是学校的中心工作，是实现教育目标的主要途径。因此，学校评价要体现这个中心，真正把它作为中心工作来抓。教学工作评价包括教学思想、教学效果、教学方法以及教学活动各个环节的评价，还包括各科教学情况和效果的评价。

3. 体育卫生工作评价

体育卫生工作在教育思想不端正的学校，很容易被忽视。要从全面贯彻教育方针的高度进行评价。主要内容是对体育课与生理卫生课的教学、学生课外体育锻炼和体育代表队的训练以及学生卫生习惯的培养，青春期教育，常见病、多发病的预防与治疗等进行全面评价。

4. 美育工作评价

要看学校是否重视审美教育，是否按计划开设了艺术教育课，美育设施如何，艺术教育课的效果如何。

5. 劳动技术教育工作评价

主要看是否制定了切实可行的劳动教育的计划和制度，劳动基地是否落实，学生的劳动观点、劳动习惯和劳动技能的培养程度如何。

6. 课外活动评价

指对学校组织学生参加课外文娱、体育、科技活动的情况和效果进行全面评价。课外活动是因材施教的主要阵地，对发展学生的个性和培养学生的兴趣、爱好、特长极有好处。把课外活动列入学校评价的范围，有利于全面贯彻教育方针，有利于多出人才。

7. 总务工作评价

搞好总务工作，是教育教学工作顺利进行的保证。总务工作，在很大程度上就是服务工作。因此要看是否积极主动地为教育教学和师生生活服务，要看工作质量、工作效率和服务态度。还要看是否努力创建了良好的校园环境，做到整洁、绿化、美化。当然，创建良好的校园环境不只是总务处的工作，其他部门也要配合。

（二）学校领导集体的评价

学校工作的好坏，起决定作用的是学校领导集体。因此，必须对领导集体进行评价。

对领导集体评价，首先要看办学指导思想。例如学校是怎样体现为社会主义现代化建设服务的；学校工作计划是否体现以教学为中心，德、智、体、美等全面安排、措施落实；是否面向全体学生，对毕业班是否统筹兼顾，对各类学生因材施教；是否树立依靠教师办学的思想。其次要看领导体制是否健全。例如，党政关系是否协调，校长是否对学校教育教学和行政管理工作统一领导和全面负责，党支部是否充分发挥了保证监督和政治核心作用，群众团体是否积极参与学校管理。最后要看领导成员是否坚持党的基本路线，是否具有事业心、责任感、政策观念、民主意识、实事求是、以身作则、公正廉洁、善于学习、勇于开拓等良好品质。

对领导集体进行评价，还要看领导结构是否合理。例如，数量结构、年龄结构、知识和专业结构、智能结构等，都要尽可能合理。对领导结构进行评价，是为了使这个集体尽快成熟起来，增强团结、提高工作效率，互相学习、取长补短。实行校长负责制以后，校长是办好学校的关键人物，是学校的法人代表。因此，在对领导集体进行评价时，要特别对校长进行评价。评价校长，要从绩效、职责、素质几方面全面衡量，看校长的工作绩效、思想品德、政策水平、教育理论修养、专业知识、管理能力、献身精神等。我国有百万所中小学，也就是说，有百万名中小学校长。应该通过校长评价，评出一批苏霍姆林斯基式的校长，评出一批普通教育专家。名牌校长、普教专家并不神秘，他们工作在教育工作第一线。我国已有一批在教学工作上做出显著成绩的特级教师，为什么不可能有一批在治理学校工作上出色的普教专家？如果我们运用正确的评价理论和方法，根据客观、正确的评价标准，这样一批校长就可能涌现出来。当然，通过校长评价，一些不称职的校长也要淘汰。这应该是学校评价的正常现象。

（三）教师评价

教好学生，培养人才，教师是学校的中心人物。学校只有建设一支高质量的教师队伍，才能提高教学质量。所谓高质量的教师队伍，是指政治、业务素质高。具体说来，达到国家规定学历标准和能胜任教学工作的人数占的比例大；系统学习过教育理论的人数占的比例大；形成了合理的教师梯队，既有经验丰富、专业知识扎实的老教师，又有精力充沛、勇挑重担的中年教师，还有朝气蓬勃、奋发有为的青年教师；在各门学科中有一定数量的骨干教师；而且这个教师队伍是稳定的。

对教师进行评价，目的是为了充分调动教师的积极性，提高教育教学质量，并形成一支如上所述的坚强的教师队伍。

对教师进行评价，同样要从绩效、职责、素质几方面全面衡量。当然，工作绩效和工作职责往往交织在一起，不易分开，可分成几个项目进行考核，如工作数量，包括出勤率、工作量、岗位工作等；工作能力，包括教学能力、管理能力、教研能力等；工作实绩，包括教学效果、教研成果等。评价教师的素质，则主要根据《中小学教师职业道德规范》（2008 年修订），特别要突出尽职尽责、教书育人、为人师表等内容。教师的工作方式是个体分散劳动，如备课、上课、批改作业、辅导、走访家长等，都是独立进行的，别人无法代替。教师的教学风格、教学特色，是在长期教学实践中形成的。因此，教师的业务活动，不宜过分强调“集体活动”，以免束缚和压制教师的创造性。如果开展这方面的“集体活动”，必须在教师个人钻研的基础上进行。但是优秀教师的成长，离不开集体的影响和帮助，离不开良好的环境和融洽的人际关系。因此对教师集体——教研组或年级组也要进行评价。通过评价，使教研组或年级组，成为团结协作、互帮互学、热爱本职工作、教研空气浓厚的集体。这样的集体，体现出我国的特色，在外国学校里是没有的。

（四）学生质量评价

衡量学校是否办得好的根本标准，是培养人才的数量和质量，关键是质量。所以学生质量评价，是学校评价中最重要的内容。要用正确的标准评价学生，传统的评价学生的标准必须改变，这就是：不要要求学生十全十美，如“全优”、“前五名”；要按不同的层次评价学生，不限于“三好”；要给学生显示才能的机会，不要动辄扣上“爱表现”、“出风头”的帽子；对学生的管理要有严有宽，有管有放。即凡是理想信念、道德品质、文化知识和组织纪律等方面的问题，应该从严要求；凡是学生正当的兴趣爱好、合理的自治和自理的要求，应当从宽，不仅不应横加干涉，而且要积极支持、扶植和引导。

以上是从学生管理的角度说的。学生质量评价，则应根据教育方针中的培养目标，即德、智、体、美等全面发展来进行全面评价。具体地说，就是要从思想品德、学业成绩、身体锻炼、审美素养、劳动态度和技能等方面拟定具体标准来进行全面评价。不仅对在校生要进行上述评价，还要对已经离校的毕业生进行跟踪分析评价。他们有的已升学，有的已就业或待业。听取高一级学校和用人单位的意见，听取本人意见，对了解和判定学生质量是极有好处的。从某种意义上说，这比评价在校学生更为重要，因为这是对学校成品的检验，更能发人深省，从而促使学校调整计划和工作目标，培养更多更好的人才。当然，这个工作难度较大，不可能经常化。

学生的成长，更离不开集体的影响和帮助。我们知道，一个学校有良好的校风，就会产生催人奋进的巨大作用。原来表现较差的学生在这样的环境中，可能很快转化。而班风是校风的基础。风气良好的班集体学生有一种自豪感、荣誉感，能促使每个学生健康成长；相反，风气不好，好学生也可能变坏。因此，学生质量评价，应包括对班集体的评价。《中小学生守则》、《小学生日常行为规范》和《中学生日常行为规范》，应是评价班集体的主要根据。可拟定若干具体标准来进行全面评价。如尊师、出勤、课堂、课间操、眼睛保健操、卫生、团结、课外活动、各类竞赛、爱护公物、遵守交通规则等。

第四节 学校评价程序和评价方法

一、评价程序

评价类型不同，评价的程序也不一样。下面着重介绍终结性评价的评价程序。

学校评价的整个过程，大体上可分为准备、实施和总结三个阶段。各个阶段，既有密切联系，又有相对的独立性。

（一）要做好准备阶段的工作

这是做好学校评价工作的基础和前提。如果准备工作没有做好就仓促上阵，学校评价工作就不可能顺利进行。准备工作主要包括以下几方面。

1. 成立评价组织

学校内部单项或多项工作的评价，评价组织或叫领导小组，或叫核心小组，小组成员既要有代表性，又要素质比较好。所谓素质比较好，是指具有一定的评价理论和知识，有一定的学校管理经验和比较丰富的教育、教学工作经验，作风正派，办事公正，有一定的分析评价能力。

2. 制订评价方案

这既是准备阶段关键性的工作，也是影响评价全局的工作，必须高度重视。评价方案包括以下几方面。

（1）确定评价对象和评价目标，解决为什么评价和评价什么的问题。评价对象和评价目的不同，评价指标和评价方法也不同。

（2）设计评价指标体系，选择评价方法，解决怎么评的问题。评价指标体系既要具体化，又要防止过于烦琐，不便操作；评价方法既要有针对性，又要综合运用。

（3）安排评价进度。评价方案应由起草小组制订，并经过论证，征询群众意见。特别是要征求评价对象的意见。

3. 准备评价用具

要根据评价方案的内容和要求，印制各种调查表、统计表、测试表、问卷等，供搜集信息、实施评价阶段使用。

（二）要抓紧实施阶段的工作

这个阶段是整个评价工作的中心环节，工作量大，所需时间长，是决定评价成败的阶段。抓紧了这一阶段的工作，评价工作才能按预定计划完成。这个阶段的主要任务有三个。

（1）广泛搜集评价信息。例如布置有关报表；通知被评价对象按照评价要求填写报表和自评报告；评价人员审阅各种文字材料和统计表，听取汇报，实地观察、调查、座谈、统计和测验，完成指标体系的分项测定结论和评价表；统计整理分项测量结果以及有关数据和典型材料。

（2）处理评价信息。主要是对搜集得来的信息反复核实，务求全面、客观，真实可靠。

（3）综合单项指标测量的结果，从总体上对评价对象做出价值判断和原因分析。

（三）善始善终，做好总结阶段的工作

总结阶段是评价的终结环节。所谓评价与指导相结合，要在这个阶段充分体现出来。这个阶段的主要任务是对评价结果进行分析，即从总体上对评价对象进行综合分析，论证评价结果是否真实地反映了评价对象的客观实际。

评价结果常用数值来表示。由于教育现象极其复杂，只用数值表示，远不能说明形成评价结果的原因，故需用定性语言的描述和定量分析相结合。

这个阶段的另一任务是对整个评价工作进行总结。从方案的制订到实施，从人员的组成到方法的运用，进行全面总结，肯定成绩，发现问题，为改进学校工作提供决策依据。最后，把评价结果和原因分析，反馈给评价对象，并向有关部门做出评价报告。①

二、评价方法

学校评价方法，如按评价的主体来划分，可分为自我评价和他人评价两种。自我评价是指学校自身或教职员工个人，根据评价标准的要求，对自己的工作或学习效果进行评价。这种评价方法比较灵活，运用方便，被评价者容易接受；但客观性较差，对成绩和问题的评价容易偏高或偏低。他人评价是指自我评价以外的评价。例如学校根据评价标准，组织教职工对学校某一方面的工作进行评价；上级教育行政部门通过教育督导，或组织专门人员，按照评价标准对一校或几校进行评价；教育行政部门或学校邀请社会各界人士，包括专家、学者、离退休干部、家长，按照评价标准，对学校进行评价，均属他人评价。这种评价，费时费力，要做大量的组织工作，但比较客观、公允。

自我评价与他人评价各有优缺点，人们往往把两者结合起来。学校评价的目

① 参阅辛亮主编：《小学管理教程》，山西高校出版社 1991 年版，第 280 页。

的，无非是使评价对象自己发现问题，自觉地改进和提高工作。因此，应该十分重视自我评价。他人评价，应该在自我评价的基础上进行。

我们在本章第一节谈到，普通中小学的评价，大体上可分为三个层次：教育行政部门对中小学教育教学工作和管理水平的评价；学校领导对教职员工的教育教学和总务工作进行评价；学校领导和教师对学生的学习质量进行评价。第二、三两个层次的评价，是学校职权范围内的事，校长有权决定评价什么、为什么评价和怎样评价。第一个层次的评价，则应由上级教育行政部门组织专门人员在学校自我评价的基础上进行，才能得出比较客观的评价结论。

下面是几种常用的评价方法。

（一）观察法

根据评价标准的要求，运用视听方法进行。如看材料，听课，检查作业和教学笔记，观看课间操、课外活动以及校容、校貌、学校设施等。观察法有两种：一是在自然条件下进行，二是在控制条件下进行。

（二）调查法

调查法是指通过社会调查、家庭访问、与校内师生员工个别谈话等方式了解教育教学和管理活动情况。调查法有多种形式，如：谈话法，根据评价标准的要求，拟订提纲有计划地举行座谈会或进行个别谈话；抽样法，对一个年级、一个班、一个教研组、一门学科、一位教师或一次活动进行抽样调查，从中了解带有规律性的东西；问卷法，即用填表方式的书面调查。根据评价标准的要求，提出若干问题，要求被调查对象填写答案。问卷要发给有代表性的而又熟悉问题的人填写。拟订的问题一定要简明扼要，答案必须是简单具体的，以便统计处理。

（三）测试法

测试法是指在一定范围内对学生的基础知识、基本技能进行测验、考试，以了解评价人员所需要的情况。它包括口试、笔试和技能操作等方式。

（四）个案法

个案法是指分析典型事例，了解事情的发生、发展和处理过程以及人们的反应，分析管理者的管理水平和群众的思想倾向。

（五）跟踪法

跟踪法是指对毕业生进行跟踪调查。或向高一级学校了解学生升学后在德、智、体、美诸方面的表现，或向用人单位了解学生就业后在工作中的表现，或向家庭和社会了解正在待业学生的表现，目的是使学校从“产品”身上看到自己的成绩和问题，以便进一步改进工作。运用此法，要听取毕业生本人的意见。

以上评价方法，各有其优点和不足之处。应该根据评价目的、评价对象的特点，灵活运用、综合运用，不可能只用一种方法。

学校评价在我国还处在起步阶段，不仅缺乏系统的评价理论和方法，而且缺乏成熟的评价经验。但学校评价已引起我国教育工作者的重视，各地正在纷纷试行。我们相信，这个新的教育研究领域会有更多的研究成果出现。

复 习 题

1. 什么是学校评价？教育评价与学校评价有何区别？
2. 学校评价的目的、作用是什么？
3. 制定学校评价标准的依据是什么？学校评价包括哪些范围？
4. 学校评价的过程包括哪几个阶段？有哪些主要的评价方法？
5. 案例分析：怎样评议学校的教育工作？

某中学的办学条件和师资力量都一般，生源也比较差，是被称为“第四世界”的学校。但是，这所学校的老师不甘落后，经过加班加点的努力，使九年级的统考科目平均成绩达到全县第三名。此外，尽管该校因缺乏体育教师而未开齐体育课，但该校的篮球队在全县中学生篮球赛中获得了第二名的好成绩。教育行政部门组织专家对该校展开评价，下面是专家的发言。

甲：目前许多办学基础较差的学校，办学劲头不足，而这所学校的领导和教师不甘落后，干出了一定的成绩，这种积极上进精神值得肯定。而且，学校能抓住一两个重点问题来改变学校的落后形象，这对赢得各方支持，逐步改变学校面貌是有积极作用的。当然，学校存在办学指导思想问题，如片面施教、搞短期行为等。但这是有社会根源的，学校难以避免，只能逐步解决这些问题。

乙：办学校不是办企业，不能一味迎合当前市场的需要，而要有长远眼光。升学率和竞赛获奖，固然是评价学校所需要的指标，但不是主要指标，更不是唯一指标。我们赞赏学校教师的工作劲头，但不应鼓励这种工作思路。因为它至少存在两个方面的问题。一是办学思想不明确。到底是为了获得奖赏而办学，还是为了培养合格人才而办学？如果是后者，那么学校就不能只抓升学率或竞赛活动，还应在其他方面（如劳动技术教育、德育等）也有所突破、有所建树。实际上，基础较差的学校，升学和竞赛的外部压力并不大，更容易在全面贯彻教育方针上做出成绩。这样做也许不能马上得到奖励，但从长远看，是利国利民的。二是办学效益不大、效率不高。从效益上看，学校只抓升学率和竞赛优胜奖，就不可能面向全体学生，受益者只能是少数人。基础教育不是专业教育，要以普及为主，提高为辅，使全体学生达到基本合格的要求，才有更大的办学效益。从效率上看，教师搞加班加点，既加重了学生的负担，也增加了教师的负担，这也不值得提倡。我们需要在“轻负担、高质量”的教学模式上多下功夫。

丙：对于这所学校已经取得的成绩，应该加以肯定，尽管存在多方面的问题。但这两项成绩，毕竟是学校工作的结果。值得注意的是这所学校今后如何发展。具体地说，学校今后是否还像过去那样只抓升学率和竞赛？我们认为不应该再这样。主要理由有两点。第一，随着教育改革的不断深入，传统的“应试教育”正在逐步被素质教育模式所代替，全面质量标准也在逐步代替单一的学科考试指标。在此形势下，学校必须追求素质教育的质量目标，在教育改革的发展中建功立业。第二，学校通过前段时间的努力，初步获得了一定的社会声誉，学校应该在此基础上争取各方面的支持，着力改善办学条件、提高教师的素质。一句话，前段时间抓考分和竞赛，不应该是目的，而应该是学校争取改善条件和更健康发展的一种手段。须知“利用传统是为了打破传统”。

丁：该校在办学基础较差的情况下，积极进取，取得了一定的成绩，教师的工作热情和艰苦奋斗精神值得肯定。但从发展的角度看，学校应端正办学指导思想，加强基础条件的建设，全面提高教育质量，力争在深化教育改革、实施素质教育模式上有新的作为。我提出两条具体建议。第一，力争配齐所缺学科的教师，按国家颁布的课程计划开设好各类课程。创造条件培训各科教师，全面提高课堂教学和课外活动的质量。第二，探索教育内容和方法改革的新路子，努力做到“轻负担、高质量”，不断提高教育效益和教育效率。

思考题：本案例对被评学校的分析和评议，你是否同意？为什么？